一本书看透信贷

信贷业务全流程深度剖析

何华平 编著

图书在版编目（CIP）数据

一本书看透信贷：信贷业务全流程深度剖析 / 何华平编著．—北京：机械工业出版社，2017.9（2025.11 重印）

ISBN 978-7-111-58308-0

I. 一… II. 何… III. 信贷业务 - 业务流程 - 研究 - 中国 IV. F832.4

中国版本图书馆 CIP 数据核字（2017）第 260892 号

　　本书是作者从事信贷工作的学习和思考笔记。作者在书中不仅介绍了信贷基础知识、信贷调查方法，还结合亲身体验，从风险管理的视角，详细介绍了如何甄别客户信息，如何分析客户的财务状况和经营管理水平，对于贷款项目评估、担保措施调查、风险评价与审批、合同与放款、贷后管理、贷款回收管理这些重要事项，更是毫无保留地做了坦诚分享。书末还提供了重要信贷法律法规，是信贷工作人员的好帮手。

一本书看透信贷：信贷业务全流程深度剖析

出版发行：机械工业出版社（北京市西城区百万庄大街 22 号　邮政编码：100037）	
责任编辑：宋　燕	责任校对：李秋荣
印　　刷：北京机工印刷厂有限公司	版　次：2025 年 11 月第 1 版第 20 次印刷
开　　本：170mm×242mm　1/16	印　张：26.5
书　　号：ISBN 978-7-111-58308-0	定　价：89.00 元

客服电话：（010）88361066　68326294

版权所有·侵权必究
封底无防伪标均为盗版

前 言
Preface

　　本书源于我曾经在知乎社区回答过的几个问题和一些专栏文章，如：在银行从事风险管理是什么样的体验？国内汽车金融的现状和前景是怎样的？为什么存货积压会导致当期毛利率的提高？银行信贷中的"穿透原则"是什么？文章得到知友的关注、点赞，引起媒体转载，在各大金融论坛、微信圈、网站流传，很多还经过了改编、夸大，这是我始料未及的。不成熟的观点，一旦成为公众知识，作者就有了责任，这恰恰是我很担忧的。出版社邀请我就信贷风险管理题材写一些东西，本人深感才疏学浅，修养不够，难堪重任；然基于前述之责任，我还是要努力地去完成，对各种问题进行阐释，修正偏激的观点，以免以讹传讹，误人子弟。

　　风险管理这个题材可以很大，如一家金融机构的全面风险管理，包括《巴塞尔协议》、监管政策和各种模型工具；也可以很具体，如特定场景下的信贷产品风险管控。讲理论，放之四海而皆准，不会错，但是很空洞；谈操作，往往只适用于特定情景，特别容易误导读者。笔者尽量把理论和实务结合起来，从一笔传统信贷业务的流程出发，介绍风险管理方法，把自己这些年看到的、学到的、想到的写出来，供大家参考。

编辑希望我多给干货，如何理解干货？重点关注第一还款来源！加强贷后管理！核实用途真实性！这些话我们听了很多，甚至有些麻木，这些话永远是正确的，但更像免责声明。道理都懂，但是如何做？如何关注？如何加强？如何核实？以最基础的信贷工作——企业信用信息查询为例，一次专项检查可能你需要查一万个客户，如何批量查询？如何识别验证码？这才是我们需要解决的问题。我们只有把信贷流程上各个细节拆分出来，复杂问题简单化，简单问题程序化，才能做到"天下功夫、唯快不破"的境界，才能在市场竞争中胜出。金融理论大家都耳熟能详，坐而论道易，起而行之难，实操层面往往就是这些技术问题，当然还有法律问题、人的问题，这也就是我对干货的理解。限于纸媒的局限性，本书无法展现太多技术细节[⊖]，侧重介绍笔者试图解决这些问题的思考过程，以及自己的从业体会，或经验、或教训，与大家分享。由于这个行业变化太快，今天的答案明天就过时，地区差异也非常大，所以读者看看就罢，切莫生搬硬套，以免引起误导。信贷工作玩的是真金白银，伤不起，本书观点仅为笔者个人的理解，并不代表任何单位，工作中请严格遵守您所在机构的规则。

  知乎上分享的是知识，知道不等于做到，知道做不到等于不知道。信贷工作讲究的是经验积累，没做过的，光看一些文件，即使是手把手地操作规程，有些东西可能还是无法体会。事实上，归纳出来的干货，写在书本上的规程，仅仅能够应对一般情况。归纳的过程往往遗失了个案、特例。金融行业的特殊之处在于，例外情况（1%的小概率事件）恰恰是风险之源，往往造成巨大的损失。怎么办？那就要靠经验和阅历，还需要很多背景知识，如经济、法律、会计、企业管理、政府运作、社会常识等，本书介绍了一些，权作入门，但是远远不够。我们只有一个客户一个客户地做，一个行业一个行业地去积累，把手头每一个单子做好，一个问题一个问题地解决，学习再实践，才能有实实在在的提升。经验很重要，但是也不能沦为经验主义，经济

⊖ 技术细节请链接笔者的知乎专栏《信贷风控手记》，https://zhuanlan.zhihu.com/howard。

社会制度变化太快了，民法体系正在完善。企业注册登记、不动产登记、信用体系都在变化，信息技术日新月异，从业者要不断学习各种最先进的风控技术。风险管理实际上是人与人之间的博弈，技术这东西，别人不会，价值连城；都会了，也就一文不值，失效了，变成了大众知识。我们一方面要从战术上重视这些"风控技术"的东西，另一方面要总结出那些人性中永恒不变的东西。

笔者 2005 年开始从事银行信贷，记得第一次信贷调查是去中关村一户科技型企业，2009 年后参与初创一家汽车金融公司。金融工作十余年，各种苦乐酸甜，没有太多大的业绩，习惯对工作小细节进行改进，做了不少实用工具，在业内流传。在行业里做，如夸父逐日，没时间去沉淀和总结；近些年，我也有机会接触不同类型的金融机构、不同层面的从业人员，也认识到自己的孤陋寡闻，对信贷与风险管理有了更全面的认识，也有时间去思考，愚者千虑或有一得。由于本人从业年限较短，水平有限，书中谬误之处在所难免，望读者批评指正。[⊖]

本书在撰写过程中，许多老师、同事、朋友提供了丰富的资料和经验，并提出了不少宝贵意见，同时还引用了许多前辈和同行们已取得的众多成果，在此致以深切谢意。最后感谢机械工业出版社的编辑，没有你们的辛勤劳动与对我的鞭策和鼓励，本书是难以完成的。

何华平

⊖ 勘误与更新信息，可关注笔者专栏。

目 录
Contents

前 言

第1章 信贷基础知识 1
1.1 信贷基本概念 1
1.2 信贷机构类型 3
1.3 银行信贷管理 9
1.4 信贷产品基础 19
1.5 经济法律基础 35

第2章 信贷调查方法 41
2.1 市场与客户 41
2.2 调查的展开 58
2.3 信息验证与分析 73
2.4 形成调查报告 82

第3章 客户基本信息分析 85
3.1 借款主体问题 85
3.2 公司深入分析 97

3.3 集团客户 117

第 4 章 财务状况分析 122

4.1 认识财务报表 122
4.2 财报分析思路 133
4.3 资产负债表 137
4.4 利润表 155
4.5 现金流量表 166
4.6 财务指标分析 171
4.7 个人财务分析 177

第 5 章 经营管理分析 179

5.1 分析切入点 179
5.2 行业层面的分析 182
5.3 企业的基本面 195
5.4 企业的业务循环 204
5.5 商业模式分析 218

第 6 章 贷款项目评估 223

6.1 项目贷款管理 223
6.2 项目背景分析 224
6.3 项目合规性分析 227
6.4 项目财务分析 234

第 7 章 担保措施调查 250

7.1 担保法律基础 250
7.2 担保设计实务 269
7.3 主要担保类型 276

第 8 章　风险评价与审批　　299

8.1　信贷风险评价　　299

8.2　授信方案制订　　308

8.3　信贷审查审批　　326

第 9 章　合同与放款　　337

9.1　合同签订　　337

9.2　放款审核　　348

9.3　贷款支付　　354

第 10 章　贷后管理　　358

10.1　贷后管理概论　　358

10.2　风险识别与应对　　360

10.3　贷款风险分类　　367

10.4　拨备计提与核销　　379

第 11 章　贷款回收管理　　383

11.1　正常回收　　383

11.2　提前回收　　384

11.3　展期与借新还旧　　387

11.4　逾期处理　　390

附录　信贷重要法律法规　　407

参考文献　　411

第1章

信贷基础知识

当我们说"信贷"时,我们在说什么?

隔行如隔山,第一座大山就是行业术语。不同的信贷机构甚至不同的银行对同一个业务都有不同的提法,还有各种英文缩写与简称,如果对此不甚了解,就会被搞得云里雾里,难以沟通,本章快速地将这些基础知识过一遍,希望对初学者有所帮助。

1.1 信贷基本概念

贷款、借款、信贷、授信、融资,这些词汇经常被混用。贷款是最传统、最广泛的银行信贷业务,银行提供资金、到期收回本息,银行是贷款人,客户是借款人。贷款,其要义在于"给予资金支持",有些信贷业务银行并不提供资金,只提供信用支持,如票据承兑、保函、信用证等,称贷款就不合适。这些业务到期以后,一旦客户违约,银行就要承担付款义务,其风险和贷款一样,因不占用银行资金、不进银行资产负债表,故称表外信贷(要注意表外业务和中间业务的区别,中间业务是几乎无风险的业务,表外业务可能是高风险的,如票据承兑;也可能是低风险的,如委托贷款)。说到资产负债表,银行的资产方主要就是贷款(还包括少量非信贷资产,如投资、固定资产),负债方主要是存款(还包括发行债券等),所以有时候不精确地讲，信贷业务又称资产业务，存款业务称为负债业务。我们通常说的信贷业务是包括本外币贷款、贴现、透支、押汇等表内信贷和票据承兑、信用证、保函、贷款承诺、信贷证明等表外信贷业务的总称。如果只有贷款业务，那么很多称呼就可以简化，如日常所说的贷款调查、贷款评级、贷款审查、贷款审批、贷款合同、发放贷款、贷后管理等（后文也经常这样表述），我们需要注意的是，这些叫法有一定的局限性。

按银行从业资格考试教材《公司信贷》中的广义定义："信贷是一切以实现承诺为条件的价值运动形式，包括存款、贷款、担保、承诺、赊欠。"要深入理解该定义，就要了解信用风险。信用与信贷，这两个词的英文都是credit。"信用"一词内涵极其丰富，道德层面如诚实守信、声誉、名望，经济意义上的信用是指交易对手未来的履约意愿和履约能力。信用体现为履约，即实现承诺，反之则是违约，俗称"不讲信用"。我们每天都在做各种经济交易，交易对手未来无法履约，我们就承担了信用风险。最常见的是我们先提供劳动后获取报酬，老板会不会发工资？预付货款进行采购，对方是否会发货？赊销商品，顾客是否会按期结清欠款？又比如我们把钱存在银行，银行能否满足我们随时的提款需求？我们持有货币，发行当局能否保证其购买力稳定？这些都是广义的信用风险。准确定义，信用风险是交易对手未能履行约定义务而造成经济损失的风险。各种各样的信贷形式，其共同点都是交易一方承受交易对手的信用风险。银行一边借入存款人的钱，一边贷放出去，前者存款人承担银行的信用风险，后者银行承担借款人的信用风险。从这个意义上讲，存款和贷款没有区别。

有信用风险，就需要识别风险、控制风险。风险识别，主要是通过尽职调查了解交易对手的信用状况，如果交易对手信用不足，还需要通过各种方式来增信，或者采取必要的风险缓释措施（risk mitigants），如担保（保证、抵押、质押）、信用保险等。一旦我们愿意承担信用风险，我们就对交易对手给予了信任，也就是给予授信。对我们而言是授信，对交易对手则是受信。授信只是说我们愿意承担信用风险，而通过各种交易（如贷款、担保、承诺）实际承担了信用风险，就是用信，启用授信也就形成了债权债务关系，银行是授信人，客户是用信人，贷款、担保、承诺这些用信方式又统称为债项（facility）。

在银行内部，同一个信贷名词（如流动资金贷款、贸易融资）也有不同的口径，一方面是不同监管部门的统计口径不一致，另一方面可能是一些银行为了监管套利，故意混淆概念。通常贷款受到的监管是最严格的，于是很多银行将传统贷款包装后腾挪到其他科目，如存放同业、拆放同业、投资、买入返售，甚至其他应收款。为了把这些"不叫贷款的贷款"纳入监测、监管，监管部门的统计口径也在不断更新。例如在做金融统计的时候，有个"各项贷款"的概念，包括贷款、贸易融资、票据融资、融资租赁、从非金融机构买入返售资产、透支、各项垫款。2015 年年底，中国人民银行宣布自 2016 年开始，将差别准备金动态调整和合意贷款管理机制升级为宏观审慎评估体系（Macro Prudential Assessment，MPA），将各项贷款拓展成广义信贷，将债券投资、股权及其他投资、买入返售、存放非存款类金融机构款项纳入其中，2016 年 10 月又将表外理财资金运用项目纳入广义信贷。监管口径变了，银行又不得不继续寻找新的缝隙做"不叫贷款的贷款"，可谓"名可名，非恒名。"对于初学者来说，要尽快去熟悉你所在机构的行话术语体系，"忘其形，得其意，才能成其真"，熟悉之后，你会发现，叫什么不重要，不变的是信用风险⊖与风险收益的均衡。

理清了基本概念，下面我们了解一下当前的信贷市场，有哪些主要的信贷机构，他们是如何管理信贷业务的，以及都有哪些信贷产品。

1.2 信贷机构类型

信贷机构，又称放贷人，目前的放贷人包括三大类：一是受银监会监

⊖ 《中国银监会关于进一步加强信用风险管理的通知》（银监发〔2016〕42 号）提出"穿透式管理"和"实质重于形式"原则，银行实质上承担信用风险的业务都纳入统一授信管理。

管的传统金融机构,包括银行和非银行金融机构;二是不受银监会监管的放贷机构,如小额贷款公司、民间借贷等;三是一般性的商业信用。后两类一般称为"影子银行"。

1.2.1 银行信贷机构

这里的银行是广义的概念,即银行业金融机构。按照银监会的定义,银行业金融机构包括国家开发银行、政策性银行、大型商业银行、股份制商业银行、城市商业银行、农村合作金融机构、邮政储蓄银行、金融资产管理公司、外资银行、民营银行、中德住房储蓄银行、非银行金融机构、新型农村金融机构及其他类金融机构。非银行金融机构是特指银监会监管的非银行金融机构,主要包括信托公司、企业集团财务公司、金融租赁公司、汽车金融公司、消费金融公司、货币经纪公司,不包括证券公司、基金公司、保险公司等金融机构。银行信贷规模有多大?

 **小资料**

银监会2016年年报显示,截至2016年年底,银行业金融机构本外币各项贷款余额112.06万亿元。其中,短期贷款余额37.1万亿元,中长期贷款余额63.4万亿元。我国银行业金融机构包括1家国家开发银行、2家政策性银行、5家大型商业银行、12家股份制商业银行、134家城市商业银行、8家民营银行、1 114家农村商业银行、40家农村合作银行、1 125家农村信用社、1家邮政储蓄银行、4家金融资产管理公司、39家外资法人金融机构、1家中德住房储蓄银行、68家信托公司、236家企业集团财务公司、56家金融租赁公司、5家货币经纪公司、25家汽车金融公司、18家消费金融公司、1 443家村镇银行、13家贷款公司以及48家农村资金互助社。截至2016年年底,我国银行业金融机构共有法人机构4 399家,从业人员409万人。

这些机构和人员，是信贷市场上的主力。机构类型很多，总体上划分就是政策性银行、商业银行、专业信贷机构。政策性银行主要从事非营利性的政策贷款，其特点是利率低。商业银行业务全面，严格区分不同类型的商业银行意义已经不大，⊖因为它们业务基本同质化，各个行业、各个区域、各类客户都在做，大型银行也在做小微贷款，小银行也积极垒大户，地区性银行也在做异地贷款。城市商业银行前身是城市信用社，这些年陆续更名、跨区域经营、上市，发展迅猛，如北京银行、上海银行、江苏银行等。农村中小金融机构包括农村信用社、农村合作银行、农村商业银行、村镇银行、贷款公司、农村资金互助社。农村信用社和农村合作银行正陆续改制为农村商业银行，未来也是商业银行。这里的贷款公司是指商业银行设立的贷款公司，和企业设立的贷款公司有较大区别。资金互助社是合作制的延续，处于试点阶段，规模甚小。外资银行包括外商独资银行、中外合资银行、外国银行分行、外国银行代表处。国外银行在中国的发展模式一般是先设立代表处，然后升级为分行，再本地注册成为外商独资银行。

专业信贷机构，例如财务公司主要做集团内部及其上下游信贷，汽车金融公司主要做汽车产业链的信贷，消费金融公司主要做小额消费贷款。这类机构的短板是不能吸纳存款，其资金主要依靠银行借款、拆借、发债、上市融资来解决，从而贷款成本较高；其优势是与产业链结合程度较好，有一定风险控制抓手，信贷做得比较专业、精细，效率高。

1.2.2 民间金融

银行体系之外的贷款，通常称为民间金融，这里面的机构包括非银行系的小额贷款公司、典当、担保、租赁、网络借贷等。民间不等于非法，随着最高法院对企业间借贷的有条件认可（法释〔2015〕18号），放贷主体已经没有太多限制，很多机构虽然不叫银行或者贷款公司，事实上做的事情也是放贷款。

⊖ 大银行网点广，结算发达，资金成本低，资金监控强，综合收益高；股份制银行的网点少，资金成本高，但机制灵活，创新能力较强；地方法人银行受地方政府支持（或干预）较大。

民间借贷中的主要力量是小额贷款公司。大规模试点小额贷款公司始于2008年，银监会央行发布了《关于小额贷款公司试点的指导意见》，背景是大银行从农村地区撤离，同时部分经济学家呼吁小微企业融资难。地方金融办纷纷批准设立小额贷款公司，一些银行也开始在农村地区设立村镇银行和贷款公司。这里就有两类贷款公司，一类是各地金融办批的，一类是银监会批的。前者可以由工商企业设立，后者是银行设立，后者严格按照银行管理。银行系小贷公司的资金自然来自发起银行，工商企业设立的小额贷款公司的资金来源呢？一是股东出资，二是银行贷款。但是银行为了防范外部风险传染，对小额贷款公司有较多限制，小额贷款公司从银行业金融机构获得融入资金的余额不得超过资本净额的50%，所以工商系小额贷款公司放贷的主要制约因素还是资金来源。

在银行竞争如此激烈的今天，为何还有小额贷款公司的生存空间？首先，小额贷款公司往往是在熟人之间进行，圈子内，产业链上下游之间，他们不会轻易借钱给陌生客户，多年来生意往来，对交易对手的情况摸得比较深。其次，小额贷款公司制度流程是股东自己制定，手续比较简单灵活，资金到账及时。银行贷款是通过标准化的流程来控制风险，要经过授信、用信，多人参与，贷款能不能批、啥时候放款都是不确定的。中小企业做生意，需要确切的到账时间才能谈，利率高低无所谓，要的是准确的答复，这时候往往需要找小额贷款公司。最后，银行正规渠道清收不到的高风险客户贷款，民间金融通过各种方式能够收得到，那么这类客户自然就成了民间金融的客户。这些外在差别的根源就在于银行受到更加严格的监管，金融牌照是紧箍咒，持牌经营就要依法合规、要规避声誉风险等，这也都给民间金融提供了生存缝隙。有时候，银行与小贷公司并非竞争关系，而是一种复杂的"共生"关系。

1.2.3　商业信用

银行也好、小贷公司也罢，这些还可以称为金融机构，商业信用就不是金融活动，或者主要出发点不是做金融而是为了促进商业交易。然而，商业信用也是一种广泛应用的短期融资形式。商业信用是基于工商企业及个人之间的互相信任，它包括赊销、分期付款、预付现金、延期付款等形式。赊销，销售商是授信方，购买者是受信方；预付，购买者是授信方，销售商是受信方。

举例来讲，一些地区的农民种地基本可以不向银行贷款，原因是农资产品经销商提供了较为完善的商业信用。农户与其到银行贷款然后采购农资产品，不如直接在农资经销商那里赊购农资产品。经销商春季赊销种子、化肥、农药甚至提供技术服务，秋季直接回收农产品，利息就隐含在定价中。商业信用相比银行有下列优势：一是资金用途真实，放款的同时马上变成了农资产品，农民挪用成本很高，形成资金闭环，而银行贷款用途往往难以锁定。二是信息获取优势。由于常年经营农资产品产供销，对于哪家哪户种多少地、种什么产品、收成如何、做了多少年、本地容易出现什么病虫害，往往更加熟悉一些。随着农资产品的智能化，连农产品生长进度都可以检测，有没有按时来买肥料或者农药，购买的数量是否与经营规模匹配，这些异常变化往往及时反映了农户经营状况。三是对客户的控制力优势。农民一旦进入农资产品供应链体系，往往难以更换供应商，当然也就意味着农民不会轻易违约，除非他离开本地不再从事农业。四是财产挽回优势。如果农民经营的产品没有达到预期，如销售困难，农资供应商可以借助产业信息优势协调销路，没有用完的农资产品可以索回转售，而银行往往难以收拾残局。

资料来源：部分内容引自康志文，高文阁.农资赊销中商业信用取代银行信用应引起关注[N].金融时报，2013-08-18(12).

现在是一个全民信贷、全民金融的时代，各行各业都涉足金融，很多都是从商业信用入手，业务成型以后再申请金融牌照。互联网公司提供消费信贷(如京东的"白条"、去哪儿网的"拿去花")、汽车巨头成立金融公司发放车贷、产业集团成立财务公司等,模式往往是商业获客、金融盈利。

1.2.4 其他相关机构

除了不同类型的放贷人,信贷业务还涉及很多相关的机构,如表1-1所示。

表1-1 信贷业务涉及的相关机构

机构类型	在信贷业务中的作用
征信机构	收集整理信用信息,提供信用报告,帮助识别、判断信用风险
会计师事务所	审查会计报表,出具审计报告;验证企业资本,出具验资报告
资产评估机构	对房产土地、机器设备、无形资产等进行评估,出具评估报告
咨询公司	提供工程造价咨询、技术咨询服务,出具项目可行性研究报告
贷后监管机构	专业从事贷后管理,提供押品仓储与监管、风险预警等服务
资产管理公司	专业从事不良贷款收购与处置的金融机构
催收公司	专门从事各类坏账催收与追讨的民间机构
律师事务所	从事尽职调查、产品设计、合同起草、债务调查、代理诉讼等
担保公司	为借款人提供担保服务,借款人违约时提供代偿
保险公司	为借款人本人、抵质押品提供保险服务
放款通道	包括信托、证券、基金等金融机构
公证机关	对信贷合同进行公证,使其具备强制执行力
行政机关	工商登记信息查询、项目审批、核准、备案信息查询,抵押、质押登记
司法机关	借贷纠纷审理,判决执行

这些机构,可以分为两类:一类是政府部门;另一类是市场化机构。对于政府部门,要清楚其权力清单、责任清单、权力运行方式。随着简政放权的深入,很多事情政府已经不再管,政府承担的责任也慢慢地由市场主体承担了,要搞清楚一件事情的来龙去脉就得自己去调查,要做一件事情就得自己评估风险,并且自己承担风险,而不能一味地去获取政府的背书,超出法定权力的这些承诺也缺乏效力,或者变成了个别工作人员的越权行为。对于市场化的机构,我们要搞清楚:它提供什么服务?收谁的钱?立场在哪里?这些机构可能在技术上很专业,但是其独立性往往更重

要。例如：大数据公司可以协助放贷人舆情监测，挖掘借款人的负面信息，但是也可以替借款人管理舆情，如财经公关、转发软文、刷点评、删帖，甚至成为债务人非法集资的帮凶，打着"大数据风控"的牌子吸纳资金。各种中介机构都有执业规则，如《注册会计师审计准则》《资产评估准则》等，熟悉这些规则，可以了解各机构做事的方式。中介机构信奉"形式重于实质"，严格按照准则做事，保护自己，其结论和假设息息相关。而信贷人员必须"实质重于形式"，如果仅仅把问题甩给中介，中介甩给客户，客户出具一系列"承诺"，这种工作方式对问题解决没有太大帮助。

事实上，中介往往把简单问题复杂化，一方面帮助放贷人设计风控体系，一方面帮助借款人融资筹划。在专家的指导下，一笔简单的贷款变成了复杂的"结构化产品"。当这种体系复杂到一定程度，借贷双方都不得不把这些工作外包给"专家"。慢慢地，我们习惯了外包，守着牌照做容易（"干净"）的事情，把难事（"有风险"）外包。项目评估难，外包给工程咨询师；财务分析难，外包给审计师；抵押品估值难，外包给评估师；合同把关难，外包给律师；催收难，外包给催收公司；市场营销难，找专业的营销代理、推广中介，招聘资源型人才；风控难，转嫁给担保公司，让"大数据模型"担责。外包是轻资产的思维方式，能外包的尽量外包，以聚焦主业、提升效率，但是前提是你得真懂，否则往往是把收益给了外包机构，把风险留给了自己。

1.3 银行信贷管理

在金融脱媒化趋势明显的今天，传统银行依然是信贷市场的主要供应商，非银行金融机构、民间金融、商业信用大多借鉴了银行的信贷管理方法，并对其加以改进，很多管理人员也来自传统银行。不了解银行是怎样做信贷，就很难进一步了解新型信贷业务，接下来的内容主要介绍银行信贷。

1.3.1 信贷业务风险

银行一方面从存款人那里借入资金，另一方面把资金贷放给借款人，赚取利差，这就是银行运行的基本逻辑。这种业务模式有两大风险：一是借款人是否会如期还款，即信贷风险；另一个是存款和贷款的期限匹配问题，即流动性风险。我们经常说企业资金链风险、现金流管理，其实银行面临的流动性风险要远远大于一般工商企业，银行的资产负债率基本在90%以上，这就要求银行要有极高的风险管理水平。

如何管理流动性风险？一是拉存款，资金进进出出，只要进来得多、出去得少就可以维持，当然如果只用这一招就是庞氏骗局；二是日常管理中不把所有资金都投放出去，要保持一定的存款准备金，当然这样会降低利润；三是增加资本金，《巴塞尔协议》作为银行业风险管理的通用文件，其中最重要的要求就是银行必须维持一定资本金比例，即资本充足率要求。通过资本充足率约束，实际上是把银行的经营风险从存款人身上转移到股权投资人身上。为什么投资者愿意提供资本来承担风险呢？一家金融机构值不值得注入资本金救助？股东获取的是剩余索取权，应付了短期流动性危机以后，贷款是否能收得回来就是关键，最终还是落脚到信贷业务风险管理。

信贷风险管理是指通过风险识别、计量、监测和控制等程序，对风险进行评级、分类、报告和管理的过程。风险管理的定义比较宏观，其实银行对信贷风险管理的认识也是渐进的。早期的风险管理工作就是信贷审查审批，做好每一笔贷款风险控制，确保每笔业务不出事，出了不良就尽量去催收。这种信贷管理主要是基于信贷专家的经验法则和主观判断，其不足之处是风险集中。审贷官一方面积累了经验，但是他们也积累了"偏见"，在选择客户时必然有偏好，[1]长期下来，就会形成客户的风险同质化，

---

[1] 所谓做熟不做生，体现的是 KYC（know your customer）原则。

一旦银行判断失误，就会造成一片客户的坏掉。于是就有了集中度管理，这是最基础的风险管理，例如对客户、行业、区域设定最高风险限额，对审贷官设定最高审批权限等。资产组合理论认为，只要不同资产之间的收益变化不完全正相关，就可以通过资产组合方式来降低整体风险。它对信贷管理的启示就是：不要过分关注单笔业务本身的风险，而是要关注其对整个信贷资产组合的风险边际贡献度，有时候银行需要主动去承担一些风险贷款，利用业务之间的负相关关系来"中和"存量业务的风险。

例如：某城市自主品牌4S店包括奇瑞、吉利两家，从历年数据来看，奇瑞销售得好，吉利就差，反之亦如此，但自主品牌销量总体平稳。如果贷款投向其中一个品牌，其风险就比较高，如果同时投向两个品牌，其风险就会小一些。但是，客户的营销总是有路径依赖，总是批量营销，往往是拿下一个品牌全国的4S店，而不是一个城市各种的品牌。实务中的客户总是互相关联，风险正相关，这就是"信贷悖论"。大数法则的假设在现实作业中往往是不成立的，小微企业总是一批批地倒掉。特别是在互联网金融里，一旦发现了风控漏洞（"口子"），坏客户口口相传，如鲨鱼一般，蜂拥而至，很短的时间内就会让一家信贷机构垮掉。

上面这些风险管理方法都是停留在信贷管理阶段，实际上真正的风险管理应该是和信贷发放相分离，利用金融工具（例如信用风险保险、互换、证券化）实现风险的转移和承受，这就需要对信贷业务风险的"识别、计量"，进而"监测和控制"，"评级、分类"然后定价，这也是转移出售的基础。

1.3.2 信贷管理体系

银行没有专门讲信贷风险的控制方法、招式，一切都体现在制度、流程、产品设计之中。

1.3.2.1 信贷业务流程

信贷流程分为授信和用信两个阶段，先授信后用信。对于一个新客户，客户先要申请授信，客户经理完成尽职调查，风险部门进行风险评价、审查审批，确定客户的授信额度和授信期限。客户需要用款怎么办？那就是第二个层面的流程，即债项流程。例如一笔贷款的流程包括用款申请、审查审批、合同签订与放款、贷后管理、贷款收回与处置等环节。当然如果授信做得扎实，用信通常就是按授信审批意见落实签订合同与贷款发放事宜，如果授信工作比较空泛，那么在具体用款环节，就要严格走调查、审查、审批程序。

从银行层面来说，每一笔贷款具体要经过多少环节？横向纵向的部门流转，事实上环节很多，例如银行通常在分行、支行都有客户部门和风险部门，相应环节就包括支行客户经理调查、客户经理所在部门审核、所在支行风险经理审查、支行风险部门审核，以及支行行长签批上报分行，分行风险部门、分行贷审会等。要识别风险，就要更多地了解客户，第一次调查不扎实，后面工序再多也加工不出来好产品。

1.3.2.2 审贷分离

传统上，一笔贷款，信贷人员调查以后，报行长审批即可发放，所有流程都在信贷部门，这样的好处是责任明确，信贷员一直要负责到贷款最终收回。然而随着市场竞争和银行业务的发展，纯粹的信贷员已经不存在了，变成了客户经理。客户经理不仅要放贷款，更重要的是拉存款，而信贷业务又是拉存款的重要工具，很难避免客户经理为了完成任务放松对信贷业务的风险管控。

中国人民银行《贷款通则》第四十条规定："建立审贷分离制：贷款调查评估人员负责贷款调查评估，承担调查失误和评估失准的责任；贷款审查人员负责贷款风险的审查，承担审查失误的责任；贷款发放人员负责贷款的检查和清收，承担检查失误，清收不力的责任。"

为了避免道德风险，通常要把信贷业务流程上的业务环节和风险控制环节进行适当的分离，即审贷分离，一笔贷款至少需要两个人经手，也称"四眼原则"。审贷分离以后，客户经理主要是负责营销客户、收集资料，获取客户真实的信息，不加选择地载入调查报告，至于贷款能不能批，这种裁量权交于后续的流程来行使。

审贷分离有不同的阶段：一是岗位分离，最初级的就是将信贷调查和信贷审查分设为两个不同的岗位，然而同在一个部门领导下，这种分离很难做到独立。二是部门分离。设置信贷业务经营部门和授信审查部门，前者履行贷前调查和贷款管理职能，后者履行信贷审查职能。由于不同的部门有不同的考核，信贷审查有一定独立性，但是都在一个分行，人员相互轮岗，还是有人情因素。三是地区分离。有的商业银行设立地区信贷审批中心，负责某个地区的贷款审批，旨在通过地区分离、异地操作来保证贷款审批的独立性。地区分离是最彻底的，但是审查人员与前台之间的沟通、效率都受影响。分离程度越大，对调查人员的报告要求越高。例如在同一部门中进行岗位分离，调查报告就不需要很详细，一两页，不清楚的面对面就能补充解释；地区分离则不一样，很多业务要写几十页的报告，写的人很累，看的人更累，效率相对低下。

信贷管理的部门设置主要体现了审贷分离原则，审贷分离，即前台、中台、后台分离。前台主要是从事市场营销与客户关系管理的信贷经营部门；中台主要是信贷业务的管理部门，如信贷管理部门、风险管理部门及放款中心、法律合规部门等；后台主要是从事业务操作处理和监督检查的部门，如会计结算部门、稽核审计部门等。

 小资料

信贷经营部门包括公司业务部门、基层支行，其主要职责是：市场调查，产品开发，客户开发；受理客户提出的授信业务申请，收集有关授信资料，对授信业务进行调查；实施贷后监控政策，对信贷客户跟踪管理。

信贷管理部门主要承担信贷业务管理、风险审查，同时承担贷审会的组织管理工作。风险管理部门管理的不仅仅是信用风险，还包括市场风险、流动性风险、操作风险等，涉及信贷业务的，主要是运用各类信息系统、管理工具和监测手段，对信贷资产的信用风险、市场风险和操作风险进行预警、监测、检查和评估，并建议、督促、协助有关部门进行风险控制，完成风险化解。放款中心，是负责贷审会审批以后的客户授信业务额度使用控制、放款账务处理和信贷法律文本档案集中管理。资产保全部门负责接收不良资产，进行后续处置，运用清收、重组、诉讼、抵债、出售、核销等保全和处置方式化解和挽救资产风险，提前介入处理潜在风险资产或特殊风险的应急事件等。法律合规部门负责提供法律顾问服务，为重大决策和重点项目提供专项法律支持，负责法律文件的审查和合同管理，管理经济纠纷案件，负责合规管理工作和反洗钱工作，开展法律培训。

稽核审计部门主要负责全银行所有业务的稽核审计，涉及信贷业务的，往往是对信贷业务各个流程的审计，对相关岗位是否尽职进行调查。

各个银行的部门设置不完全一致，有的银行信贷管理部门包括了产品开发、市场推广，单设授信审批部负责审查审批，有的银行把信贷审查、贷审会、法律合规、资产保全、放款中心都放在风险管理部门。我们不要过于关注这些名称，而要关注其工作内容。

1.3.2.3　垂直管理

从纵向架构来看，银行有总、分、支各个层级，各个层级都设置一套前台、中台、后台部门。前台部门专注于业务发展和营销，中台部门负责授信评审和审批把关，后台部门负责运营与风险监控。问题是，支行处于业务一线，本身又是一个前台部门，那么前台部门里面的中后台部门如何发挥风险控制的作用？支行的信贷审查人员既要审查贷款风险，又要协助支行完成好信贷业务向上级行申报，即支行的信贷审查意见要报支行行长，然后支行作为一个整体向上级行审查部门申报。这种风险控制很难做到完全独立，于是风险条线垂直管理成为惯性选择。

风险条线垂直管理，就是总行对风险条线实行实施垂直化管理，建立一条由首席风险官、风险总监、风险主管、风险经理组成的独立的风险管理组织架构和报告线路，即总行设首席风险官，一级分行设风险总监，二级分行设风险主管，向支行派出风险经理，在各分支机构内，风险管理组织机构相对独立，主要对上级风险部门汇报。业务层面包括平行作业，由风险经理和客户经理共同参与贷前调查、风险评估等环节，这样有利于风险部门及时掌握一线情况，避免闭门造车式的风险控制，同时有利于风险控制的独立性，避免了营销条线信息的选择性上报。

垂直管理也有弊端，上级行派驻的人员要顺利开展工作不可避免地需要当地支持配合，无法做到完全独立。垂直部门本身就是一个问题很多的组织，内部人员的升迁原则上主要取决于系统内部上级单位的评价，而上级部门又远离下级，使得考核制度本身的可操作性不强；垂直管理部门组织内部人员编制、人员流动的相对固定性，导致组织内部人员工作缺乏动力，组织僵化、缺乏活力；而且垂直体系一旦形成，就很容易成为一个不受监督的独立王国，当地无权管理派驻人员，系统内的监督，是自己人监督自己人，容易失之于宽；垂直管理到了极端，很容易脱离业务发展实际，降低了信贷效率。

1.3.2.4 集中与分散

风险管理是集中好还是分散好？集中授权、统一授信，是强调集中，而授权经营、分级审批,强调分散。

风险管理不是简单的集中、统一、垂直。风险管理的首要原则是分散,不要把鸡蛋放在一个篮子里。如果为了确保独立性,把所有信贷审批权限都上收到总行,后果就是风险也就集中到了总行,统一化、标准化、步调一致,出现风险就是系统性风险。分散经营,不会出现所有支行同时犯同样的错。既要会开车,又要会识路,开车的方法可以统一,但是道路却各有差异。熟悉一笔贷款情况的是支行,对其风险点和盈利点都熟悉,如果支行只负责市场营销,不管审批,很容易导致支行对风险点视而不见、听而不闻,选择性上报信息。要让他承担责任,就要赋予其权利,如果从营销到审批、发放、回收都放在支行,支行就有了风险控制责任,有利于调动基层积极性和责任感,支行就要制订因地制宜的风险控制方法、经营理念,在风险可控的情况下获取最大收益。然而分散经营的缺点很明显,在分支机构相互竞争的机制下,短期化、行为失范、地方主义泛滥,特别是当地银行与当地政府、企业形成了利益共同体,总行的权威和控制力受到影响,风险政策容易失控。这些矛盾就导致了信贷管理体制不断地调整、改革,有的时候强调集中,有的时候强调分散,往往出了问题就集中、收权。

从业务层面来说,一笔业务集中在一个部门受理,无疑效率最高。按行业、产品、客户规模设置不同的专营机构,集中办理相应的信贷业务,也是组织架构变革的一个趋势。例如中小企业金融服务专营机构、汽车金融事业部、贸易金融事业部,由于做的专、对特定领域研究比较深,能够开发出专业的产品和流程。这种体制也存在弊端,例如汽车金融事业部,必然要发展汽车产业链上的业务,做大规模,如果全行业衰退,是否会自己主动退出,革了自己的命?对于客户来说,如何一站式办理业务?事业部与地区分行支行客户如何归属?如果这些部门不参与市场开发,仅仅作为管理机构,事情还是一线去做,管理机构就会越来越臃肿,而一线只会越来越忙。

1.3.2.5 信贷流程再造

管理是一门艺术，有很多管理模式，从泰勒到德鲁克，从科学管理到人本管理，从 3P 模型、平衡计分卡到绩效管理四循环，太多的经典管理理论和时髦的管理工具。银行也搞了很多管理咨询，建了很多管理制度、表格，大家依然觉得管理很粗放。什么是粗放式管理呢？100 件工作，10 个人，摊派下去，辅之以考核指标，只要结果，不要过程，"充分放权，发挥大家的主观能动性"。出了问题，抽 1 个人复核与管理，9 个人继续干活，再出问题，换人管理，或者 8 个人干活，1 个人复核，1 个人监督，前中后分离、三道防线……不断增加管理层级，当然干活的人就少了，事情就多了，基层就越来越忙，压力越来越大，纰漏就越来越多。

组织架构怎么变化，管理理念如何革新，都改变不了工作量，只有回归到流程、如何优化流程，这才是有意义的突破点。庞巴维克说，迂回式生产效率最高。例如，2 个人去开发干活的工具，8 个人用新工具干活。随着技术的进步，专业开发工具的人数比例会更高，在一些互联网银行，基本上就没有操作工人了。有的银行，客户经理只有名片一张，其余的就全靠自己的能力，扫楼扫街，几乎是拿着木棍上战场；有的银行，客户经理全副武装，有目标客户清单，有数据支撑，客户经理背后有强大的参谋部门、后勤部门，而不是一个人在战斗。

一切管理都要服务一线，一线信贷工作的核心在于发现客户信息，分析客户需求与风险。所有的流程再造都要围绕有利于一线信贷工作来进行。一线客户经理的主要工作有哪些？

具体来讲，一线客户经理的主要工作包括：营销并受理客户提出的授信业务申请，收集有关授信信息资料，对申请人申请授信业务的合法性、合规性、安全性和盈利性进行调查，并对调查资料的真实性负责；对客户和授信业务进行风险评级和分类,对授信方案(授信额度、期限、利率费率、使用方式、担保措施)等提出明确意见;授信获批以后,办理核保、抵质押登记及其他发放贷款的具体手续;对授信客户进行定期和不定期监控;协助保全部门实施问题类授信客户处置。

传统上,贷款的前、中、后管理在很大程度上是分开的,也是为了互相制衡。客户有了潜在信贷需求后,客户经理要求企业提供标准化的资料,包括担保抵押情况等,把客户的贷款需求和资料上报至信贷审核部门。贷款启用以后,客户经理发现了风险信息,逐渐上报,采取处置措施。这样的操作模式,是客户牵着客户经理鼻子走,客户经理牵着中后台鼻子走。

随着互联网的兴起,各数据机构已经可以把大部分客户的信用数据收集起来,数据成为一种资产。如何高效地利用这些数据来提升信贷流程的效率?一个简单的例子:客户经理谈了一个客户,然后去查询征信、工商信息、法院信息、行业信息、财务信息、流水,分析这些碎片化的信息,最后形成调查报告,上报审查、审批。无数个客户经理每天都在各自的客户身上花费了这些精力。中后台是否可以建立基础信息库,通过数据模型,深入挖掘,过滤掉问题客户,形成目标客户清单,再让客户经理去精准营销,去有针对性地补充完善无法通过非现场方式获取的信息。通过对存量客户风险信息的实时监测与挖掘,再反馈给客户经理去现场核实。对于软件,查询一户企业信息和查询一万户企业信息的效率几乎没有差别。先发现目标客户,再启动信贷流程,银行就占据了主动,问题客户根本就进不了这个流程。如何去寻找数据源、挖掘数据源,这就需要强大的中后台。管理部门,不能成为一个数据统计、业绩考核、文件复核签批机构,而是要成为参谋部门、后勤部门。随着技术的变革、经济变迁,信贷管理机制还会发生很多很多变化。

1.4 信贷产品基础

虽然都是承担信用风险，但是信贷业务外在表现就是各种花里胡哨的信贷产品，这些产品往往融入了市场营销、风险控制等多种因素。各机构不断求新求异，力求在市场竞争中脱颖而出，作为初学者，要从相同处下手。传统的银行业务有四种：贷款、票据、信用证、保函，其余大多都是在这四种业务基础上的创新，如贸易融资、供应链融资、同业信贷业务等，本节对这些产品做一个简单的梳理。

1.4.1 传统贷款产品

贷款产品的划分有很多标准，例如按照客户类型划分为法人贷款和自然人贷款；按期限分为短期贷款、中期贷款和长期贷款；按照用途划分为流动资金贷款、固定资产贷款、并购贷款、个人经营性贷款、个人消费贷款等。

1.4.1.1 流动资金贷款

流动资金贷款是为了满足中短期资金需求，保证生产经营活动正常进行而发放的贷款。银监会《流动资金贷款管理暂行办法》，对其进行了详细规定。

流动资金贷款深受企业欢迎，原因就是在所有贷款中，流动资金贷款是资金监管最松、用途最宽泛的，相当于拿到一笔现金，自由支配。从银行角度来说，流动资金贷款风险较大，我们可以从几个角度来看。

（1）借款原因不明，表面原因是流动资金短缺，然而真实原因往往不明确。

（2）贷款用途宽泛，可以是日常周转备用金、采购资金、存货、发工资、付水电，甚至还其他银行贷款。

（3）还款来源不明确。流动资金贷款的还款来源是企业全部收入，看似很多，能控制的很少。

（4）金额测算问题。测算公式要依赖许多假设条件，计算出来的金额往往不准确。

（5）期限问题。实务中，总是会把流动资金贷款和短期贷款画等号，而事实上，对一个客户发放一次流动资金贷款，到期收回不再投放，少之又少。借款人总是需要流动资金，不可能清盘了偿还流动资金贷款。流动资金贷款对银行来说，往往流动不起来，投放下去，到期了，如果企业经营良好，那就是优质客户，银行通常不会压缩贷款，即续贷；如果企业经营不好，也就还不上，银行想收也收不回来，事实上就是短贷长用。

正是由于这些原因，流动资金贷款通常适用于信用良好的大企业，逻辑就是，信任这些企业不会乱花钱；通常还要求借款人提供强有力的担保，例如房产抵押，逻辑就是，既然无法把握第一还款来源，那就依赖第二还款来源。

1.4.1.2　固定资产贷款

固定资产贷款，顾名思义，是用于借款人固定资产投资的贷款，主要用于固定资产项目的建设、购置、改造及其相应配套设施建设。

项目贷款属于特殊的固定资产贷款，银监会《项目融资业务指引》发布早于《固定资产贷款管理暂行办法》，但是制定依据却是后者，只是公文流转提前发布，该指引阐释了项目贷款的主要特征。

（一）贷款用途通常是用于建造一个或一组大型生产装置、基础设施、房地产项目或其他项目，包括对在建或已建项目的再融资。

（二）借款人通常是为建设、经营该项目或为该项目融资而专门组建的企事业法人，包括主要从事该项目建设、经营或融资的既有企事业法人。

（三）还款资金来源主要依赖该项目产生的销售收入、补贴收入或其他收入，一般不具备其他还款来源。

某汽车厂商现有一条 A 车型生产线，打算新建一条 B 车型生产线向银行申请贷款。如只以新建生产线投产后 B 车型销售收入还款，应为项目贷款；如还有该厂商 A 车型销售收入还款的，则为固定资产贷款。这里的区分有意义吗？有时候有意义，例如按项目贷款，考察市场需求、技术及工艺先进性等就要重点分析 B 车型生产项目，而如果是固定资产贷款，则要综合考虑现有 A 车型的情况，以及 B 车型投产以后对 A 车型的销售是否产生不利影响。

通常来说，固定资产贷款风险也是比较大的，由于固定资产投资往往会改变企业的运营模式。我们能考察的是历史表现，然而历史表现能否推及未来？未来是难以预测的。就汽车行业来说，笔者在实务中遇到一些汽车厂商投资数十亿元新上的品牌生产线，建设期都很顺利，产品下线后市场反应冷淡。做固定资产贷款，特别是项目贷款的时候，要做大量的前期项目评估，项目贷款评估方法将在后文详细介绍。

1.4.2 票据融资产品

票据融资和贸易融资可以理解为传统流动资金贷款的改进产品，限定了贷款的用途（一笔交易），强调交易背景、场景，进而控制风险。这方面的产品非常多，为了直观阐释，下面以汽车产业链为背景来介绍。

从产业链角度来看，汽车行业上游产业包括钢铁、机械、橡胶、石化、电子、纺织行业等，下游产业包括运输、旅游、金融、保险、维修、加油站、个人消费等。从行业内部来看，汽车行业包括汽车零部件配套企业、汽车制造企业、汽车销售商、汽车用户四大群体。汽车产业链内部，通常以汽车制造企业为核心，汽车制造企业向零部件供应商采购零配件，零部件供应商再向钢铁、橡胶、石化、纺织等行业采购原材料。汽车制造企业下游就是汽车销售企业，能够从汽车制造企业提车的一般是经销商，经销商下面还有二级甚至三级销售商。销售商下游就是汽车用户，包括经营性用户，如出租车公司、运输公司、旅游公司、家庭、个人等。

票据包括本票、支票、汇票，都是结算工具。汇票按出票人的不同分为银行汇票和商业汇票，而商业汇票具有融资功能。商业汇票还有承兑人，承兑人是银行的就是银行承兑汇票（简称"银票"），承兑人是工商企业的就是商业承兑汇票（简称"商票"）。

1.4.2.1 商业承兑汇票

商业承兑汇票，简单来说，就是企业之间的欠条，属于商业信用。例如汽车厂商从配件商处采购，可以是汽车厂商主动签发一张商业汇票给配件商，并承诺到期付款（即承兑）；也可以是配件商签发，由付款人汽车厂商承兑，或者付款人的集团公司、财务公司承兑等。和欠条不同，有了《票据法》的保障，商业承兑汇票就可以流通、转让，最终票据持有人不一定是票据上载明的收款人，票据到期了，持有人可以向承兑人与付款人中间的任意一个请求付款，一般是通过银行进行托收。例如配件商拿到商业承兑汇票以后，转让给上游钢贸商，到期了钢贸商通过其开户银行办理托收，票据最终流转到签发人汽车厂商的开户行。对于汽车厂商来说，签发商业承兑汇票只需要付票据的工本费，没有任何其他费用，相当于"打白条"占用交易对手资金，所以具有融资功能。配件商，以及随后的钢贸商，承担了汽车厂的信用风险。一般来说，只有非常强势、信用度非常好的企业签发的商业承兑汇票才会被交易对手接收。银行在企业签票、托收过程中扮演的角色就是中介，既不占用资金也不承担信用风险，收益也就是工本费、托收手续费。

配件商拿到商业承兑汇票以后，向上游继续转让，如果钢贸商不接受怎么办？这时候配件商可以考虑到银行贴现。承兑人和付款人是汽车厂商，贴现行承担的是汽车厂商的信用风险，需要主动给汽车厂商授信。通常，只有特大型央企签的商票,银行才会做这种贴现。实务中,往往是银行给汽车厂商有了一定的授信额度,然后引导汽车厂商签发商业承兑汇票给上游配件商,银行保证予以贴现,即商票保贴。当商票到期,汽车厂商不兑付怎么办?贴现银行就需要拿着保贴协议去起诉汽车厂商。配件商的另外一个选择就是用商业承兑汇票质押,签发银行承兑汇票。换成了银行承兑汇票,可接受性大大增强,钢贸商可以继续向上游煤炭、电力厂商背书转让。

1.4.2.2 银行承兑汇票

银行承兑汇票,全称是商业汇票银行承兑业务。由于银行承诺到期兑付商业汇票,就和现金一样,几乎是零风险。通常经销商向汽车厂商采购进车的时候,会大量使用银行承兑汇票。一般来说,企业自身信用非常好,交易对手能够接受,完全可以签发商票,这样成本最低,如汽车厂商通常签发商业承兑汇票;如果要签发银票,借助银行信用,银行承担了出票人(承兑申请人)的信用风险,那么出票人就要给银行支付对价,在目前的定价条件下,这种对价往往体现为缴纳一定比例的保证金存款,所以银票是拉存款的好工具。

例如经销商签发银行承兑汇票,收款人是汽车厂商,完成采购以后,经销商陆续销售汽车,在票据到期日前将票面金额和保证金之间的差额补足。银行面临的问题就是,到期以前经销商没有补足差额怎么办?如何控制这种信用风险?常见的办法是对差额部分也就是敞口部分增加担保,如房产抵押、担保公司担保等,这是注重第二还款来源;另一种方法是强调第一还款来源的管理,就是不能等着经销商到期来补敞口,而是要控制经销商的采购、销售、回款整个流程,这就变成了贸易融资。

汽车厂商收到银行承兑汇票以后,假如要发工资,要用现金,那就需要贴现。银行承兑汇票贴现相对简单,因为有了银行的信用,贴现银行承担承兑行的信用风险,几乎是零信用风险,所以费率也比较低。如果汽厂商不愿意承担贴现利息以及走烦琐的贴现流程，就可以采取买方付息代理贴现。买方付息代理贴现不是自开自贴，因为这里的银行承兑汇票申请人是经销商，贴现申请人还是汽车厂商，只不过是经销商代理汽车厂商办理而已。为何不直接申请流动资金贷款？这就需要权衡融资成本，有时候保证金的收益率高于贴现利率，签票贴现就比贷款有利。

汽车厂商收到银行承兑汇票以后，也可以直接把票据背书转让下去。有时候付款金额和收到的票据金额不一致，或大或小；而且期限也不一致，如汽车厂商总是希望推迟付款，而收到的银票又即将到期，这时候就可以考虑将收到的银票质押给银行，换开符合要求的银票。票据转换的主要方式包括：①小变大，即收到大量零散的小面额银票，换开一张大面额银票。②大变小，即收到一张大面额银票，换开大量零散的小面额银票。③短变长，即收到的银票到期期限短，换开的银票到期期限长。短票到期托收回来的资金可以在汽车厂商的账户停留一段时间，直到长票到期兑付，相当于给银行拉了一笔短期存款。④长变短，即收到的银票到期期限长，换开的银票到期期限短。短票到期时质押的长票尚未到期，届时就需要贴现长票。汽车厂商当初为何不直接贴现长票对外付款？这是出于精打细算，能用银票就不用现金，尽量少支付贴现利息。汽车厂商每个月源源不断收到各种长短不一的银行承兑汇票，这种质押换票也是滚动进行的。

1.4.3　贸易融资产品

贸易融资最早源于国际业务，因其紧扣交易环节，风险控制效果较好，后来陆陆续续在国内贸易中得到运用。近年来，大家说的贸易融资产品大多数都是国内信贷业务，而且贸易融资大有取代传统流动资金贷款的趋势。

1.4.3.1　信用证

贸易融资在很大程度上是在信用证结算方式基础上发展起来的。信用证，是开证银行依照申请人（购货方）的要求向受益人（销货方）开出的载有一定金额的，在一定期限内凭信用证规定的单据支付款项的书面承诺。签发信用证或银行承兑汇票，银行都要承担申请人的信用风险，但信用证占用的监管资本要低。

信用证产生的最初动因是买卖双方互不信任，于是找到银行作为中介。例如：买方找到银行，缴存一定保证金、提供担保，开立信用证，受益人是卖方。收到信用证以后，卖方按照条款备货，将相关代表货物物权的单据或者能控制货物的单据（简称"货权单据"）交于开证银行，只要单证相符，开证银行就必须无条件付款。这里的付款可以是当时就付款，也可以是以银行承兑汇票的形式，开证行承兑以后在未来一定时期付款，前者是即期信用证，后者是远期信用证。

当卖家收到信用证的时候（收到下游的采购订单），缺乏备货资金，这时候银行可以做打包贷款（非信用证结算，则称为订单融资）。当卖家备完货物则将货权单据交于托收银行办理托收。所谓托收就是把单据传递给开证行，协助收款的过程。办理托收，能收则收，托收银行不承担信用风险。托收银行由于手里有了货权单据，事实上可以提前向卖方付款，也就是办理卖方押汇、信用证议付等业务。开证银行开立信用证，承担了买家的信用风险。即期信用证下，开证银行向托收银行付款的时候，手里有货权单据，这时候买家要获取货物就必须补足信用证款项，如果买家想先拿到货物销售后再补足款项，则要办理买方押汇。如果货物已经到了，而单据尚未到达开证行，买家想要提货，就要办理提货担保。

传统上认为，审核信用证就是审核单据，无须过多关注贸易背景。一手交单、一手付款，银行手里掌握的是单据。单据是否代表货物所有权？在国际贸易中，全套海运提单可以代表货物物权；在国内贸易中，还没有真正意义上代表物权的单据，常常是各种仓单，甚至入库单或者提货单。很可能银行拿到单据却无法控制货物，特别是在买卖双方串通的情况下，单据可能毫无价值。在目前的信用环境下，贸易背景的真实性审查至关重要。要回归信用证的本源，信用证的目的是为了解决买卖双方不信任的问题，如果交易双方非常信任，这就不太正常了。要回归信用证的结算属性，其期限要尽量与贸易结算周期相吻合，一个月的贸易结算周期，开了90天的远期信用证，客户挪用资金的风险就非常高。

如图1-1所示，境内的A公司向银行申请90天远期信用证，从境外卖家B处购买商品，拿到单据后通过下游买家A1（境外关联公司）迅速卖掉商品，获得现金后转款给关联公司A2，在信用证到期前，A2再把款归还给申请人A，补足缺口。A2可以利用时间差占用资金从事投资或投机活动，如果亏空则申请人无法归还到期的信用证缺口，形成信用证垫款风险。这笔信用证业务，从单个交易来看，贸易背景是真实的，但是从整体来看，这种"贸易"的合理性就存疑了。

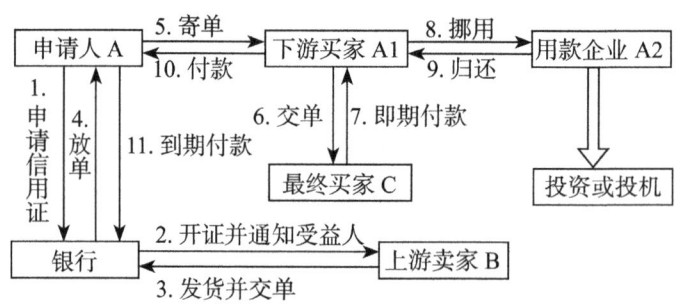

图1-1　信用证业务流程图

1.4.3.2　货押融资

贸易融资风险控制的重要抓手就是货物，一笔贷款对应一批货物。货押是指借款人将自有的货物（包括外购商品、库存原材料、库存产品等）或货权质押给银行，银行通过对质押物实施占有或监管而给予资金或信用支持的授信业务。

货押融资形式多样，以保兑仓为例：汽车经销商申请开立银行承兑汇票，向汽车厂商采购车辆，销售回款，在票据到期前补足敞口。银行的风险在哪里？银行签发了承兑汇票，支付给汽车厂商，到期以后银行就必须付款，而经销商缴纳的保证金以及后续销售回款合计达不到票据金额，银行就存在损失。这有两种可能，一种是货物滞销，一种是销售后未把款缴存银行。如何解决？一是把车辆分批次发给经销商，销售一批，销售款存入开票银行以后，银行再通知厂家发下一批车，票据敞口风险始终有对应的车辆；二是票据到期了，卖不掉的车辆厂商承诺回购。

保兑仓是标准化的货押产品，需要厂家配合，实务中难以实现，主要依靠对货物的直接监管。例如配件商向钢贸商采购钢材，缺乏资金，怎么办？这时候就可以用配件商的存货如钢材办理货押。问题是银行如何管理这些货？这些货还要流转，如何实时监管？这时候仓储公司和监管公司介入了。要么是把货放在第三方仓储公司，仓储公司负责出入库监管；要么是货还放在借款人仓库，由第三方监管公司负责日常管理（常见的就是1元租入借款人的仓库，派人驻场监管）。对于货押，最重要的是货物的监测与控制，实务中有一系列的监测指标：存货的吞吐量、存货周转率、流动比率、警戒线等。

1.4.3.3 保理

保理是指销售商（债权人）将其与买方（债务人）订立的货物销售（服务）合同所产生的应收账款转让给银行，由银行为其提供融资。例如配件商给汽车厂商提供产品，由于汽车厂商处于核心地位，配件商给汽车厂商先提供产品，汽车厂商后付款给配件商，配件商就会不断垫资。这时候配件商可以将对汽车厂商的应收账款转让给银行，获得融资。保理业务，银行承担的是应收账款债务人汽车厂商的信用风险，只要债务人汽车厂商信用等级非常高，对于保理申请人配件商的信用等级可以从宽，重点调查买卖双方贸易背景的真实性，这也体现了贸易融资重交易轻主体的思想。

保理与应收账款质押很相似，但是有区别。应收账款质押贷款是指企业将应收账款收款权作为还款担保的一种贷款，其第一还款来源还是卖方（融资方），不是买方。保理业务实现了应收账款的真实转让，买方是第一还款来源。所以说，应收账款质押贷款是卖方信用，而保理是买方信用。

传统的贷款很粗放，就是一笔现金交给客户，银行很难控制，只能是在发放贷款以前详细考察人品和押品。传统贷款强调企业整体财务实力、信用状况，以整体收入作为还款来源，但是问题是整体总是由部分构成，部分都搞不清楚，如何把握整体呢？贸易融资就是强调对特定交易的深度把握，控制直接的还款来源。一个实力很弱的经销商，业务做得很差，但是拿到了一笔政府订车计划，是否可能通过贸易融资的方式对这一笔交易融资？按照流动资金贷款的思路，企业信用、实力、主营业务、担保能力都不够准入资格，按照贸易融资的思路，交易背景真实、交易过程可以控制，企业从厂家购车、物流、交货、收款都在银行掌控之下，陆续入库、销售、还款，银行陆续释放质押物，银行始终控制了与贷款余额相匹配的存货。不管企业其他项目做得如何，盈利亏损，只要保证这批货没风险，银行的贷款风险也就可控。问题是部分能够从整体风险中隔离吗？可能该经销商其他业务亏损，拖欠了货款，有大量的民间债务，银行放款形成的存货会不会被其他债务人瓜分？借款人主体信用和交易过程不能偏废，主体信用不佳，贸易背景更容易造假，即订单真实性存疑；借款人整体业务经营不善，更容易通过贸易融资套取挪用信贷资金。贸易融资和流动资金贷款没有截然的区分。贸易融资不是低风险的象征，不是说把不符合做流动资金贷款的客户转移到贸易融资，风险就下降了。事实上，由于客户选择不当，近年来，大量贸易融资出现风险，逾期又转为流动资金贷款，即贸易融资流贷化。

贸易融资做得好不好，关键是对交易过程控制得如何。但是金融机构有什么样的条件去监测和控制交易过程呢？传统上，由于银行不是产业资本，没有深度介入产业链条，难以控制贷款用途、还款来源，退而求其次，银行只能依靠担保抵押，选择信用度高的借款人做流动资金贷款。重要的不是产品的外在形式和名称，而在于找到适合本金融机构的风险控制模式，没有良好的风险控制抓手，贸易融资就会成为高风险产品。

1.4.4　供应链金融

贸易融资是为满足企业在贸易链条上不同节点的融资需求所提供的授信支持；供应链金融则更进一步，是对供应链上单个企业或上下游多个企业提供的全面金融服务的一种业务模式。任何单一的贸易融资产品都难以形成资金闭环，银行只有将整个供应链纳入自己的服务体系，甚至建立自己独立的交易平台、支付结算体系，才能控制风险。类似于"上帝视角"，当你知道所有对手的筹码，就不会有信用风险，剩下的就是操作风险。

信贷有展业三原则：了解你的客户（know your customer，KYC）、了解你的业务（know your business，KYB）和尽职调查。 有时，借款人的资质良好，但是上下游交易对手出了问题，也会引发信贷风险。所以，KYC是不够的，还要做到KYCC（know your customer's customer），不仅要"了解你的客户"，还要"了解你的客户的客户"。

供应链金融通常适用于石油、煤炭、电力、汽车、钢铁、机械制造、建材等行业。供应链金融成功的关键因素是整合供应链条上的资金流、物流和信息流等核心数据，从而把单个企业不可控的风险转化为供应链整体可控的风险，从而更有效地控制风险。

谁来做这种整合工作？资金、物流、信息常常处于分割状态，各方都想主导。可能是银行主导，提供行业金融服务方案；也可能是行业内核心企业主导，如汽车厂商成立汽车金融公司；也可能是物流企业主导，因为它们对货物有掌控优势；也可能是互联网企业、数据企业、软件企业等第三方公司主导。谁能够很好地整合资金流、物流和信息流，谁就能最后胜出。

第一种，银行模式，最典型的就是银行的"1+N"模式。"1"代表核心企业，"N"代表上下游企业。一般供应链中均存在一个优质的核心企业，例如汽车行业中的厂家、煤炭行业的煤矿开采企业、房地产行业中的开发商、钢铁行业中的钢厂。核心企业实力较强，谈判地位较高，银行难以通过传统贷款获得较高收益。银行营销的重点就是对核心企业提供授信以及账户管理、投行业务等高附加值产品，通过核心企业对上下游客户群的控制力，打开上下游渠道，让上下游启用授信。上游主要是供应商，核心企业希望上游供应要稳定，就需要解决供应商资金短缺的问题；下游企业主要是销售商，核心企业需要建立强大的销售网络，扩大市场份额，这就需要下游销售商有较强的资金实力，这些就为银行介入提供了机会。

实务中，银行先找到行业内的核心企业，签订合作协议，核心企业提供信息流，银行通过信息流设计产品。还是以汽车行业为例，供应商或者经销商分布在全国各地，如果银行通过常规的方式进行尽职调查，成本很高，效果不一定很好，原因就是银行不掌握信息流，不知道交易量、盈利情况，而掌握这些信息的是核心企业；银行如果直接找到核心企业，对其核定授信额度，由核心企业提供上游信息，如全国供应商名单、等级、履约历史记录，以及核心企业动态的采购订单、应付账款清单；下游信息，包括全国经销商名单、店面等级、历史销售记录、动态的每日销售记录、采购订单、每日库存等。银行通过分析挖掘这些信息，筛选出目标客户，为其提供信贷支持。在贷后管理方面，主要也是依靠这些动态信息，实时监控。从产品来说，银行对上游企业主要提供订单融资、保理、应收账款质押融资，对下游企业提供保兑仓、货押，对终端用户提供消费信贷、法人采购融资、租赁融资等。

银行模式的风险在于，无论客户是上游还是下游，银行所承担的信用风险最终来自核心企业，上游应收账款来自核心企业，对下游的担保也是核心企业。这种模式表面上是服务了上下游，实质上还是核心企业在用信，与一笔大额贷款放给核心企业，核心企业转贷给上下游没有太大区别。所以银行主要关注核心企业，而没有太大动力去跟踪物流、信息流。银行模式需要核心企业、第三方监管、保险等多方参与合作，环节多、漏洞也就多，交易成本比较高。

第二种，产融结合模式，常见的有企业集团财务公司以及厂商系的汽车金融公司、消费金融公司、融资租赁公司。很多银行都会给核心企业授信，核心企业资金成本非常低，核心企业也掌握了供应链数据，完全可以自己做供应链融资，剩下就是申请金融牌照、开发融资产品。产融结合，一方面是利益驱动，另一方面是为了服务供应链，确保供应链稳定。和银行主导不同，这时候核心企业承担了信用风险，也就有了动力去挖掘跟踪信息流。作为金融中介，谁掌握了风险信息，谁才适合做风险定价。产融结合模式，优化了资源配置，明晰了责任，减少了交易成本。

金融结合产业，有了"场景"，营销与风控都有了抓手，从流贷贸易融资化，供应链、产业链金融以及互联网、物联网金融的兴起就可以看出来，金融与产业越来越密切。产融结合模式的缺点是风险集中于同一行业，甚至同一企业，信贷客户的风险同质化。和银行不同，产融结合的信贷决策要服务于产业目标，对风险的考虑不够独立。当产业是先进生产力，金融促进了生产力的发展；当产业是落后产能，金融延缓了其淘汰，最后积重难返。当然产融结合也可能脱实入虚，产业荒废，沦为金融投机。历史总是重演，十多年前，产融结合拓荒者德隆倒掉了，如今各路产业资本又纷纷杀入金融产业。

最后是第三方模式，一些供应链金融产品是行业通用软件开发商、互联网公司、物流公司在做。一些技术企业有意识地开发供应链软件，虚拟物流软件，通过收集数据，掌握供应链上下游企业的盈利状况和资金运动规律，在一些基金的支持下，也能在软件上嫁接一些金融产品。这种模式还在发展阶段，未来有一定空间。笔者曾在汽车金融公司设计风险控制模型，总是需要不断调研、采集数据，难点就是如何低成本拿到真实数据。这些虚拟物流软件看似免费做物流服务，实际上就是在为风险控制模型采集数据，让企业自觉自愿地贡献数据，数据积累到一定程度就成了金矿，最后通过金融服务变现。

1.4.5 类信贷业务

如今的信贷业务，已经越来越复杂，很多业务从表面上已经看不出来是贷款了，也就是类信贷业务，又称为通道业务。

 小资料

类信贷业务套路、模式非常多，各种创新层出不穷，但是生命周期较短，表现为：模式创新→被滥用→叫停。以委托定向投资模式为例，其业务机制为：①银行 A 和银行 B 签订同业拆借（或存放）协议和委托定向投资两份协议，银行 A 在银行 B 存入资金，同时向 B 银行发出投资指令；②按照 A 银行的要求，B 银行将资金投向由各种资产管理机构设计的非标准化债权资产（相对于债券等标准化债权资产而言，简称非标资产）；③资金最终流向企业客户 C，C 是 A 银行的授信客户（见图 1-2）。委托投资协议在 A 银行是抽屉协议，不会给监管部门看，该笔业务仅反映为拆放同业或存放同业；B 银行则是以委托投资协议为依据，将业务反映为表外业务中的委托及代理业务；双方利用不同协议进行差异化的会计处理，一笔贷款就这样消失了，规避了对贷款的监管，如合意贷款规模限制、房地产和产能过剩行业限制、贷款集中度指标、资本消耗、拨备计提等。

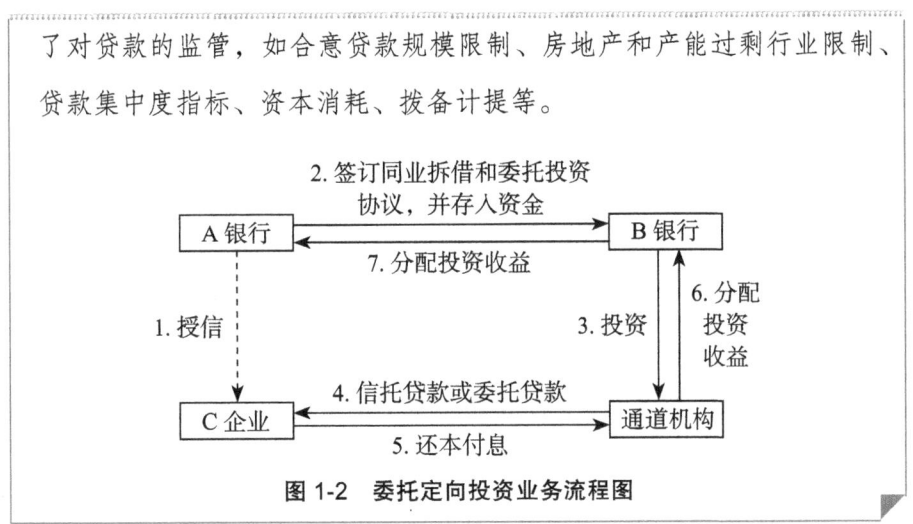

图 1-2　委托定向投资业务流程图

尽管类信贷业务结构复杂多样，但大多是以规避信贷规模控制、摆脱行业准入限制、降低风险资本消耗以及弥补自有资金不足为直接目标，以实现为借款人（一般为业务发起行自身授信客户）提供资金支持，获取存款、取得信贷收益的目的。在操作类信贷业务的时候，要牢牢把握信用风险这个关键，一般来说，谁的客户谁就承担信用风险，而该机构有可能出资金也可能不出资金。谁承担了信用风险就享有风险收益率，若出资人不承担信用风险则享有无风险利率，通道方不承担信用风险（并不是没有任何责任），只收取手续费。

从客户角度来说，只有融资方和出资方（存款人、理财产品购买人）的区别，只要能够满足融资方的资金需求和出资方的收益，叫什么名称是无关紧要的。融资方关心的是到账时间、金额、成本，无论是以贷款的方式还是类信贷的方式，甚至以股权投资的名义，只要能满足融资需求就行。但是，从银行和借款企业双方关系变成了多方参与，事实上增加了融资成本和操作风险。融资成本增加以后，借款人只能将资金用于更高风险的业务，增加了信贷风险。操作风险往往也会诱发信用风险，如抽屉协议的盖章环节就出了很多大案，也毁掉了不少银行行长。近年来经济下行，前些年做的各种类信贷业务纷纷出现问题，由于参与方众多，处置起来非常麻烦。例如：形式上的放款人是信托公司，抵押权人也是信托公司，这些通道方拿了手续费，根本不关注后续事宜，不会积极参与后续管理；用款企业出现风险，进入破产程序，实际风险承担银行很着急，但是法院是否认可其申报的债权？这些业务创新程度之高，普通信贷员尚理解不了，更不要说法官了！如果法院不认可，银行如何协调通道机构，解包还原、变更抵押、捋清债权关系？起诉通道方？一旦进入破产案件，最终还是依靠当地法院裁决。经济下行，需要去杠杆、甩包袱，企业出现风险，各路债权人闻风而来，夹杂着暴力清收，企业只能求助于地方政府，政府要维稳，往往出台处置纪要，甩掉不合理的债务负担，以便轻装上阵，很多过于复杂的债权就这样坏掉了。

2009年以前，银行通常将不合规的信贷资产卖给信托公司，但是信托公司受到银监会监管，后来银监会规范了银信合作，于是证券、基金、保险、租赁等银监会无法直接监管的机构参与进来，信贷腾挪的方式更复杂、更隐蔽，横跨信贷市场、货币市场和资本市场。例如：银行用理财资金购买基金子公司的专户资产管理计划，该计划的资金投向银行授信客户；银行投资证券公司的定向资产管理计划，通过信托发放委托贷款给企业。2013年3月，中国银监会出台《关于规范商业银行理财业务投资运作有关问题的通知》（银监发〔2013〕8号），规定非标投资余额规模不得超过理财产品余额的35%与总资产4%的上限。2014年5月16日，五部委联合发布《关于规范金融机构同业业务的通知》（即同业新规），对各种同业业务正本清源，清理整顿。此后，金融机构又产生了总收益互换、表外委托定向投资模式，以及通过股票收益权、融资融券收益权等方式进行创新。后来，监管部门又提出了"穿透式监管"，对这种跨市场的交叉金融产品进行规范。2017年，监管部门出台了一系列文件，"三套利""三违反""四不当""金融乱象整治"等，对各类不当创新进行清理。

"破山中贼易，破心中贼难"，资本具有逐利性，正如马克思所讲，如果有100%的利润，它就敢践踏一切法律。在个别金融机构看来，业务必须要做，合规的事情让合规负责人去想办法，于是很多创新就产生了。创新也并不新，种种乱象，恍如昨日。20世纪90年代，金融更加活跃，产融不分、银证不分、乱拆借、乱投资；后来，分业经营、分业监管，剥离不良，借鉴国外经验，引入巴塞尔协议、制订三法一指引，信贷业务规范了很多。经济学原理讲，管制不能消灭黑市，只会抬升成交价格。在金融领域，"监管——创新——监管"是永恒的主题，监管是创新的障碍，也是创新的诱发因素。

资本必然有逐利性，存天理灭人欲是不现实的，关键在于如何引导，用好资本这股劲儿，朝着什么方向去创新，这需要高超的监管水平。金融的本质是融资中介，它的存在意义在于降低投融资双方的交易成本，如果成本过高，就会产生金融脱媒，金融机构的创新方向应该是降低中介成本。互联网金融，通过技术手段实现了信用评估的低成本、信贷流程的高效率，是更正确的创新方向。

1.5 经济法律基础

分析信贷，不能孤立地看信贷，还要看信贷资金如何参与实体经济，主要问题就是信贷投入什么领域才能还本付息？也就是信贷的经济理论基础。

1.5.1 信贷资金运动

从微观上，一笔信贷资金的运动就是"二重支付、二重归流"。如图1-3所示，信贷资金首先由银行支付给借款人，这是第一重支付；由借款人转化为经营资金，用于购买原料和支付生产费用，投入生产，这是第二重支付。经过生产过程，完成销售以后，资金又流回到借款人手中，这是第一重归流；使用者将贷款本金和利息归还给银行，这是第二重归流。

这四个环节，任何一个没有扣上，都会造成信贷风险。例如：资金进入借款人账户，迟迟没有投入生产活动或者挪用到非生产活动了，如偿还旧贷、进入投机领域等；资金投入生产，但是产品没有实现销售，或者销售后没有收到货款；资金回流到借款人手中以后，被借款人挪用而未及时归还银行。为了控制支付环节的风险，银行通常采取受托支付方式，即资金直接支付给借款人的交易对手，资金不在借款人账户停留，也就是把二重支付简化为一重支付，同时要求借款人提供相关的采购合同、发票等，以防范购销双方虚构贸易背景套取信贷资金。为了控制回流环节的风险，银行通常采取贷后检查，即款支付出去，相应的货物有没有回来？在回流的过程中，商品能否变成货币，实现"惊险的一跳"，至关重要，对于这一块的分析，基本上属于还款能力分析，即借款人的生产经营是否正常；第二重归流属于还款意愿分析，着重要控制直接还款来源。

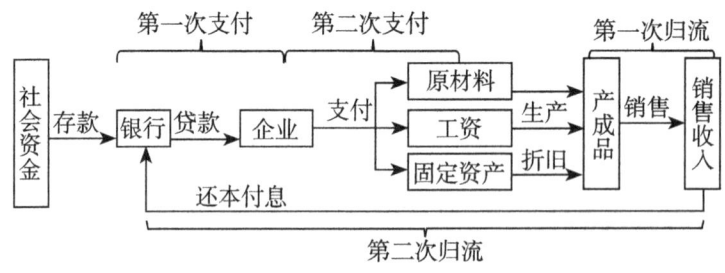

图 1-3　信贷资金运动图

从图 1-3 还可以看出，贷款自动创造了自己的还本来源（实物形态）。对于流动资产贷款来说，贷款支付以后，变成了原材料、半成品、产成品、应收账款，货物和应收账款变现后，贷款本金得以清偿；对于固定资产贷款来说，随着贷款陆续支付，贷款变成了项目的在建工程、固定资产，随着固定资产投入运营，通过折旧的形式陆续收回价值，可以归还贷款本金。利息来自哪里？马克思的利息理论认为，利息来源于剩余价值，利息能够得到清偿的前提是信贷资金运动的过程还会产生"增值"，结论是不能投向非生产领域，如投机、赌博、炒股、炒楼。也有不同的观点，如费雪的利息理论，认为利息源于人性不耐，或者未来收入的预期，合理的消费信贷、提前透支也是可以的。

货币的加入，往往让经济问题变得很复杂。现代的货币发行大部分是通过贷款创造的，按照会计记账原理，一笔新增贷款发放了，同时全社会就新增了一笔存款，全社会的货币增加了，贷款创造了自己的还款来源（货币形态）。大量信贷资金投入资产市场会引起存量资产价格的上涨，这也是一种增值（或泡沫）。信贷实务中，合理的资产采购是"经营需求"，而囤货居奇就是"投机需求"，要截然区分还是有难度的。

1.5.2 信贷法律基础

经济分析可以天马行空、大胆推测，做业务却要脚踏实地，信贷业务体现为一系列法律关系，有一系列法律文本，一个小小的瑕疵都会导致巨大的风险。我们要做好信贷业务，要像经济学家一样有预见性，能理清各种经济利益关系，要像程序员一样高效率，还要像律师一样严谨。

本书附录罗列了一些信贷从业人员应知应会的法律法规。信贷活动是一种民事法律行为，受民法的约束。我国的民法体系正在逐渐搭建，2017年3月15日全国人民代表大会通过了《民法总则》，10月1日起实施，《民法通则》与其规定不一致的，根据新法优于旧法的原则[一]，适用《民法总则》的规定。信贷涉及的民法还包括《中华人民共和国合同法》《中华人民共和国担保法》《中华人民共和国物权法》《中华人民共和国婚姻法》等。银行信贷也是一种商事活动，但是我国民商不分，商法未成体系，信贷涉及的商法包括《中华人民共和国公司法》《中华人民共和国合伙企业法》《中华人民共和国个人独资企业法》《中华人民共和国企业破产法》《中华人民共和国票据法》《中华人民共和国保险法》等。针对这些法律，最高法院还经常出台司法解释和下发指导性判例，这些都是需要结合工作不断地去了解。

法律法规文件很多，发生冲突怎么办？我们口语中的法律法规很广，

[一] 2021年1月1日，《中华人民共和国民法典》正式生效，新法取代旧法，涉及的相关法律同时废止。

狭义来说，法律仅指由全国人大及其常务委员会制定的规范性文件；法规包括行政法规和地方性法规，分别由国务院、地方人大及其常务委员会制定；规章是国务院部委（如银监会、人民银行）、地方政府制定的文件；除了这些法律法规规章之外的就是一般性的规范性文件。《中华人民共和国立法法》规定："法律的效力高于行政法规、地方性法规、规章。行政法规的效力高于地方性法规、规章。地方性法规的效力高于本级和下级地方政府规章。省、自治区的人民政府制定的规章的效力高于本行政区域内的较大的市的人民政府制定的规章。部门规章之间、部门规章与地方性规章之间具有同等效力，在各自的权限范围内施行。"一般来说，宪法 > 法律 > 行政法规 > 地方性法规（其中：省人大的法规 > 省人大常委会的法规 > 市人大的法规 > 市人大常委会的法规）。地方性法规和行政规章之间孰高孰低，法律没有明确。同一机关制定的法规冲突，特别法优于一般法、新法优于旧法。这里比较的前提是借贷双方受到该法律法规的约束，有些法律法规有特定的适用主体，例如监管部门的规章往往只能约束被监管的金融机构，而不能约束借款人。

 小资料

信贷活动的法律风险就是违法犯罪，违法包括刑事违法、民事违法、行政违法，民事违法行为承担民事责任，行政违法要受到行政制裁，如果违反刑法、依法应受刑罚的就构成犯罪。《中华人民共和国刑法》中信贷业务犯罪主要包括：商业受贿罪、职务侵占罪、挪用资金罪、吸收客户资金不入账罪、违法发放贷款罪、违法向关系人发放贷款罪、非法出具金融票证罪、对违法票据承兑付款保证罪、贷款诈骗罪、票据诈骗罪、骗取贷款（或票据承兑、信用证、保函）罪、高利转贷罪、侵犯公民信息罪等。

依法合规办理业务是信贷人员保护自己的最好手段，合规能够尽量规避执业风险。合法不一定合规，合规的准确含义是符合本行的规定，而本行的规定是根据最新法律法规、监管规章、行业实践、领导讲话等制定的，是非常详细的。合规不一定消除所有风险，实质性风险的把控就需要对经济、行业、企业有精深的理解，难以测量、难以考核，只能靠信贷人员尽职尽心地去防范。一笔贷款损失了，只要信贷人员是严格按照规章制度办理的，就能免除很多责任（所谓的尽职免责），如果办理过程中出现不合规的问题，那么信贷人员的责任就大了。这也就导致了很多从业人员以业务合规性替代了对业务实质性风险的把控，言必谈"总行规定、上级文件"，把合规当作"挡风的墙"，形式主义、文牍主义盛行。

法律要活学活用，客户经理不可能熟悉所有法律，也没必要。法律在不断地修订、变动，但是不变的是法律精神。法律不外乎人情，体现的是公平与正义，保护的是诚实与信用，维护了秩序和交易的稳定。形式上符合法律条文，但是偏离了这些最基本的法律精神，受到社会舆论谴责，其行为亦可能被法院否决。完全照搬法律条文，业务就没法做了。做业务的逻辑是，业务值得做，然后再找法律，论证合规性，走法律程序，而不是在条文中找业务机会。

腓特烈二世曾说过："如果你喜欢别人的东西，就把它拿过来，辩护律师总是找得到理由的。"例如不良清收时，我们首先要找到财产，然后找律师，走诉讼程序，保障财产处置的合法性。

法律是公平的，不偏不倚，是借贷双方的武器，一段保护债权人利益的法律条文，它既可以保护我们银行的利益，也可以保护其他银行的利益，还可以保护民间债主的利益，甚至保护借款人虚构的债主利益，即沦为逃废债的工具。比如撤销权的运用，既可以撤销逃废债交易，也可以撤销我们银行的抵质押行为、提前收贷行为。又比如善意取得制度，既可以保护债权人善意取得抵质押权，也可以保护第三方善意取得所有权。何为虚构？何为善意？法官不会偏听偏信，法官没有参与整个信贷流程，很多信息你不提供他就无从知晓，没有证据你如何说对方的债权是虚构的？别人有了证据也可以论证你的债权是有瑕疵的，所以我们做业务的时候要熟知民事诉讼证据规则，以合法形式取得证据，这就是工作习惯。随着银行产权改革，国家的银行变为股份制银行，司法机关对银行债权的态度有了很大变化，并不是一边倒地支持银行。而且很多全国性的银行与本地企业发生纠纷，本地法院往往会倾向于保护本地企业（特别是大型企业）。法律面前人人平等，但是实务中，借贷双方地位是不平等的，我们在信贷展业的时候要关注当地的司法环境，尽量选择能够控制得住的客户，如果借款人非常强势，要想通过法律去约束对方是很困难的，实务中总会遇到各种各样的阻力。有时候，法律又倾向于保护特别弱势的当事人，如建筑工程款优先权、刑事案件医疗费、善意购房者利益等。要注意的是，银行的对手既有跟我们一样精通法律条文的其他银行，又有各种不遵守法律的民间债主。我们不能将法律神圣化，要针对不同对手运用各种手法。

除了法律法规，信贷人员还要了解相关部门的办事流程，这些部门包括房地产管理部门、机动车管理部门、工商管理部门、公证机关、法院等。实务中，这些政府工作人员对上级部门的内部会议纪要、操作规范等文件的重视程度要远远超过法律、司法解释，也导致了各地执行政策口径不一致。以办理在建工程抵押为例，笔者就曾遇到这些情况：有的地方直接不给办；有的地方土地已抵押或者已纳入预售的楼盘不给办，要先解除原土地抵押才给办，有的地方不仅要先解除土地抵押，还要银行出承诺函，不影响开发商拿预售证、不影响售楼和办房产证，甚至要在借款人出具的"抵押物清单"上盖章证明已抵押房产未销售等；有的地方原则上需要解除原土地抵押，但经主管部门研究也可以不解除土地抵押；也有一些地方可以办理在建工程抵押，不需要解除原土地抵押。作为从业人员，我们无法左右法治进程，只能不断熟悉抵押、过户、公证、诉讼等事项所需要提交的资料及其办理流程，还要第一时间掌握其政策变化情况，从而在最短的时间内办妥业务。作为银行管理人员，要借助各种平台，积极地与政府部门沟通协调。

第 2 章

信贷调查方法

信贷调查，又称贷前调查、尽职调查，是指贷款发放前银行对贷款申请人基本情况的调查，并对其是否符合贷款条件和可发放的贷款额度做出初步判断。金融的本质是中介，而尽职调查则是金融从业人员的基本功。调查的方法很多，有现场调查、非现场调查，有明察有暗访，有传统的走访、座谈，还有网络信息爬取与分析挖掘。

2.1 市场与客户

一笔贷款的调查可以简化为几个问题：客户从哪里来？借钱干什么？拿什么还钱？还不上怎么办？对应的就是市场营销与申请受理、借款用途与原因、第一还款来源（经营与财务分析）与担保措施。客户从哪里来？这是信贷工作首先面临的问题。信贷工作，不仅包括风险控制，更重要的是市场营销。一方面要让好客户能够方便地进来；另一方面要让坏客户找不到入口。要站在市场的角度看风险，要带着风控思维去认识市场机会。

记得当年初入行时，行长对我说："银行工作就是两件事，市场营销和风险控制，这两块都要熟悉，而不能偏废。"后来慢慢体会到，风控和市场是一个硬币的两面，须臾不可分离。不懂市场营销，做不好风险控制。金融游戏是财富的分配，是零和博弈，都想让"进来的钱多、出去的钱少"，前者对应了市场营销，后者对应了风险控制（正如银行门口两只狮子的嘴巴，一张一闭）。市场营销就是攻克别人的风控防线，把钱源源不断地吸纳进来，风险控制就是拆穿对方的市场花招，牢牢地把财富守住。我们放贷款就要面对客户的市场公关，不懂市场花招，如何拆穿呢？我们找资金的时候，客户成了债权人，银行反倒成了债务人，"人求我"变成"我求人"，要取得客户的信任，不懂客户的风控手段，又从哪里着力公关呢？风控可以作为市场宣传的噱头，风控做得好，"大数据风控"往往成为网贷机构吸金的利器；市场做得好，优选客户，也可以减轻风控压力。

2.1.1 客户准入

什么样的客户值得做，这是信贷调查之前要搞清楚的问题。对于规范化的银行来说，有专门的岗位依据法律法规、授信政策对客户资质进行初审，决定是否受理客户申请。信贷工作是选择的艺术，信贷链条上的每个环节都在做选择，不仅贷前要选好客户，贷后也要及时识别劣变客户压缩退出。

2.1.1.1 客户来源

调查之前，要深入思考，客户是怎么到了我这里？是主动营销还是被动受理？什么样的客户会来申请这种产品？客户为什么不在日常结算银行贷款？搞清楚了客户的来源，尽职调查基本上完成了一半。

对于银行而言，有下列客户来源。

（1）网点客户。银行的优势是网点和支付结算体系。在本行开户的客户每天都在进行销售收款、采购付款、缴税、发工资，我们可以对其交易习惯、资金流水进行分析，这是最真实的流水分析。调取网点客户开户以来的所有账户流水，分析企业的账户平均余额、资金进出规模、时点等特征；这些企业财务人员经常跑银行，不懂的业务，可以询问；长年累月下来，可以掌握这些客户的经营模式、资金运转规律，进而了解客户所在的行业状况。一些行业政策、事件对客户资金有何影响，这些都可以预判。客户收款来自下游、付款给上游，我们进而可以了解行业上下游企业的一些信息。所以尽职调查，不是收到客户的贷款申请才开始，而是在于平时的点点滴滴。这时候看到的客户，才是他最真实的一面，所以银行人要用好最初在网点积累的结算经验。

（2）主动营销。有些客户并不在本行开户，我们可以通过一些公开信息进行挖掘，例如当地纳税百强企业、行业龙头企业名录，通过朋友圈了解的知名企业。这类客户往往是公认的优质客户，各行都在争抢，需要主动营销，去争取这些客户。怎么样让他给你调查的机会，配合你的调查程序，是个现实问题，有些调查程序太烦琐，对方就会拒绝。这种客户属于我们已经很了解他了，但是他不了解我们的产品。所以尽职调查往往是形式上的，怎样设计产品和交易结构才是关键。

（3）客户介绍。通过挖掘现有客户的商业圈、上下游，通过客户介绍客户，这是一个重要的来源，往往优质的客户介绍的也是优质客户。但也要具体分析，特别是分析现有客户在产业中的地位，比他强势的上下游往往实力更强，比他弱势的要好好筛选。

（4）政府推介。各种银企对接会、招商局、经贸局推介的客户也是一个重要来源。政府往往考虑的是税收、产值、就业、出口等，这类客户不能照单全收，要仔细考察。

（5）同行客户。还有一些是同行有授信的客户，这些客户同行已经介入，说明基本面尚可，重点要考虑同行为何没有足额授信，或者分析同行退出的原因。

（6）主动客户。银行经常会遇到主动上门来申请贷款的客户。从表面材料看，可能还是不错的，但是深层次分析，往往有各种各样的瑕疵。毕竟在市场竞争激烈的环境下，还去陌生银行申请贷款，一般都是资质有些问题。

（7）其他客户。很多时候，会有一些亲戚、朋友、上级领导、兄弟行打招呼的客户，经验而论，这些客户风险都很大。我们不禁要思考，能通过正常渠道贷款的，还需要打招呼吗？

大型企业、小微企业（SME）、个人客户，项目贷款、贸易融资、零售贷款，这些都有不同的程序、不同的审批权限。拿到一个客户，要迅速判断，该客户属于哪一类？该走什么样的流程？进而选择合适的申报路径，倒排工期，合理安排尽职调查的时间，避免无效劳动。本书中，笔者主要以地级市的中小型民企为例进行详细分析，而个人类客户其实就是家庭，家庭的经营和公司的经营也有很多相似之处，原理基本类似，不再赘述。

2.1.1.2　好客户

什么样的客户是好客户？来点干货，简单实用的标准，拿来就能用。然而金融的问题往往没有这么简单，好客户，角度不同，答案就不同。实体经营指标如开工率、产销率、销售回款率等，经过行业对比分析，哪些客户经营得好，哪些客户风险低，一目了然。问题在于，市场公认的好客户，对于每一家放贷机构来说，就已经不是好客户了，低风险客户往往收益也低，而高风险的客户往往能够带来高收益。

网上也有大量选择客户的标准，以负债率为例，好客户一个永远不会错的标准就是"负债低"。好客户的含义就是可以继续发放贷款或者维持目前贷款水平；"负债低"，就是负债尚未达到我行能承受的极限，也就是有新增贷款的空间。所以好客户和负债低是同义反复，逻辑没有错。是不是负债水平低于行业平均水平的就是好客户？其实，这种"三板斧"式的标准忽略了市场竞争因素，在市场上要吃大苦头。在一个充分竞争的市场，负债率高有高的道理，低有低的原因。负债率为什么会波动？那是因为不同的债权人的判断在变化。客户的每一笔负债的背后都有一个债权人（银行、民间金融或商业信用），甲银行认为该客户好，投放了一笔贷款，这会拉升负债率；乙供应商认为该客户不好，收紧了信用额度，这会降低负债率；无数债权人的判断，形成了当前的负债率。负债率是综合"全体债权人的判断"后的结果，包含了所有的信息，关于客户好的信息和不好的信息都体现在负债率里面。企业好与坏，不是客观实在，是主观判断！财务数字也是主观估算的结果，客户、供应商、员工、政府、债权人都认为它好，它就好。当大家的预期达到一致，就没有了市场机会。大家的意见有分歧，"你抽贷，我放贷，我抽贷，你放贷"，本质上是交易预期，对未来的预期！我们要把其他债权人可能的抽贷因素考虑进去，别人也会把我们的放贷考虑进去！分析企业，本质上是以我心去参悟众人的心。

作为初入门的客户经理，要丢掉众人皆知的"干货"，尊重市场，读懂市场，才能把握市场稍纵即逝的机会。存在的必然有一定的合理性，负债率高，我们要想为什么这些人不退出？负债率低，我们要想为什么这些人不进入？要读懂市场，不能"我认为如何"？要关注市场在想什么？当"其他债权人觉得客户好"时，你要投放就面临激烈的竞争，收益也不大；当"其他债权人觉得客户差"时，你要收回贷款，已经不可能了。趋势重要，但市场节奏、情绪也很重要，"领先百步死、领先半步生"，当你"独具慧眼"认为客户趋势大好，投放了贷款，而其他债权人一致认为客户差，收紧了信用，很可能该客户资金链就会断裂，根本等不到天明，你的贷款就损失了。当你认为客户差，收回了贷款，而其他债权人一致认为客户好，这种客户还是可以借新还旧不断维持的。是不是无须判断，如羊群一般，跟在其他银行后面亦步亦趋？快进快出？确实有很多债权人这样做，"凡是××银行有贷款的，我都给予授信"，然而问题在于授信策略是动态调整的，增加、维持、压缩、退出，都在不断地调整决策，如何对标？

"好"与"坏",最终不会偏离实际经营状况。当你看到某企业资产负债率很低,很快就有实际经营方面的"坏消息"来填补这个缺口。知道一个消息,先问,别人知道吗?大家都掌握的信息是没有价值的,因为这些信息已经体现在策略之中。例如基础资料、财务报表,大家都在分析,这些信息是滞后的,当你阅读财务报表时,可能客户的某个下游客户正跑路了,意味着几百万元的坏账正在形成,可能客户提供的对外担保风险正在暴露,或有负债即将成为现实负债。不同的债权人掌握的信息不一致,对信息的判断也不一致,导致了对同样的客户有不同的判断。要获取尽量多的消息,同时要判断对手对消息的解读!消息传播途径与速度,对手采取行动的方式,都比消息本身重要!现实中的市场也不是充分竞争的,微观市场结构非常重要,我们要分析市场结构,有多少放贷人?有多少商业信用?他们如何获取信息?他们的行为方式如何?他们受到哪些政策限制?市场不仅包括看得见的玩家,还包括没有参与的玩家(潜在的玩家)。拿到一个客户,不仅要看哪些机构给他提供了贷款,还要看哪些机构没有参与,后者往往是被忽略了。进不进一个市场?这就是风险偏好问题。做客户,要知道自己的偏好,找准市场,在目标市场去寻找客户。

寻找"好客户",实际上就是识别信贷市场上的"不均衡",发现市场机会。高负债意味着财务杠杆很高,财务风险很高,那么经营风险、经营杠杆就要足够低,这样才会均衡。我们的工作,就是寻找偏离"均衡线"的客户。一个客户,当实体经营风险升高了,无法支撑高负债,负债水平就偏高,应该压缩或退出;当负债水平尚未达到实体经营状况能支撑的极限,负债水平就偏低,应该增加或维持。所以,要在公认的好客户中选出正在劣变的客户并退出,在公认的坏客户中挖掘"正在变好"的客户适当介入,或者说,要在"其他债权人觉得客户好"之前投放,要在"其他债权人觉得客户差"之前收回。此外,还要识别信贷市场上的结构性变迁,发现市场机会。例如,一项监管政策出台了,某一类机构被迫退出了市场，这也会带来市场机会。

金融交易的是未来，而不是现状。预计行业利好政策将要出台，尽管企业的经营没有任何变化，但是人们的预期改变了，放贷人蜂拥而至，纷纷投放贷款，金融活动就是把未来转移到现在的过程；等政策出台了，企业经营好转了，可能市场已经高度饱和，没有任何机会了。金融决策是面向未来的，主体、财务、经营、担保分析，都是评估未来。未来会如何？客户自己都不一定明白，更不要说外部人了，这就是风险。就算通过大数据分析，信息对称了，银行了解的信息和客户一样了，或者说"银行比客户自己还了解自己"，风险还是存在的。为什么呢？数据分析，不仅要分析客户的信息，还要分析商业对手对于该信息的解读及其策略，商业对手的对手，以至于无穷，如何精确量化？金融永远不会研究确定性，能够确定的就不是金融。市场工作，不会绝对准确，如果所有信息已经呈现，就没有市场机会了。市场工作需要一定的想象力，通过星星点点的信息拼接出模糊的图像，确定大概正确的方向。增加贷款以后，会改变客户的现状，会引起哪些科目变动？财务费用肯定会增加，营业收入是否增加更快？经营管理如何变动？内部、外部有无瓶颈？增加了市场供给，市场价格会不会变化？工人工资会不会提高？固定资产还够不够？客户的状况是变得更美好了，还是更不堪？当客户无法还款时，担保方是否也变坏了？客户经理的脑海要浮现出这些画面。

市场是一种艺术，背后是对人性的把握。"我不懂财务分析，我只晓得这个企业老板和银行的人在一起吃饭，一定是银行的人抢着买单，所以这个企业应该是不错的！"客户反复在价格细节上谈判，说明客户真的想做这笔交易！而诈骗客户，往往不会在乎利率！这就是从市场角度看风险。如何做好市场？要知道别人怎么想，就要主动去和客户、市场、对手沟通！"兵者诡道也"，有时候我们也要主动影响别人的预期，会释放一些消息去改变人们的预期。人都有弱点，会贪婪、会恐惧、会犯错误，要克服弱点，利用弱点。例如行业前景很好，大家纷纷介入，最后过度负债，信贷饱和度（融资总量与 GDP 的比例）很高，其风险往往比夕阳行业更高；又比如以前说到小企业，大家都不敢做，会恐惧，整体负债很低，形成了价值洼地；又比如经济活跃的地区往往高利贷也极度盛行，所以好与坏要辩证地看待。信贷工作，并不是拿着"干货"去按图索骥，而是战胜贪婪与恐惧，当然，这就需要对行业、经营乃至人性进行深入分析。

2.1.2 客户需求

对于一笔贷款，我们要问借款人，借钱要干什么事？为什么非要干这个事？为什么会缺钱？这就涉及借款用途、用途的合理性、借款原因的深入分析。

2.1.2.1 用途限制

通常来说，用途要合法，用途不合法，很容易让借款合同因"合法形式掩盖非法目的"而无效；用途要合规，不能用于限制性、禁止性行业，如两高一剩领域；用途要合理，合理性要结合借款人主营业务、经营状况、财务状况来判断，主要是要能够产生经济效益；借款用途要真实，也就是实际用途和申请用途要一致。

关于借款用途，《贷款通则》有限制性规定："不得用贷款从事股本权益性投资；不得用贷款在有价证券、期货等方面从事投机经营；不得用贷款从事房地产投机；不得套取贷款用于借贷牟取非法收入"，这些都是银行在实践中总结出的风险比较高的借款用途（信贷资金不得用于股本权益性投资已经在《商业银行并购贷款风险管理指引》中得到了突破）。为何这些用途风险较高？以股本权益性投资为例，它主要包括入股、对外投资、并购等。现代企业理论认为，企业的资金有两个来源：一是股权资金；二是债权资金。债权资金获取固定收益，股权资金获取剩余收益，即股本权益性资金获得收益的顺序要劣后于债权，所以股权投资承担的风险是比较大的。借款入股做生意，一旦入了股，什么时候才能收回呢？一是分红，二是转让。分红要排在利息费用之后，而转让呢？效益差，股权也没有人愿意接手，这些都意味着投资回收期不确定，导致贷款到期缺乏可靠的还款来源。认识到不同用途的风险是一回事，如何有效管理则是另外一回事，对于借款用途的审查和监控，放款与贷后环节还会提到。

2.1.2.2　用途不等于原因

借款用途就是借了钱拿去做什么？借款原因就是为什么会缺钱？例如：企业借款用途显示为采购原材料，那么企业没贷款以前难道就不采购了吗？以前年度没有采购资金吗？深层次的原因可能是：企业产品滞销，存货挤占了流动资金；应收账款周转下降，即赊销未及时回款；长期亏损，导致现金流枯竭，入不敷出；企业投建了新项目，抽掉了正常周转资金；交易模式变化，以前是供货商提供账期，现在需要现金交易，甚至是先款后货；其他银行抽贷了；股东抽逃了资本；企业发生突发事件，支出一笔费用。当然还有很多很多原因。每一种原因又有不同情况，如应收账款周转下降，那要深入了解，到底是企业产品滞销，大面积开展赊销？还是下游客户资金链断裂，导致应收账款无法回笼？是个例还是苗头？企业为何没有管理预案和临时备付资金？这种影响是短期的还是长期的？企业面临短期冲击，资金链失调，通过信贷支持，企业可以恢复正常经营，一旦企业资金链正常以后，就可以还掉贷款；如果这种变化是长期性的，那么信贷资金可能会被长期占用，投放容易回收难。

贷款用途可以通过贷前核实购销合同，贷后监控物资、单据、流水来把握。但借款原因有时候不好判断，要靠推理。我们看两个例子：

甲企业，挪用采购资金搞新建项目投资，导致采购货款短缺，向银行申请流动资金贷款，其借款用途是支付货款，提供了采购合同单据，完全符合信贷政策。但引起企业申请贷款的真实原因是什么呢？是企业新建项目投资。又看乙企业，经营规模扩大了，采购、存货、销售占用资金越来越大，到了需要更新生产线的时候申请固定资产贷款。从直接用途来看是固定资产贷款，但是固定资产没有增减变化，只是简单的更新而已，产能没有变化，企业申请贷款的根本原因是流动资金短缺。

如果仅仅从用途来判断，很容易认为甲企业风险小，毕竟投放的是流动资金贷款。但是企业资金短缺的根本原因是新建项目，如果发放流动资金贷款，实际上就是支持了企业新建项目投资，短贷长用，新建项目的风险当然要大得多了。我们要深入分析新建项目是进入新领域？还是现有生产上的简单复制？项目总投资是否超出企业能力？投资是否合法合规？是否能够顺利投产？产品有没有市场？有没有相应的运营能力？

对于乙企业，更新生产线需要资金，那么企业从最初投产到现在折旧早已提完，也就是企业的历年收入早已覆盖了生产线成本，怎么会缺这一块资金呢？早些时候的财务制度曾规定企业必须计提专项折旧基金，专户存储，用于更新固定资产。后来这种会计管理制度取消了，企业只需要账面计提即可，用于扣税，也就是折旧不需要现金支出，折旧成了企业的流动资金来源；企业再根据实际情况在资金预算上，预留设备更新资金。我们在分析乙企业资金缺口的时候要考虑，企业是否这些年都在亏损？假如没有亏损，是流动资产资金占用变大了，那就要分析这是否属于合理占用？周转率是否下降？资金占用大是否带来了更多的营业收入？是否带来了更大的现金流入？如果都正常，企业周转正常，供销两旺，通过杠杆效应，借入信贷资金赚更多的钱，贷款的风险就比较低。如果是周转下降了，如应收账款收不到、存货积压了，那么就要分析企业销售管理、生产管理各个环节是否出了问题？企业有没有采取有效措施改进？从而分析投入信贷资金是否妥当？救急不救穷，企业基本面出了问题，表现为财务问题，光资金是解决不了问题的。如果企业经营面是正常的，因为一笔款、一批货偶发性周转问题，出现资金缺口，这种偶发性因素是不会经常出现的，所以这种情况也很正常。

总结一下，借款原因指的是公司为什么会出现资金短缺并需要借款。而借款用途则是资金的具体投向。

2.1.3 借款原因

教科书上一般把借款原因分为：季节性销售增长、长期销售增长、资产效率下降、固定资产重置及扩张、长期投资、商业信用的减少及改变、利润率下降、一次性或非期望性支出等。

从财务报表的角度来说，负债＝银行借款＋其他负债，负债＝资产－权益，银行借款＝资产－所有者权益－其他负债。有借款需求，原因不外乎资产增加、所有者权益减少、其他负债减少三个。季节性销售增长、长期销售增长、资产效率下降可能导致流动资产增加；固定资产重置及扩张、长期投资可能导致长期资产的增加；商业信用的减少及改变、债务重构可能导致流动负债的减少；红利支付、抽逃出资可能导致所有者权益的减少。所有者权益包含未分配利润，未分配利润来自利润表，收入－成本－费用＝利润，从利润表来看，利润持续下降，必然最后导致权益下降，从而产生借款需求。

企业有借款需求，银行提供借款，会计恒等式再次平衡，如果不能补充外部融资，而且缺口越来越大，企业的资金链就断了。我们主要以汽车经销商为例，来详细分析这些可能的借款原因。

2.1.3.1 季节性销售增长

季节性销售增长，这里的季节是销售规律的意思，有时候五一、国庆，这种节假日，也可能会有销售增长。以汽车销售行业为例，秋冬季节被业内人士称之为"黄金季节"，而春夏季相对来说就清淡了许多。旺季的销量往往能占全年销量的 70% 左右。春节前往往汽车销售异常火爆，库存车全部售空，所以提前准备库存显得非常重要。在销售淡季，厂家往往强行压库，就是规定经销商必须提多少车，经销商资金压力很大。到了旺季，往往厂家车辆资源有限，现金提车优先，银票次之。畅销车型常常是经销商拿着现金都提不到车。所以经销商在旺季来临之前，都会申请充足的信贷额度，避免因为资金问题耽误了进货。

销售增长不是资金短缺的原因，现金流不匹配才是原因。按照企业业务循环，采购、销售、回款，如果企业议价能力很强，能够拖欠供应商资金，能够预收下游货款，那么就算是季节性销售增长了，也不会出现资金短缺。然而实务中，大多数企业没有这样的强势，通常要在旺季来临之前大量的采购，形成库存，到了旺季集中销售，然后陆续收到货款。企业的议价能力越弱，例如对供应商大量的预付账款，对下游客户大量赊销，那么资金缺口就越大。当旺季结束了，企业的库存陆续出清，应收账款陆续回款，企业账面上有了大量的现金。正是由于这种现金流规律，企业往往需要向银行融资，以应付这种季节性的销售增长。借款用途往往就是采购，还款来源主要是季节性资产减少所释放出的现金。

季节性融资一般是短期的。银行对公司的季节性融资通常在一年以内，而还款期安排在季节性销售低谷之前或之中，此时，公司的营运投资下降，能够收回大量资金。有时候一个旺季结束，很快就要为下一个旺季准备库存，是否有必要结清了再贷，还是不需要还款，直接签订长期借款合同，让企业随便用？这里有个关键点就是无论企业季节性销售周期有多短，都需要企业还清贷款再借款。一方面是检验企业是否有能力及时销售完库存并收到应收账款，相当于"压力测试"；另一方面是确保季节性融资不被用于长期投资。有的行业变化很快，会出现旺季不旺的现象，这时候大量存货无法短期消化，贷款不得不展期，所以银行要加强对市场的分析预判，不要盲目依赖传统经验。

2.1.3.2 长期销售增长

从汽车经销商发展历程来看，刚开始往往是投资一个标准 4S 店，店里摆放十台左右的展示车，就开始经营了。企业发现，如果仅仅依靠单个 4S 店，限于地理条件，展示空间有限，难以扩大销量。要扩大销量，就要建立很多网点，如在当地汽车批发市场租赁摊位、到下一级乡镇找些代理点，摆放一些车辆，展示销售，提升知名度和消费者的可获得性，从而带来销售的增长。这种增长和季节性增长不一样，这种增长是长期销售增长。一个网点摆放 3 台，假如单车均价 10 万元，就是 30 万元的资金占用，而且是长期占用。问题是，这笔投资资金从哪里来？首先是通过主店的利润积累，很显然这种方式来得慢；其次是股东投资，如果股东实力有限，这一点也做不到；然后就是银行贷款了。

对于这种借款理由，贷与不贷，银行如何判断？首先，我们要分析历史数据，该 4S 店主店存货周转如何？假如周转很慢，说明库存车没有得到充分利用嘛！企业的问题不是车少了没法展示，可能除了展厅十多台车，库房还有几十台车。直接把一部分库存车拉到其他网点就是了，没有必要再申请贷款。如果企业销售增长很快，但是应收账款增长更快，很多款都没收到，那企业实际上可以通过清收应收账款来获得资金，也就是内部资金利用不足。如果这些问题都不存在，那么企业确实需要贷款。但是由于这种资金占用往往是长期性的，企业什么时候还款呢？建好的代理销售点撤掉然后还款？事实上不可能。

所谓的流动资金贷款，实际上根本流动不起来。流动资金贷款形成了流动资产，但是企业的流动资产虽然不断地周转，但是企业总会保持相对固定的流动资产。对于企业来说，资产在流动，对于银行来说，贷款没有流动起来。银行的信贷资金往往被长期占用了，不断地续贷。随着企业的高速发展，还可能继续产生资金需求，这么好的企业难道不合作了吗？很多银行就是这样款越放越多，小客户一点一点垒成了大客户。

2.1.3.3 资产效率下降

效率下降也即是周转慢了。随着汽车经销商不断地提车、销售。往往一个问题就会出现，有些车好卖，有些车不好卖。经销商是否可以只提好卖的畅销车型呢？不可能，厂家会搭售。如果经销商采购经验不足、库存管理经验不足、销售经验不足，就可能导致滞销车越来越多，资金占用在这些滞销车型上面，可用的资金越来越少。每次打算提车，都发现资金不足，而且能提的车一次比一次少。按照厂家的考核要求，又必须提多少车才能完成任务，所以就产生了信贷需求。

2.1.3.4 固定资产重置

一个 4S 店，主要的固定资产就是展厅、售后维修设备等。重置就是多年以后，这些展厅陈旧了，维修设备损耗了，需要重建重购了。按理说，固定资产每年都在计提折旧，利润是计提折旧以后的数据，既然每年都盈利，那么折旧应该足以完成固定资产重置了吧。从账面上来说，确实计提了累计折旧，从实物形态来说，这些资金在哪里？往往形成了各种资产，如存货、货币、应收账款等。

这时候企业当然可以通过处置掉这些资产得到现金来重置固定资产。企业当初之所以没有把折旧以现金的形式专项存储，是因为存货等资产的收益率比银行利率更高。如果存货等经营性资产的资产收益率比银行贷款利率高，那么直接向银行申请借款来重置固定资产更有利。固定资产重置的支出，其融资需求往往是长期的，银行在做出贷款决策时应当根据公司的借款需求和未来的现金偿付能力决定贷款的金额和期限。

2.1.3.5 固定资产扩张

对于 4S 店来说，经营到一定规模了，往往就会建第二个标准店，而且往往是不同品牌，因为在一个城市做一个品牌，通过建代理网点，跑马圈地，最多也就建设到村镇，再往后就很难扩大销量了。什么时候达到增长的瓶颈？一般是销售收入与固定资产比率从快速增长到最后趋于稳定。这时候销售趋于稳定，如果企业没有太大进取心，也就安于现状，通过利润陆续归还掉银行贷款，也是一种比较好的选择。

更多的企业是选择再代理一个新品牌或者是到另一个空白城市建店经营同一个品牌。甚至很多企业老板有了一个品牌的成功运作经验，被胜利冲昏了头，一口气代理好几个品牌，同时开工建设。这种标准店和代理网点不一样，标准店需要购置土地、建设展厅、购置售后设备等，也就需要大量的资金。很多老板，一个品牌投资失误，销量起不来，几千万元就打水漂了。所以，项目建设往往需要大量的前期评估。

2.1.3.6 长期股权投资

对于4S店来说，要完成店面投资和增加新的品牌，既可以自己建一个新店，也可以直接收购其他4S店，后者在财务报表上就体现为"长期股权投资"。当然，收购的方式多种多样，包括受让现有股权、认购新增股权，或收购资产、承接债务等方式，可以在并购方和目标企业之间直接进行，也可以通过并购方成立一个专门的子公司来操作。无论哪种方式，并购方都需要大量的资金，这就构成了并购贷款需求。

并购贷款就是向并购方或其专门子公司发放的用于支付并购交易价款的贷款，其还款来源主要是并购完成后目标企业产生的现金流（通过分红）。早些年，《贷款通则》不允许用贷款从事股本权益性投资，银监会印发《商业银行并购贷款风险管理指引》以后，有条件地放开了这一块业务。并购贷款的风险较高，举个例子，A公司收购了B公司持有的C公司100%股权，借款人是A，信贷资金流向了B，而还款来源主要是C公司，也就是被收购的目标公司C日常经营产生的现金流向A公司支付红利，A公司进而向银行还本付息。并购整合是否成功？C公司是否有现金流？C公司会不会向A公司分红？这些因素都是不确定的。一个极端的例子，C

公司本身有很多隐性债务没有被发现，并购后经营不善，股权一文不值，还款来源自然落空。实务中，并购贷款注重并购方的实力和投资经验，通常还需要以目标企业的资产或股权作为担保。

2.1.3.7　商业信用改变

对于汽车经销商来说，商业信用主要包括：对厂商的应付账款、应付票据、预付账款，对下游客户的应收账款、应收票据、预收账款等。厂家的商务政策发生了变化，例如从接受银行承兑汇票改为只接受现金提车，很可能造成公司的现金短缺，从而形成借款需求。如果下游客户从预付账款变为现款现货了，企业无法免费占用客户资金，也可能造成企业资金短缺。

对于这种资金短缺，我们要深入分析，是厂家统一调整了商务政策，还是该经销商长期不按时付款，导致厂家对其调整政策？商业关系往往有惯例，突然地改变，往往有特殊的原因。是不是当地有该经销商资金链危机的传言？客户不敢预付订车了？以上这些信号都要深入分析。

2.1.3.8　债务重构

债务重构主要是指在经营没有变化的情况下，用一种债务替代另一种债务。实务中，债务重构型借款非常普遍，可能是同一家银行借新还旧，可能是为了化解风险发放的盘活贷款，对于这类业务，也就没必要做太多分析，反正都得做。如果是替换其他银行的贷款，我们就要深入分析原因。是企业为了降低融资成本选择了还掉其他银行高成本贷款，还是其他银行觉得风险大退出了？是不是其他银行的资金监管措施太严格了，企业挪用资金不好操作？通常来说，如果不是主动营销的，在其他银行到期未续贷而找上门的客户，都是风险较高的客户。

债务重构型的客户，对放款时间要求非常高，原因就是其他银行的贷款有确切的到期日，对于日常生产经营的付款，晚几天关系不大，但是银行贷款到期未还就是逾期记录。逾期信息一旦通过征信上报，往往引起多家银行的紧张，集体抽贷，企业资金链就断了。

2.1.3.9　资本减少

资本减少了，企业就会出现资金短缺。资本减少往往不是正规的减资，而是通过比较隐蔽的方式抽走了资金，例如对股东的其他应收款科目增加了等。股东抽走资金是非常常见的，要么是有了新的投资项目，要么是觉得企业风险大，慢慢抽走自己的初始投资，随时准备撤退，剩下烂摊子，交给银行、员工去收拾。实务中很多企业老板都是这种心态，传统产业越来越不挣钱，关掉企业则无法面对员工，于是找来职业经理人，自己不再参与经营管理，就这样让企业自生自灭。企业缺资金了，那就找银行吧。能抵押就抵押，能质押的质押，反正自己的投资已经收回了。甚至有的企业贷款，把所有资产抵押出去，融资套现，目的就是变相地关闭企业。

企业贷款，调查的时候要分析这是管理层的意思还是老板的意思。正常情况下，企业经营上缺钱，管理层要向股东报告，股东投入资金，如果股东没有资金或者不愿意继续投资，就会申请贷款；如果程序反了，企业老板授意经营层申请贷款，可能就是股东想通过贷款抽回资金了，而用途就是股东其他项目或者日常开支。

广义来看，一个家庭也相当于企业，有的时候一方打算撤了，将房子抵押出去，获得资金并没有用于家庭经营，而是为离婚做准备，这时我们审查个人贷款时要注意，这种抵押物往往无法处置。

2.1.3.10　利润率下降

短期来说，现金流很重要，长期来说，利润很重要。在较长时间里，如果公司的盈利能力很弱甚至为负，那么公司就无法维持正常的经营支出，因此，盈利能力不足会导致直接借款需求。盈利能力下降往往是长期的结果，生产经营出了问题，不是给钱就能解决的问题，所以银行一般难以接受亏损企业的借款申请。

笔者曾经对某城市汽车经销商发放一种封闭贷款，只针对一批畅销车型，给一些贷款，封闭运行，确保这一块产品有盈利空间，给企业派驻信贷员现场监管，把车钥匙和合格证全部控制起来，把销售款控制起来，确保销售收入用来还款。这种方式贷款管理成本很高。

2.2　调查的展开

《商业银行授信工作尽职指引》对客户调查和业务受理有一些尽职要求：

商业银行客户调查应根据授信种类搜集客户基本资料，建立客户档案。商业银行应关注和搜集集团客户及关联客户的有关信息，有效识别授信集中风险及关联客户授信风险。商业银行应对客户提供的身份证明、授信主体资格、财务状况等资料的合法性、真实性和有效性进行认真核实，并将核实过程和结果以书面形式记载。商业银行对客户调查和客户资料的验证应以实地调查为主，间接调查为辅。必要时，可通过外部征信机构对客户资料的真实性进行核实。商业银行应酌情、主动向政府有关部门及社会中介机构索取相关资料，以验证客户提供材料的真实性，并做备案。

这段文字理清楚了信贷调查的思路：获取客户信息，并对这些信息进行验证。

贷款调查的过程就是信息挖掘与分析验证的过程，有时候是我们先获取了客户信息然后展开市场营销，有时候是受理陌生客户的申请然后开始信息收集，所以贷款调查和市场营销不能截然分割。现实中往往是客户经理一边寻找客户一边进行调查，根据调查的情况判断是否符合信贷标准，适合什么样的产品，下一步走什么流程。有的客户，调查一半就放弃了，要么是不符合准入门槛，主动放弃；要么是营销失败，客户不做了。经验丰富的信贷员能在最短时间内判断是否有必要进一步调查。

只要有足够的时间和精力，很多信息都可以挖掘出来，但是客户是否值得花时间和精力去挖掘？很多信贷方案都是现场谈判谈出来的，我们要考虑风险可控下的收益最大化，对方要会考虑各种成本收益，通过相互的信息搜索和谈判，寻找大家都能接受的交易方式和交易结构。比如说客户经理都希望客户提供合格的存单做质押，这种近似于零信用风险的业务，客户肯定是不会答应的。客户经理现场看有没有合适的抵押物，要求客户提供抵押物，如果不行就要求客户提供外部担保，客户觉得太麻烦，信用又做不了，那就没法继续了。

在信贷市场上，有各种各样的机构，尽职调查各有各的招法，你觉得这个企业摸不透，别的机构可以，客户就是别人的了。传统的银行在做贷款的时候，往往对产业理解不够深入，往往因为对企业的经营分析不够，第一还款来源分析不够，而信赖抵押，按照抵押物价值打折确定贷款额度。近年来，大量非银行金融机构应运而生。以4S店为例，厂商系的专业汽车金融公司，由于有了厂家提供的各经销商背景资料，如4S店从加入品牌以后每日的进货、销售、库存历史数据，包括价格、数量、付款方式、利润点等，要摸清楚一个店的经营状况是很轻松的。而对于其他金融机构，他们通过一次现场调查获取的是静态的数据，某个月的数据，财务报表又真假莫辨，那怎么办呢？只能增加抵押、担保，不敢轻易做信用贷款。以阿里小贷、京东金融为例，这些互联网公司也是通过掌握网店的各种经营数据、动态数据，来判断各店的经营状况。还有很多金融机构，其股东本身就是一些行业龙头企业，那么这些金融机构在做相应行业的贷款的时候，就有很大的信息优势。

对特定领域客户的经营分析占据了独特的竞争优势，本身就是一个金融机构的生存根本。所以很多时候并不是信贷人员能力有问题，而是你所在的机构有天然的劣势。就好比要传统银行去调查天猫店的经营情况，实在强人所难，实时低成本采集数据、反交易作弊、违约惩罚，银行都做不到。我们选择了一个机构，就要立足本机构，从熟悉的领域做起，所以我们基本上不会凭空分析一户与我们业务毫无关系的企业，因为那样不符合本机构的风险偏好。金融机构强大，信贷人员个人的能力就无关紧要，可替代性就很强，薪酬也就不会太高；金融机构很弱，信贷人员自身整合资源和信息的能力就能充分体现。营销、风险控制、运营全都实现了数据化、模型化、机器化，这样的信贷机构还需要高薪养着信贷人员吗？一个人要实现自我价值获取报酬，就是去创造别人没有的东西，给你所服务的机构带来新的东西，这是非常公平的。

2.2.1 客户提供资料

准确的信息获取是风险控制措施得当、有效的前提，毕竟风险控制人员所看到的已经是经过业务人员筛选、加工过的材料。调查报告总是根据一定信息撰写的，信息的广度、深度、可信度、时效性就决定了结论的精确度。

信贷调查本质上是一种统计抽样调查。理论上，要彻底摸清客户状况，就必须分析客户的全部信息（总体），但是时间、精力不允许（随着大数据的应用，直接采集借款人成千上万个总体信息，也是一种思路）。实务中，信贷作业只能采集客户几十个关键信息（样本），通过样本分析出总体的特征。那么应该采集哪些信息？应该以哪种方式采集？采集的过程会不会影响样本的选择？不同的采集人会不会得出不同的结论？在统计学上，这些问题就可以归结为问卷设计，在信贷作业中，可以归结为资料清单的设计。

在一个充分竞争的信贷市场，资料清单的设计要投入很大的精力。资料清单没有针对性，索取过多资料、调查程序太过烦琐，看似风控很严密，其实找到的是最差的客户，因为只有别无选择的客户才有耐心去备齐这些资料。资料的意义不在于本身的价值，而是为了评估客户的资信状况。除了法律上必备的资料外，尽量少让客户提供资料，尽量让客户授权,通过公共信息库查询其背景资料。但是也不能偏废,对有些客户,要增加一些看似多余的资料,问一些互相矛盾的问题,以验证、测试、交叉印证各种信息。

在信息时代,人们总是希望获取尽量多的信息,觉得信息越充分,决策越科学。其实,信息不是越多越好,有的审贷官习惯核实几个核心问题,然后做出正确的信贷决策,而面对潮水般的信息就会分不清东西南北,最后迷失其中,屡屡失误。

授信资料主要由借款人提供,具体各种产品有不同的资料清单。个人的资料包括身份证、户口簿、结婚证、银行流水、收入证明、财产证明、银行征信报告等。这些资料,个人借款人会主动提供,但真实性有待考证,要尽量通过银行端获取,如代发工资、征信、身份核查信息。比较困难的是收集大企业的个人股东、实际控制人、担保人夫妇的这些信息,越是地位高的客户,个人资料越难以获取。企业贷款资料较多,有的时候客户已经准备了一些资料提交过来了,但是往往不合格、不完整,需要补充提供;有的时候还需要现场去收集。这些资料一般由企业的财务部门提供,调查人员往往就是与财务经理打交道,小企业财务往往是老板的家人或亲属,大企业集团有专门的投融资部,有的还细分下设银行融资部。大型企业融资部门一般都与各种金融机构(不限银行)有合作关系,很多人员都有银行从业经历,在银行有人脉关系,了解银行融资业务操作,具有多年的筹资经验,所以调查人员和企业融资部门打交道一定要放低姿态。下面是某集团公司银行融资岗位主要职责和工作流程(来自互联网⊖)。

工作职责:

(1)负责进行银行融资的全过程管理工作,包括合作银行的甄选,贷

⊖ 引自"投融资部管理制度",http://www.docin.com/p-546385169.html,"融资主管日常工作及融资流程",http://doc.mbalib.com/view/fefdc6c305cb5d9b77d6a574dc767de9.html。

款前期的谈判、资料准备，贷款融资方案的制订，贷款的发放和使用等。

（2）负责贷款的后评估工作，如评估贷款还款对公司现金流和融资结构的影响，对贷款资金的使用进行监管，完成贷款期内与贷款行的沟通对接工作。

（3）梳理后续融资项目，建立项目融资资料库，与银行等金融机构建立长期全面的战略合作关系，维护优化融资渠道。

工作流程：

（1）确定融资方案。根据公司项目安排、投资计划及现金流情况，在与银行接洽的基础上制订融资方案，报投融资部门总监及主管副总经理审核，并经公司董事会讨论通过后，确定融资方案。根据银行初步审核结果，公司召开董事会并做相关贷款的董事会决议。

（2）编制贷款报告。提供银行所需的公司基础资料及项目资料，协助银行公司业务部编制贷款报告。

（3）等待银行审批与放款。根据银行的批复文件，协助银行落实放款工作。

（4）贷后管理。贷款发放后，配合银行公司业务部做好项目情况及公司情况的定期监控。

（5）贷款资金的使用。流动贷款的，贷款发放后可直接用于公司运营；项目贷款的，依据银行提款要求，向银行提供用款申请、工程计量、资金计划等相关资料，申请批复后拨付使用。

尽管法律规定借款人必须提供资料，但是并没有说要多久提供、提供资料的质量。所以，现实工作中要顺利取得这些资料并且让资料符合银行要求，还是需要调查人员费一番功夫。现实中的授信调查往往就是在收集这些资料上耗费了大量的精力。调查人员首先面临几个问题：客户不专业、客户很专业、客户不配合等。

2.2.1.1 客户不专业

有的客户态度很好，但是往往准备的资料达不到银行要求。老板对贷款很重视，但是老板忙于各种应酬和生意上的事情，不会亲自去准备这些资料，如果没有专业的财务人员配合，资料提供就比较迟缓。

调查人员一定要重视资料准备的过程，要理解客户各个层面领导、员工的处境与心态，结合不同的情况进行处理。

（1）如果仅仅是不专业，那么这种情况还好一些，只需要耐心地对客户经办人员进行培训讲解，就可以顺利地拿到资料。但是在这种情况下，借款人往往懵懵懂懂，调查人员可以指导，但是不能越俎代庖地去替借款人准备材料，有时候过于热心也是有风险的。借贷合同有效必须是借款人的真实意愿，申请贷款一定是借款人真实意愿的表示，所有借款人提供的资料要由借款人来保证其真实性。《关于贯彻执行〈中华人民共和国民法通则〉若干问题的意见（试行）》的通知第68条规定："一方当事人故意告知对方虚假情况，或者故意隐瞒真实情况，诱使对方当事人作出错误意思表示的，可以认定为欺诈行为。"第71条规定："行为人因对行为的性质、对方当事人、标的物的品种、质量、规格和数量等的错误认识，使行为的后果与自己的意思相悖，并造成较大损失的，可以认定为重大误解。"信贷人员一定不要把自己陷入被动局面，为日后对簿公堂留下法律隐患。

（2）"不专业"是假象，这又可以分为三种情况：一是财务人员担心泄漏了企业机密和市场先机。信贷人员由于处于比较低的社会层级，而我们的工作往往又需要了解很多企业高层级的信息，了解企业经营内幕，有时候还要了解企业高层的家庭生活等。这些信息有时候具有巨大的情报价值。二是财务人员担心透漏了企业实际情况给贷款申报带来不利影响。其态度体现为"不好说、说不好、不想说、干脆不说"。三是财务人员知道贷款资料有重大不实，有夸大因素，又不想陷入太深，陷入两难。

如何判断财务人员所表现出来的专业度？当我们遇到这种种情况，我们可以暂时不谈贷款申报资料，看看财务人员简历，通过财务人员年龄、谈吐进行判断，进行随意的交流沟通，谈一些财务人员的个人经历，如何进入财务行业、有没有参加各种财务培训考试，在哪些企业做过财务，有没有贷款申请经历，谈谈对财务、税法、财政等新规定的认识，但是也不要过于生硬。我们也可以热心地看看财务日常工作，是杂乱无章还是井井有条；听听老板、管理层、经营层对财务的评价等。当然，前提是信贷人员的财务水平要比对一般企业财务人员更高，要比财务人员更懂财务，才能结合上述办法来判断别人的专业水平。

2.2.1.2 客户很专业

有时候我们遇到这种客户，他们对银行的资料清单非常熟悉，甚至你还没有给他发送资料清单，他们已经准备好了全套资料。当然，你可以说他们财务人员非常专业，管理水平比较高。但是我们也要对这种客户保持警惕，客户的薪酬水平能在市场上聘请到如此专业的财会人员吗？如果客户比我们审批人员还专业，有时候也不见得是好事，客户应该保持与其经营状况相称的专业水平。

这种情况可能的原因是：①该客户刚刚在其他银行申请贷款，准备过资料，走过流程，被拒了贷款，拿着现成的资料来我们这里申请；②该客户经常向不同的银行申请贷款，对各家银行的信贷政策、信贷流程、风控重点门清；③有的公司本身就是一个壳，就是一个融资工具；④有的公司找了一些社会上的专业公司来准备资料，这些人往往曾经在银行做过，懂得如何美化信贷资料。具体是什么原因要细致分析。信贷人员一定不能简单地认为资料齐备就万事俱备，就开始走流程埋头具体资料的分析，既要埋头拉车又要抬头看路，有时候资料是怎么来的比资料本身更值得分析。正如在网贷中，不到1秒钟就完成了所有资料的填写，一定是有问题的。

2.2.1.3 客户不配合

调查人员具有双重身份，一方面要从风险角度进行调查，控制风险，另一个重要的任务是营销。客户不配合的主要原因包括：①有些优质客户，信贷需求不迫切，很多银行都在争取，这时候客户往往比较挑剔，货比三家，提供资料比较不配合；②有的客户与银行上层关系密切，往往认为和银行领导已经谈好了，调查就是走走样子，对调查人员的调查比较抵触，甚至认为调查人员故意刁难要投诉；③客户认为有些资料包含隐私或者重大的商业机密，不方便透露；④客户认为调查人员权限太低、级别太低，仅提供基础资料，当调查人员对资料做进一步核实时不屑于接洽和提供深层次信息，认为即使提供了，调查人员也未必能把贷款申办下来。

　　一方面行内催得急，另一方面客户不来气，让调查人员很难办。这时候，调查人员如果退出就失去了客户，不好向领导交代，默许资料不齐则面临调查不尽职的风险。我们要具体问题具体分析：对于情况①，由于客户很优质，这种企业往往有专门的融资部门和银行对接，我们换位思考，看看下面一个融资部工作人员的体会（来自互联网⊖）。

　　目前与我司有紧密合作关系的银行既包括资金雄厚、贷款额度大的国有银行，也包括一些有政策性倾向的银行，还包括很多灵活性高的商业银行。因此，要对各银行甄别分类，并做出与之特点相应的融资计划，针对各自银行的优势发掘其与我们企业的契合点，做到"行尽其用"。在对各种融资项目或融资产品使用前，要进行全面的成本核算，并将预期收益进行纵向和横向对比，在长期收益与短期收益间找到最优均衡，并综合各方面因素选取最适宜我们集团的融资项目或产品。在项目进行过程中，全程进行严格的成本统计和管控，将成本降至最低，从成本方面为企业做出贡献。

　　融资工作就像生物链一样，环环相扣。每一份资料，每一个数据，每一个签字，每一个公章，都不能出现任何差错，一旦出现一点小缺漏，将很可能使后续环节全部受影响，所有资料都退回。比如说，某银行的信贷

⊖ 引自"企业融资部工作心得体会"，http://www.docin.com/p-1587113613.html。

是一个流程管理模式，假如我们提供的资料出现任何差错，都会被审批人员退回，重新处理，而这一退回，将直接导致大把时间的浪费，在一些重要的时刻，比如说利率调整的关键时刻，赶在了某个时间点前面，就有可能将利率保持在上升之前的水平，而如果耽误了，使得放款时间在利率上调后的时间点，将直接导致公司的融资成本增高。

我们看得出来，这个集团和多家银行有合作关系，经办人员如何选择贷款行？主要考虑成本和效率！客户端的财务人员压力也很大，所以银行要表现得更专业和高效率，在客户营销、贷款调查、贷款审查方面要密切配合，靠前审批，争取一次性让客户提供所需要的材料，不在准备资料上反复折腾。如果第一次去客户那里调查，现场收集资料，拿回去审查发现不合格，或者调查不清楚重新调查，往往很难办，甚至没有第二次的机会，从而永远地失去了客户。在客户眼里是没有贷前、贷中、贷后之区别，银行是一个整体，调查人员有责任去协调行内资源。打铁还需自身硬，遇到这类客户，调查人员要做足充分准备，一是从外围了解客户方方面面的信息，了解不到的、需要去现场的要列明问题清单；二是多与行内审批专家请教沟通，明确调查重点；三是搞清楚这类客户放款必须要的资料，列个清单，做到心中有数，哪些资料可要可不要，哪些资料必须要，千万不要贸然和客户联系索要资料，像挤牙膏一样，今天发现复印件没盖章、明天发现决议日期不对，让客户很烦，觉得这个银行做事不专业。对于客户经理做业务而言，首先要熟悉内部流程，能够精准把握不同的产品放款需要的时间，能够一次收集齐所有的资料，一次调查清楚贷款审查可能的疑问，找到合适的担保，绝对不让客户跑冤枉路，通过服务好老客户、上下游、身边的客户，这样慢慢地形成了自己的品牌，优秀的客户就会进入你的视线。看不起小客户，总是想搞个新的大客户，方向就错了。

对于情况②，一般是客户高层拜访了银行高层领导，商谈了贷款意向，银行领导交代给信贷部门，信贷部门安排调查人员具体衔接贷款事宜。有时候银行领导的口头意向引起了客户误解，认为是贷款承诺甚至以为贷款已经批了，剩下就是签合同放款，这时候要做好耐心解释。由于银行领导往往很忙，对客户的具体细节考虑不到，对信贷产品、政策、流程不一定非常熟悉。安排客户和银行领导会谈的时候，信贷部门有必要提前做好准备，对客户做一些背景了解和外围调查，要有熟悉信贷业务的人士参与，如果客户谈到贷款事宜便于提示领导，还要请求客户明确分管领导主抓、财务部门牵头承办、各个部门配合、指定专人和银行对接细节，并强调工作的互相配合，形成备忘录。当然，不排除个别银行领导违反信贷纪律，私下承诺给客户贷款，甚至明知有瑕疵还给调查人员打招呼要求办理。对于这种现象，遇到了要思考，为什么会给你打招呼而不是别的调查人员？有了第一次，往往就有了很多次。调查人员要有所为有所不为，要保护好自己，要重视自己的职业生涯，要形成自己的做事风格。

对于情况③，我们首先要理解客户，商场如战场。银行在授信调查的过程中会接触很多行业内幕、商业机密、市场先机，而且银行往往与很多企业打交道，他们互相可能还是竞争对手。对于银行而言，这仅仅是一笔贷款而已，不做损失也不大，但是对于客户来讲，一次市场策划失败可能就损失惨重。其次，我们要恪守职业操守，不该说的东西不要乱透漏，形成一个银行的做事风格、树立一个调查人员的个人口碑。我们经常在网上看到很多企业的信贷调查报告电子版，企业资产、负债、各种信息一览无余，企业以后还敢和这样的银行合作吗？

对于情况④，调查人员要放低姿态，把手里的事做好，遇到问题先查找文件和案例，自己能搞懂的尽量自己把问题弄懂，不要有了疑问就找客户解释。信贷业务有严格的制度，涉及很多部门、很多流程，能否顺利通过审查、顺利过贷审会，不是调查人员能够掌握的，调查人员只能尽力做好分内的工作。调查人员不能给客户做承诺，最后批不了陷自己于被动。

同时要有自信，要给客户讲清楚，任何调查人员来做，任何银行来都是一样的，要经过一定的程序，配合得好则快，配合得不好就慢。有时候沟通技巧也十分重要，客户总是希望提供尽量少的资料，获取尽量多的贷款额度，而风控人员希望掌握尽量翔实的资料，客户经理就要协调客户、风控之间的诉求，要引导客户的认识，即资料提供得越翔实，才可能获得更多的贷款额度和更低的利率。信贷机构不是铁板一块，市场和风控永远是一对矛盾；企业也是一个复杂的利益结合体，股东和管理层、大股东和小股东、财务和采购、生产和销售，他们都有不同的利益和矛盾。谁是我们的朋友？谁是我们的敌人？谁可以为我所用？如何借力用力？借力打力？这些问题都要认真琢磨。

我们看一下，一个企业融资部门员工工作中辛苦的一面：

办理A公司的贷款比较费力，进程过慢。公司路途远，导致办事效率不高。由于银行所需资料都需盖公章的原件，所以每次都需派人去A公司盖章后才能提供给银行。这就造成本来一项业务只花一个小时可以办完的，现在要花两个小时甚至更长的时间，其中一大半时间都是在路上浪费的，这样导致时间不能充分有效地利用起来，从而办事效率大打折扣。同时，贷款资料准备起来也很吃力。A公司的贷款，很多银行都要求提供B公司、C公司的相关信息、资料，并且有些资料必须盖章、签字，由于这两个公司所有印章都不在A公司，导致每次盖章、签字都必须花大量时间，致使工作进程过慢。

由此可见，客户也不是铁板一块，企业集团涉及部门很多，要摸清楚是哪个子公司、哪个部门需要支出，如生产部门计划扩大生产线、销售部门要急于引进一批新产品、采购部门需要备库存等。对于这些部门而言，无论是哪家银行，只要有了贷款就可以启动项目。用款部门上报分管领导，再报公司管理层，管理层再落实财务部门办理。往往财务部门和用款部门分管领导不一致，财务部门有选择银行的权利，有时候考虑的因素不一定是银行效率。要全面掌握一个企业的情况，资料准备还涉及几乎企业所有部门，有些部门并非财务部门所能协调下来的，所以要协助财务部门争取更高管理层的重视，站在银行的角度给管理层提出来，这样财务部门也就好说话了。个人也一样，个人贷款实际上是一个家庭的决策，贷款是为谁的事情支出，其他家庭成员有没有分歧，客户不配合往往隐情是家庭意见分歧，要搞清楚当家人的意见。总之，具体情况很多、很复杂，要具体分析客户不是很配合的深层次原因。

银行与客户合作是一个长期的过程，银行选择客户、客户选择银行，如果最基本的信任、理解、配合都无法建立，最好放弃这样的客户。银行要充分权衡收益成本，不合适的客户，一旦建立信贷关系，放款之前都这般不配合，贷后检查、催收更是会遇到各种各样的困难。

2.2.2 其他信息渠道

除了客户提供资料之外，银行还可以通过第三方获取信息：一是工商、税务、人行、司法、房产、土地、海关、通信等公共部门；二是行业协会、会计师事务所、评估机构、律师事务所等社会中介机构；三是客户上下游企业（包括主要供应商和主要销售客户）和竞争对手；四是报纸、杂志、电视、广播、互联网等公开媒体。有些渠道不会主动配合银行，这就考验调查人员自身的资源和社交能力，但是通过公开渠道可以查询和验证的信息，还是应当去获取的。

2.2.2.1 工商查询

从客户那里获取的资料，其真实性有待进一步考证。对一个企业的了解，一个重要的环节就是到工商登记部门查询其注册登记档案。登记档案可以分为机读档案和书式档案。书式档案内容包括全部原始登记档案资料，而机读档案仅包括企业登记事项、报批文件、变更事项、注销（吊销）

事项、监督检查事项。书式档案最全，但是通常个人查询不到书式档案，个人只能查询到机读档案。工商查询最稳妥的办法是到企业注册登记机关现场去查询并打印，打印件加盖工商局查询章、骑缝章。工商查询往往有企业人员陪同，企业人员和工商局办事人员有时候会交流一些动态信息，一些正在办理但未形成档案的事项，如股权质押、股权变更，这些信息也很重要，调查人员要留心。

查询全国企业信用信息公示系统更方便，还有就是各省、市级工商局网站及信用网，有些地方性网站可以通过法定代表人姓名查询到相关企业，且内容也更全面，包括纳税信息、企业资质等信息。网站查询节省时间和费用，但是网站信息往往有时间差，变更信息有时并未及时上网，同时部分企业公示信息会隐瞒真实情况。有一些第三方软件如天眼查、企查查、启信宝等，已经整合了工商信息，还可以通过高管人员姓名查询其关联任职企业，通过股东名称查询其投资的企业，这对于识别关联企业非常方便，但是要注意的是软件信息更新滞后问题。

2.2.2.2 征信查询

中国人民银行征信系统包括企业信用信息基础数据库和个人信用信息基础数据库，通过该平台还可以查询动产融资登记信息。目前，征信系统的信息来源主要限于银行业金融机构，有很多负债在这些数据库里面不体现，常见的有：部分村镇银行贷款、小额贷款公司贷款、类信贷产品、短期融资券、中期票据、私募债、企业债、信托融资、部分融资租赁、民间融资等；征信是各银行上传的，这中间就有很多操作风险，既有延迟，也有误差，所以调查人员在撰写调查报告、审查报告的时候要标明查询时间。

贷款很多环节都需要查询征信：一是贷前调查；二是放款之前（防止借款人多头申贷）；三是贷后管理。个人贷款，往往要查询夫妻双方的征信，要注意的是户口如果显示有曾用名或其他身份证号码的，要进一步查询曾用名征信信息；企业贷款，要查询企业、股东、实际控制人夫妇、担保人的征信，也要注意企业更名情况。商业银行只能经当事人书面授权，才能查询个人信用信息基础数据库。计算机系统还自动记录用户的查询操作，被查询次数过多的借款人，风险就比较高，查询记录特别频繁，但是贷款家数及信用卡持有张数不多的，往往意味着贷款被多家银行拒绝了。要注意，很多查询原因显示为贷后管理的，但是实际上可能是贷前调查。有的时候借款人、保证人的征信显示历史查询记录惊人的相似，同一时间、同一操作人员，说明借款人很有可能在很多银行的保证贷款均由这个保证人提供担保，这时候要考虑是否变更保证人。

在贷款行业中，征信有不良记录的称为黑户，而没有借贷和担保记录的称为白户（也有称为纯白户，就是征信里面什么内容都没有）。有时候没有征信信息的比征信有污点更可怕，很可能是其他金融机构都不愿意介入的客户。征信上没有贷款不代表没贷过款，没有征信之前，很多老贷款，核销掉了，纳入了银行内部黑名单，不会再发放贷款，但是征信都没有记录。还有的企业老板故意不以自己的名义贷款，自诩没有贷款，要关注其家庭成员和亲属的贷款，以及借冒名贷款情况。

除了央行征信外，还有各种第三方征信。这些机构一般都是基于自身渠道收集的征信信息和自建的评分模型来进行评分。例如：腾讯征信主要基于QQ和微信平台上用户所积累的数据来进行信用分析和评级；芝麻信用是基于淘宝用户所积累的数据，囊括衣、食、住、行等各方面，侧重于消费领域。由于各自掌握的数据存在差异和欠缺，基于不同的评分模型，很可能导致对同一个人的评分结果大相径庭。网贷公司近几年的高速发展也催生了非法查询、非法采集的征信需求。

2.2.2.3 涉诉查询

我们在信贷调查的时候，要关注当事人（例如企业法人代表、企业股东、企业实际控制人及其家庭、企业高管、企业关联方）及其资产的涉诉信息。这里的诉讼信息不仅包括民诉，而且包括刑事诉讼记录（特别是经济犯罪记录），不仅作为被告也包括作为原告，不仅关注败诉，胜诉也要关注。借款人一旦涉诉，或者受到行政处罚、法律制裁，哪怕是被冤枉的处罚，都说明他在经营管理和公共关系上面有较大的缺陷。

相对于工商信息查询来说，在法院查询诉讼记录就要复杂得多，程序烦琐，周期也相对较长。法院系统也未形成完整的、可跨地域交互使用的诉讼记录数据库。调查人员要精确查询企业及其法定代表人的诉讼记录，通常情况下只能逐一走访企业注册地法院及上一级法院的立案部门履行相关手续后，才能对诉讼记录进行查询；根据民事诉讼法管辖规则"被告所在地法院"的相关规定，这种逐一走访查询诉讼记录的方式虽然可以查询到以企业及其法定代表人为被告的绝大多数诉讼记录，但是对于作为原告的诉讼记录比较难以获取。

一些常用的查询网站包括：最高人民法院"全国法院被执行人信息查询系统"、最高人民法院"全国法院失信被执行人名单信息查询系统"、"中国执行信息公开网"、最高人民法院"中国裁判文书网"、中国法院网"公告查询"、人民法院诉讼资产网、淘宝司法拍卖、各省级高院网站等。经常与法院打交道，需要熟悉一些案件类型的字号，便于快速查询。

刑事一审案件简称是"刑初"；刑事二审案件简称是"刑终"；民事一审案件简称是"民初"；民事二审案件简称是"民终"；特别程序案件简称是"民特"；首次执行案件简称是"执"；恢复执行案件简称是"执恢"；执行异议案件简称是"执异"；执行复议案件简称是"执复"；民事再审案件简称是"民再"；民事申请再审审查案件简称是"民申"；行政一审案件简称是"行初"；行政二审案件简称是"行终"。

2.2.2.4　信息渠道与高效查询

除了工商、征信、涉诉这些常规信息渠道以外，不同的金融机构还有其他信息渠道，如个人户籍、学籍学历、房价、社保、医保、海关、税务、公积金、行政处罚、反洗钱数据、通信、交管、环保等。专业的信贷机构，一个日常性的工作就是获取数据，当然这里面有很多灰色地带，涉及个人隐私信息的滥用。[⊖]免费的渠道就是互联网，如地方论坛、贴吧，里面有很多风险信息（事故、火灾、老板跑路、民间债务）。互联网是个宝库，要做的就是开发网络信息搜索工具、舆情监测工具。以贷款审查中最常见的工作网核为例。

网核，主要方式包括根据客户的姓名、公司、手机号码及关联信息组成关键字在百度、谷歌等搜索引擎上进行搜索，以发现负面舆情。比如姓名＋判决，姓名＋逾期，姓名＋黑名单，姓名＋借贷，姓名＋公司名称，姓名＋纠纷等。

这些信息查询工作看似很烦琐，一个银行的客户动辄几万、几十万、几百万户，如何做网核呢？笔者在做风险控制的时候，经常写各种爬虫程序，自动查工商、涉诉、网络舆情，一方面对申请客户进行初选，另一方面对存量客户进行贷后监测。当然现在有很多第三方征信公司，已经对各种信息进行了整合，但是笔者认为，从原始网站查询更加可靠，所以自己开发查询工具依然是信贷人员必备的技能。复杂问题要简单化、简单问题要程序化，这才是风险控制之道。

2.3 信息验证与分析

大家都说，这是一个信息公开的社会，网络信息铺天盖地，手机无时无刻不在采集我们各种信息，社交活动、运动轨迹、健康状况全都可以采集。信息越多越好吗？什么是有价值的信息？

我们的竞争对手不是借款人，而是其他的放贷人。既然公开渠道能够

⊖ 详见：《中华人民共和国刑法》第二百五十三条【侵犯公民个人信息罪】，《中华人民共和国网络安全法》以及最高法最高检司法解释（法释〔2017〕10号）。

查询到（征信、工商、法院、互联网），别的债权人也能查到。新客户，各方面的公开资料都显示企业经营得好，这种信息没有重要的价值，因为其他银行的人员也知道，在营销客户以及客户定价的时候，花费很大精力营销下来，利差还非常低。存量客户，公开渠道发现负面信息，例如通过法院被执行人信息查到有被执行信息，说明问题已经相当严重了，因为别的银行也知道，上游供应商知道了，下游客户也知道了，企业已经很难继续正常经营了。信息的价值在于还未被别人知道。信息的价值，与知道的人的多少成反比。通过内部渠道才能获得的信息，如收文、登记受理、法院立案、办理进展情况、内部意见等，才是真正有价值的信息。信息的价值在于信号预示的趋势，债务人涉诉这样的公开信息，还需要分析胜诉的概率。信息的价值还在于其影响，涉及借款人的一条负面舆情，尽管银行知道是假的，也不得不考虑其对借款人的负面影响。

一位优秀的情报员不在于他有多么高超的个人本领，而在于他能知道谁掌握情报，谁讲真话，说服对方为其源源不断地提供情报。一个信贷人员的精力是有限的，在工作中，良好的人际关系和公关交际能力有助于我们及时获取信息，避免工作失误。对于一个银行也是一样的，信息收集不是信贷条线的工作，而是需要全员来协助。每个人都有自己的人际圈子，可以接触到各行各业，也许他们的家人都在这些借款人所在的行业工作，都有切身体会，这种感受是一两个信贷人员走马观花现场调查难以了解的。银行要做的，就是把信息资源利用起来，最终建立良好的信息沟通机制。情报不一定要单独去获取，很多情报就是通过公开信息拼接、挖掘出来的。获取了一个信息，一定要挖掘其来龙去脉，比如某个企业主页出现了高层慰问员工、看望敬老院老人，近期媒体出现了大量关于某企业的正面报道，其原因何在？前者是为了回应其老板跑路，后者是企业刚刚出现了大面积产品召回。媒体真真假假，软文、公关无处不在，没有消息，往往是好消息，突然出现大量好消息，往往是有背景故事的。

2.3.1 现场调查

信息求证过程中，调查人员应该眼见为实，要尽量对客户、项目进行实地调查，通过现场核对、直接访谈、正面观察等方式获取信息，对信息进行印证。通常来说，现场调查的时间比较短，出发前要充分利用非现场信息，做好准备工作，对客户所在区域、行业有个初步认识，对企业财务报表有个总体的把握。

需要实地调查的内容包括：①客户经营场所、生产车间、施工现场、班组记录等；②客户主要资产实物状况、资产购置原件；③客户总账、分户账、明细账、记账凭证、原始凭证；④抵质押资产实物、产权证书原件；⑤公司营业执照、章程原件；⑥法定代表人及主要股东的个人资产情况、信用状况。

现场调查的方式包括正面调查和侧面调查。正面调查通常是在客户陪同的情况下开展的，注重现场第一感觉，通过对客户经营场所、经营设施、经营活动及其氛围的感受来获取信息。年轻的客户经理总是喜欢大张旗鼓地去借款人那里做信贷调查，借款人会事先准备，"迎接银行调查"，这样一来，企业就会把不利的因素掩饰起来，生产情况、员工精神面貌就有很大改观；经验丰富的客户经理往往轻车简行，尽量不干扰企业的正常经营，只有这样才能看到最原生态的风景。有的时候还需要实地侧面调查，即客户经理是在客户不知情的情况下，观察客户的经营活动。好的尽职调查人员，通常是有好奇心的，但是外表会表现出不好奇的样子。

根据调查情况，客户经理还要和客户以及与客户相关的各个层面的人员进行面谈。与客户交谈的内容通常包括经营主要业务、货源、往来客户、注册登记信息、股东情况、近三年业绩、银行合作情况、财务信息等。客户经理与企业人员交流要根据求证的内容不同尽量询问掌握第一手信息的人，如财务人员、生产工人、仓库管理员、一线销售员。信贷决策时需要参考借款人的哪些关键信息？这个问题本身就是借款人非常关心的。所以，客户经理在和掌握信息的人员交流时，要注意交流方式，目的性不要太强，否则容易造成对方的反感，要掩饰自己的真实意图，让对方在不经意间将你需要的信息和盘托出。信贷访谈，要多听多看少说，要观察对方表情神态，注意识别谎言和逻辑漏洞，但是不需要当面反驳与争执。有些客户经理往往还会对企业的经营进行一番点评和指导，把自己的偏好暴露无遗，这是信贷调查的大忌。一个企业老板在他的领域，肯定是比一个客户经理要懂得多，恭维不能当真。交谈的场合是非常重要的，在办公室，正襟危坐，一问一答，得到的多半是假大空的鬼话，而酒过三巡之后，老板的发家史、嗜好等信息就会浮出水面，很多疑点也渐渐清晰。

实地调查，调查人员应做到能去的地方尽量去到、能问的人尽量问到、能拍照片的尽量留下照片，收集第一手材料。对取得的第二手材料必须按照一定的程序与方法进行核对、甄别与鉴定，调查报告所揭示的全部论点应有相应可佐证的书面或电子材料、资料，做到有据可查、证明有力。初入门的信贷人员往往通过调查模板依次收集信息，甚至让客户协助填写调查模板，这样可以拿到很多资料，但是可供信贷决策的情报很少。有的信贷人员认为到现场就是按部就班地收集资料，疲于奔命似地与不同人会谈，只顾按日程完成自己的工作，让客户来适应自己的工作节奏，这样做往往沦为自说自话，客户不过是陪你演了一场戏而已。作为信贷人员，要多观察，要从对方的角度去看问题，今天去下户调查，今天是星期几？正常情况下，此时老板应该在做什么？工人应该正在做什么？最近行业发生了什么事？对客户有什么影响？管理层有何应对？现场看到员工违规操作，管理层是如何现场处理的？突然提出一些新要求，工人有没有请示，还是擅自做主？信贷人员应该从这些细微处去获取真实的信息。

2.3.2 交叉核对方法

信贷调查好比特工收集情报，问题不在于拿不到情报，而在于不同渠道的情报互相冲突。这里就涉及信息判断、去伪存真，也就是要对一些关键信息进行充分质疑、专业判断和正确评价，要对疑点信息进行再收集、再提炼、再判断。刑法上有个原则，孤证不能断案，即每个证据的证明力有无或大小都不能靠该证据本身得到证明，而必须通过对证据本身的情况、证据与其他证据之间有无矛盾及能否相互印证、证据的地位进行全面衡量，才能做出合理的判断。企业出现重大亏损，信息将会通过不同的路径向外扩散，竞争对手会乘机抹黑，企业自身也会请各种媒体公关、财经公关，发布正面消息，信息的内容要结合信息发布者及其利益动机来分析。

交叉检验是通过不同信息来源途径，对同一信息进行真实性、准确性、完整性确定的过程。例如，某企业申请贷款，我们要根据其经营规模来匡算授信额度。各项资产、抵押物通过实地查看都比较容易看到，一个难点就是其一年的销售收入有多少。销售收入是一天一天累加起来的，信贷人员不可能长期蹲点，观察其每日营业状况。如何准确判断年销售收入呢？

通常来说，我们和企业管理层沟通时，了解了大概的年销售收入，假如4 000万元，交叉核对，就是对这个信息通过不同的渠道（生产、销售、财务、售后等部门）进行核实。例如：让企业提供财务报表，通过利润表查看其主营业务收入；销售一般有明细账，我们通过累加近三个月的明细账，剔除季节性因素，看看是否有1 000万元；抽查几笔明细账对应的原始凭证，看看对应的销售发货记录和回款记录，必要时和下游客户核对一下销售的真实性。当然企业通常会说为了避税，还有账外经营，但是凡有发生，必有痕迹，例如：如果产品是自己生产，那么肯定有能源消耗，水电气，通过找到能耗与销售收入之间的关联关系，来推算其规模；如果是经销厂家的品牌，那么是否有厂家开具的发票，发票金额累计即为销售成本，通过行业同行的毛利率换算出销售收入；销售人员有佣金提成，查看相关的销售人员业绩计算表和工资收入单也可以间接换算销售收入。要支持 4 000 万元的年销售收入，那么企业正常情况下应该持有多少存货？应该产生多少应收账款？应该有多少销售渠道？应该产生多少纳税？销售以后，肯定有回款，要么是银行流水，要么是应收账款，这些都是验证的方向。此外，企业总是在一定的上下游链条中经营，通过分析上下游客户的销售规模、采购规模、应收账款规模、结算量也可以判断中间商的销售规模。

在做小贷、微贷时，常常用到不对称偏差分析法，其原理就是，正常的客户各方面的状况（如婚姻、年龄、经营年限、朋友圈）都是有对应关系的，而出现偏差往往表示"不合常理"，预示着风险。

例如：客户 40 岁，开店半年，有多套房产，妻子无业。担保人 30 岁，公司职员，工龄 12 年，未婚，租房。把这些信息连成线（如图 2-1 所示），就会发现问题：①客户 40 岁，经营历史才半年，可能是转行，而财产较多，说明以前的生意不错，为什么要转行？②保证人工作年限不短了，为何财产很少？一般来说，连线越曲折，偏差越大，越"不合理"。

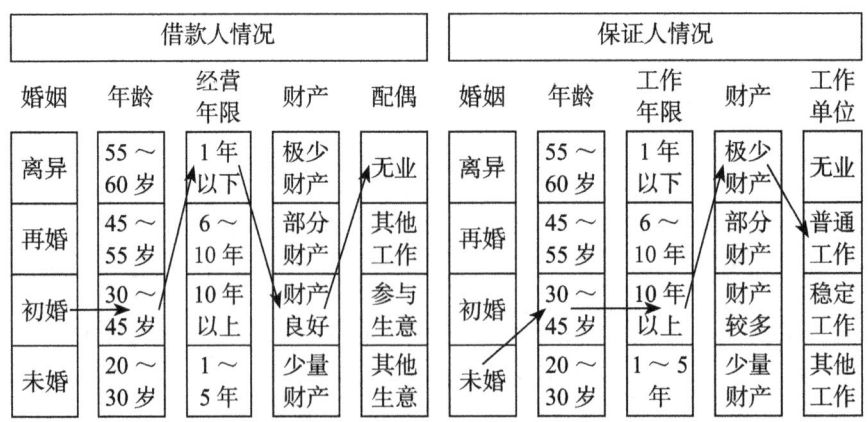

图 2-1　不对称偏差分析图

2.3.3 文书审查方法

我们日常接触最多的是各种文书，营业执照、章程、决议、原始凭证、会计报表、企业档案、身份信息复印件、流水打印件、征信打印件、采购合同等，信贷人员其实打交道最多就是这些文书。

有大量信贷工作都是"paperwork"，即形式审查，审核文件是否有伪造、涂改、克隆痕迹，各类文件的有效期和逻辑衔接。例如，营业执照的形式审查包括：执照是否在规定期限年审，是否被吊销、注销、声明作废、过期，经营内容及贷款用途是否在营业执照登记的营业范围之内，贷款偿还期限是否短于法定或登记的营业期限。如果这些形式上的问题银行没有审查出来，在法院诉讼时，很容易推断银行有失误，进而承担相应的部分损失。实质审查就是结合文件背后的经济活动来判断文件的真实性。例如，我们验证企业的销售收入时，要判断企业提供的销售发票、税票、销售合同、订单是否真实，我们可以通过交易对手进行求证。

信贷人员不是文书鉴定的专家，但是掌握一些文书鉴定的方法，有利于识别信贷风险。通常来说，人名、时间、金额这些文字，常常是造假者想要伪造的重点，如修改担保决议的金额、伪造签字、倒签租赁合同、修改合同日期等。但是涂改、刮擦、隐藏文字、增加文字原始内容等手法都会在文件中留下不自然的痕迹，通过特殊方法，如紫外线照射或仪器分析，都可以发现这些痕迹。通常，伪造的文书有以下这些痕迹：文字有不自然的擦刮、涂改、复写痕迹；在同一份文件或同一行字上出现不同书写工具书写的痕迹，油墨外观不一致；文件有换页、订孔不吻合的痕迹；文件有切割或字迹不连贯，复印件有不连贯墨迹等。更为专业的鉴定包括：笔迹鉴定、印章印文鉴定、印刷文件鉴定、添改文件鉴定、擦刮文件鉴定、拼凑文件鉴定、消褪文件鉴定、掩盖文件鉴定、抽页换页文件鉴定、污损文件鉴定、文件材料鉴定、印刷文件制作时间鉴定、印章印文盖印时间鉴定、印字先后顺序（又称朱墨时序）鉴定、笔迹书写时间鉴定、文件制作时间鉴定、特种文件鉴定等。随着科技的进步，大部分的文书造假是可以识别出来的。

文书中最重要的是文字，对文字含义的准确把握也非常重要。有的时候我们会分析客户网络信息（产品评论、微博），这些文字量非常大，如果靠人工去详细阅读很耗时间，有的金融机构就会换一种思路，对文本进行情感分析（sentiment analysis），对这些文本信息进行挖掘来了解用户的态度倾斜，得到总体上的结论。文本挖掘技术在信贷风险管理中的应用越来越广泛。例如，一笔核销贷款从贷前到贷后，有很多信息，有的是数字，但更多的是一段文字，如何从海量核销客户信息中提炼出形成不良的原因？哪些是经济下行引起的？哪些是操作风险引起的？这就需要用上这些技术手段。

2.3.4　数据分析方法

除了文书之外，信贷人员接触最多的就是数字了，我们经常检查交易流水、销售收入等财务数据，常规的核查分析方法侧重于其交易背景的真实性，包括合同、流水形式上的鉴别，当然这方面的方法很多。其实这些数字本身就有很多内在规律，可以从数理统计方法上去核实其数字的真实性。

信贷员都会说流水分析很重要，然而有多少人真正分析过流水呢？流水，几十页、上百页的纸质流水，密密麻麻，如何分析？不要说大数据分析，能够把这些小数据分析透就不错了。要深入分析，首先要将流水转换为 Excel 版（扫描、OCR），然后做时间序列、分类汇总等描述统计分析。例如，付款、收款日期、时间、金额、交易对手有没有规律？和经营有没有匹配？有没有季节性？

审计上常用到本福德定律（Benford's Law），一堆从实际生活得出的数据中，首位数字是"1"的机会要比是"2"的大，是"2"的机会要比是"3"的大，依此类推，以"1"为首位数字的数出现的概率约为总数的30%，而以"9"为首位数字的数出现的概率约为总数的4.6%。规律就是，越大的数，以它为首几位的数出现的概率就越低。真实合同金额、消费金额、收入支出这些数字，首位数出现的概率基本符合本福德定律。而人为编造的数字、人为改动过的数字，哪怕用计算机随机生成的数字和本福德定律都有很大差距。比如销售发票金额，其数字的分布就可以用本福德定律来验证。这当然是一个非常神奇的数学规律，很多人会怀疑其正确性，然而在司法会计中也得到运用，作为审判的证据，足以说明其可信度。

常见的数字验证方法就是通过 Excel 表计算这些数字金额首位数出现的概率，与本福德概率表进行比对，专业一点还可以用 IDEA 审计软件，里面有本福德分析。例如：如果数字分析显示发票金额数字首位数字出现"9"的频率是30%，然而"9"出现于首位的频率应该是4.6%，这就要关注这几笔业务的真实性，可能是录入错误、业务结构发生突变、假账、刻意规避审批权限（如审批权限为1 000元），也可能是按照消费者心理学定价（如将100元定价为99元），这就需要获取佐证材料来进一步证实是否有问题。将100元人为地修改为99元，这本身就是一种不自然，运用本福德定律就是要发现这种不自然，特别是编造数字。首位数受到的人为影响因素非常多，那么我们可以进一步看第二位数字的概率，第二位数字的规律也是越大的数（"9"）在第二位出现的概率越低，只是要平滑得多，以"0"为第二位的数出现的概率约为总数的12%，而以"9"为第二位的数出现的概率约为总数的8.5%；有了第一位和第二位的概率分布，就可以进一步分析前两位的联合概率分布。几万笔流水，当我们发现了"4"首位出现的概率有异常，是否需要把"4"打头的交易基础资料全部查一遍，我们想进一步找到哪个数字有问题？可以分析前两位数（例如"41""42"）出现的概率（在 IDEA 中都可以轻松实现），缩小范围，锁定异常数字，除此之外还可以运用重复性测试（number duplication test）。

除了本福德定律之外，还有很多数字分析方法，例如 RSF（relative size factor）方法，计算分层数据（某个供应商的一系列交易金额）中最大的数字和次最大数比率，查找差异，RSF 等于 10 通常说明小数点问题（误将 10 录为 100）。高级一些的分析包括相关性分析、趋势分析等。

2.4 形成调查报告

贷前调查完成以后，就要形成调查报告，上报审查审批。调查工作考验的是信贷人员的本领，如何把真实情况反馈上去考验的是银行的制度设计。

2.4.1 利益冲突与道德风险

调查人员要实事求是、真实全面反映贷前调查所了解的情况，不回避风险点，与真实反映相对应的就是瞒报、漏报、谎报。

一笔贷款，经办银行愿意调查，并且写了调查报告，上报了审查部门，无论报告写得如何，都反映了经办行愿意促成这笔贷款。假如经办银行觉得风险很大，完全没必要上报了。"要上报就要促成通过"，正是基于这样的现实逻辑，调查报告的内容往往无法做到真实反映。我们看到大量的信贷调查报告，对客户风险点写得很少、写得很隐晦，调查报告没记载的方面，审查审批人员也就无从审查了。写的都是真的，关键是哪些没写？例如，客户申请流动资金贷款，各方面都不错，调查结束后，客户经理不经意间了解到企业有大额投资计划。假如这个信息反映了，流动资金贷款就不合适了，需要走项目贷款程序。实务中，这种问题大量存在，作为审查人员来说，客户经理到底隐瞒了多少？如何证明他明明知道？其实这个问题很难回答。还有的客户，风险可控，但是不太合规的，这些东西真实反映在调查报告，往往引起外部监管问责。信贷调查，本身不复杂，看到什么就写什么，也没有太多格式化的东西，也不需要模板。正是由于这些利益冲突，信贷调查报告变成了八股文，强迫调查人员必须调查哪些内容。然而效果呢，还是文字堆积和数字罗列，满篇"尚可"，结论就是需要贷款，看不看得出来问题就凭审查人员的本事了，反正该写的都写上去了。

按照制度要求，客户经理仅仅是信贷链条上的一环，贷与不贷的决策无须过问太多。信贷调查的基本要求就是真实反映一切信息，一方面要反映信息的内容，另一方面要反映信息获取的渠道。信贷调查仅仅看到客户的一个侧面而已，看不到行业全貌，也无法判断经济走势，所以尽量不要增加调查人员的主观判断和评价。客户提供的资料可能是假的，造假的痕迹也会透露出真实的信息。后续的审查人员会通过资料相互印证，结合信息获取的渠道、方法，来判断信息的真伪、合理性，并加以采用。但是，随着调查人员对信贷业务的熟悉以后，他们就会发现，上报哪些资料会产生不利后果，上报哪些资料会给借款人加分，这样贷款审查机制失灵了。贷款审查要全面掌握信息，而不是获取片面信息。经过调查人员过滤一遍的信息，审查人员已经发现不了什么风险点了。发现不了风险点，不代表没有风险点。这种调查，还不如让企业直接把资料寄给审查人员。越是经验老到的信贷人员，这种现象越突出。

没有完美的制度，只有现阶段最适合的制度。要让其承担责任，就要赋予其权利。审贷分离、尽职免责往往沦为形式主义，大家都去关注形式上合规问题，细节上的操作风险问题，却忽略和回避了实质上的信用风险，而审贷合并、责任终身制，也能够激发责任心，这都是信贷管理制度顶层设计要考虑的。

2.4.2 双人调查与回避原则

银行要通过制度设计，尽量减少信息失真。如何减少这种"信息加工"呢？很多银行采取了双人调查、平行作业等。

双人调查原则是指每笔信贷业务必须至少由两名信贷人员调查，并在调查报告中签署明确意见。一个具体项目的调查哪些人参与？通常是一个主调查人和一个协助调查人参与。主办的工作是：负责与贷款申请人的联络、沟通，并告知客户如何配合工作；约定时间，组织与协调对客户的调查；独立撰写调查报告并对提交资料的真实性负责。协办的工作是配合主办的工作，一起对客户进行实地调查。在实行风险经理平行作业的银行，客户经理、风险经理都要参与调查；对于一些大型信贷项目，通常要采取多部门联合调查；在专业性较强特别是评估难度大的项目中，还要有第三方参与。

《中华人民共和国商业银行法》第四十条规定：商业银行不得向关系人发放信用贷款；向关系人发放担保贷款的条件不得优于其他借款人同类贷款的条件。前款所称关系人是指：（一）商业银行的董事、监事、管理人员、信贷业务人员及其近亲属；（二）前项所列人员投资或者担任高级管理职务的公司、企业和其他经济组织。

授信调查人员应主动回避关系人所申请的授信业务。例如，目标客户为某客户经理的近亲属的公司，这种情况下，让该客户经理参与调查就不合适了。

第 3 章

客户基本信息分析

客户基本信息分析就是了解客户基本情况、股权结构，明确客户与其上下级、关联方的关系。分析的目的：一是理清法律关系，判断借款主体是否合法，借款行为是否有效；二是理清经济利益关系，摸清楚真正的借款人。

3.1 借款主体问题

谁是借款人？这是首先要搞清楚的问题。我们只有知道了真正的交易对手，才能评价并控制风险。这就涉及名义借款人、实际用款人、最终还款人以及实际控制人等问题。借款主体问题，从银行角度来说，就是贷款可以投放给哪些经济主体？从借款人角度来说，就是以谁的名义申请贷款？借款人主体资格合格、合法与否，直接关系到借款合同的效力，也必然影响到信贷资金的安全。

3.1.1 借款人类型

信贷客户可以有不同的分类，如机构客户、公司客户、个人客户，大型企业客户、小微企业客户，低风险客户、高风险客户，单一客户、集团客户，线上客户、线下客户，白领、企业主、公务员等，各种客户都有各自的特点，这些分类融入了很多市场营销、风险控制的考虑。我们这里主要从法律层面来分类，借贷关系（包括担保）是民事关系，根据《民法总则》，民事主体分为自然人、法人和非法人组织（见图 3-1）。

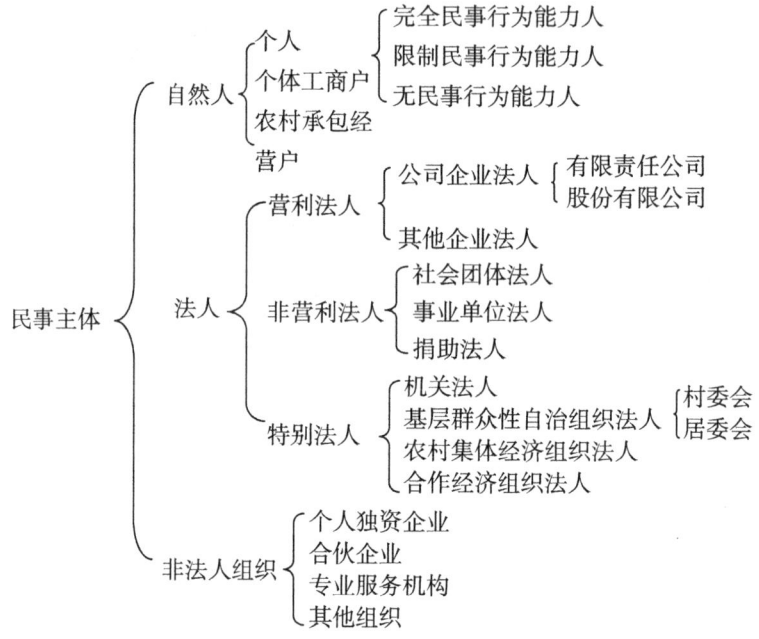

图 3-1　民事主体的分类

国家工商总局披露数据显示[⊖]，截至 2017 年 3 月底，我国各类市场主体 8 935.7 万户，其中，企业 2 696.8 万户，占 30.2%；个体工商户 6 052.8 万户，占 67.7%；农民专业合作社 186.7 万户，占 2.1%。

3.1.1.1　自然人

这里的自然人是广义的，包括了个人、个体工商户、农村承包经营户。

《民法总则》规定："十八周岁以上的自然人为成年人，不满十八周岁的自然人为未成年人，成年人为完全民事行为能力人，可以独立实施民事

⊖ 引自"工商总局发布 2017 年第一季度我国市场环境形势分析"，http://www.sohu.com/a/133593678_367517。

法律行为；十六周岁以上的未成年人，以自己的劳动收入为主要生活来源的，视为完全民事行为能力人；八周岁以上的未成年人为限制民事行为能力人，实施民事法律行为由其法定代理人代理或者经其法定代理人同意、追认，但是可以独立实施纯获利益的民事法律行为或者与其年龄、智力相适应的民事法律行为。不满八周岁的未成年人为无民事行为能力人，由其法定代理人代理实施民事法律行为。不能辨认自己行为的成年人为无民事行为能力人，由其法定代理人代理实施民事法律行为。不能完全辨认自己行为的成年人为限制民事行为能力人，实施民事法律行为由其法定代理人代理或者经其法定代理人同意、追认，但是可以独立实施纯获利益的民事法律行为或者与其智力、精神健康状况相适应的民事法律行为。"

这些条文对于信贷业务的影响在于，如果客户存在民事行为能力方面（年龄、智力、精神状况）的问题，其借款（或担保）行为可能面临效力问题。年龄可以通过身份证、户口簿、户籍证明载明的出生日期做出判断，必要时到其户籍地进一步调查核实，要注意有无曾用名或其他身份证件（外国籍）信息，以及双胞胎问题。智力与精神状况可以通过面谈面访对其言行举止进行观察推断。一般来说，借款人出现问题的可能性较小，往往是担保人出现问题，如以小孩、精神病人、痴呆患者的财产设定担保等。

自然人不是孤立的个体，总是一个家庭的成员。自然人借款用于家庭消费或者经营（个体工商户、农村承包经营户）的，要了解借款人的配偶或同住的其他成年近亲属（如父母及成年子女）的意见，特别是当家人意见，必要时可以要求家庭成员成为共同借款人。法律上说，个人债务只能用个人财产来偿还，婚内执行个人财产份额，离婚的，执行个人分得的财产；夫妻债务由夫妻共同偿还，婚内执行夫妻共有财产，离婚的，二人共同承担连带责任。实务中，个人财产的认定比较麻烦，家庭婚姻关系不稳定的客户尽量不要介入。婚姻状况的判断要看结婚证、离婚证、单身证明之类的材料，但婚姻登记和户籍登记还有未衔接之处，于是有了重婚、隐婚、事实婚姻等问题，这就要结合邻居走访，朋友圈了解等。

按照现行《婚姻法》（未来可能纳入《民法典》）的规定，夫妻在婚姻关系存续期间所得的财产，一般来说都归夫妻共同所有，包括：①工资、奖金；②生产、经营的收益；③知识产权的收益；④继承或赠与所得的财产（但遗嘱或赠与合同中确定只归夫或妻一方的财产的除外；父母一方或者双方赠与的，无论婚前或者婚后，无论登记在谁名下，除了明确表示赠与双方，都视为对于自己一方子女的赠与）。共同所有的例外情形包括：①一方的婚前财产（动产以交付时间为准，不动产以产权登记时间为准）；②一方因身体受到伤害获得的医疗费、残疾人生活补助费等费用；③一方专用的生活用品；④夫妻约定婚姻关系存续期间所得的财产以及婚前财产归各自所有、共同所有或部分各自所有、部分共同所有的，对双方有约束力。

《婚姻法》解释二第二十三、二十四条规定："债权人就一方婚前所负个人债务向债务人的配偶主张权利的，人民法院不予支持。但债权人能够证明所负债务用于婚后家庭共同生活的除外。债权人就婚姻关系存续期间夫妻一方以个人名义所负债务主张权利的，应当按夫妻共同债务处理。但夫妻一方能够证明债权人与债务人明确约定为个人债务，或者能够证明属于婚姻法第十九条第三款规定情形的除外。"婚姻法第十九条第三款的规定是："夫妻对婚姻关系存续期间所得的财产约定归各自所有的，夫或妻一方对外所负的债务，第三人知道该约定的，以夫或妻一方所有的财产清偿。""第三人知道该约定的"，按照《婚姻法》解释一的规定，夫妻一方对此负有举证责任。

《民法总则》规定：自然人从事工商业经营，经依法登记，为个体工商户，个体工商户可以起字号；农村集体经济组织的成员，依法取得农村土地承包经营权，从事家庭承包经营的，为农村承包经营户。个体工商户的债务，个人经营的，以个人财产承担；家庭经营的，以家庭财产承担；无法区分的，以家庭财产承担。农村承包经营户的债务，以从事农村土地承包经营的农户财产承担；事实上由农户部分成员经营的，以该部分成员的财产承担。

从合规性角度来说，个人贷款适用于《个人贷款管理暂行办法》（银监会 2010 年第 2 号），该办法从贷款的受理调查、风险评价与审批、协议与发放、支付管理、贷后管理方面进行了详细规定，本书不再赘述。实务中，个人经营性贷款的管理相对松懈，而有时候金额比企业贷款还高，所以《个人贷款管理暂行办法》特别规定，个体工商户和农村承包经营户申请个人贷款用于生产经营且金额超过五十万元人民币的，按贷款用途适用相关贷款管理办法（如固贷、流贷、项目贷款管理办法），农户贷款适用于《农户贷款管理办法》（银监发〔2012〕50 号）。

3.1.1.2 法人

《民法总则》规定："法人是具有民事权利能力和民事行为能力，依法独立享有民事权利和承担民事义务的组织。"法人包括营利法人、非营利法人和特别法人。

营利法人就是企业法人，非营利法人包括社团法人、事业单位、捐助法人，社会团体法人如作家协会，事业单位法人如学校、医院，捐助法人如慈善基金会、校友基金会。特别法人是特殊的一类法人，包括：机关法人如各级政府，基层群众性自治组织法人如村委会、居委会（不是业主委员会，后者是非法人组织），合作经济组织法人主要指农民专业合作社。

为了避免混淆，有必要区分企业和公司。企业是一个经济学概念，即以营利为目的的组织。企业的概念大于企业法人，如依照《个人独资企业法》《合伙企业法》设立的企业就不是企业法人，是非法人组织。公司的概念比企业小，公司是按照《公司法》（1993 年及以后版本，最近为 2013 版）设立的一类企业法人，包括股份有限公司、有限责任公司两种形式，非公司企业法人主要指 1993 年以前设立的各种企业法人，如全民所有制企业。

公司的概念也容易引起歧义，如"农工商总公司"，它不是按照《公司法》设立的企业法人，而是农村集体经济组织法人。严格从定义来看，公司和企业有区别，公司一定是企业法人，而企业不一定是法人。这好比借款人和申请人有区别，贷款与信贷、债项有区别，非常拗口，在不引起歧义的情况下，还是可以混用。事实上，在本书后面许多章节，公司和企业都是混用的。

《民法总则》规定："法人的民事权利能力和民事行为能力，从法人成立时产生，到法人终止时消灭"。法人成立的标志是设立登记，终止的标志是注销登记，在此期间，就是具备法人资格的期间。我们要关注各类法人成立、变更、终止的环节（见图3-2），关注其法人资格的有效性。

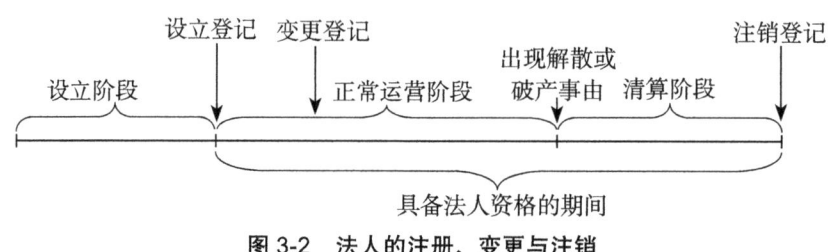

图3-2　法人的注册、变更与注销

《民法总则》规定："法人应当依法成立"。判断合法性的方法，通常是查看法人的各种证照，如企业法人的营业执照，事业法人的法人登记证书、成立证明文件、上级批准设立的文件等。此外，要深入了解法人设立动机。为何非要设立法人？通过自然人、合伙企业、个人独资企业不能完成经营目标吗？法人的类型很多，为何要设立这一类而不是另一类？这里面都有学问。

《民法总则》规定："法人以其全部财产独立承担民事责任"。这是法人区别于自然人和非法人组织的一个重要特征。例如捐助法人，一旦捐款人将财产捐给基金会，财产就属于基金会了，基金会亏损不能找捐款人，基金会解散了，财产也不会退给捐款人，而是转给其他同类捐助法人，继续用于公益事业。然而，法人财产的独立性是"理论上的"，实务中，很多机构虽然有法人地位，实际上财产独立性很差。例如：事业单位的财产收支很大程度上受到上级主管部门的管理；公司的财产很大程度受到股东的干预（甚至侵犯）。

法人是个"壳"，具体事情还要自然人去做，要关注各类法人的内部运作（见表3-1）。法人的权力机构或有权机关通常是股东大会、会员大会、理事会等，重大事项要权力机构决策，日常事务由执行机构去执行，法定代表人代表法人签署合同。法人的民事行为是否有效要看权力的运行是否符合章程，但是也不能绝对化，最新的《民法总则》第八十五条规定："营利法人的权力机构、执行机构做出决议的会议召集程序、表决方式违反法律、行政法规、法人章程，或者决议内容违反法人章程的，营利法人的出资人可以请求人民法院撤销该决议，但是营利法人依据该决议与善意相对人形成的民事法律关系不受影响。"银行是否构成善意？善意有"不知情"和"无重大过失"之分，"不知情"就是我不知道章程有此规定，"无重大过失"是指必须经过一定的调查之后仍然不知情。银行作为专业机构，有没有义务审查章程，这一点法律没有明确，但实务中，银行最好严格审查章程，避免构成"重大过失"。当然，即使形式上符合章程，"以法人的名义"，实际上往往体现的是"个体的意志"，再加上财产独立性差，"法人"很容易沦为融资和逃废债务的"工具"。

表 3-1　各类法人的有权机构

	权力机构/决策机构	执行机构	法定代表人
营利性法人	股东大会	董事会或者执行董事	董事长、执行董事或者经理、主要负责人
事业单位法人	理事会		依照法律、行政法规或者法人章程的规定产生
社会团体法人	会员大会或会员代表大会	理事会	理事长或者会长
捐助法人	理事会、民主管理组织		理事长

法人终止的原因包括法人被宣告破产和法人解散。实务中，破产涉及法院、律师、会计师等，各种程序耗费人力、物力，所以走破产程序的法

人往往是比较大的企业（落幕英雄），被宣告破产后，依法进行破产清算并完成法人注销登记时，法人终止。法人解散分为：①法人章程规定的存续期间届满或者法人章程规定的其他解散事由出现；②法人的权力机构决议解散；③因法人合并或者分立需要解散；④法人依法被吊销营业执照、登记证书，被责令关闭或者被撤销；⑤法律规定的其他情形。《民法总则》规定："法人合并的，其权利和义务由合并后的法人享有和承担；法人分立的，其权利和义务由分立后的法人享有连带债权，承担连带债务。"合并可能会增加资产，但更容易增加负债，所以合并对债权人的威胁更大。按照《民法总则》规定，"法人解散的，除合并或者分立的情形外，清算义务人应当及时组成清算组进行清算。""法人的董事、理事等执行机构或者决策机构的成员为清算义务人。""清算义务人未及时履行清算义务，造成损害的，应当承担民事责任。"实务中，很多企业负债累累，关门大吉，既不破产又不清算，银行就要追究相关人员的清算责任。

3.1.1.3 非法人组织

按照《民法总则》的定义，非法人组织是不具有法人资格，但是能够依法以自己的名义从事民事活动的组织。非法人组织包括个人独资企业、合伙企业、不具有法人资格的专业服务机构等。非法人组织应当依照法律的规定登记，例如法人分支机构就需要登记并领取营业执照。非法人组织不是"其他项"，例如企业的内设部门如财务部、销售部就既不是法人也不是非法人组织，不是民事主体，不能以自己的名义从事民事活动。

按照《民法总则》规定，"非法人组织的财产不足以清偿债务的，其出资人或者设立人承担无限责任。"非法人组织没有独立的财产，不能独立承担责任，但是不是不承担责任，或者没有人承担责任，而是先由其自身的财产承担责任，最终由其出资人或者设立人承担责任。例如分公司借款，先由分公司偿还，总公司承担连带责任。由于非法人组织缺乏独立性，所以在接受这类信贷客户的时候，要获得其出资人、设立人的授权和同意。

例如甲设立了个人独资企业A，由于A是民事主体，可以以自己名义买房、借款、对外担保，假如A名下登记有房产一宗，A向银行借款，同时提供房产抵押担保，这里的借款人和抵押人都是A，而不是甲。这笔贷款逾期，银行可以执行A名下的抵押房产和其他财产，不足可以找甲，这一点没有争议。假如贷款后，甲将企业转让给了乙，能否再找甲或乙？实务中，争议很大，最高法院判例（〔2015〕民申字第243号）认为，个人独资企业转让时，受让人明知并认可企业尚有未清偿的债务的，可以要求所有投资人（包括受让人）在企业财产不足以清偿债务时，以其个人财产承担责任。

《合伙企业法》（2007年）规定"合伙企业对其债务，应先以其全部财产进行清偿"，"新合伙人对入伙前合伙企业的债务承担无限连带责任"，"退伙人对基于其退伙前的原因发生的合伙企业债务，承担无限连带责任"。要注意，在有限合伙企业中，有限合伙人以其认缴的出资额为限对合伙企业债务承担责任，普通合伙人承担无限连带责任。

3.1.2 合规性问题

在一般借贷关系中，法律对借款合同的主体资格没有特殊的限制，只要符合民事主体的一般规定就行。然而银行类金融机构，其信贷业务还受到人民银行、银监会等部门的严格监管，例如各种"两高一剩"的限控行业规定、小微涉农考核要求⊖等，如信用贷款的借款主体就不包括商业银

⊖ 小微企业的标准主要参考工信部等四部委下发的《关于印发中小企业划型标准规定的通知》（工信部联企业〔2011〕300号）；2011年银监会印发的《关于支持商业银行进一步改进小型、微型企业金融服务的补充通知》（银监发〔2011〕94号），《通知》中的"小型微型企业贷款"，含小企业、微型企业贷款及个人经营性贷款（个体工商户和小微企业主贷款）。涉农贷款定义参考《中国人民银行、中国银监会关于建立〈涉农贷款专项统计制度〉的通知》（银发〔2007〕246号），以及中国人民银行调查统计司后来下发的补充说明。

行的关系人，事实上的客户范围要小得多。同时银行内部有客户准入的标准，即每家银行都有自己的风险偏好和客户选择方法，一个信贷产品，哪些行业不能做，哪些客户不能做，哪些用途不能做，这些都有明确规定。

由于有了这些七七八八的规定，有些借款主体虽然合法但不合规，一些银行就开始"设计"承贷主体，有很多所谓的创新，"交易结构设计"，以保持形式上的合规，往往导致名义上的借款人、实际上的用款人以及未来的还款人不一致，而不一致则会带来一些问题。这些创新对于实体现金流的生成没有任何帮助，反而增加了成本和损耗，让中介赚了钱。实务操作中，越简单越好，太复杂的法律关系，太多的交易主体，协调成本很大。

最典型的就是政府融资平台：一方面由平台公司统一从银行获得贷款；另一方面则将筹集到的资金再转借、转投到各个具体项目或下属公司。这么一来，融资平台就成了一个中转站。借款人是融资平台，用款人是下属公司，融资平台本身就是个空壳，不产生现金流，还款人是这些下属公司。这种运行方式给银行带来了监控麻烦，资金进入平台公司账户之后，银行无法对其使用进行有效的监控，容易造成信贷资金挪用。从宏观上来看，财政一旦和金融对接，就会引起很多问题。

与融资平台类似的就是集团统借统还，它是指银行将信贷资金贷给一些集团，由集团内部重新分配资金用途，集团统一还款。集团本部是以对外投资和管理为主业，自身并无实体经营业务，借款人是企业集团，用款人是子公司，还款来源也是子公司。统借统还也给银行的信贷管理带来一些挑战：首先，银行往往不知道每一笔资金的真实用途；其次，资金怎么用实际上由集团来分配，分离了银行对于贷款资金投向的控制力；最后，贷后监控困难，由于集团企业大多是多种业务并存，涉足领域广泛，贷款资金是否流向生产经营或者何时流向生产经营具有不确定性。实践中，很多集团企业融得资金后进行大量的投资、行业整合、资本运作、放贷款甚至炒股、炒期货。再大的集团，钱也是基层员工一点一滴挣来的，所以要关注其主营业务和收入来源。资金池,最好还是让企业拿自有资金去搞,不要把信贷资金混入资金池,银行不要放弃对贷款资金的监管。

到底是以集团公司作为承贷主体还是集团下属核心实体公司作为承贷主体?(见图 3-3)

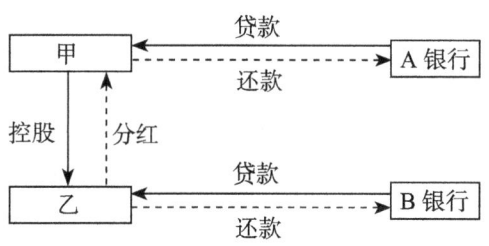

图 3-3 借款主体设计图

假如甲集团下属有乙核心子公司,甲集团的主要资产是对乙的股权投资,其主要收入来源是投资收益。A 银行贷款给甲集团,B 银行贷款给乙子公司。对于 A 银行而已,借款人是甲集团,用款人是乙公司,还款来源也是乙公司。甲集团作为乙公司的股东只有剩余索取权,即乙公司偿还 B 银行贷款后的剩余部分才能归甲集团。假如乙公司的现金流不足以同时偿还两家银行的贷款,这时候,从第一还款来源角度来说,只有先偿还了 B 银行的贷款,才有剩余投资收益支付到甲集团来还 A 银行。从第二还款来源看,B 银行作为乙公司的债权人,可以处置乙公司实体的资产来还贷款。A 银行可以处置甲集团的资产(主要是甲集团对乙公司的长期股权投资)。很显然,此时甲集团对乙公司的权益已经没有价值,A 银行的贷款没有了还款来源,即 A 银行面临的风险要高于 B 银行。

最后就是借冒名贷款问题。借名贷款是借款人以自己名义办理贷款后直接交给实际用款人使用或转贷第三人(实际用款人)。借名贷款产生的主要原因有两方面:一是客户的原因,例如实际用款人因为自身信用、所处行业、贷款用途等因素无法获取贷款,找一些"干净"的借款主体向银行申请贷款，发放后拿去使用；二是银行人员的原因，例如为了规避借款主体政策限制、完成贷款任务或增加还款保障，要求实际用款人寻找名义借款人出面借款；三是一些不良中介，忽悠社会底层人士，拿到这些人的资料，对这些人集中式地培训，教他们如何应对审核，批完后给这些人提成。借名贷款到期无法归还，名义借款人往往强调信贷人员违规操作，自己并未实际使用贷款，也是受害者，拒绝承担还款责任。在企业为实际用款人的情况下，还可能涉及以众多职工为名义借款人，此类纠纷往往涉及面广，影响社会稳定，取证较为困难，涉及贷款操作中存在诸多不规范行为，相关案件的处理较为复杂。

冒名贷款是实际用款人基于合法或非法的原因占有借款人身份证件，并以借款人身份证件办理贷款，冒名贷款是一种违法犯罪行为。实践中客户冒名贷款较少，因为有面谈面签，放款前会有电话核实等。事实上，大量冒名贷款是内外勾结。例如：顶名贷款，是指银行人员以自己名义为不符合条件的亲朋好友办理正常手续的贷款，将贷款归其亲朋好友使用；搭名贷款，是指银行内部人员因自己或亲朋好友无法贷出贷款，而在其他贷款人贷款时要求其多贷出一部分，将多贷出部分供自己或亲朋好友使用的行为；盗名贷款，是指银行内部人员利用职务之便，在他人不知道情况下，使用其名义贷款归个人使用的行为；假名贷款，是指银行内部人员利用职务便利，编造假名进行贷款，归个人使用的行为。

如何应对借名贷款和冒名贷款，这就是反欺诈与案件防控要做的工作，反欺诈有很多思路和模型。例如，一批借款人地址相近、文书相近，就很可能为同一中介包装。笔者曾经参与一起金额过亿元的贷款诈骗案件调查，对方找来了几十个人，批量为这些人办理了营业执照和房产证（房管局有内应），分散在不同的银行办理经营性贷款，也办理了他项权证。笔者将这几十户资料放在一起，问题就出来了，在A的申请资料里，甲经营手机店，在B的申请资料里，甲经营服装店，签字差异很大，收入证明格式相近，甚至纸张质地、墨迹都很相似。互联网金融缺乏面访面签环节，反欺诈非常重要，通常要用到一些数据挖掘模型和机器学习算法。遇到了冒名贷款，要尽量引向表见代理，即银行没有过错，银行尽到了足够的审慎义务，被冒用人有过错（没有妥善保管个人资料），银行有理由相信冒用人取得了代理权。反欺诈治标不治本，要彻底解决冒名贷款问题，还是要主动从行业、区域、年龄、身份等多个维度对目标客户进行归类细分，变被动受理为主动营销，避免逆向选择，减少欺诈类客户进入的概率。

3.2 公司深入分析

我们主要的客户是公司，要深入审核公司的资料，势必先要了解这些资料是如何产生的，即我们要知晓公司是如何设立、变更、注销，公司的运行在哪些部门形成了哪些资料和痕迹，这样调查工作才有方向。

3.2.1 设立与注销流程

公司设立，即出资人（有限责任公司）或发起人（股份有限公司）将各自资源组合在一起，从无到有设立一家公司。公司设立的主要步骤包括：出资人或发起人协商公司的设立事宜；确定公司名称和住所、注册资本、出资方式、出资金额、出资期限、经营范围、章程、利润分配方式、营业期限等；达成出资协议或发起协议；然后办理出资，到工商局申请登记和经营范围的行政许可。

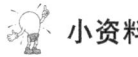 小资料

2014年3月，新《公司法》正式实施，降低了公司注册门槛，流程也简化了很多，主要包括以下步骤。

（1）核名。准备公司名称，由工商局上网检索是否有重名，如果没有重名，核发"企业（字号）名称预先核准通知书"。

（2）前置许可。公司注册经营项目涉及前置许可的，到相关许可部门取得许可文件。

（3）办理营业执照。首先在工商局网站上进行企业网上登记信息，包括公司名称、注册资本、法人、股东及股东的出资比例、任职分配、注册地址等信息；然后到工商局领取公司设立登记的各种表格，包括设立登记申请表、股东（发起人）名单、董事监事经理情况表、法人代表登记表、指定代表或委托代理人登记表；填好后，连同核名通知、公司章程、房租合同、房产证复印件一起交给工商局，大概5个工作日后可领取营业执照。

（4）公安局刻章备案。凭营业执照到公安局指定的刻章机构，去刻公章、财务章、法定代表人个人章、合同章、发票专用章。

（5）银行开基本户。凭营业执照，去银行开立基本账号，人民银行审核通过后发开户许可证。

（6）税务报到。领取执照后30日内到当地税务局报到，小规模纳税人简单，申请一般纳税人还有一段时间辅导期；税务局还会为公司指定税务专员，负责沟通税务事项。

资料来源：北京市工商行政管理局，"如何办理有限责任公司设立登记"，http://www.hd315.gov.cn/zxbs/djzc/bszn/sllgzd/nzgssllgzd/201408/t20140827_1187039.html。

随着公司的注册完毕，工商登记档案就产生了，工商局的留档信息应该说是准确度最高的信息。但是我们也要认识到，工商部门只负责形式审查，对文件实质上的真实性并不审查，受理注册文件时也并不要求股东全部到场，核对身份证、签名等。现在，很多地方政府为了招商、鼓励创业，工商部门的形式审查形同虚设。银行人员不能完全依靠工商信息来审查客户的底细，很多背景核查还得靠自己做。

法律意义上公司死亡就是公司注销。公司注销要依照《公司法》规定对债权进行清算后予以公告，公告期满到原注册机关依法注销，依法注销后的公司不再存在。吊销是登记机关依法行使行政处分权，对违法行为的一种行政处罚，公司被吊销营业执照以后，没有经营权，但参加诉讼或提起诉讼的权利依旧存在。吊销执照后，如果不打算继续经营，按正常程序应当由其开办单位（包括股东）进行清算，清算完毕后办理注销，法人资格消失。实务中，大量的公司停止经营，被吊销执照，但是股东并不主动注销，而是掏空其资产，任其自生自灭，也就是"僵尸企业"。

3.2.2 公司信息分析

公司的工商登记信息相对准确，我们拿到工商查询资料，下一步就是分析这些信息。

3.2.2.1 营业执照

营业执照一般分为企业营业执照和营业执照，前者是取得企业法人资格的合法凭证，后者是合法经营权的凭证，如个人独资企业、合伙企业、分公司持有的就是营业执照。营业执照的内容主要包括：名称、注册号、住所或者营业场所、法定代表人或者经营者、注册资本、公司类型或组成形式、经营范围、营业期限、成立日期、登记机关、发证日期等。

名称一般由四部分组成：行政区划＋字号＋行业特点＋组织形式。例如：四川（行政区划）＋长虹（字号）＋电器（行业特点）＋股份有限公司（组织形式）。名称不冠以行政区划的，一般需要经国家工商总局核准；名称通常以实际控制人已有的字号为字号，例如四川长虹置业有限公司、四川长虹光电有限公司，其字号都是"长虹"；行业特点一般包括产品名称、行业名称或产业名称，如贸易、信息科技、广告、企业管理等；组织形式包括有限公司、有限责任公司、股份有限公司、集团有限公司等，有限公司等同于有限责任公司，股份公司等同于股份有限公司，"集团"冠名一般需要三家子公司。从名称可以看出一个企业的大致性质，私营独资企业、联营企业、个体工商户、集体企业肯定不会称为"有限公司"。公司命名的国际准则是"地域+公司名"，例如中国银行（香港）有限公司、家乐福（中国）有限公司，大量的跨国公司采取这种方式命名。有时候工商登记信息显示公司有更名记录，一般来说，名称带有商誉、口碑和信用，更名涉及印章、标识、银行户名等一系列调整，经营良好的公司不会轻易更名。信贷人员要深入了解更名原因，同时查询原名称的征信和负面舆情。其他的变更，如股东、法定代表人等都要按照这种方式进行调查。

住所是公司法定地址，公司一般以其主要办事机构所在地为住所。在债务履行上，如果履行地点不明确的债务，给付货币的，在接受方的所在地履行，其他标的在履行义务一方的所在地履行，"所在地"即为公司住所。如果公司被诉，没有特别约定，通常按照"原告就被告"的民事诉讼管辖原则，由公司住所地法院管辖，而法院的文书也将送达住所地址。实践中，股东对公司住所地的选择通常取决于投资环境，包括优惠政策、资源、动力、环境、交通等。例如，很多公司出于成本或税收政策的考虑，注册在开发区或者工业园区内，而在其他地方从事经营活动。

有限责任公司的注册资本为全体股东认缴的出资额。公司注册资本大小取决于经营规模、股东的实力以及公司未来的融资需求。对于外商投资企业，有个投注差的概念，即投资总额和注册资本的差额，这是其可以贷款的法定限额。2014年，公司注册资本登记制度进行了重大改革：取消了公司注册资本最低限额，取消了公司实收资本登记，取消了验资，取消了出资方式和出资期限的法定限制，随之而来的是"天价注册资本"与"百年认缴期限"。但只要有一天公司资不抵债，哪怕没到100年，股东也要提前承担责任，理论上承担"天价责任"，也就是该股东有义务补齐他认缴的出资。与注册资本相关的一个概念是抽逃出资。为何要关注抽逃出资呢？一方面抽逃出资说明股东对公司的事业没信心，或者是资本收益率太低，或者是风险太高；另一方面，在清收不良贷款的时候，执行法院认定股东抽逃出资后，可追加该股东为被执行人，由该股东在抽逃出资的金额及其同期银行贷款利息范围内承担责任。○

《公司法》第十二条规定："公司的经营范围由公司章程规定，并依法登记。公司可以修改公司章程，改变经营范围，但是应当办理变更登记。公司的经营范围中属于法律、行政法规规定须经批准的项目，应当依法经过批准。"成立公司是为了经营，必须有经营范围。经营范围分为一般经营项目和许可经营项目。一般经营项目是指不需要批准，公司可以自主申请的项目。许可经营项目必须经有权部门批准才可以经营，许可往往体现为特许经营证明，比如：从事食品生产加工的企业，要取得质量技术监督部门核发的食品生产许可证；餐饮服务企业，要取得食品药品监督管理部门核发的餐饮服务许可证；金融企业要取得银监部门颁发的金融许可证；经营药品生产的，要取得食品药品监督管理部门的药品生产许可证；房地产开发经营的，不仅要住建部门许可，还有开发资质等级要求，例如二级资质可以开发建筑面积 25 万平方米以下的项目。

近年来，国家行政审批制度改革对部分行业经营许可审批要求调整较大，要根据国家政策调整，进一步核实确认行业特许经营的有效性。在借款期限内还要看行业特许经营证明是否存在被吊销、注销和声明作废等风险。若有，公司就有违法经营风险。

3.2.2.2 章程

公司章程内容几乎涵盖了公司的方方面面，如经营范围、注册资本、股权结构，法定代表人的出任及变更，董事会、监事会及高级管理人员的构成等。章程是公司的宪法，对公司、股东、董事、监事、高级管理人员具有约束力。

章程是公司内部约定，违反章程的决议是否必然无效？不一定。从司法实践来看，大量案例也反映出以公司盖章来认定公司行为的有效性，但

○ 重点关注借款前的不实增资或借款后的不合法减资。责任主体包括全体股东及发起人、名义股东、公司董事和高管、垫资人、虚假验资的金融机构、股权受让人。

是银行未审查章程内容就会留下法律瑕疵，容易给对方把柄，给自己带来麻烦。隐患主要包括：一是贷款、担保程序违反公司章程；二是贷款用途不符合公司章程规定的经营范围；三是法定代表人超越章程规定权限订立合同。所以，信贷调查时还是要查看经工商部门备案的章程，重点关注章程对信贷、担保有没有限制性规定。

通过公司章程还可以看出其治理结构和治理水平。公司的良好运行涉及方方面面的关系处理，股东之间、股东与公司、股东与管理层、公司与管理层等，而公司治理是管理企业内各种关系的一套方法。方法设计得好、执行得好，公司就能良好运转，为股东创造财富回报，为管理层提供展示才能的平台。公司治理不好，就会出现大股东掏空公司、坑害小股东，管理层欺骗股东等现象。公司组织机构和章程是公司治理的具体化，公司法定组织机构包括股东会（股份有限公司为股东大会）、董事会、监事会、经理层和法定代表人。股东会是公司的最高权力机构，董事会是公司最高决策机构，监事会是公司监督机构，经理层是公司的执行团队。一般在公司设立之初，既要做好公司股权结构设计，又要拟定公司章程，对三会一层的权利进行划分，建立议事规则，防范公司治理失败的风险。

实务中，工商部门通常让公司填一份统一格式的章程，事实上造成了章程千篇一律。我们在信贷工作中，通常发现一个省或者一个市的章程完全一致。这也造成了有些公司不得不搞"阴阳章程"，即在工商登记部门备案的章程采取了统一格式文本章程，在公司内部实施的是律师起草的章程，这就需要信贷人员在收集资料时认真审核。

3.2.2.3 公司股东

公司的股东信息可以从章程看到，也可以从注册登记信息查询单上看到。我们要关注成立至今公司股东的变更情况，要了解变更及其原因。《公司法》规定：有限责任公司股东由 50 个以下出资人构成。可以成为股东的人很多，关键是哪些人不能成为公司股东呢？

一般来说，下列人员不能担任公司股东：公务员、党政机关的干部和职工、县以上党和国家机关退（离）休干部、现役军人、银行工作人员、高校领导干部，这些人都禁止经商办企业，所以无法成为公司股东；还有领导干部的配偶、子女不准在领导干部管辖的业务范围内投资兴办可能与公共利益发生冲突的企业；国有企业领导人员（中层以上）不得有利用职权谋取私利以及损害本企业利益，从事营利性经营活动和有偿中介活动，或者在本企业的同类经营企业、关联企业和与本企业有业务关系的企业投资入股；国有企业领导人员的配偶、子女及其他特定关系人，不能在本企业的关联企业、与本企业有业务关系的企业投资入股；未成年人一般无民事行为能力，不能成为股东；由于分公司不能对外投资，所以分公司也不能成为股东；会计师事务所、审计事务所、律师事务所和资产评估机构不得作为投资主体向其他行业投资设立公司。

对于这些禁止性的规定，我们可以反向理解，这些人办企业是否有先天优势？实务中，隐名股东的来源大多在于此，后面会深入分析。

从投资动机来看，我们可以把公司股东分为实业投资人、战略投资人和财务投资人三类。第一类，实业投资人。他们一般是公司的主要创始人，亲自创办了公司，一般是公司的控股股东，拥有对公司的控制权，并且实际参与公司经营，也打算作为自己的事业长期经营下去；银行尽职调查主要考察的是实业投资人。

第二类，战略投资人。公司发展到了一定阶段，往往会引入战略投资人，获得其管理或技术上的支持，提高公司的资信度和行业地位，提高公司的盈利和盈利增长能力。一般战略投资人不会控制公司，他们出于扩大自己主营业务的规模、市场渠道、扩展自己的产业链，通过关联交易给自己带来的经营业绩，与被投资的公司形成产业联盟。当产业格局发生了变化,战略投资人也会退出,但通常投资期限较长。但是,有时候战略投资人出于行业整合的考虑,也会谋求控制权。

第三类,财务投资人。财务投资人主要向公司提供资金支持,获取短期收益。实务中,财务投资人主要是实业投资人找来的,或者是被忽悠来的,比如富豪、金主、普通股民之类的,他们主要是基于对实业投资人的信任而投资,这些人名义上是股东,但是大多数情况下不太了解公司的状况,更别说参与经营。财务投资人的法律形式有很多,如资产管理计划、契约型私募基金和信托计划等,要想查清楚真正的出资人比较困难,但是出资人过多往往容易引发社会问题(非法集资)。私募股权机构是更专业一些的财务投资人,通常不参与公司经营,但是对于公司重大资本事项和资产交易有否决权,通过一些对赌协议要求公司管理层达到业绩目标,实现资本高溢价退出。实务中,我们可以把财务投资人列入债权人,因为这些人投了钱,要么接受了收益承诺或许愿,要么有抵押物或者各种协议在手里,将来企业破产,这些"股东"往往以"受害人"的姿态出现,阻挠银行债权的实现。

3.2.2.4 法定代表人

为何关注法定代表人,那是因为法定代表人可以代表法人进行签字。一般法定代表人都由股东信赖的人员担任。借款合同、担保合同的签署都要找法定代表人。

实务中,我们发现很多公司的法定代表人往往不是真正的公司负责人,原因何在?根据法律规定,有不良记录的,如有犯罪记录、对企业破产负有责任的、有逃废债的等,当不了法定代表人;企业违法违规经营,对法定代表人要给予行政处分、罚款,构成犯罪的,要依法追究刑事责任。正是由于这些限制条件和严重的民事刑事责任,很多老板会找一些身世清白的退休人员担任法定代表人,作为一种木偶摆设。当我们发现企业营业执照上的法定代表人和章程、董事会决议上的人不一致时,就要引起警惕了，到底是股东历史不清白，还是他们打算用公司干坏事？

注意，法定代表人不等于法人代表。法人代表一般是指由法定代表人指派代表法人对外依法行使民事权利和义务的人，法人代表可以有多个，而法定代表人只有一个。个别情况下，法人代表经法定代表人授权也可以签订合同等法律文件，但一般需要加盖公章。公司还有一些其他称谓也容易混淆，这里顺带介绍一下：①创始人，是公司的第一发起人、创导者、创办人，通常是大股东、董事长、总经理，也有可能因为融资等原因丧失公司控制权，变成小股东，早已不参与经营管理；②控股股东，是出资额或者持有股份占50%以上的股东，或者虽然不足50%，但表决权已足以对股东会、股东大会的决议产生重大影响的股东；③实际控制人，是指虽然不一定是公司股东，但通过投资关系、协议或者其他安排，能够实际支配公司行为的人；④老板，是对企业主或者公司中最高决策者的一种统称或口语化称呼；⑤董事长，按《公司法》的有关规定，有限责任公司的董事长的产生办法由公司章程规定，董事长可以不是股东，股份有限公司的董事长则从董事会成员中选举产生，而其董事成员又是从发起人中选举产生；⑥职业经理人，是指专门从事企业中高层管理的人才，是高级打工仔，包括CEO、总裁、总经理、部门总监等，股东是终身制，而职业经理人则流动性比较大；⑦总经理，可以是外部的职业经理人，也可以是股东出任，总经理主要负责管具体的决策落实和执行。

我们在与公司接触时，一定要分清楚，谁是老板，谁是职业经理人。控股股东、实际控制人、董事长，都是属于治理层，而CEO、总裁、总经理、部门总监这些属于经营层。前者在贷款方面有决策权，往往愿意为贷款承担担保责任（也必须），而后者主要精力在经营管理上。

3.2.3 公司法人制度

《公司法》规定，公司是企业法人，有独立的法人财产，并以其全部财产对公司的债务承担责任，股东仅以其认缴的出资额为限对公司承担责任，这就是公司法人制度。一个借款主体具备法人资格，对债权人是好还是不好呢？法人制度有什么意义？由于我们最多的客户是公司法人，特别是有限责任公司，所以有必要深入了解公司法人制度。

所有的经济行为，本质上都是个人行为，个人为什么要设计这么多的组织形式来代替自己的行为，目的大多数是规避风险。例如，甲和乙打算做生意，需要资金。他们可以分别注册个体工商户，各自以个人名义贷款，也可以注册合伙企业，以企业名义贷款，也可以注册公司。例如，甲和乙各认缴出资50万元，成立一个A公司，其注册资本100万元。A公司成立后，就具有了独立的法人人格，是法律意义上的人，可以承担债权债务。假如A公司经营一段时间后，向银行贷款100万元，最后A公司"经营"失败，贷款违约。这时候，银行只能向A公司索债，而不能绕过A向甲、乙索债。因为是A向银行借款，A有独立的人格，有独立的财产，不是甲、乙的附庸（尽管从经济意义上A不过是个空壳）。股东甲、乙对公司A承担的责任仅仅是出资责任，即各50万元的出资，只要甲、乙在规定期限内出资到位了，银行也没有证据证明发现其抽逃了出资、隐匿公司财产等行为，就不能要求其承担债务。公司能承担债务的能力就是其现有全部资产，资不抵债，公司破产，债务也就勾销了，甲、乙毫发无损，可以重新注册公司继续经营。假如借款主体是个人呢？银行借款给甲或乙，个人承担了无限责任，那么只要银行持续催债，债权未过诉讼时效，个人终身都有偿债义务，只要有了财产，就可以让其还债。假如借款主体是合伙企业，合伙企业不是法人，甲、乙对债务也同样要承担无限连带责任。在这种制度下，甲、乙可能终身都无法继续创业了。

对于经济发展而言，法人制度和公司制度无疑是最伟大的发明，鼓励了大众创业、万众创新，但是对于债权人而言，这个制度是最坏的发明。

实践中，有些控股股东一方面享受股东有限责任制度的保护，将自己的责任锁定在认缴出资范围之内，另一方面又无视公司的独立地位，将公司作为自己非法获利的工具。《公司法》第二十条第三款规定："公司股东滥用公司法人独立地位和股东有限责任，逃避债务，严重损害公司债权人利益的，应当对公司债务承担连带责任。"该条款一般称作揭开公司面纱，或公司法人人格否认制度。《民法总则》第八十三条规定："营利法人的出资人不得滥用法人独立地位和出资人有限责任损害法人的债权人利益。滥用法人独立地位和出资人有限责任，逃避债务，严重损害法人的债权人利益的，应当对法人债务承担连带责任。"已经将公司法人人格否认升级为一般的营利法人人格否认。

要否定公司法人人格需要一些证据。首先，银行要证明公司和股东并不独立，或者说公司与股东完全混同，人格、财产、业务发生混同，最重要的是财产混同，公司的财产不能与股东的财产做清楚的区分。其次，银行必须举证证明其所受损害与滥用公司法人人格的不当行为之间存在因果关系。实践中，公司股东滥用公司法人人格的情形多种多样、相当隐蔽，并且很难举证，要真正在诉讼中实现"公司法人人格否认"很困难。笔者遇到一个案子，担保企业眼看借款企业要违约，将名下财产转移到其亲属的企业，为了否定两个企业的法人人格，经过一审、二审、再审，官司打到最高法院才胜诉，这还不包括执行环节。

为了防范这种情况，银行在向公司发放贷款时，往往需要其股东签订担保合同，对公司借款承担连带担保责任，在上例中，就是与甲、乙签订担保合同。然而，现实中问题并没这么简单，A公司的股东甲、乙是法律意义上的股东，但可能不是经济意义上真正的幕后股东（实际控制人），甲、乙的偿债能力很弱，就算甲、乙签订连带担保合同，也还不起钱。幕后股东可以找几个自然人再注册一家公司从事经营。法律意义上的股东，我们可以通过文件、资料挖掘出来，而找到实际股东则不容易。

3.2.4 股权深入分析

通过梳理公司登记资料，我们了解了股东设立公司的起因和过程。公司背后是股东，有时候是一连串法人股东，追根溯源，法人股东背后是一些自然人，这些自然人之间有什么关系？这些自然人又听谁的指挥呢？作为信贷人员，我们既要像律师一样，做到信贷合规没有法律瑕疵，又要像经济学家一样去思考和判断经济行为是否合理。判断依据不一定是完整的资料，有时候还需要大量的经验。

3.2.4.1 股权层级

实践中我们遇到的公司股权结构层级很多，纵横交错。我们拿到公司的资料，可以理出股权结构图，要多思考：为何有这么样的股权结构？如何从纷繁复杂的股权结构中理出一个清晰的商业逻辑？

最常见的是两层结构。很多公司都是几个自然人股东创业，发展到一定阶段再设立一个投资控股公司，由控股公司持有下面的公司，控股公司没有实体经营，自然人成为控股公司的股东，形成两层控股结构。这样做，首先是便于决策，若公司股东是很多自然人，小事情可以由董事会出决议，但是重大事项开全体股东大会非常难，要拿到每个人的亲笔签字更是麻烦，尤其是财务投资人，基本上不来公司。而若是能尽量将股权收拢，只需要法人股东盖章，决策就简单多了。

两层结构常用于公司上市前的股权改造⊖。上市就意味着引入众多新的投资人，股权很容易被稀释，丧失控制权。如果将一些值得信赖的元老股权全部放在一个控股公司然后对上市公司持股，控股公司作为一个整体对上市公司的持股比例很可能就非常大，外部资本很难撼动其作为一个整体的控股地位，而创始人在控股公司的持股比例也不会稀释。上市过程中

⊖ 弈骁："拟上市公司股权结构设计—控股公司持股 or 自然人直接持股"，https://zhuanlan.zhihu.com/p/19902298。

还会对业务进行选择和剥离，有些不适合上市的业务可以放在控股公司下面经营。上市公司对股权转让限制较多，而在控股公司层面转让就简单多了。控股公司下属子公司较多后，可以命名为集团，为上市公司宣传可能提供一些帮助。公司层级多了，就可以安排一些年龄大的元老到集团公司担任职务，把有干劲的年轻人放在实体公司打拼。很多时候，通过控股公司与上市公司的一些关联交易，可以对上市公司的业绩进行调控，例如业绩很差快退市了，控股公司把收入利润转移至上市公司，业绩很好的时候通过关联交易把利润转移到控股公司等。

两层结构发展下去，就形成了金字塔结构。很多集团公司的股权结构像一个金字塔一样，呈现为多层级结构。这个结构中的公司分为三种，最上面的集团是实际控制人，中间的公司是持股公司，最下面的公司是经营单元。实际控制人从金字塔结构的塔尖开始，通过控制中间持股公司向下发散出一个权力网络，控制处于链条末端的经营单元。

层级越来越多，往往是为了用较少的资本去控制较多的资产。一个人在一家公司拥有51%的股份，意味着他可以享有51%的分红，以及享有51%的表决权，这实际上就是所谓的"同股同权"。关键就是，51%的表决权就相当于100%的表决权。那些小股东即使有表决权，也难以左右表决结果。假如甲持有A公司51%的股份[一]，A公司持有B公司51%的股份，B公司持有C公司51%的股份，C公司持有D公司51%的股份，D公司持有E公司51%的股份，E公司持有F公司51%的股份，A、B、C、D、E、F注册资本都是100万元（见图3-4）。甲仅仅出资了100万元×51%=51万元，就控制了六家公司600万元的股本，假如每个公司资产负债率50%，甲相当于控制了600万元÷

[一] 案例参考：马永斌.控制权争夺与股权激励[M].北京：清华大学出版社，2013. P57-60，略有改动。

（1−50%）=1 200万元的资产。假如每个公司资产负债率80%，甲相当于控制了600万元÷（1−80%）=3000万元的资产。

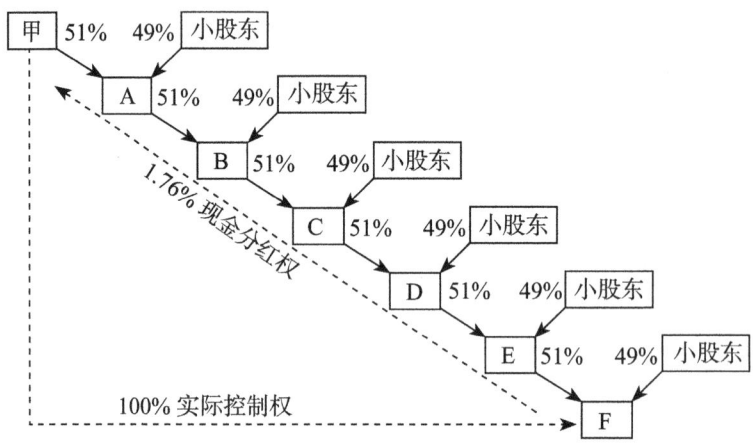

图3-4 股权控制链示意图

按照现代公司治理理论，控制了股东大会，就控制了董事会，控制了董事会就可以通过任命和解聘管理层控制管理层，就可以进行各种关联交易了。对于金字塔的末端的F公司来说，甲是不期望通过现金分红的形式获得回报的，因为F公司盈利100万元他能分的是100万元×51%×51%×51%×51%×51%×51%=1.76万元。甲在F公司持股1.76%，却能通过A、B、C、D、E的控制链传导实现对F公司资产100%的控制，甲很有动力通过高买低卖等关联交易将F公司100万元盈利输送给A公司，A公司盈利100万元，甲可以获得100万元×51%=51万元的分红。金字塔结构下，实际控制人往往将利润从末端向顶端转移，也可以将顶端的成本向下转移。

负债率越高，财务风险越高，假如A公司资不抵债破产了，甲损失51万股本金和对B、C、D、E、F的控制权，而F公司资不抵债破产了，甲仅仅损失1.76万股本金，所以甲有极强的动力让金字塔低端的公司更高比例的负债经营，哪怕是资不抵债破产对其影响也很小。金融游戏是零和博弈，有人受益，就有人损失。假如 F 资产负债率 80%，资本 100 万元，负债 400 万元，破产了，甲损失 1.76 万股本金，最底层小股东损失 49 万股本，上面各级小股东损失合计 49.24 万股本，债权人损失 400 万。正因为小股东容易受损，所以《公司法》特别强调小股东利益保护。在借款、担保事项中，要特别注意获得小股东的同意。

多层股权结构增加了尽职调查的工作量。假如借款人是 F，我们仅仅向上追溯三层，到 D 为止。如果甲将 B 公司股权转让给了乙，我们就可能不知道。尽管 F 公司、D 公司的股东没有变化，但是实际控制人已经发生了变动，对公司的经营有重大影响。所以在多层持股的结构中，要进一步调查该法人股东的股东的情况，尽量向上追溯调查至自然人、国有资产管理部门或者其他最终控制人为止。

除了纵向的延伸股权链条，还有横向的交叉持股。交叉持股就是 A 公司持有 B 公司股份，B 公司持有 A 公司股份。交叉持股会导致资本虚增。例如，甲、乙公司注册资本均为 100 万元，甲向乙公司定向增发 100 万元的股份，注册资本变成 200 万元。一段时间后，乙公司向甲公司增发 100 万元的股份，注册资本变成 200 万元。两个公司资本总额增加了 200 万元，但事实上只是同一资金在两个公司之间来回流动，等于甲公司与乙公司相互退还了出资，两个公司的净资本根本没有增加。这种明显的交叉持股是违反《公司法》的。实务中有很多隐蔽的交叉持股，如 A 持有 B 公司股份，B 公司持有 C 公司股份，C 公司持有 A 公司股份。很多上市公司正是通过成立投资类子公司来炒作母公司的股票，掏空上市公司，坑害小股东和债权人利益。

3.2.4.2 权利结构

当我们通过工商登记档案对公司的股权结构进行分析时，很容易找到股东和股权比例，股权比例是否代表权利比例？

通常情况下，各股东的权利结构是按照出资比例确定，但也有例外。

（1）《公司法》第四十二条规定："股东会会议由股东按照出资比例行使表决权；但是，公司章程另有规定的除外。"公司章程可以规定董事选举方式、名额，重大事项的安排，让某些出资人的股权拥有更大的权利，可能出现出资比例≠持股比例≠分红比例≠表决权比例。

（2）股东权利背后对应的是其实际的贡献，这种贡献不一定是出资，有可能是工作能力（创新能力、决策能力）、渠道、背景和社会关系等，贡献是动态的，登记的股权比例是静态的，造成实际权利和登记权利不一致。公司可能在某一个阶段对个别股东的特殊贡献严重依赖，这种情况下，他虽然占了很少股份，但实际上在经营上拥有很大的权利。

（3）有的股东全部出资到位了，有的股东没有到位，虽然后者股权比例很高，但是前者的话语权明显高于后者，但是随着后者陆续投入，其话语权会慢慢提升。

权利结构是公司治理的一个重要方面。过分集中，往往形成一股独大和家族式管理，容易出现公司行为与大股东个人行为混同，老板的地位不可撼动，负面作用即是经营层的地位比较弱，难以形成专业化的职业经理人团队。过于分散，往往容易经营行为短期化，股东间也容易争夺控制权。权利结构设置要科学，例如各占50%的设置就不合理，遇到双方意见不合，往往陷入僵局，长期无法决策。

公司股权分析类似于政治分析，"分果子"的游戏。公司经营分析类似于生产分析，资本游戏再精彩，没有人"摘桃子"，搞生产、创造财富，最后都是空谈。一个公司的股权结构、治理结构要有利于生产经营、能够激励下面人努力工作、努力生产，最后实现共赢。股权结构搞得不好，几大股东陷入不断的股权大战、政治斗争，安安心心想做事的职业经理人就会陆续离开。国外，好的公司股权非常分散，大多数是财务投资人，股东进进出出，变来变去，对经营没有任何影响，公司则凭借一些专业的经营团队踏踏实实做事。

银行借钱给公司还是借钱给了股东？在好的治理结构下，银行是借钱给了公司，以经营收入作为还款来源，股东不会过多介入贷款事宜，也不会担保，股东变更对经营没有影响。然而当前商业环境下，很多公司都是家族式管理，根本谈不上公司治理，就算经营得很好，股东有了新项目，往往从公司抽血，本质上是抽逃资金，造成了主营陷入困境，到底是经营亏损还是抽逃资金，很难界定，但最后都没了还款来源，走到资不抵债的边缘。笔者经常遇到这种公司，管理层和员工都不错，很有战斗力，仅仅是因为股东抽了营运资金去搞投机，陷入危机，管理层总是希望银行不要断贷，尽量通过更换股东的方式挽救，避免破产。然而这个过程变数很多，管理层能否找到投资人？管理层会不会被新的投资人换掉？新的投资人往往希望甩掉债务、裁员，以最低成本接收最有价值的资产，而作为债权人，是不愿意承担这种风险的。当然也有新的投资人承接了债务，补足了资本，平稳过渡，实现了多方共赢。

在目前的商业环境下，信贷人员还是必须关注股东，纸面上的股权结构、股权比例很容易分析，公司实际运行中的话语权、隐形力量对比却难以考察，有的股东占比虽小或者根本就不在股东名列，却对公司的经营有绝对的掌控力。

3.2.4.3 隐名股东

隐名股东，又称隐名投资人，是指实际向公司出资或认购出资，但基于规避法律规定或其他原因，对其股东身份并未进行工商登记及公司内部记载，从而不具备股东资格形式特征的出资人。替隐名股东代持股权，没有履行出资义务而记载于公司章程、股东名册或者工商登记的股东，称为显名股东、名义股东、挂名股东。

股东身份法定限制是一个重要原因，除此之外，还有很多考虑，例如：境外投资者为规避我国关于外商投资企业准入制度，以隐名出资方式进入一些关系国计民生的领域；有限公司投资人数超过50人的情况下，部分投资人只能将自己的出资挂靠在其他人的出资份额上；有时候是为了利用国家优惠政策，以外地客商挂名公司股东，借用大学生、下岗女工身份创业等；还有的投资者存在害怕"露富"的心理，不愿意公开自身经济状况，或本人存在尚未清偿的债务担心债权人追索，以他人名义出资并进行登记。

隐名股东的存在会带来很多问题。按照我们此前举的案例，甲、乙是A公司的显名股东，但是丙才是幕后真正的出资人，即隐名股东。情形一：当A公司贷款违约了，A的资产不足以偿付债务，银行要求其股东补足出资。这时甲、乙会说自己不是真正的股东，甚至说自己是被冒名了，所有签字都不是自己亲笔签的，自己是受害者，事实上甲、乙也没有出资能力。如果要求丙承担补足出资责任，丙会说自己不是法律意义上的股东，没有任何证据证明自己是股东。情形二：假如银行向丙发放个人贷款，后来贷款违约了，银行发现其实际投资了A公司，要保全和执行其在A公司的股权，此时名义股东甲、乙往往会提出抗辩。这就是如何执行债务人通过隐名方式持有的财产的问题。情形三：假如银行向甲发放个人贷款，后来贷款违约了，银行要保全和执行其在A公司的股权，此时隐名股东丙会出示实际出资凭证或隐名股东与显名股东订立的委托持股协议信息，提出抗辩。当然，按照商事外观主义，银行主要是基于工商登记来判断股东资格，丙隐名出资应承担风险。丙被执行了股权，只能找甲赔偿。

在信贷实务中，为了防止这些"麻烦"，在公司申请贷款时，通常是让公司显名股东和隐名股东同时签连带担保合同。

3.2.5 实际控制人

前面屡次提到实际控制人，我们为何关注公司的实际控制人？第一，信贷调查的目的是评估信用风险，如果连真正的对手是谁，承担谁的信用风险都不知道，最好的做法就是放弃该客户；第二，不同的信贷主体，很可能是同一实际控制人，如果没有归并在一起进行分析，很容易过度授信；第三，借款人和保证人是同一实际控制人，这种保证没有风险缓释效果。

3.2.5.1 股权链

前面从股权链寻找实际控制人：在企业信用信息公示系统查询股东，股东是法人的，继续向上查询，一直到查到自然人股东或者国有资产管理机构为止，大多数情况下，顶层的自然人股东或者国资委就是实际控制人。同时，要考虑投资类型、权利结构、隐名代持等因素，自然人较多的情况下，要考虑一致行动人问题。

实际控制人并非一成不变，股权转让、继承、内斗，都可能引发实际控制人变更。实际控制人也可以是非股东，除了隐名持股外，还有内部人控制，例如富二代继承了股权，但是无法驾驭元老，很容易被内部管理层架空。如何准确判断"公司谁说了算"，崔琰与卫兵，谁是真曹操？很考眼力和阅历。

3.2.5.2 社会资本圈

控制一个公司不一定通过股权，一个人要控制一个公司，还可以调动各种力量。在中国这种人情社会，社会资本在公司控制权形成过程中扮演着非常重要的作用（见图3-5），构成了"隐形的控制力量"。当然，股权是受法律保护的控制手段，不通过股权来控制公司，有法律风险，但是，没有法律保护的另一面就是不用受法律约束，更加无法无天，控制力反而是加强了。

马克思认为，人是社会关系的总和，我们认识一个人也就是认识其社会关系，他是某某的子女、同学、同乡等。费孝通在《乡土中国》中这样描述："以己为中心，像石子一般投入水中，和别人所联系成的社会关系，不像团体中的分子一般大家立在一个平面上的，而是像水的波纹一样，一圈圈推出去，愈推愈远，也愈推愈薄。"这一圈圈关系，就构成了一个人的社会资本，如图3-6所示。

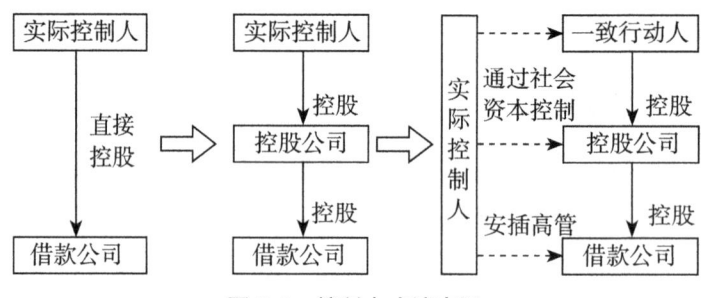

图 3-5 控制方式演变图

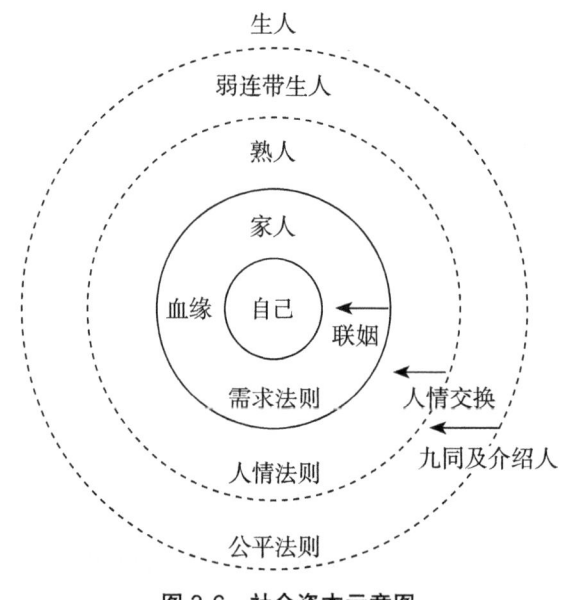

图 3-6 社会资本示意图

资料来源：罗家德，叶勇助. 中国人信任的游戏 [J]. 商界·中国商业评论，2017（2.）

纯粹的陌生人可以通过介绍人或者"九同"关系（同学、同事、同乡、同姓、同好、同行、同年、同袍、同宗）转化为弱连带生人，后者继续通过人情交换转化为熟人，熟人通过结亲、认养、结拜等方式转化为家人（亲戚）。不同的圈子有不同的交往法则，家人遵循的是伦理，尊卑有序，按需分配资源，如果家人之间按照股份比例来设定权力是很荒唐的事情，赢得了金钱往往失去了亲情，而熟人如果长时间没有遵循人情法则（拜年做寿、红白喜事），就会变成生人。

我们在做信贷调查时，要通过社会资本网络去挖掘公司的实际控制人。社会资本对信贷业务的启示很多，比如一批客户，股权上没有任何关联，也不构成同一控制，但是实际控制人之间有千丝万缕的社会资本关联，这些客户就会互相影响，常常成为担保圈、担保链、资金链风险的温床。我们在信贷作业的时候，可以利用自己的社会资本去展业，但是"在商言商、欠债还钱"，不要陷入客户的"熟人圈"，从公平法则变成了人情法则，最后难以全身而退。

3.3 集团客户

从借款人出发，向上追溯找到实际控制人，然后要从实际控制人向下延伸，摸清楚其参股或控股的全部产业。例如，一个老板既开4S店又搞房地产，用4S店申请流动资金贷款，分析4S店经营的时候就不能遗漏房地产，借款人经营得再好，亏损也不过是一两笔关联交易的事。我们分析一个借款人的信息，不能只看其本身的情况，还要从更高的层面分析，即该借款人与哪些公司或个人有关联关系。有时候，这些关联方也是本行的信贷客户，这就要纳入集团客户管理。

《商业银行集团客户授信业务风险管理指引》对集团客户特征进行了归纳："集团客户是指具有以下特征的商业银行的企事业法人授信对象：（一）在股权上或者经营决策上直接或间接控制其他企事业法人或被其他企

事业法人控制的；（二）共同被第三方企事业法人所控制的；（三）主要投资者个人、关键管理人员或与其近亲属（包括三代以内直系亲属关系和二代以内旁系亲属关系）共同直接控制或间接控制的；（四）存在其他关联关系，可能不按公允价格原则转移资产和利润，商业银行认为应当视同集团客户进行授信管理的。"

集团是一个很容易混用的概念。工商登记中有个"企业集团"的概念，《企业集团登记管理暂行规定》第三条明确规定："企业集团是指以资本为主要联结纽带的母子公司为主体，以集团章程为共同行为规范的母公司、子公司、参股公司及其他成员企业或机构共同组成的具有一定规模的企业法人联合体。企业集团不具有企业法人资格。"假如 A1、A2、A3 三个公司，注册了 A 企业集团，A 不具有企业法人资格，不能以 A 的名义去从事借款或担保活动，A 不能拿 A1、A2、A3 的资产对外担保，否则就构成了无权处分。但是，按《公司法》设立的名称中有"集团"字样的公司是企业法人，这类集团公司通常是企业集团中的母公司。《商业银行集团客户授信业务风险管理指引》中的集团既不是指"企业集团"也不是指"集团公司"而是指"关联关系"。这里的集团没有"规模大"的意思，两个很小的公司客户，受同一老板控制，也可以成为授信意义上的集团客户；一个规模很大的企业集团，有很多成员企业，但是在本银行没有超过两个信贷主体，也不叫集团客户。

为何要突出集团客户呢？很多实际控制人通过注册大量的公司，构建复杂的关联交易，向银行申请贷款。单独来看，每一家公司都很好，有贸易背景，有持续的现金流入，也有其他公司为其担保。整体来看，实际上是几十家公司在自我交易，互相担保，最终目的是套取大量的贷款。在不良贷款暴露以后，在债权债务梳理的过程中，这些"马甲"公司一一暴露，这些公司背后往往都有同一实际控制人的影子。

事前如何发现这些关联关系，进而将其归入同一集团管理呢？核心问题是如何识别客户之间的关联关系。通常我们会利用工商注册中的股权关系和人员重叠联系、银行内部资金往来关系、征信中的担保关系与高管联系、财报上的投资关系和关联交易、实际控制人的社会资本，绘制出客户关联关系图谱。股权关系、人员联系比较容易识别，而资金调度、利润转移、关联交易的识别非常困难。在识别时，要遵循"实质重于形式"的原则，重点关注经济利益关系，而不是只看外在组织形式。纷繁芜杂的关联交易，对谁有利？最终利益流向了谁？往往是流向实际控制人。关联关系的识别在贷前要做，便于整体把握资产实力和负债规模。贷后管理时也要识别，便于发现风险点、风险传染路径以及逃废债迹象。例如，刚刚给借款企业放款，却发现其关联企业在启动新项目，很可能就是资金挪用了。贷前识别有一定难度，顺藤摸瓜式地查找，但是还会有遗漏。贷后也要识别，思路略有差别，就是论证，找到了可疑的交易对手（财产去向），然后通过各种标准去论证其为借款人或担保人的关联方，进而通过法律手段追回财产。

集团客户往往子公司众多，跨地区、跨行业，涉及多家银行，以及各级政府和主管部门。由于政策、利益不一致，统一管理难度大。《商业银行集团客户授信业务风险管理指引》对集团客户的管理提出了很多具体的要求，其要点就在于：①控制同一集团客户的授信总量，最高不得超过银行资本余额 15% 以上，尽量通过银团贷款方式分散风险；②审慎接受集团内部关联担保；③关注集团内部的各种关联交易。

集团授信管理方式很多，各行也不一样，大体可以分为三类。

（1）整体授信、统一使用，即根据集团合并报表核定最高综合授信额度，对成员企业不再单独授信，由集团本部统一承贷还贷，集团内部划分额度给成员企业使用。

（2）单独授信、集中控制。经办行根据各成员企业的财务状况分别核定授信额度，成员企业之间不能调剂使用额度，和单一客户授信的区别就是经办行要把授信情况上报，上级行汇总集团整体授信额度，集中监测控制。

（3）整体授信、分配额度，即根据集团合并报表核定最高综合授信额度，同时根据成员企业的财务状况分配授信额度，由成员企业承贷与归还。

第一种方式和第二种方式都比较极端，第三种方式比较折中。一般来说，集团授信的管理方式要适合客户的不同形态，有的集团采取了"总公司+分公司"模式，这些分公司没有独立的法人地位，也没有获得总部的融资授权，适合第一种方式；有的集团是"总公司+子公司"，有比较强大的管理总部，负责人、财、物，但子公司也有一定的经营自主权，适合第三种方式；也有的总公司仅仅是个"空壳"，或者没有总公司的形式，各公司之间仅有股权控制或人员联系，也没有合并报表，就要采取第二种方式。集团授信管理要兼顾风险控制与市场发展，管得太细，成员企业每一笔贷款都要批，一有变动就要"推翻"整体，影响全体成员，效率就很差；如果对成员企业授信一概不管，那么对集团承担的信用风险总量就可能不断被动增加。集团授信，既要"看得清""管得住"，还要有"灵活性"。

例如 A 集团有 7 个成员企业，横跨汽车（A1-A6）和房地产（A7）两个行业板块，分散在不同的区域，A1-A5 分别在 B 银行 5 家地区分行（B1-B5）有信贷业务关系。B 银行如何管理 A 集团客户？对于 B1 银行来说，收到 A1 的借款申请，就不能只考虑 A1 的经营情况，对于 B2 支行也一样，所以有必要由一家分行（或总行）来牵头办理 A 集团的所有授信业务。假如确定了 B1 牵头，B2 分行收到 A2 申请后，就要识别集团关系，报送给 B1 统一申报。各成员企业申报需求，经办行根据其财务状况评估授信限额，汇总全部成员的授信限额，扣除集团与成员之间的股权投资导致的资本增加因素，确定集团授信限额，再考虑定性因素，包括客户需求、市场占比等，确定最终的授信额度，然后切分到每一家成员企业，确定成员企业授信额度，同时预留一部分调剂额度，用于成员之间调剂。额度是一方面，集团层面的授信批复还包括各个板块、行业的授信策略（增加、维持、减少、退出），同业占比策略，集团预警指标、触发指标和管理要求等。各分行再按照集团整体授信方案执行单一客户审批，审批各成员企业具体的债项，如流动资金贷款、票据融资、贸易融资等。如果 A6 向 B 行申请借款，或者 A 新增了子公司 A8 向 B 行申请借款，由于在集团授信时未考虑过该公司，就要调整集团授信总量。

两个客户有同一实际控制人，要纳入集团客户管理。有时候，两个客户尽管没有同一实际控制人，其风险关联度也很高，例如前面提到的社会资本圈，以及其他风险关联因素，如地域、行业因素，通过资金链、担保链、产业链关系，形成"你中有我、我中有你"的网状结构。相应的信贷管理方法就要从单一客户、集团客户管理，升级到行业风险、区域风险管理。

第 4 章

财务状况分析

财务分析是以客户财务报告为主要依据，运用一定的分析方法，通过对相关数据的分析，对客户的偿债能力、盈利能力、营运能力和发展能力等方面进行评价，为信贷决策提供依据。

4.1 认识财务报表

会计学很伟大，在于它足够简化，为我们提供了认识客户的工具。各个行业、千差万别，但是，归根结底，都简化到三张财务报表；各种风险事件，都可以翻译成会计语言。比如讲企业对外担保过多，会计术语就是"或有负债偏高"。如果不懂会计学，那么需要掌握的知识就无穷无尽了，不同行业有不同的实体指标，相互沟通也就非常困难。随着科技金融的崛起，直接分析碎片化的海量原始信息，这是一个有意义的尝试；然而作为银行人，我们往往要关心的是小数据，财务报表类似于抽样，从客户成千上万的变量中抽取最能代表客户风险状况的东西——财务信息，有时候做好了财务分析，就已经能判断大部分风险了。

有人说，小微企业、个体工商户没有财务报表，怎么分析？会计学是一种分析方法，我们可以从资产、负债、利润、现金流的角度去认识借款人（无论是企业还是个人），即使没有财务三表，我们心中也要有这些概念，去估算；必要的时候可以先构建报表，再估算。大多数企业客户会直接提供财务报表，我们的工作就是分析报表。思路是什么呢？先不要急着算指标，先要判断报表质量。这些表是谁做出来的，是企业自己编制的？财务软件导出的？代账公司代编的？企业编制后提交会计师事务所，后者审计调整形成的？资料的来源、形成过程其实比资料的内容更重要。

4.1.1 财务管理状况

大部分报表都来自财务部，那我们先看一下企业的财务管理状况，都有哪些人，做着哪些事。其实不同规模的企业，在不同的发展阶段，其财务岗位设置差别非常大。

公司注册时，税务局要求公司必须设一名报税人员，企业初期的财务主要工作就是保管资金、记账、按时报税，也有的企业老板（或家人）保管资金，记账和报税都是外包的。初创期，企业的财务管理往往与业务脱节，费用支出多少合适，事前没有预算、事中缺乏控制，事后记账，赚钱亏损事后才知道。企业快速发展时期，问题就被快速增长的业绩掩盖。等到市场不好的时候，企业从外部市场无法得到高额利润，此时企业的低效和浪费逐步显现出来，同样的产品别的企业价格低还能有利润，而自己的企业却连连亏损，甚至找不到亏损的原因。这时，企业就会设立成本会计或者财务经理岗位，进行一些简单的预算、分析、控制，以及办理融资、税务筹划等事宜。当公司规模更大了，财务问题深层次是业务问题，很多财务问题的解决要协调公司各部门的人员，就必须设立财务总监了。

通过对借款企业的财务部门设置，就可以了解其总体规模和财务核算水平。公司规模小的，财务就两人，会计和出纳，会计记账，出纳管钱。很多出纳会计都是老板亲属，文化水平不是很高，更不要说财务核算水平了，其报表造假水平也不会太高，但是财务核算的准确度也较差，很多是科目之间的胡乱记账，信贷人员拿到报表就计算指标往往陷入低级错误陷阱。但是与其交流，往往能获得更多真实的信息，信贷人员可以先代编财务报表再分析。规模大的企业，财务岗位一般分得比较细：财务总监负责整个公司的财务运作，财务经理负责财务部门管理，会计主管负责总账，一般会计负责日常记账，出纳负责现金。有的公司大，分得更细，光一般会计人员都有应收会计、应付会计、材料会计、成本会计、税务会计、费用会计等，出纳又分为现金出纳和银行出纳。对于大型企业，信贷人员往往和财务总监、财务经理打交道，这些人大多财务经验丰富，甚至有多年银行从业经历。财务部门造的假账往往限于报表，而财务总监作为公司管理层，可以从多个公司注册、业务模式、交易结构方方面面进行筹划。他们报出来的财务报表往往瑕疵较少，假账也是做得天衣无缝。这种报表也不叫假账，而是合理利用了现行法律和会计制度的漏洞。

同时还要关注企业的财务内控水平。银行的钱给了企业，就变成了企业各种资产（货币、存货、应收账款、固定资产等），企业资产管理水平非常重要，企业无法还款的原因很多，结果总是体现为资产没了。财务内控水平最常见的是岗位分离，内控比较差的企业，出纳、会计不分家，所有的章都在一个人手里，对外付款一手清，资产保管无盘点，这样很容易出问题，企业经营得再好，老板再诚信，管理出了漏洞，也容易让企业资金链断裂。出纳员的工作是掌管企业的现金和银行存款，在管理好的企业里，到了每月月底，应该安排另外一名财务人员和出纳员一起盘点库存现金，跑银行的出纳员不能从银行拿每月的对账单，出纳编制的银行余额调节表应该换人复核。库管员负责存货、固定资产的管理，那么年底的存货盘点和固定资产盘点应该安排别人一起来盘点，我们要核查企业的资产、销售收入真实性，往往可以从库管员这里突破。信贷人员要特别关注财务人员的动态，财务人员知晓了企业很多内幕，也承担了很大的压力，财务离职原因往往值得关注。

4.1.2 报表编制方法

当企业发生一笔业务,业务部门经办人员就会收到原始凭证,如合同、货物清单、发票,业务人员拿着这些原始凭证到财务部门申请付款或者入账,财务人员会审核原始凭证中所列的经济业务事项是否真实、是否合理,凭证是否完整,金额是否正确,有无负责人签字等。如果没有问题,会计就会记账,也就是按照借贷记账法登记记账凭证,以及各类明细账。月底、年底根据各类明细账,汇总到总账,通过总账编制资产负债表、利润表。

分析是建立在可验证基础上的,确保真实才有必要进一步分析。资产负债表是对一个时点的记录(照相),相对简单,账上有的看看实物有没有,实物有的看看账上有没有,可验证性较强。利润表是一段时间收入、成本、费用的汇总(录像),通过抽查个别收支项目可以发现一些问题,但是要确认整体有没有问题,或者问题有多少、多大,则需要对全年的业务进行逐笔检查才能实现,而且收入、成本、费用的计量都需要大量的会计判断,这就增加了验证的难度。正是出于这些考虑,信贷人员通常看资产负债表,而不是利润表。

现金流量表记录了现金流动的过程,见图4-1。现金就是企业的血液,企业把钱花出去,产生效益,再收回来,完成一次循环。现金不流动,也就无法产生效益;花出去,亏损了,"失血过多""失血不止",现金就会枯竭;现金短缺,出现"供血不足",企业很容易陷入危机。现金流要运转得好,需做到"收得快、付得慢、中间环节不沉淀"。图4-1中的每一个现金框可以变大,也可以变小,假如"在产品"特别大,说明生产环节占用了太多的现金。

我们常常把"现金流很重要"误解为"现金流量表很真实"。企业通过账务调整,可以变出利润来(方法太多),可以变出资产来(如费用资产化），但是变不出现金来，这是对的，但是要是说现金流量表比资产负债表、利润表更真实，那是错误的。

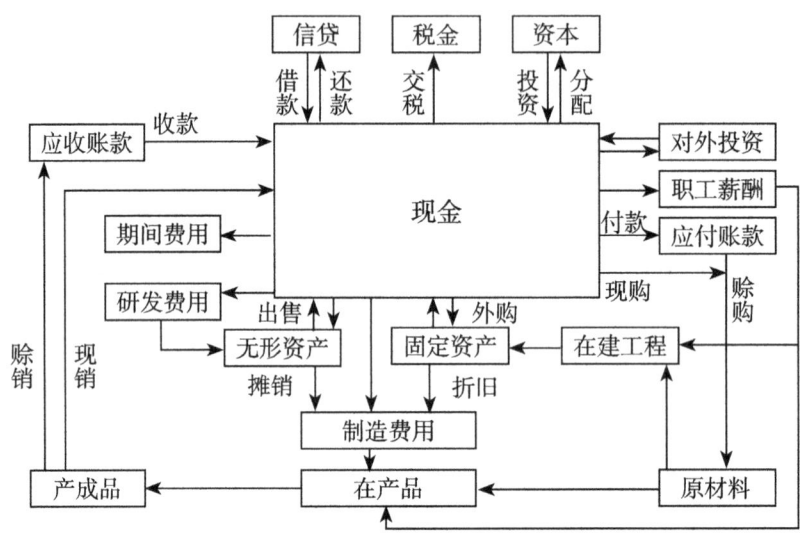

图 4-1 现金流循环示意图

现金流量表编制方法分为直接分类法和科目调整法。直接分类法有两种：一种是依托各类财务软件，录入现金类科目的同时勾选现金流量分类选项（例如，用银行存款付了一笔工资，记账的时候当时就选"经营活动产生的现金流量——支付给职工以及为职工支付的现金"）；第二种方式是定期手工将现金日记账和银行存款日记账逐笔归类。到了期末，把现金类明细账分类汇总，这样得到的现金流量表就能精确、真实地反映企业各种活动。科目调整法呢？包括工作底稿法、T型账户法和分析填列法等，都是做完了资产负债表和利润表后，在其基础上进行调整，真实性并不优于后两张表。现金流量表的缺点是事后记录，所以企业往往不编现金流量表，需要对外报送的时候才去编，套用公式模板、软件生成，实际就是科目调整法，真实性是非常差的。我们想了解企业真实的现金流状况，该怎么办呢？那就是尽量让客户在本行办理所有的结算，流水分类汇总后就是最真实的现金流量表。

老板当然很关心现金流，一提到现金流问题，他不是去看现金流量表，而是看账上还有多少钱？明天要付多少？银行有多少可用额度？这就是资金计划、资金预算，这和银行的流动性管理相似，分析银行流动性，看的就是不同期限的头寸表，汇总各网点大额取款预约情况、贷款出入账情况、投资到期情况，根据轧差到金融市场补缺口或者出钱。我们判断企业资金情况，也是要分析应收账款、采购计划、固定资产投资、销售计划、融资到期情况等动态信息；要看企业的账户流水，要看资产负债表中的现金、银行存款、应收账款等科目，这些才是企业随时能够变现的现金。事实上，很多集团企业，子公司每日都要编制头寸预测表，还有各种资金报告，以及各种现金流预警指标。在尽职调查时，就要注意收集这些信息。

信贷人员了解了报表编制过程，就有了两种检查报表的思路：一是通过报表到总账、明细账、记账凭证、原始凭证，再到实际发生的业务部门、业务人员，即逆向查账，如果报表有而原始凭证没有，即资产"不存在"、销售"没发生"，则说明真实性较差；二是通过实际发生的业务，到原始凭证、记账凭证、明细账、总账、报表，即顺向查账，如果业务发生了而报表没有，如隐性负债未记账，则说明报表完整性较差。

4.1.3 外账与内账

企业到底有多少报表？有一种说法叫管理客户的预期，也就是说，使用者希望看到什么样的报表就有什么样的报表！有人说财务报表分析的最高境界是分析人性，你希望什么数，他就可能提供什么数。

通常来说，根据报表使用者的不同，企业会提供下列报表。

（1）统计报表。它是指企业向政府统计部门提供的报表，有财务状况表、生产经营情况表、固定资产投资表、信息化情况表、劳动情况表、能源消费报表、水消费报表等。各行业还有专业报表，如商业有购进、销售和库存表，物业企业有物业管理报表等。企业往往出于种种目的（当地影响力、招商等）而撑大自己的对外形象，就产生了数据的夸大，地方政府往往为了所在地区经济数据好看，对企业上报的各种数据真实性核查力度也不够。

（2）税务报表。没有几家企业愿意多缴税，税务局手中的报表就很难真实了。一方面是企业发展的现实需要，一些民营企业特别是中小企业的原始积累是靠偷税漏税等手段来完成的，企业为了减少税负，往往少计收入、多记成本费用；另一方面是个别地区税收环境恶劣，税务机关可以随意预征、多征、少征或者不征税款，企业完全按规定编制套账照章纳税反而税负沉重。现实中，税务局也知道企业报表有水分，未必是按照报表来征税，要考虑税基、任务等多方面因素，有些企业做得大，关联关系多，不易下手查，税务局也不容易查清楚（当然，信贷人员可以借鉴税务稽核的查账方法和纳税评估模型来评估企业盈利水平），往往与企业协商，直接交多少税了事。期望通过税务报表来看企业真实、准确的盈利，其实是不太现实的，但是企业往往不大可能为了骗取授信而故意多缴税，所以信贷人员通过企业实际缴税情况来推断最保守的盈利能力是可能的。

（3）银行报表。提供给银行的财务报表，目的就是融资，很多企业在向银行提交报表之前还会用各种评级工具进行偿债能力、营运能力、盈利能力测试，不断调整，直到没有问题了再出表。

（4）小股东报表。它是企业在利润分配的时候给小股东看的报表，有些大股东为了少给小股东分红，往往尽量压缩账面利润。

（5）管理账，即管理层分析用的报表，反映企业实际经营情况的账，即内账。内账的初级阶段就是真实记录每一笔业务，高级阶段就是管理会计，所以信贷人员要尽量去获取企业经营管理会议的材料，如内部通报、PPT、财务诊断表等，这些才是真实的信息。

除了管理账，其他都是外账。我们看看内外账实例：企业到政府机关办事支付的协调费，由于无法取得发票，怎么入账呢？企业在报税的时候往往要把这些费用入账，如找了加油发票入了"管理费用——交通费"科目，那么外账就体现的是交通费，内账体现的就是业务招待费。内账反映管理情况，业务员支付协调费，虽然没有发票，但经过审批就可以入账，内账的重点是老板签字，老板签了字就能记，老板没签字的就算有正规发票也不能计入内账。有种说法叫，外账安全，内账真实。内账和外账有很多联系，企业做账往往是先从内账入手，将内账的凭证经过增减、变换后为外账凭证。例如对不符合税法要求的（如不开票收入、没有发票的成本费用），只在内账核算，不在外账核算，或者以另一种名义计入外账。

现代企业做两套账，不仅仅是两套报表那么简单了，往往有两套总账、明细账，明细账下面的记账凭证、原始凭证也是两套，大多数企业到此为止，因为这些都是财务部门的事情，再往后面就需要业务部门配合。极少数企业原始凭证对应的业务支持材料、ERP数据也是两套，甚至外部客户、供应商也是两套，完全达到以假乱真的地步，当然越到后面难度越大，需要外部客户、供应商配合造假。随着社会信用体系的完善，银行、税务、工商等部门会共享企业的信息，这样只能有一套外账了，但是内账、外账两套账肯定还是存在的。不管企业到底有多少套账，内账始终是根本，外账是参考。收到假报表怎么办？有的信贷人员会马上指出企业报表问题，"资产负债率高了""周转率低了"，这种做法是告诉了对方自己的标准，让对方造出一张"符合风控人员心理预期"的报表。我们搜集资料，本质上是一种信息抽样，过多的"沟通"就会形成抽样偏差，形成"有偏估计"。通常来说，企业首次提交的报表值得分析，反复修改、反复调整后的报表已经失去分析的意义。真报表和假报表没有本质区别，报表都有各种主观估计，做账方式也改变不了经营状态的。我们是依据经营状态做信贷决策，而不是做账方式。我们要关注做账方式所传达的信号，或者做账者的动机。假报表也会透露出真信号,"欲盖弥彰",掩盖利润?掩盖亏损?为什么造假?为什么选择在建工程科目而不是其他项目?假有假的学问,这些可疑之处正是分析的切入点。我们信贷调查,要通过一定的办法(情报、交叉检验),尽量还原出企业的内账,不能介入的,婉拒即可,而不是把报表改来改去。

4.1.4 报表的局限性

有时候企业并不是蓄意要做假账,而是会计本身就有很大的局限,也就是严格按照会计准则编制的报表也不能完全反映企业真实的经营状况。

4.1.4.1 会计假设

现代会计体系建立于四大假设:会计主体、持续经营、会计分期、货币计量。从信贷角度来看,这些假设就有很多不恰当的地方,或者说可以被滥用。会计主体假设,比如把实际控制人控制的不同公司分开核算,形成不同的会计主体,作为一个整体是亏损的,但是通过组合,还是可以把利润装入贷款申请主体,贷款发放后再把借款企业掏空,这也就要求信贷人员分析借款主体时,要能够识别这些隐性关联关系。持续经营假设,例如折旧期限,房屋为 20 年,设备为 10 年,生产工具为 5 年,但是中小企业平均也就是 5 年左右。会计分期假设,例如收入在年底提前计入,增加报表收入和利润,年后退货冲账。货币计量假设,例如企业经营战略、研发能力、市场竞争力往往难以用货币来计量,而这些信息对于信贷决策也很重要。

4.1.4.2 会计估计

会计是一门估计的学问,不同的人就会形成不同的会计估计,最后形成不同的报表。以净利润为例,企业究竟赚了多少钱,这个问题看似简单,实际上往往说不清楚,最后形成了"净利润"这个指标,试图代表企业赚了多少钱，然而仅仅是近似而已。会计上的收入、利润和我们日常说的收入、利润不是一回事，报表上的数字严格符合会计准则。

粗略地看：收入－成本＝毛利，毛利－费用＝利润，利润－税＝净利润。收入高代表赚钱多吗？不是，因为还要考虑成本。毛利高代表赚钱多吗？未必，因为还有大量广告费、销售人员、佣金提成奖励、利息费等支出。销售商品收到现金了，是否就稳妥了呢？不一定，客户还可能退货。例如某企业赊销一批存货商品，进价80万元，售价100万元，增值税17万元，会计记账增加应收账款或应收票据117万元，增加主营业务收入100万元和应交税金——应交增值税17万元，同时结转成本，增加主营业务成本80万元，减少存货80万元，最终形成利润20万元，交税17万元，结转至未分配利润20万元。仅仅发出存货商品而没有收到现金时，将来能不能收到是不可控的。计提多少坏账准备？又是估计，多了少了根本没法去核实。从企业老板的角度来说，只能说从存货转换为应收账款，科目划转而已，不敢说赚了钱，但会计处理上应收账款大于存货部分就是利润。这里有个发货环节，实务中，很多利润造假通过两个有关联关系的公司之间虚构各种买卖交易，连商品出入库都用不着，直接大肆增记应收账款与销售收入，最终虚构了利润。

企业到底赚钱了吗？这个问题有时候很难回答。我和我的团队曾花了大量时间，走访很多省市，分析汽车经销商盈利状况。同样的问题，今年赚了多少钱？在不同的渠道听到数字是不一样的，往往和财务报表上的净利润相去甚远。这不是财务核算的问题，也不是老板蓄意说谎话，老板的"利润观"和会计的"利润观"是不一样的。老板根本就不在乎账面利润，在乎的是账上还有多少钱，"利润"好看不好吃，有米下锅才能过日子。很多汽车经销商，从加入汽车品牌销售网络起，建店、进车、卖车、修车，厂家每年下达提车任务，提车就有返利，但是返利不会马上给经销商，任务一年比一年高，要继续做的话经销商就得不断投钱，不做了返利拿不到，也就是账面利润兑付不了。从会计账上来看，经销商肯定赚了钱，但是老板都叫苦不迭。很难讲经销商就赚了钱，因为车很快卖掉，周转出现金又要急急忙忙去完成厂家的提车任务，只能说经销商赚了很多车。这个跟炒股类似，不到清盘那一天，我们是不知道赚钱还是亏钱。随着不断周转，总有一些车型不好卖，最后经销商的利润集中到了这些滞销车上面，清盘的时候，这些滞销车，就是他们赚到的利润。

4.1.4.3 会计成本

会计科目上的成本和经济学上的成本有差异，经济成本是企业所使用资源的机会成本，而会计成本往往考虑的是资源取得的历史成本。

例如，某汽车经销商按照某汽车品牌标准建了一个4S店，会计上要将建店支出按使用年限进行折旧计提，计入当期成本，如果销量很低，账面亏损了，那么应该继续营业吗？从经济学上来说，已经建了这个厂家的形象店，假如暂时不能退网转入其他品牌或者难以把店面转租出去，那建店投资就是沉没成本，就不应该计入当期成本，只要卖车修车的利润可以维持人员工资、水电、办公等变动成本，该店就应该继续做下去。正如很多钢铁企业，高炉一旦停产就报废了，决策的时候是不能考虑高炉折旧成本的。假如，这个店销量很好，同时又很容易转租出去，而且租金收益比卖车的利润还多，还不用投入老板的时间、精力，这个时候企业主也很容易退出厂家的销售网络，"不做了"。所以，信贷人员仅仅通过会计报表来判断经销商经营的持续性是不全面的，报表亏损的经销商也可能继续做下去，而报表盈利的经销商也容易退出销售网络。从管理会计角度看，信贷人员要把店面成本划分为市场平均租金和投资损益，店面投资失误，不能归结为销售团队无能；有的企业自有房产不计入会计成本，或者折旧提完，成本已经收回，体现为账面利润丰厚，这未必是经营管理层的功劳。

谈到成本，考虑的问题是：4S店的年使用成本是按照同类店市场租金来计算，还是按建店支出本年折旧金额来计算？对应的问题就是4S店本身的计价，即资产的计价基础。店面到底是按当初购置价记录还是按目前的市场价记录？历史成本法计价与实际相差甚远（如投资失误），但是有发票，易查证；公允价值法考虑变现因素，但是往往无据可查，易造假。信贷人员在考察企业资产的时候，往往要估计这些资产的当前公允价值以及未来变现价值。但是，有时候历史成本代表了一种心理底线，如在考察项目资本金时，股东投入一块地，买成 1 000 万元，评估价 3 000 万元，资本金就只能按历史成本 1 000 万元计算。因为股东心理价位是当初的投入，往往是贷款后，先抽出 1 000 万元成本，剩下的就看项目团队的能力了，做得好自己分些红，做不好自己毫发无损。

4.2 财报分析思路

下面就开始介绍财务报表分析的具体工作，很多客户经理拿到报表，就开始埋头分析算指标，其实，花一点时间对资料进行总体审核，对分析大有好处。

4.2.1 审核资料方法

客户经理要确保所分析的财务资料是完整的，这里的完整性包括形式和内容。形式上的完整性很简单，就是三年一期的财务三表及附注，实务中容易遗漏的是会计报表附注。附注包括了企业的基本情况、会计假设、会计政策和会计估计、关联方交易、或有事项和期后事项、合并分立、重要资产转让出售、重大项目等情况。附注是原因，报表数据是计算结果，附注越详细，往往报表越真实，要通过附注找出企业存在的问题或风险线索，找到调查分析的重点。内容实质上的完整性就要求财务报告反映企业（注意会计主体假设）的所有经营项目、所有债务。客户经理在经营管理调查的时候，查看了企业各个实体经营项目，有的项目做得好，有的做得差，是否所有项目都进表？而实际上，记录在表的都是小问题，表上没有的、不敢记录的才是真正的问题。例如企业借了高利贷炒股，既不在资产方反映也不在负债方反映，这些信息信贷人员是不能略过的。对于集团企业，要通过客户的背景分析集团概况和全部产业，凡是受到同一实际控制人控制的，都要纳入合并范围，实务中，企业往往将集团的亏损转移到个别企业，而这些企业往往没有纳入合并范围。如果申请人提供的为合并报表，应分别就合并报表及本部报表进行财务分析，两者不可互相替代。

通常来说，银行拿到的财务报告应该是审计师出的标准的无保留意见的审计报告，除此之外的审计意见都要高度重视，如带说明段的无保留意见、保留意见、否定意见、无法表示意见。更换事务所的，核实更换原因，如有必要，可向审计人员了解情况，包括审计的范围和方法，对财务报告各科目的意见。审计师出具了标准无保留意见的审计报告，代表审计师经过了审计程序，未发现问题，不代表不存在问题，正如前面分析的，"经审计后净利润为正"的企业不一定赚钱。要读懂审计语言，就要深入钻研准则（模糊的准则），审计师往往用语简略、文字拿捏精准，绝不会多说一句废话，所以有异常的表述一定要高度警惕。审计的工作是确保企业财务报告的编制符合会计准则，常见的会计准则包括《企业会计准则》《小企业会计准则》《国际会计准则》等，不同的准则有不同的会计核算方式（以及相应的漏洞），报表格式有差异（比如，看到财务报表上有短期投资科目，这是按照小企业会计准则编制的），核算出的经营业绩也会不同。

现实中的审计，往往不是企业做好了报表，审计师发现了问题，企业更正，而是审计师代劳直接出报表，甚至很多不负责任的事务所在出具信贷用的财务报告时，提前做通过性测试，即生成的财务指标能够通过银行评级系统。反复改出来的财报，其实已经失去分析意义了。审计是有缺陷的，就是企业提供的东西才审计，那么企业没提供的呢？账外经营呢？这些审计师通过企业管理层一纸声明就略过了，也免责了。审计以公司为会计主体，而不是以老板为主体，没放在公司的业务，审计也会略过。审计师确保会计主体没问题，但是公司和老板往往难以绝对分开。审计更多的是对报表修修补补，门面功夫到位，逻辑推理精准，重要的是有免责条款。由于现在会计师事务所成立也很简单，竞争也很激烈，甚至恶性竞争。有时候企业编制好了财务报表，事务所需要做的仅仅是需要盖章、签名、装封面而已。

财务报表要保持一致性。一是提供财务报告复印件要与审计报告原件一致，电子版的财务报表与纸质件保持一致。实务中，财务分析都是基于各种软件和工具，录入很重要，如果电子数据有误，后续分析也没有意义。二是客户提供的财务数据要与外部渠道查询到的财务数据尽量保持一致。客户的报表要与人行征信系统（负债）及通过其他可查询的渠道（如税务报表、纳税申报、缴税凭证）获得的数据进行对比，如有不一致的应分析原因。三是钩稽关系，本期报表内部各项目之间的钩稽关系，本期与上期报表之间的钩稽关系；主表与主表、主表与附表之间的钩稽关系。实务中，我们花一天的时间，将所有这些校验关系做成Excel校验模板或者写个小软件，每次分析时只需把财务三表导进去后，校验错误就会自动提示，再生成各种各样的财务指标、预警提示等可视化图片。

4.2.2　结合经营分析

很多客户经理埋头分析报表，分析完也没发现这是其他企业的报表。企业与企业是不一样的，看到报表能够想到是哪个企业，看到企业能够想到会有什么样的报表。一个 4S 店资产负债表上有 1 000 万元存货是什么概念？你要马上想到多少车，多大面积的店面，店面等级可能是多少，店面投资有多少，或者年租金有多少，应该有多少分销网点和销售员才合适，每月费用有多少？根据目前行情下的存销比、月销量有多少？现金销售、按揭、赊销各有多少？有没有各大汽车金融公司的车贷专员争相入驻？保有量、售后维修可能有多少？配件采购资金需求有多少？

在对客户进行财务分析时，客户经理要快速找到感觉，就必须结合经营分析。首先是把握行业的财务特征，脑海里有行业的财务共性，如房地产行业负债率较高，零售行业周转快，现金交易的行业应收账款少。各个行业都有一定的资产结构比例关系，无论是行业内的大企业还是小企业，结构都不会偏差太大。客户经理拿到报表，数字很大，不妨换算成百分比，这样不会影响结构关系，看起来不会"头大"，不会迷失方向。其次，要对客户自身经营有一定的了解，如客户的主营业务和附属业务、企业的经营战略、销售策略等。要了解客户重要的关联方，进而可以判断关联交易以及经营业绩的真实性。最后，重点突破，以点带面，找到自己最熟悉的科目，作为切入点，从财务到经营，从经营到财务，账账（总账与明细账）、账证（账务与原始凭证）、账实（账务与实物），反反复复进行推敲，确保真实无误后再延伸到其他科目和报表。

4.2.3　偿债能力视角

信贷业务中的财务分析主要是从债权人的角度看企业，和股权投资人的出发点很不一样，前者重偿债能力，后者重成长性。贷款是一种短期融资，信贷人员看企业也是非常的短期化，无法同舟共济，永远保持一种"随时都能下船"的机动能力，他们更关注的是：信贷资金投入以后，会形成哪些资产？这些资产在短期内能否变现？如果不能变现，其价值会不会剧烈波动？其他可处置资产够不够？

阅读财务报表，要有明确的目的：一是测算准确的净资产水平，为评级授信做准备，净资产 = 资产 – 负债，资产、负债科目不准确，例如没有摸清楚隐性负债、没有剔除虚增资产，那么最后确定的净资产和授信额度也就是不准确的。二是评估还款能力，一般来说，项目贷款还款来源为折旧、摊销、利润，流动资产贷款始终处于周转状态（还了再借），从某次还款来说还款来源为收入，但是最终还款来源还是利润（最终结清贷款，流动资金全部由利润积累形成的自有资金构成）。

不同的信贷业务，我们关注的重点科目不一样：对于固定资产贷款、项目贷款，我们要通过财务报表分析其资本实力和出资能力，首先看所有者权益总额，然后是货币资金等能够快速变现、能用于项目建设的资产；对于流动资金贷款，我们是要测算流动资金需求，这就涉及销售收入增长率预测，营运资金周转天数、毛利率等指标的计算，我们要围绕测算公式涉及的科目（存货、应收账款、预付账款、预收账款、应付账款）进行分析；对于贸易融资，要根据贸易融资类型对应收、预付、存货类科目进行分析。例如国内保理业务，就要将应收账款、销售收入作为关键财务数据进行分析。不同的信贷客户，我们关注的重点也不一样：对于新授信客户，我们关注报表的真实性，要详细分析每一张报表；对于存量年审客户，我们主要关注财务状况变动情况，将变动较大的数据作为关键性财务信息进行分析；对于增补授信客户，我们主要关注增长类指标的合理性。

总之，我们看完一个企业的财务报表，应该能够回答：企业有没有信贷需求？有多少信贷需求？能提供多少贷款？期限多长？利率多少？如果回答不了，那就要重新阅读。

4.3　资产负债表

资产负债表是反映企业在某个时点（通常为各会计期末）的财务状况（即

资产、负债和权益）的报表，它反映了企业的家底，体现企业的财力。

4.3.1 资产类项目

对资产科目调查的主要目的在于确定其资产真实、权属清楚、价值充分。资产项目很多，无法一一介绍，我们重点关注一些与主营相关、能够持续产生收入的核心经营性资产。

4.3.1.1 货币资金

货币资金包括库存现金、银行存款、其他货币资金。

库存现金是企业为了满足经营过程中零星支付如职工工资、福利费、差旅费等而保留的现金，往往金额很小。银行存款包括企业存入银行或其他金融机构的各种存款，该项要重点分析，不仅要分析余额较大的账户，也要分析零星余额账户，要了解企业开户的目的，是否有贷款，如果账户的收付金额和余额变化非常小，就可能存在存款质押。贷前调查的时候，调查人员要注意收集企业所有开户信息和账号，便于以后财产保全。其他货币资金包括银行承兑汇票保证金、信用证保证金、存出投资款、在途货币资金等，这部分货币资金通常属于受限制资金，往往被企业股东或其他关联方占用，或为其他公司做担保而被质押了。例如，有的企业拥有大量的货币资金仍然申请贷款，高现金和高负债并存，要对其资金真实性和借款原因进行挖掘，有可能这些钱平时被关联企业占用了，期末才还回来。

要注意，资产负债表上的货币资金有可能不等于现金流量表中的现金及现金等价物。现金及现金等价物是指库存现金，可随时用于支付的存款，以及持有的期限短、流动性强、价值变动风险很小的投资。货币资金中有些项目（如不能随时变现的银行定期存款和其他货币资金）不包含在现金及现金等价物里面；计入现金等价物中的一些项目（如三个月内到期的债券投资）也不属于货币资金。

4.3.1.2 应收款项

应收款项包括应收账款、应收票据、其他应收款、长期应收款等科目。应收账款是企业因销售商品、提供劳务等经营活动，应向购货单位或接受劳务单位收取的款项。其他应收款、长期应收款不构成核心经营资产，正常情况下，这些科目余额都比较小。

信贷人员要关注应收账款与营业收入、资产总额是否匹配（静态分析），增速与营业收入的增速是否匹配（动态分析）。这里的正常、合理主要是要结合市场情况、与下游客户的结算方式、企业议价能力等信息进行分析，看行业特点、收款策略，多与同类企业比较。正常情况下，企业议价能力越强，下游客户就越不容易占用企业的资金，体现在财务报表上则是应收款项金额越小、应收款项周转率越高。当然也存在个体差异，有的企业大量采取赊销，也会形成大量应收账款，而且随着宏观经济和货币政策的变化，各行业应收账款占比和周转率都会变迁。

更细致地分析应收账款，是查阅应收账款明细表，看一看具体有哪些交易对手，分布情况、账龄情况、是否关联方拖欠、集中度情况，通过多维度分析判断应收账款质量。一般来说，应收账款集中与几个关联企业，且账龄较高，往往意味着资金挪用或者虚增收入粉饰利润。非关联性的应收账款过于集中，且金额较大，信贷人员就要关注交易对手经营风险（KYCC），一旦这些交易对手资金链断裂，借款企业往往同样陷入危机。从利润表的角度，赊销的利润也是利润，但是从现金流量表的角度来看，赊销产生的利润不是利润。赊销规模过大（与营业收入占比达30%以上），虽然可以使企业销售收入和利润明显增长，但是实际现金流并没改善。有的企业为了粉饰业绩，充实现金流，与债务人达成协议，年底收回应收账款，年初又退回，账龄控制在1年以下。客户经理在分析应收账款时，不能仅看时点数，还要分析期间变化。

应收账款要关注其坏账准备金计提是否充足，以防范坏账风险。常用计提方法有余额百分比法、账龄分析法、销货百分比法。一般来说，企业坏账准备的计提方法和提取比例一经确定，就不能随意更改。企业随意更改坏账准备的计提方法和提取比例，往往是出于操控利润的目的。

其他应收款在正常经营企业中占比不应太高，如果其他应收款和货币资金合计大于银行贷款，往往说明融资并没有用在正常经营上，通常是被关联方占用。客户经理通过大额往来明细及款项性质的注释，可以了解是否存在股东抽逃资本金或关联方占用，如明细账上面显示"其他应收款——某某股东""其他应收款——某某关联企业"，这些项目就很可疑；还有的是与投资公司、贷款公司、理财公司发生往来，这些都要关注。很多企业销售收入与其他应收款持续增长，过几年再爆出巨额坏账，其实两项一开始就是子虚乌有的。

4.3.1.3 预付款项

预付款项是企业因购货和接受劳务，按照合同规定预先付给供应单位的款项。预付款项一般包括订货款、工程建设中的预付土地款等。

企业预付款项的产生往往是因为上游供应商比较强势，要求下游先付款后发货。有时候原材料供应变得紧张，预期价格上涨，企业为了锁定未来的进货成本，降低经营风险，也会加大采购量，此时企业的预付款项就会增加。如果借款所经营的商品在市场上很容易采购得到，或者与多家单位有长期良好供货关系，按正常方法购货并无困难，就要分析预付账款的合理性了。

预付款项的会计核算通常比较乱，有的企业将预付的款项直接记入应付账款科目的借方，不设置预付账款科目；有的供应商以收取一定"使用费"为条件，证明该企业收到借款人的预付款，虚增借款人的资产；有的借款人采购合同违约，预付款早已被上游没收了，或者借款人被供应商骗了，根本收不到货物，都体现为预付款长期挂账；有的预付款项实际上是被大股东或其他关联方占用了。企业发生预付款必然有合法有效的供应合同，如果企业拿不出相应资料，或者合同上并没要求预付，则预付款真实性存疑。预付款项和应收账款相比带来的利益流入不是现金，而是相关的货物或服务。当借款企业破产了，预付账款相比应收账款来说，其风险更大，处置更烦琐。供应商的履约风险（KYCC）也是需要高度关注的。如有确凿证据表明不符合预付账款性质，或者因供货单位破产、撤销等原因已无望再收到所购货物的，应将预付账款转入其他应收款。

4.3.1.4 存货

存货是企业为销售或生产而储备，或者停留在生产过程中的各种物资。一般来说，存货过多，占用企业资金，影响企业的付现能力，但是我们要更深入地分析其原因。例如，制造企业的存货包括原材料、在产品、库存商品，如果库存商品增长幅度大于原材料增长幅度，往往说明企业产品销售困难；如果存货增长的原因是原材料增长，可能是企业预计销售将增长而囤积原材料，这种情况是比较好的。当然，囤货居奇又有投机的嫌疑。

存货的实物形态多种多样，商业企业的存货是待售商品。生产企业的存货包括原材料、在产品、产成品；软件企业的存货往往是数据；对于房地产企业，土地使用权、在建楼盘、以销售为目的开发的房产也是存货；对农业企业，存货可能是动植物等生物（难以核实，有兴趣可以看獐子岛存货审计案例）。

存货金额有个复杂的记账过程，要想深入剖析存货金额，需要了解采购、生产、销售各环节的账务处理。例如，企业售出存货后，要将售出存货的价值结转为营业成本，方法包括先进先出法、加权平均法或个别计价。价格大幅上涨时，先进先出法下导致营业成本偏低，当期利润较高、毛利率高；企业经营过程中发生的支出是固定的，当期营业成本计少了，存货账面价值就计多了。此外，支出在产品成本与期间费用之间的不同划分也影响存货金额。当然，核实存货金额的另一个方法就是通过账面价值和市场价值的比较，来判断存货减值准备计提是否充足，存货金额是否高估。

企业账上有很多存货，实物在哪里？如何判断仓库的存货到底是不是该企业的？特别是一些商圈、批发市场，很多贸易商的存货都放在一个库房，银行考察甲，这些存货是甲的，银行考察乙，这些存货是乙的，最后用于质押融资的存货远远超出了该市场的存货总量。信贷人员在实地查考时，要采用多种渠道、多种方式核查，包括现场勘查、存货监盘等，查看出入库账本，从储运人员那里了解每天的运输量、从车间班组查看生产报表，综合分析存货的真实性。

4.3.1.5　长期股权投资

通常认为长期股权投资风险较大。如果企业资产方有长期股权投资，我们需要查看投资协议、了解其投资标的。被投资对象是既有企业还是新设企业？是否跨行业投资？投资目的是为了整合资源还是为了财务分红？是否参与管理？对外投资要符合外部投资环境和企业自身的发展战略，要能够增强企业的核心竞争力。

对外投资的钱从哪儿来的？要么是权益资金对应的资产（货币资金、固定资产、无形资产），要么是负债资金（银行贷款、民间借款、商业信用）。企业用货币资金对外投资，往往挤占了目前的流动资金，用固定资产对外投资，往往挪用了自身经营所需的关键设备，影响了自身的经营。一般来说，只有用无形资产（如专利技术、管理技术）对外投资不会影响企业正常经营活动。如果对外投资总额大于所有者权益，表明企业在用负债资金去投资，属于杠杆交易，风险较高。如果非主营对外投资大于银行贷款，往往说明贷款没有用于主营业务，要进一步分析客户增加贷款的必要性。有时候企业对主营业务失去信心，将大部分资产对外投资，跨行业经营，这就要谨慎介入，因为跨行业经营，形成商业信用需要一段时间，资金来源主要依靠银行，一旦其他银行断贷，项目很可能停摆，或者饮鸩止渴，求助于民间高息资金，陷入民间借贷的漩涡。还有的企业债务缠身，不断对外投资，实际上就是"金蝉脱壳"，转移资产、逃废债务。

银行要了解企业的投资收益情况。有的长期股权投资一直未能产生投资收益或账面投资有收益但无现金流入，这往往就是资金挪用或者虚假利润，项目早已亏空。要注意的是，长期股权投资不同的会计核算方式（成本法和权益法）对报表上的投资科目和利润影响不同。一般来说，被投资企业亏损，投资方倾向于采用成本法核算；反之，则采用权益法核算。要关注投资方和被投资方的关联交易，这些交易常常涉及利润输送。

4.3.1.6　固定资产

固定资产是指使用寿命超过一个会计年度的有形资产，如厂房、办公大楼、生产线、机器设备、办公设备、运输工具等。流动资产重管理，固定资产重决策。流动资产最重要的是提升其运营效率，即周转率；而固定资产往往金额大，一旦购建了，如果无法达到预期生产效果，就是沉重的成本负担，这就是在购建的时候要科学评估、慎重决策。

分析固定资产，一是看固定资产占总资产的比例，要看比例是否符合行业的特点，重资产行业固定资产占比较高，轻资产行业占比较低。对于工业企业，固定资产就是产能，要看资产规模是否与生产、销售规模匹配，有没有过剩或不足；要看设备开工率情况，闲置固定资产较多往往不太好。二是看折旧计提，要看累计折旧占比与固定资产实物新旧程度是否匹配，防止客户利用少提或不提折旧来调节利润，粉饰报表。

固定资产使用周期长、价值高，折旧方法、折旧年限和残值的估计对当期利润影响很大，特别是后两项，企业选择的随意性非常大。

有些固定资产是企业自建的，企业往往推迟在建工程转入固定资产的时间，减少折旧计提。《企业会计准则第4号—固定资产》第九条规定："自行建造固定资产的成本，由建造该项资产达到预定可使用状态前所发生的必要支出构成"。实务中，在建工程的进度状况外界很难准确获取，企业就可以推迟在建工程转入固定资产的时间，把当期的费用（如借款利息、工资福利等）更多地资本化，计入在建工程中，大大地减少当期的费用，增加当期利润总额。

4.3.1.7　无形资产

无形资产，没有实物形态，主要包括专利权、非专利技术、商标权、著作权、土地使用权、特许权等。

在科技型企业，无形资产是最重要的资产，代表了核心竞争力。对于一般企业来说，无形资产主要是土地使用权。

普通企业取得的土地使用权通常应确认为无形资产。土地使用权用于自行开发建造厂房等地上建筑物时，土地使用权的账面价值不与地上建筑物合并计算其成本，而仍作为无形资产核算，土地使用权与地上建筑物分别进行摊销和计提折旧。房地产开发企业取得的土地使用权用于建造对外出售的房屋建筑物，相关土地使用权应计入所建造的房屋建筑成本中，不计入无形资产。企业外购的房屋建筑物，实际支付的价款中包括土地以及建筑物的价值，则应对支付的价款按照合理的方法（一般按公允价值）在土地和地上建筑物之间进行分配；如果确实无法合理分配的，应全部作为固定资产核算。如果计入固定资产则进行计提折旧，如果作为无形资产则进行摊销。

资料来源：财政部会计资格评价中心.中级会计实务[M].北京经济科学出版社，2016.

无形资产由于其专业性强，往往成为虚增资产的高发科目。按照准则规定，企业自行研发专利技术，研究阶段的费用支出计入当期费用（减少当期利润），而开发阶段的费用支出计入无形资产成本，在以后年度摊销。研究阶段和开发阶段的划分在很大程度上还是要取决于会计人员的职业判断，这就给研究阶段的费用资本化留下了空间。无形资产的摊销，涉及残值和摊销年限的估计，一项技术有没有市场价值？各种使用权到期了如何续约？这些都依赖企业会计人员的判断，外界很难获取真实信息。

对无形资产的调查，侧重权利证书的真实性，计价方式是否符合相关规定，是否按规定摊销。企业常常将土地使用权评估增值入账，这可以增加无形资产。

资产科目梳理完毕，小结一下。我们分析上述各类资产项目的时候，都要结合信贷业务，考虑这些问题。

（1）该资产是否可以成为本次融资的担保物？资产的所有权（或控制权）、变现能力、处置障碍如何？这一块在担保章节继续谈。

（2）资产形成的资金来源，以及上面的债务负担。现金是流动的，钱一旦进入企业，今天是原材料，明天变成产成品，后天变成应收账款，无法追踪去向，理论上说，任何一宗资产里面都有全体债权人和股东的份额。然而实务中，每一宗资产都有直接的资金提供方和利益相关人。企业不行了，股东总是惦记着那栋楼是自己掏钱买的，剩下的该谁的谁拿走，A供应商也不去抢B供应商的货。所以，资产再多，那都是别人的，自己的贷款到底形成了什么资产，变现能力如何？这才是最重要的。当然，最好以该资产设定抵质押，从法律上保障自己的债权。

（3）资产的实际控制人。我们看到的每一宗资产背后都有实际控制人，但不一定是企业老板。例如：库存现金由老板的亲信掌握，银行存款随时可能被贷款行扣划，原材料由供应商盯着，在产品由工人占有，产成品和应收账款在经销商那里，其他应收账款在股东那里；企业快破产了，这些资产很快就消失了，剩下固定资产（厂房机器设备）由工人占据。

4.3.2 负债类项目

负债是企业重要的资金来源,主要包括商业信用和金融负债。银行要查清企业负债的完整性、可持续性(稳定性)、偿还的紧迫性,摸清楚各债务的债权人,债务偿还条件和期限、担保方式等。

4.3.2.1 应付账款

应付款项是企业在购买商品、原材料或接受劳务等经营活动中应该支付但尚未支付的款项,主要包括应付账款和应付票据。

应付账款与存货的变动通常存在一定正相关关系,同时应付账款规模一般不会高于存货。当然,核心企业对上游有较强的议价能力,有很强的赊欠账款的能力,经营过程中会产生持续稳定的应付款项,这时候应付账款可能高于存货,并成为其经营甚至投资的重要资金来源。而议价能力不强的企业,供应商的商务政策没有明显变化,如果应付款项大幅增长、平均付款期延长,往往是客户支付能力恶化的表现。但应付账款大幅减少也可能是因企业的商业信用度下降引起的,即没有供应商愿意赊账给它了。

应付票据主要是商业汇票,要了解其余额与客户经营特点及规模是否匹配?常常有企业申请签发没有真实贸易背景的银行承兑汇票,然后通过贴现套取资金,实现融资目的。有真实业务背景的票据支付出去,变成了存货,销售后就能偿还票据敞口,而融资性票据往往缺乏自偿性。

与应付款项相关的是其他应付款,这里也是"民间融资"的高发地区,例如"其他应付——某某股东",到底是股东后续投入还是股东在外面借的钱投入,这些信贷人员都要了解。

4.3.2.2 预收账款

预收款项是指企业在未发出商品或提供劳务的情况下向购买单位或接受劳务的单位预收的款项。最常见到的包括房地产行业的预售款、超市的发卡收入、工程类企业预收的工程进度款等。通常来说,该项目所占资产比例不可能太高。

应收款项是先发货后收钱，预收款项是先收钱后发货。因此，对于企业而言，在某种程度上预收款项越多越好。企业的预收款项较多，表明企业的产品或者劳务销售情况良好，市场供不应求。或者由于企业相对于下游客户较为强势，行业形成了先收钱后供货的惯例。例如汽车厂家的紧俏车型，经销商如果需要拿货，必须提前打款订货，在经销商拿到货之前，企业收到的现金即为预收款项。预收账款越高，资产负债率也越高，但是偿债能力并不弱，属于"闷声发大财"。

有的预收账款是一种会计操纵，例如延迟结转收入成本，目的是延迟缴税。一般来说，预收账款收入的确认时点是发出商品的时候，实务中信贷人员可以抽查发货单来判断。还有的预收账款是其他应付账款的错误摆放，往往是民间借贷，这就要引起的警惕。

4.3.2.3 金融负债

金融负债主要包括短期借款、长期借款、应付债券等，有时又称付息负债。

对于短期借款，主要关注该科目余额与经营规模是否匹配，销售收入与贷款比例是否偏高，与人行征信系统查询余额是否一致；对于长期借款，要关注余额与固定资产、在建工程是否匹配。信贷人员要了解借款集中到期的时间段，是否存在短期借款支持长期投资、固定资产投资、关联企业长期占用等现象？要关注借款余额的变化趋势，各家银行的构成以及担保方式，各家银行授信额度的增、持、减、退等变化情况。借款余额大幅下降的，若是同业主动退出，则要高度警惕；信用方式变为抵押方式也体现了银行的风险判断。

不同债务融资方式的成本是不一样的，难度不一样，从而也可以体现出企业的融资能力和偿债风险。企业的债务融资成本越低，往往融资能力越强且偿债风险越低。通常来说，公开发行债券的成本低于银行贷款，银行贷款低于融资租赁和信托融资，后者又低于民间融资。如果企业有公开发行债券，那么这样的企业偿债能力就比较强。而如果企业深度介入民间融资，这种企业，银行就要慎重介入。

4.3.2.4 负债完整性

负债的检查有两个方面，即"完整性"和"真实存在性"，其中"真实存在性"即判定计价是否准确，与负债是否高估相关，一般来说，借款人在破产前才有虚构债务的动机。"完整性"即判定入账是否完整，与负债是否低估相关，一般来说，借款人在申贷时有隐瞒债务的动机。贷前调查，信贷人员重点关注的是资产、收入、利润的高估，负债、成本、费用的低估。认定资产的真实存在性可以盘点及函证，认定资产的所有权可以检查权属文件，认定收入的真实性可以结合函证及检查合同等；但是认定成本费用及负债的完整性往往困难得多。资产收入利润是企业积极主动提出来，银行处于主动地位，有充分理由要求企业提供资料佐证。而实际负债成本费用有多少，银行看不见，处于被动，客户往往不承认，不主动提供相关资料。负债类的低估往往是藏匿凭证，不会留下记录，即"隐性负债"。一般来说，无论是审计还是信贷，都无法精确核实所有隐性负债。对于审计师来说，只要走了该走的审计程序，管理层声明未隐瞒负债，即可出审计报告。什么时候这些隐性债务会暴露呢？那就是企业破产，发布清盘公告的时候，所有债权人都来申报债权了。

 小资料

哪些企业可能有隐性负债？通常从经营、财务信息等方面进行考察。⊖

资产积累与经营年限和利润率不符；投资情况与资产积累或股东

⊖ 部分内容参考：http://bbs.tianya.cn/post-362-99267-3.shtml。

投资不符；借款人或股东资产被抵押给第三方；当前或近期有新投资项目；从事行业为两高一剩，难以从正规渠道取得融资。有这些经营特征的企业，吸收民间借款的可能性更大。

财务报表中应付账款、预收账款、其他应付款科目余额较大且长期不变；所有者权益科目金额较大且没有可信的证明文件和经营业绩；财务费用、管理费用、销售费用超出同行业标准，可能是民间借款利息计入上述科目；银行流水显示有规律性的大额收支但与经营不匹配，可能是民间资金借入与归还，固定的小额支付可能是利息。

实地调查要运用社会资本分析方法。例如：广泛排查借款人的社会关系网，是否涉足民间借贷；询问财务人员、员工、周边居民，了解是否存在集资行为；调查借款人上下游，了解其是否出现过资金紧张；挖掘交易对手，大额资金往来的交易对手如果不是借款人的上下游，很可能是民间资金的出资方；询问门卫或邻居，是否有陌生人出入企业却与经营管理无关，或现场调查时有可疑的讨债人员出入；与企业老板交流，如果其对高利贷术语（几角、几分、几厘、几毫、砍头息等）十分熟悉，侃侃而谈，涉入高利贷的概率就比较大。

下面对常用的隐性负债的调查方法进行详细阐释。⊖

（1）公开信息查询。人民银行征信系统和企业信用信息公示系统是两大基本查询工具。企业征信报告上面显示的是企业在银行业金融机构的负债情况。银行信贷人员可以通过人民银行征信中心查询应收账款质押、融资租赁等信息。国家工商总局企业信用信息公示系统上面显示的有企业动产抵押登记信息、股权出质登记信息，以及对应的债权人信息。此外还有各种其他的抵质押登记、备案机关的登记信息，但查询比较费时。

（2）外围排查。负债不仅仅是金融负债，还有欠税务局的（应付税金）、欠员工的（应付工资社保）、欠供应商的（应付账款）、欠客户的（预收款、

⊖ 隐性负债、对外担保、隐性关联识别是尽职调查的难点，不断有新思路、新方法、新工具，笔者将在专栏中继续更新。

预收保证金）、欠当地老百姓的（其他应付款、民间借贷）。信贷人员在调查时，要多方求证，多方了解，从而判断企业到底有多少负债。这些人是企业的利益相关人，通常来说，企业资金链断裂，这些人第一时间知道（或者就是这些人催债促成了企业资金链断裂），第一时间拿回（甚至是哄抢）属于自己的部分，拿不走的通过法律程序分配，当然银行就面临还款来源不足的风险。关键是这些人在哪里？看负债一定要看到账面后面的人，如对于账面记载的应付项目，要通过明细表，了解企业到底欠了哪些供应商，并核实欠款是否完整记载。

（3）权益推算。根据会计恒等式，负债＝资产－所有者权益，将资产、所有者权益科目逐一核实以后，剩下的就是负债总额。例如，一个企业申贷时往往夸大自己的资产，有土地、厂房、设备、存货、现金等，那么信贷人员就要考虑，企业设立时有多少资产，这个企业是如何积累到现在这么多资产的？要么是股东投入的，要么是负债融资形成的，要么是企业历年经营盈利形成的。核查的方法就是：首先了解企业设立以来股东的出资情况，了解股东的历史背景和原始积累，例如有的股东进入社会短短几年就实现了原始积累，有的老板说自己通过炒股、期货、彩票赚了第一桶金，各种离奇古怪的发家秘史等，很可能是对应了大量隐性负债。其次是查看企业历年报表，分析历年盈利情况。股东出资和企业历年盈利未分配部分共同构成权益。最后，通过资产与权益倒推负债规模。如果信贷人员倒推出来的负债总额和企业账面负债相差较大，则企业很可能隐匿了部分负债。在调查的时候不仅要关注企业当下的负债，还要关注贷款后企业未来可能的负债规模。信贷人员要跟企业管理层谈战略，关注企业的未来发展，未来资产购置情况，然后检查其销售预算、资金筹措计划等，资金来源中股东能投入多少，剩下的就是企业未来可能的负债水平。

（4）关注利息支付。需要支付利息的负债有银行借款、民间借贷、融资租赁等。该类负债一般都有固定的结息日期，如按月、按季等。信贷人员通过查看企业主要账户的交易流水，分析是否有规律性的资金划转，还可以通过了解企业每年的财务费用，利息支出倒推企业的负债规模（利润表中的"财务费用"及现金流量表中的"偿付利息支付的现金"）。

（5）关注预计负债、或有负债、表外负债。预计负债主要是关注企业近期是否有重大不利事件，如产品质量赔偿、法律诉讼或仲裁案件，严格按照会计准则，这些事项都需要列入预计负债，而现实中企业往往到了事发以后直接列入损失。企业往往不会主动将这些事项告诉信贷人员，信贷人员判断预计负债是否低估时，应尽可能了解涉及企业的各种消息，特别是从竞争对手、行业圈打探。一般来说，或有负债 = 对外保证担保 + 对外抵质押担保 + 信用证 + 保函。一个企业对外担保的金额远超过其净资产的，就要引起警惕。常见的核查方法包括：①检查公司章程中担保的审批权限。比如是要求股东会审批的话，查询全部股东会记录，检查是否有对外担保相关决议。②查询企业信用报告。一方面是对外担保记录；另一方面是查询原因为担保审查的记录。发现担保还要进一步了解，如被担保的对象是谁？是否出现逾期现象？是否有互保现象？

表外负债是一个会计术语，一般是指由于表外融资带来的债务，主要形式有长期租赁、合资经营、资产证券化和金融创新等，表外负债不体现在资产负债表上，一般在附注披露，但是披露的往往不够充分。典型的案例见长航油运的经营租赁风险。

（6）关注名股实债。名股实债，也有人称之为假股真债，从形式上是投资人以股权方式投资企业，但协议中又有大量具有债权属性的条款约定。例如信托公司或基金公司向房地产企业提供资金，投资者可在约定的期限内获取固定的投资收益，而后由房地产企业或其原股东赎回股权，投资者实现退出。对于被投资者而言，从表面上看，是资本的增加与减少，实质上却体现着债务的产生与偿付。名股实债"改善"了资产负债率，一般情况下都是采用抽屉协议回购的，而在不出示抽屉协议的情况下，会计师事务所和银行都可能将该部分资产视为权益而非债务。

（7）关注抵质押情况。有很多负债都需要企业提供资产抵质押，信贷人员可以审查企业重要资产有没有附带抵质押来判断负债情况。外购的机器设备等固定资产，可通过审核采购发票、采购合同等，判断有无分期付款协议和保留所有权条款等。对于房地产类固定资产、土地类无形资产，需查阅有关的合同、产权证明、财产税单、抵押借款的还款凭据、保险单等书面文件，查看企业土地证、房产证上面有没有记载抵押信息，详细的情况可以到国土局、房管局查询。有的企业拿不出来这些产权证原件，很可能相关资产已经被抵质押出去了。对租入的固定资产，应验证有关租赁合同，判断是否为融资租赁，会否承受长期租金压力。对汽车等运输设备，应验证有关发票、合格证等。例如4S店，如果大量库存车的合格证拿不出来，而企业账面没有太多负债就不太合理了，很有可能是做了合格证质押融资。信贷人员不仅要关注有形资产，还要关注应收账款、企业股权等被质押融资的情况。

（8）借助关联查询。有时候母子公司、关联公司都是本行授信客户或担保客户，信贷人员能从其他公司报表中应收款和目标公司应付款之间的差异识别出问题，漏记部分往往就是隐匿的债务。

（9）关注融资痕迹。融资活动有固定套路和流程，一个企业融资过程中必然留有碎片化的信息，信贷人员尽职调查的时候要注意识别。例如：①企业借款、对外担保总是要出决议，要加盖公章，检查企业公章使用记录、董事会会议记录、法定代表人行程也会有意外的发现。②要融资，对方要来考察，必然有痕迹，有时候查看门卫登记簿、网站新闻，询问员工，检查企业公务接待情况等都可以得到一些印证。③要融资，往往要开贷款专户、缴纳保证金，如果企业的账户很多、整数的存款很多，就可能是各种融资保证金。④要融资，如果要编制各种报告，也会有会计师、评估师等中介的活动痕迹。

4.3.3 权益类项目

所有者权益＝资产－负债。权益金额是比较重要的授信参考值，一般来说，授信额度和担保额度的测算依据就是真实的权益金额。权益要么是股东投入，要么是资产增值，要么是利润积累，分别对应实收资本、资本公积、留存收益。

4.3.3.1 实收资本

实收资本是指投资者按照企业章程、合同、协议的约定，实际投入企业的资本。

分析实收资本，要看公司章程、验资报告（若有）、审计报告、营业执照等资料上的数额是否衔接。数据一致后，就要了解主要出资人、股东及其变化情况、出资方式。以货币出资的，应结合"其他应收款"等科目，查找有无抽逃出资的嫌疑；以资产出资的，应查看资产评估报告，并结合相关资产科目，分析资产作价是否合理，是否按法律规定登记或交付给公司，是否由他人占有使用，例如房产出资没有在规定时间内过户到公司，机器设备、存货不在规定时间交付，出资后再用该资产对外投资，这些都是虚增资本；以未分配利润转增注册资本的，结合客户利润和利润分配科目，分析利润的真实性。

有时候注册资本大于实收资本，要查看章程约定的出资进度，分析没有持续到位的原因，是股东实力不足？还是股东之间出现分歧？

资本不实，即是账面上实收资本有数，但是对应的权益已经没有了。权益是一种记账方式，按照会计平衡，权益虚增对应的就是资产虚增或者负债虚减，查清楚了资产和负债，资本也就搞清楚了。虚减负债就是隐性负债未披露的问题，前面已经详述。理论上，任何资产科目都可以虚增，常见的是把虚增部分挂在其他应收款、在建工程、长期股权投资等科目，所以分析资产的时候就要挤干这些资产中的水分，还要剔除不良资产，如待摊费用、待处理资产损失、长期应收款、账龄较长的应收账款、库龄较长的存货等。当我们看到权益，要想到这些权益对应的资产是什么？静态来看，如果企业的不良资产大于所有者权益，根据会计恒等式，企业权益已经亏完了。动态来看，如果企业不良资产形成快于利润的增长，要么是企业利润造假，要么企业经营持续性很差。

除了做假账虚增资本外，还有的是通过各种方式抽逃资本，如何理解"抽逃资本"？资本看不见摸不着，能够转移的只能是资产，如企业从股东或者关联单位高买低卖。还有的"抽逃资本"是给企业增加一些负债。例如：通过虚增利润后进行利润分配，增加了支付股利的负担（应付股利是公司的负债）；为股东或其关联人担保，担保数额与股东出资额接近。实务中，股东的财产和公司的财产很难区分，很多小企业都是通过老板个人账户走款，老板家庭的房产、车辆挂在公司名下，到底用于公司还是用于个人很难区分，从而加大了资本真实性核查的难度，这也是向小企业贷款需要股东签订连带责任保证的原因。

4.3.3.2 资本公积

资本公积是指企业在经营过程中由于接受捐赠、股本溢价以及法定财产重估增值等原因所形成的公积金。

资本公积的增加，可以增加所有者权益，降低企业的资产负债率，从而美化报表，所以要分析资本公积形成的合理性。重估增值是最常见的资本公积来源。哪些情况下需要重新评估企业资产呢？当企业出现改制、购买股权、企业兼并、资产置换、以资抵债、以非现金资产投资、债转股、增资扩股、资产担保、企业变更、企业清算、法人股拍卖等事项时，往往需要进行资产评估。信贷人员要深入分析这些事项的目的，为何企业热衷于各种资本运作？到底是为了真实的商业交易？还是为了创造重新评估的契机？这些增值通常不是企业日常经营所致，往往没有真金白银的流入，在未来也没有可持续性，影响的只是账面指标而已。

4.3.3.3 未分配利润

未分配利润是利润的留存，是补充所有者权益的内部渠道。所有者权益的增加可以是由外部股权资本的投入也可以由内部利润的留存积累引起的。如果所有者权益的快速增长是由内部利润留存积累引起的，则说明企业有很好的盈利能力。

分析未分配利润，要注意几点：一是未分配利润增加额不得超过当期实现的净利润；二是未分配利润逐年增加，但银行借款也逐年增加的，则要分析利润的真实性了；三是未分配利润余额较大的，信贷介入时应对客户利润分配行为做出限制。有的企业在贷款后，超常规大比例分红，实际上就是大股东套现，掏空企业资金（信贷资金），逃废银行债务的手段。要考虑股东为何分红？是不是对企业前景失去信心？

分析完负债和所有者权益，信贷人员要看一下企业的资本结构。企业的资金来源，要么是借来的，如负债；要么是自有资金，即所有者权益。企业的资本结构直接影响其偿债能力，权益性资金占比较大的，对债权人有更大的保障。信贷人员还可以进一步分析资金的期限结构，通常要看长期资产占比和长期资金占比的匹配度，如果长期资产占比很高，而长期资金占比很低，一旦要偿还短期负债，长期资产不能及时变现，企业就面临严重的债务危机。例如：生产制造企业，其资产转换周期较长且稳定，其资金来源就应该是长期资金；而贸易型企业、季节性生产企业，其资产转换周期较短，只是在经营活动繁忙时期有大量的资金需求，那么其资金来源就应该是短期资金，避免资金闲置产生过高的财务费用。

4.4 利润表

利润表，也叫损益表，反映一个企业在一定的时期内（通常指一个会计区间，如季度、半年度、年度）赚钱的能力，即收入有多少，支出有多少，收入减去支出，就是利润。收入、支出又有各种类型，最后组成了利润表（见表4-1）。

表4-1 某企业2016年利润表⊖　　　　　（单位：万元）

项目	本年金额	上年金额
一、营业收入	3 000	2 850
减：营业成本	2 644	2 503
营业税金及附加	28	28
销售费用	22	20
管理费用	46	40
财务费用	110	96
资产减值损失		
加：公允价值变动净收益		
投资收益	6	
二、营业利润	156	163
加：营业外收入	45	72
减：营业外支出	1	
三、利润总额	200	235
减：所得税费用	64	75
四、净利润	136	160

利润表可以这样归类：营业收入－营业成本＝毛利；毛利－税金及附加－销售费用－管理费用－财务费用－资产减值损失＋公允价值变动净收益＋投资收益＝营业利润；营业利润＋营业外收入－营业外支出＝利润总额；利润总额－所得税费用＝净利润。我们拿到一张利润表，首先看利润的构成：毛利、期间费用、资产减值损失、公允价值变动净收益、投资收益、营业外收支，后面的项目越少越好，一个正常经营的企业，最好是利润全部由毛利构成，这样的企业非常"干净"，"主营业务突出"。但是，企业也很聪明，往往通过选择性会计策略，将后面的项目计入前面。所以，分析利润表，主要目的就是从营业利润中剔除后面这些"异常"利润，寻找真实的毛利水平。

⊖ 资料来源：中国注册会计师协会.财务成本管理[M].北京：中国财政经济出版社，2017:P33。

4.4.1 营业收入

营业收入，又称营业额，是指企业在日常经营活动中（与营业外收入对应）形成的、会导致所有者权益增加的、与所有者投入资本无关的经济利益的总流入。营业收入包括销售商品收入、提供劳务收入、让渡资产使用权收入及建造合同收入等，通常销售收入占营业收入绝大部分，所以有时候两者不加区分地使用。营业收入还可分为主营业务收入和其他业务收入，我们主要关注主营业务收入。

分析营业收入，也是对企业经营管理的分析。一是通过多维度分析，营业收入的构成，行业分布、地域分布、产品分布、客户分布等，对客户经营状况加深认识。判断其主营业务是否突出？收入是否过于集中于个别客户、个别地区、个别业务、个别产品？集中度风险大不大？客户中有多少是关联企业？二是通过时间序列分析与以前年度相比较，出现较大变化的主要分析原因。三是横向与同业比较，分析市场占有率、竞争能力等，通过比较分析企业发展是否符合行业发展节奏，行业上升时有没有业绩平平，行业下滑时有没有加速下滑，判断其经营能力。四是将营业收入与企业的规模（固定资产、流动资产）进行对比，通常这些项目之间都有内在稳定关系（即周转率）。财务管理中的销售百分比法就是假定这种稳定的比例关系为前提的，如果营业收入增长过快，超过了可持续增长率，一方面会出现流动资金缺口；另一方面，收入增长的真实性就存疑了。收入与应收账款政策息息相关，过度宽松的赊销政策可能引起销售井喷，但是随后的坏账也会吞噬这些利润，对于分期赊销，以未来销售收入的现值而不是销售价款确认收入更稳妥。

为了确保收入的真实性，信贷人员必须对客户的重大交易（一次性收入、反常收入、大额收入）进行详细查证。一项销售行为通常是购货单位先发送订货单，销售业务真实性首先取决于订单的真实性。信贷人员要问销售员是如何实现了这么大的销售订单，从财务上查看销售奖金发放情况。然后看发运单和销售订单有没有勾稽关系，货到底出没出库，出库单的日期和编号是否连续。银行非常关注营业收入的真实性，因为在测算授信额度的时候，主要的参考依据就是营业收入，收入虚高往往测算的授信额度也会虚高，这也是收入造假的原因之一。

常见的收入造假方式包括：

（1）提前确认收入。例如，认为开了发票、计了税就可以确认收入了，而不管销售和服务是否完成，商品的控制权是否真的转移了，产权是否过户，物品是否交付，以及回款可能性有多少。有的企业在临近期末虚开发票，次年再以质量不合格为由退货；有的买卖双方仅仅是购销意向，交易中的重要条款还没协商一致就计入了收入；有的时候收到预收货款（会员费、年费、订购费），商品和服务还没提供，就提前确认收入，其实这些款项都是负债（预收账款）。

（2）虚构收入，通过虚假业务以及关联交易虚增收入。一般来说，产品只有销售到集团外部才能形成真实的收入，如果销售客户清单中有关联客户的，基本上可以把这部分销售额扣除掉（挤掉异常交易）。实务中，还有企业做得更隐蔽，找到多家非关联企业，转圈开发票，而且发票数小于库存货物数，发票不回头，配合上合同、资金、出入库记录等，类似淘宝网店的刷单、虚假点评、发空包裹，非常难以识别。

（3）其他情形。对于"在某一时段内履行履约义务"的合同收入，需要估计履约进度，有的企业通过夸大完工进度，提前确认收入；有的企业将受托代销商品的销售收入全部列入自己的收入，其实受托代销、受托加工，都只能确认代销费、加工费部分。

详查的工作量大，有很多资料难以获取，有很多事项还需要经验判断，例如商品销售收入中的退货率有多少？买方付款能力如何？卖家是否有售后回购承诺？是否名为买卖实为借贷？是代销还是买断？又比如建造合同收入，在不熟悉施工现场、看不懂工程资料的情况下如何判断施工进度？有时候可以运用常识、科目钩稽关系来判断营业收入的真实性。例如：分析报表反映的营业收入与人员规模、生产能力、物流消耗是否匹配？将营业收入与纳税比较，是否存在税负水平明显低于国家规定及行业一般水平？又比如：将营业收入与现金流量表中"销售商品、提供劳务收到的现金"、应收账款的增加额、结算量综合起来分析，判断是否存在营业收入增长但现金流和结算量出现下降等情况？是否因为放宽赊销标准而导致的营业收入增长？信贷人员要重点关注现金销售收入有多少，这才是可靠的还款来源。通常是检查流水，累加一定期限的贷方发生额，剔除贷款发放和归还等流水大额进出账、关联交易账，得出现金销售收入。若客户的销售回款通过其他银行的账户结算的，也可以要求客户提供财务报表、购销合同及相关经营流水凭证、账户结算记录等资料佐证，但难度就比较大了。所以，很多银行在贷款批复中都要求一定的销售收入归行率，它有三个作用：一是提升存款和结算收益；二是控制还款来源；三是可以监控和验证销售收入真实性。

核实收入的其他方法其实在第 2 章已经提到过，这里不再赘述。

4.4.2 营业成本

营业成本是企业当期已实现销售的商品和已对外提供劳务的成本，营业成本也可以分为主营业务成本和其他业务成本。

企业花出去的钱（支出），要么进入当期的营业成本（或期间费用）、要么进入资产，资产在未来最终也是要进入营业成本（或期间费用）。营业成本和期间费用有何区别？成本是对象化的费用，与某项收入有直接联系的支出的就计入成本，无法归属的就计入期间费用。例如：企业花了 1200 万元，生产了 10 台车，卖了 5 台，还剩 5 台。这 1200 万元支出要在已售 5 台的成本、未售出 5 台的存货价值、期间费用之间分配。计入成本或费用减少当期利润，计入存货价值不但不减少利润，反而增加资产。这就要搞清楚产品的成本核算，如果不知道企业如何分配成本，存货与利润是很难核实清楚的。成本与费用的分配会影响到毛利率指标，例如，车间工人工资是产品成本，管理人员工资是管理费用，把本该计入车间工人的工资计入了管理人员工资，毛利率就提高了。

信贷人员分析营业成本时，一是要看营业成本占营业收入的比重（=1-毛利率），以及营业成本内部结构，结合客户所属行业判断是否合理，并与以前年度相比较，分析变动是否正常；若发生较大变化，判断成本增长率是否高于销售增长率。二是要从管理会计角度分析固定成本、变动成本的比例情况。一般来说，固定成本占比越高，经营风险越高，市场下滑以后，企业陷入困境长期难以转型；固定成本占比越低，经营风险越小，但是企业经营方向不稳定，转型很快，跑路也快。三是要与贷款申请事项联系起来分析。营业成本往往是贷款的用途所在，这时候就要深度分析采购项目，如采购的合同、价款、条件的真实性与合理性。

4.4.3 期间费用

期间费用包括销售费用、管理费用和财务费用。期间费用，容易确定其发生的期间，而难以判别其所应归属的具体产品，只能在发生的当期从损益中扣除。销售费用主要是广告、促销、佣金提成等支出，与销售模式息息相关。管理费用主要是管理人员工资、办公费用开支。财务费用是指各种筹资费用，包括利息支出（减利息收入）、手续费支出以及现金折扣等，该项目是信贷人员需要重点关注的。信贷人员可以通过财务费用的规模来评估客户债务负担，通过财务费用与借款的比例来判断是否有隐性负债。有的企业大量使用银行承兑汇票，那么财务费用就可能为负数，主要是因为保证金利息收入大于签票手续费支出。还有的企业是将各种借款利息支出计入了在建工程，减少当期费用，增加资产和利润，这也并非不可以，只是要注意利息支出资本化的条件。

信贷人员分析费用时，要将三项费用的金额、占比，与同期数据进行对比，与同类企业对比，对异常进行重点分析，这些都是常规手段。其实，费用体现了内部管理水平，哪些费用合理、哪些费用不合理，非常考验水平。没有在行业经历过，很难做出一叶知秋式的洞见。笔者在信贷调查的时候，经常分析企业费用支出。例如，每月工资支出情况，这样的薪酬水平能招到什么水平的员工呢？这样的待遇能否让员工安心工作？财务人员的薪酬如何？能招到什么样水平的财务人员？审计费用支出多少？一两千块的审计费能做出什么样的审计报告？销售人员固定薪酬和绩效的比例如何？绩效增长了多少？换算成多少企业销售收入？能否互相印证？又比如费用增长与销售收入增长的配比情况，行业处于成长期，毛利较高，为了扩大市场，往往销售、管理费用支出较大，也不注重控制，但是到了成熟期，已经接近市场天花板，这时候成本费用控制就尤为重要。而这时候企业也变大了，"大有大的难处"，"官僚化"，干活的少，唱赞歌的多，各个条线都要支出，"跑冒滴漏"，很多企业就这样被"掏空"了。很多企业，表面上增长很快，靠的是销售费用的"推力"，而不是产品和服务的"拉力"。没有促销活动，销售立刻下降，其巅峰时刻也是资金链最危急的时刻。

4.4.4　资产减值损失

当一项资产的账面价值低于实际价值，就需要计提资产减值损失准备，对应的就产生了资产减值损失。就好比借款人出现风险，那么银行就要对信贷资产计提拨备。

资产账面价值＝资产账面原值－累计折旧－资产减值损失准备，资产账面原值－累计折旧＝资产账面净值。我们说企业的一项资产有多少，是指的资产负债表上面的资产账面价值。折旧是资产在生产过程中的损耗，最终计入营业成本（通过产品成本）或期间费用（管理费用）；而减值损失是企业外部环境变化引起的，具有很大的不确定性，需要专业判断。折旧是对已发生的费用进行计提，计提减值准备产生了账面损失，但不一定会真的发生损失。一个企业亏损是因为大量计提减值准备引起的，市场会解读为"企业很谨慎"。减值会影响折旧，计提减值准备后，要按照计提后的账面价值以及资产尚可使用年限重新计算以后年度的折旧率和折旧金额。

例如⊖：A企业有一台汽车原值500万元，截至2015年年末累计折旧250万元，账面净值250万元，预计市场价值150万元（已扣除处置费用），预计继续使用该汽车未来产生的现金流量现值为100万元，于是企业以市场价值与现值较高者为基准计提减值准备100万元（250万元-150万元）。计提的时候，借：资产减值损失100万元，贷：资产减值损失准备100万元，减少了2015年利润100万元，汽车的账面价值变为150万元（500万元-250万元-100万元）。

假如到了2016年，该汽车市场价值恢复到250万元，资产减值是否可以转回？假如这里是存货资产，是可以转回的，并增加2016年利润。为了防止企业调节利润，《企业会计准则第8号——资产减值损失》规定，长期资产减值一经确认，在以后会计期间不能转回。但是，在资产处置、出售、对外投资、资产互换、债务重组活动中，由于资产已经不在了，相应的减值准备可以转出（通过营业外收入，增加当期利润）。

4.4.5 公允价值变动净收益

公允价值变动净收益主要是记录金融资产投资的账面收益和损失，例如企业投资股票的浮盈浮亏就记录到这里，可以说记录的都是"纸上富

⊖ 案例参考：张琦. 多维度选择性会计处理策略[M]. 昆明：云南大学出版社，2014. 111-113，略有改动。

贵"。如果企业的利润是靠公允价值变动净收益得来的，那么在分析的时候要将其剔除，毕竟资产没有真正处置，很难说收益能够实现。

4.4.6 投资收益

投资收益是指企业对外投资所取得的回报，包括长期股权投资产生的股利、投资金融资产获得的利息等。分析集团性客户的本部报表，要重点关注该科目。

投资收益不能孤立分析，一是要与长期股权投资和金融资产相结合，判断资产的盈利能力；二是要将当期投资收益与投资活动产生的现金流入进行比较，确定投资收益的现金实现程度。有的公司大量利润来自对个别子公司的投资收益，而这些子公司在哪里？无法核实，又没有现金流入，可能就是虚假利润。

4.4.7 营业外收支

营业外收入和营业外支出，顾名思义，就是非日常活动产生的收入支出。营业外收支具有偶然性，今年有，明年不一定有，所以不构成企业的盈利能力，更不可能构成可靠的还款来源。在分析企业盈利能力的时候，要扣掉营业外收支。注意，并不是列入营业外收入的才是营业外收入，并不是列入营业外支出的就是营业外支出，我们分析的时候要准确归类，分析的前提是记账准确，不能默认企业财务报表是准确编制。营业外收入和营业外支出没有匹配关系，是相互独立的项目。营业外项目主要包括：

（1）政府补贴，如税收减免返还，很多地方国企连年亏损，就是靠政府补贴才得"扭亏为盈"，还有很多公司存在的目的就是为了获取政府政策好处，经营活动不过是"幌子"。

（2）非流动资产处置损益，流动资产的处置如存货出售、应收账款收回、金融资产出售都计入了营业利润，而非流动资产的处置不是正常经营活动,其账面价值与市场价值的差额就列入了营业外收支。

接着上面的例子,假如 A 企业 2016 年出售了该汽车,售价 250 万元,出售该汽车获得收入 = 售价 250 万元 -(汽车原值 500 万元 - 累计折旧 250 万元 - 减值准备 100 万元)=100 万元,计入营业外收入。假如售价 100 万元,出售该汽车损失 50 万元,计入营业外支出。一般来说,发生营业外支出会被解读为企业管理不善。当然,前期计提的减值准备多,后期产生的营业外支出就少。

(3)非货币性资产互换,主要是指交易双方以存货、固定资产、无形资产、长期股权投资等非货币性资产进行交换。如果交换涉及商业实质,就会产生营业外收支。

如 A 企业的汽车交换 B 企业的房产,交换涉及两个过程,A 以市场价值卖掉汽车,再以市场价值买入房产。卖掉汽车的过程和非流动资产处置一样,会产生营业外收入或营业外支出,而以市场价值买入房产不影响损益。企业之间资产互换,"倒来倒去",没有现金流也可以创造和调剂利润。

(4)债务重组。债务重组是指债务人发生财务困难,债权人按照其与债务人达成的协议或者法院的裁定做出让步的事项。债权人让步,债务人将获得收益,这部分收益计入营业外收入,债权人的损失计入营业外支出。

如 A 企业拿汽车抵偿对 B 企业的 300 万元应付账款,我们可以将抵债分解为两个过程,A 以市场价值 250 万元处置汽车,获得资产处置收益 = 售价 250 万元 -(汽车原值 500 万元 - 累计折旧 250 万元 - 减值准备 100 万元)=100 万元,再以 250 万元抵偿 B 企业的 300 万元账款,获得了债务重组利得 = 债务账面价值 300 万元 - 汽车价款 250 万元 =50 万元,总共获得了营业外收入 150 万元。对于 B 企业来说,300 万元应收账款,只获得了价值 250 万元的汽车，形成 50 万元债务重组损失，营业外支出 50 万元；假如 B 企业已经计提坏账准备 10 万元，则营业外支出就只有 40 万元。

4.4.8 分析利润表

企业有利润，那么接下来就要看，利润体现在哪里？利润的质量如何？

按照资产负债表观的理念，利润表是资产负债表的附属，企业的利润等于企业净资产的增加，即：企业利润＝（期末资产－期末负债）－（期初资产－期初负债）－投资者投入＋向投资者分配≈（期末资产－期初资产）＋（期初负债－期末负债）＝资产增加额＋负债减少额。因此，我们在分析利润表的时候，要同步对照期初期末的资产负债表，看看各科目的变化。

有利润，要么是资产增加了，要么是负债减少了。以资产增加为例，这些增加的资产就是利润，资产的质量，也就是利润的质量。如果流动性较强的资产增加了，例如现金增加了，说明企业的利润质量较高；如果增加的是其他应收款等流动性差、变现能力差的项目，说明利润质量不太高。这些增加的资产是否存在？账实相符吗？如果增加的是看不见也核实不了的在建工程、长期投资等项目，很可能利润是虚构的。

除了净利润指标，信贷分析还常常用到息税前利润，即 EBIT。EBIT 与利息支出的比率就是已获利息倍数，该指标是中长期偿债能力指标，长期来看，该指标至少应该大于 1，这样的企业贷款才有合理性。EBIT 加上非付现支出（折旧、摊销）就是 EBITDA，负债（银行借款、应付票据、应付租金）÷EBITDA 也是衡量企业还款能力的指标，通常该指标应当小于 6。毛利＝营业收入－营业成本，而营业成本中又包含了非付现的支出，如折旧费用、摊销费用，所以毛利为零并不意味着没有正的现金流，毛利为零在短期内（固定资产不需要更新）还是有偿债能力的，当然固定资产总会损耗殆尽，这种模式不可长期持续。毛利小于零，还是有可能收回部分折旧；

不开工，那就一点成本都收回不了。用 EBITDA 分析，就是企业不计提折旧和摊销，支付掉必要的开支，剩余全部用于偿债，这是企业最大限度的偿债能力。特别是对项目贷款来，固定资产投资用的就是贷款，所以折旧费、摊销费本身就是还款来源，EBITDA 分析就很重要。

信贷人员分析财务报表，要有管理层视角，要有管理会计的思路。例如，信贷人员不仅要知道成本和三项费用，还要了解哪些是变动成本、哪些是固定成本，销售额增加 10% 或减少 10% 对净利润有多大的影响。本量利分析、盈亏平衡点分析，这些套路很简单，关键是考验信贷人员信息获取的能力。获取哪些信息呢？信贷人员要了解管理层的业绩考核体系，指标分解情况，年度利润指标完成情况，内部财务诊断分析报告等。企业的经营主要是围绕利润指标展开，见微知著，从一个业务员的考核就可以在一定程度上了解企业的整体情况。盈利的企业、亏损的企业都会释放出各种信号。企业财报上利润增长很快，而业务员普遍降薪了，几乎拿不到提成，怨声载道，这就是异常现象。

4.5 现金流量表

不准确地讲，现金流量表是资产负债表上货币资金从期初到期末的运动轨迹，记录了企业一路走来，钱是怎么散出去、怎么流进来的。"千金散去还复来"，该花的钱当然要花，关键是有没有从客户那里流入。

4.5.1 经营活动现金流

经营活动现金流，顾名思义，就是企业日常经营过程中产生的现金流入流出。流入主要包括：销售商品、提供劳务收到的现金；收到的税收返还；收到的其他与经营活动有关的现金。流出主要包括：购买商品、接受劳务支付的现金；付给职工以及为职工支付的现金；支付的各项税费。

"销售商品、提供劳务收到的现金"一项，可以将它同利润表中营业收入总额相对比，以大致判断企业现款销售率，高收现率通常表明企业产品定位正确、适销对路。"购买商品、接受劳务支付的现金"一项，可用于成本分析，将企业主营业务成本与购买商品、接受劳务支付的现金相比较，可以认识到企业目前所面临的付款压力、结算地位、商业信用。"付给职工以及为职工支付的现金"结合期初期末"应付职工薪酬"科目可以推算企业薪酬发放情况（付给职工以及为职工支付的现金－期初应付职工薪酬＋期末应付职工薪酬＝当期发生的薪酬支出），间接判断企业经营效益。"收到的其他与经营活动有关的现金"项目反映除主营业务以外其他与经营活动有关的现金活动，一般说来，该项目金额较小，但是极易成为现金流量表舞弊隐身之地，常常与其他应收款科目配合虚增经营现金流。

相对于净利润而言，企业的经营活动现金净流量更能反映企业真实的经营成果。企业有盈利，然后就要看这些利润对应的是现金增加还是非现金资产增加，即现金流问题。

如果企业经营活动产生的现金净流量长期低于营业利润，表明企业利润质量较低，即利润集中于难以变现（可能子虚乌有）的资产上面。投资活动产生的现金净流量与投资收益、企业现金流量净额与净利润也有类似关系。

我们暂不考虑三项费用来分析一下现金流：100万元的信贷资金投入周转1次，毛利率1%，变成了101万元现金，其中毛利1万元，这样的盈利质量就非常好，下一次循环可以投入的本金就是101万元，周转10次，变成110万元……周转100次，变成270万元……，如果第101次交易中，270万元投入，收入273万元，但是收入中只收到73万元现金、200万元是应收账款，那么企业下一个循环可用资金就是73万元，再周转一次毛利就只有0.73万元，经营就会萎缩。经过这101次交易，企业形成了 17 492 万元收入，17 319 万元成本，173 万元的毛利。经营现金流净额 = 毛利（173 万元）- 应收账款增加额（200 万元）= -27 万元 = 期末现金（73 万元）- 期初现金（100 万元），也就是企业从期初的 100 万元现金，经过一系列的运营，最后现金流减少了 27 万元。账面有上亿元的收入，上百万元的利润，但是企业的现金只有 73 万元，根本无法偿还 100 万元贷款本息。企业的日常经营是由千百次的交易构成，100 次交易中有一次交易应收账款出现问题，那么企业资金链就可能断裂。

这个案例还能说明很多其他问题。在一个企业的发展过程中，企业主就是靠一次一次的交易，从小到大，滚雪球式的积累，在这个过程中，不断地犯下各种小错误、小亏损，从而积累了足够的商业智慧，才不至于在成功以后犯大错误。在家族企业中，摆在接班人面前的是，需要不断地做决策，这些合同金额很大，没有足够的经验，一个错误可能足以败光所有积累，甚至负债累累、身陷囹圄。笔者在信贷审批中见过了不少这种案例。另一个启示，有了毛利，到底选择大客户还是小客户？做大客户往往需要垫资，赚的都是应收账款，一旦有变，往往资金链就出问题。

一般信贷分析时，主要看经营活动净现金流是否为正数，其实这是不准确的，大于零只能保证企业进行简单再生产，这种状态不能为企业扩大投资提供货币支持。企业经营活动产生的现金流不仅要大于零，而且要补偿当期非现金损耗成本（如机器设备折旧）之后仍然大于零，这才是良性状态。分析净现金流的时候，还要结合资产负债表的各个科目。以经营性现金流量减少为例，若是因为产成品大量积压引起的，这预示着企业经营存在风险隐患；若是因为公司为完成大额订单而大量采购原材料或是季度性收购等原因导致的，说明公司未来将有大额现金流入，其趋势向好。以经营性现金流量增加为例，经分析是因为应收票据、应收账款的减少造成的，深入分析，可能是企业贴现、保理等金融业务带来的，实质上是企业筹措资金的一种形式，并不能改善企业经营活动的获利能力和收益质量。

4.5.2 投资活动现金流

投资活动现金流反映公司投资活动所发生的现金流。涉及科目主要有投资、固定资产、无形资产等几项，这些项目增加会导致投资活动净现金流量减少，反之收回投资、处置固定资产、无形资产及取得投资收益收到现金会导致投资活动净现金流量增加。

投资活动产生的现金流量小于零，企业投资活动所需资金就会出现缺口，其常见的解决方式就包括：一是挤占经营活动现金；二是额外贷款融资或者拖延债务支付。我们要考虑其投资活动是否合理，是否符合企业发展战略？投资活动现金流量大于零的企业，我们又要考虑，是企业收到投资收益？提前撤回投资？到期收回？还是不得不变卖资产以应付经营和偿债需要？不同情况有不同的风险。

4.5.3 筹资活动现金流

筹资活动现金流是指导致企业资本及债务发生变化的活动所产生的现金流量。涉及的科目主要有短期借款、长期借款、应付债券、应付股利、实收资本、资本公积等，这些项目的增加会导致筹资活动现金净流量增加，反之减少。

分析筹资活动产生的现金流量是否正常，关键是要看企业的筹资活动的动机，是企业管理层为了扩大投资和经营活动的主动行为，还是企业投资活动和经营活动失控而不得已而为之？筹资活动产生的现金流量小于零，有可能是企业本期集中还债、分红，也可能是企业经营和投资活动现金流量好转，有能力主动偿还债务，也有可能是企业没有什么好的项目，在投资和扩张方面没有更好作为的表现。所以指标分析，不是看大于零、小于零，而是要具体问题具体分析。

表 4-2 是三类现金流的组合分析。要注意的是，分析现金流要结合企业所处的发展阶段，同样的现金流组合在不同的阶段其含义截然不同。例如类型 7，公司创立初期或者项目建设期，需要源源不断地投入，借贷度日很正常，如果是企业处于稳定期，或者项目进入运营期，这就非常不正常了。

表 4-2　现金流组合一览表

类型	经营流量	投资流量	筹资流量	反映的经营状况
1	+	+	+	经营活动现金流自给自足，投资收益良好，没有融资的必要性
2	+	+	−	用经营和投资产生的现金偿还贷款，形成了良性循环
3	+	−	+	用经营和筹资产生现金流进行投资，关注投资效益
4	+	−	−	经营现金流既要投资又要还贷，关注经营状况的变化
5	−	+	+	靠投资流入（投资收益或变卖资产）、借款维持经营需要
6	−	+	−	经营亏损，被迫变卖资产，清偿债务，企业处于破产边缘
7	−	−	+	借贷度日，如果是发展初期，则很正常，中后期则非常危险
8	−	−	−	经营亏损，投资未完成，债权人断贷，资金链断裂

这些年大家都强调现金流分析，也导致了现金流造假严重。常见的造假包括：一是乱归类。具体是指将属于投资活动或筹资活动的现金流入量调整至经营活动现金流入量，或者将经营活动现金流出量调整到投资活动和筹资活动的现金流出量。二是关联公司配合造假。比如关联方年末突击还应收款，使得"收到的其他与经营活动有关的现金"项目金额在年底增加，"其他应收款"大幅减少，出了年报再转出资金。又如表中的类型 3，很可能是用投资活动（购买固定资产、无形资产、长期股权投资）把借款花出去，又通过经营活动（销售商品类的关联交易）流进来，增加营业收入、利润、经营活动现金流入，造成一种良性循环的假象，骗取更多的贷款。这些造假不光是记账造假，销售合同、金融票据、银行对账单、银行流水也全面造假，甚至通过收购一些现金流大进大出的企业来实现系统化的造假。

4.6 财务指标分析

财务指标非常多，将财务三表导入模板，可以生成几十个指标。主要财务指标见表 4-3。

表 4-3 主要财务指标及其计算公式

	项 目	计 算 公 式
短期偿债能力	营运资本	流动资产 − 流动负债
	流动比率	流动资产 ÷ 流动负债
	速动比率	速动资产 ÷ 流动负债
	现金比率	（货币资金 + 交易性金融资产）÷ 流动负债
	现金流量比率	经营活动现金流量净额 ÷ 流动负债
长期偿债能力	资产负债率	（总负债 ÷ 总资产）× 100%
	产权比率	总负债 ÷ 股东权益
	权益乘数	总资产 ÷ 股东权益
	长期资本负债率	[非流动负债 ÷（非流动负债 + 股东权益）]× 100%
	利息保障倍数	（净利润 + 利息费用 + 所得税费用）÷ 利息费用
	现金流量利息保障倍数	经营活动现金流量净额 ÷ 利息费用
	现金流量债务比	经营活动现金流量净额 ÷ 债务总额
营运能力	应收账款周转率（次数）	营业收入 ÷ 应收账款
	存货周转率（次数）	营业成本 ÷ 存货
	流动资产周转率（次数）	营业收入 ÷ 流动资产
	营运资本周转率（次数）	营业收入 ÷ 营运资本
	非流动资产周转率（次数）	营业收入 ÷ 非流动资产
	总资产周转率（次数）	营业收入 ÷ 总资产
	现金流量资产比	经营活动现金流量净额 ÷ 总资产
盈利能力	销售毛利率	（营业收入 − 营业成本）÷ 营业收入 × 100%
	营业净利率	（净利润 ÷ 营业收入）× 100%
	总资产净利率	（净利润 ÷ 总资产）× 100%
	权益净利率	（净利润 ÷ 股东权益）× 100%
发展能力	营业收入增长率	营业收入增加额 ÷ 年初营业收入 × 100%
	总资产增长率	（本期总资产增长额 ÷ 年初资产总额）× 100%
	固定资产成新率	（平均固定资产净值 ÷ 平均固定资产原值）× 100%

选择哪些指标进行重点分析呢？不同的信贷人员有不同的答案。通常来说，短期贷款肯定是关注流动性，随着期限的增加，要更加关注资产负

债率和盈利指标。此外，越高级的指标，准确性越差，如净资产利润率，等于销售净利润率×资产周转率×权益乘数，包含了太多的项目，容易造成计算误差。下面以毛利率和资产负债率为例进行指标分析。

4.6.1 毛利率

毛利是营业收入和营业成本之间的差额，毛利减去三项费用就是利润。三项费用中就包括借款利息支出。偿债能力，具体化就是还本付息，如果企业没有足够的毛利空间，那么正常付息就没有保障。反过来，我们判断企业能够承担多少债务，要看企业有多少毛利。短期内，企业可以不计提折旧、推销，找过桥资金，甚至变卖资产还债，但是长期偿债能力还是要看利润。

毛利是表示每一元营业收入扣除营业成本后，有多少钱可以用于支付各项期间费用，以及形成盈利。毛利代表了企业的商业模式，有了正的毛利空间，这个商业模式才可持续，"星星之火，可以燎原"，改进运营效率，降低运营成本，最后形成净利润。毛利空间足够大就可以吸引资本，增加负债，进而加杠杆扩大利润。如果毛利很低甚至为负数，那么这样的企业就没有存在的必要性，更不能介入授信。这样的企业再怎样加强管理、提升效率都没有意义。这样的企业可能人气很旺、顾客盈门，现金流规模也很大，但是不赚钱的生意肯定长不了。通常都说信贷上的财务分析，强调现金流，但前提是商业模式必须可持续，而不是资金空转。有的信贷客户，出现了贷款逾期，如何判断企业是暂时性的困难还是无药可救呢？主要就是毛利。如果企业还有毛利空间，银行通过贷款重组给予一定的宽限甚至额度支持，企业还有转机。如果企业已经没有毛利空间了，说明市场已经不需要这样的企业了，最好的办法就是尽快处置掉企业的资源，重新配置到其他更合适的市场主体。

在财务管理的定义中，毛利率是毛利与营业收入之比，毛利率是企业净利率的最初基础，毛利率不准确的话，其他指标就更没法分析了。贷款利率是利息与本金之比，毛利率和贷款利率不可比，因为分母不一样，贷款本金投入企业运营以后一年要周转很多次，形成远大于本金的营业收入。所以，低毛利率高周转率的企业也可以接受高贷款利率。例如某企业毛利率1%，贷款利率8%，假如贷款100万元，年利息支出为8万元。100万元的资金投入周转1次毛利1万元，周转10次毛利10万元，年周转次数越高，偿债能力越强。很多企业解释，毛利率太低是因为企业薄利多销、周转快，也就是这个道理。但是，如果周转率和毛利率都很低，则贷款的合理性就值得怀疑了。

如何正确分析毛利率？财务分析的常见思路是从行业到企业，一是对企业所属的细分行业进行准确归类，然后找准行业龙头企业。例如，通过上市企业的年报等渠道获取行业盈利模式和毛利率水平，通过近几年的行业平均毛利率变化来了解行业发展趋势。一般情况下，毛利率过高的现象不会持续（垄断行业例外），而平均毛利率逐年走低，可以说明行业竞争愈发激烈，或者产品生命周期已经接近衰退期。二是对行业内可比公司的毛利率进行多年度变化趋势分析，可以看到行业内竞争格局，各企业核心竞争力的高低。三是对企业自身毛利率的长时间变化趋势分析，可以判断企业发展趋势和存在的问题。分析毛利率还要结合企业在上下游的地位，通常来说，高毛利率往往意味着企业在产业链上拥有强势地位，企业通常会尽量占用上游客户的资金，也不会给下游客户很长的赊账期，其现金循环周期一般较小。当然也可能是企业宽松的信用政策导致了高毛利，结论可能截然不同，所以要分析因果关系。

毛利率太低会担心企业盈利能力，毛利率太高又会怀疑企业财务造假。毛利是收入和与收入相对应的成本之间的差额，收入本身就是容易造假的重灾区，成本核算更是个黑箱。总之，一个企业的毛利率远高于行业水平，必须有过人之处，否则，数据的真实性就值得怀疑。毛利率异常的企业，一般存在关联方企业配合造假，因此，信贷人员要对企业交易的公允性进行核查，判断交易的商业实质、结算条件、结算时间等，判断是否存在不合逻辑的交易行为。这里的方法还有很多，还要结合企业实体经营调查，很多造假光看报表是看不出来的，然而财务和经营都造假却很难办到。

4.6.2 资产负债率

资产负债率是负债与资产的比率，是判断长期偿债能力的重要指标。通常来说，资产负债率越低，企业偿债能力越强。

资产负债率越高，权益比重越低。企业资产里面有多少是负债资金，有多少是自有资金？这个问题很重要。假如年初企业资产100万元，负债99万元，当年企业经营不善，年末资产只剩80万元。通过增加投入，努力扭亏第二年可以让资产恢复到90万元，而如果放任企业自生自灭，经营就会继续恶化到资产只剩50万元。这时候股东会怎么办呢？其实资产变成90万元也好、50万元也罢对股东来说都是一样，因为偿还掉债务以后已经没有剩余留给股东。扭亏为盈花的是股东的钱，放任自流亏损的却是债权人的钱。股东很容易放弃企业，跑路了之。假如企业资产100万元，负债50万元，权益50万元，这时候企业做得不好，资产只剩80万元了，那么股东权益就会受损，变成30万元，如果经营继续恶化，资产只剩50万元了，股东权益变成零。所以在企业经营业绩不好的时候，股东有很强的动力去好好经营企业，因为亏损的是股东的钱。所以资产负债率很高的企业，股东权益占比很低，股东对企业的经营状况也不会很关心。实务中，很多投资人总是不断地从亏损企业或者盈利前景不佳的企业中抽逃权益资本，最后企业中基本上没有了股东权益，企业靠负债度日，破产了银行损失很大，破产与否投资人反而觉得无所谓。有恒产者有恒心，投入越多，越上心，也就越可能做好。比如项目贷款中的项目资本金比例、基金中的优先劣后资金比例、按揭贷款中的首付比例，这些都体现了相同的风险控制思路。

通常认为，100万元，有80万元负债，资产负债率80%，偿还负债还有20万元剩余。其实没这么简单，还要深入思考几个问题：第一，企业的负债仅仅就是账面罗列的80万元吗？会不会突然冒出很多债权人呢，比如隐性债务问题。第二，偿还掉80万元负债，企业早已无法正常经营，即包含了清算的思想。事实上，公司在清算的时候，清算费用、抵押债权人、税金等必须优先清偿。第三，贷款逾期了，资产还在不在？清算价值和持续经营假设下的价值一样吗？变现能力如何？按照会计准则，大部分资产按历史成本法入账，并不是市场价值，更不代表处置时的清算价值。有的资产根本就不能用于偿还债务，如待摊费用、递延所得税资产、高龄应收账款、滞销存货、无法收回的投资、固定资产损失等。资产方，从上到下，变现能力由强到弱。现金不会贬值，但是现金通常不易控制，转移财产很容易。应收账款与存货，通常来说，存货要先变成应收账款再变成现金，也就是为什么计算速动比率要扣减存货。从实际操作来看，企业贷款逾期的时候，应收账款往往收不回来，而存货还能够处置。固定资产，通常是房产、机器设备等，无形资产，如土地所有权，这些资产处置周期较长。

财务分析要结合经营分析，结论才不至于偏颇，很多发展迅猛、前景开阔的企业在其能力范围之内通过举债，投入报酬率高的项目，资产负债率虽然较高，但从长远来看非常有利；而一些规模小、盈利能力差的企业，其资产负债率可能很低，但并不能说其偿债能力强。企业的资产负债率高，是企业主动负债管理的结果，还是经营形势所迫？很多强势的企业，预收下游货款、应付上游货款都很高，造成了资产负债率很高，但是并非企业偿债能力不强。主动占用和被动拖欠，结论可能完全不一样，有的企业资产负债率高恰恰说明企业的商业信用良好，资产负债率低说明企业融资困难。最后，企业只有一个资产负债率，但是对于不同的债权人（有无优先权，有无控制资产）来说，保障程度是完全不一样的。

负债经营具有杠杆效应,在毛利率、周转率既定的情况下,适当提高资产负债率可以提高企业的资本收益率,从而提高投资人的回报。正因如此,很多老板有了一个商业点子(正的毛利),立刻迫不及待地放大杠杆,做大做强。例如汽车经销行业,投资人做一个4S店尝到了甜头,于是用自有资金再建店,通过贷款补充流动资金,再想方设法抽出自有资金继续建店,一元本钱要做两元的买卖,数年以后已蔚为壮观。问题就在于,市场有天花板,随着资本的进入,竞争加剧,毛利率在不断下降,而负债方的利率保持固定,企业的偿债风险就会越来越严重。如果进入新的行业,原有的商业经验、商业模式又行不通,风险更大。企业家总是有一种冲动,要挑战自己能力的边界,一个领域的成功,往往觉得能够复制到另一个领域,屡屡多元化投资,最后惨败。经济下行期,市场萧条期,企业成熟后期,企业正确的做法是去杠杆,降低资产负债率,否则不但无法取得投资收益,还容易出现资不抵债、破产清算。不会加杠杆的商人不是精明的商人,然而会主动去杠杆的商人则少之又少。

4.6.3 异常分析

除了毛利率、资产负债率,其他指标都可以这样分析。财务分析的重点就是挖掘并剔除异常资产、异常利润、异常交易,作者认为难点就是异常交易,特别是关联交易的识别。关联交易往往虚增企业经营业绩(贷款前),转移企业经营业绩(贷款后),导致财务报表信息失真。从报表角度来说,我们可以查阅财务报表附注,分析关联方构成,将企业各种交易明细表(营业收入明细、应收账款明细、投资明细)导出来,筛选哪些是关联交易,分析这些交易剔除以后,企业还有没有利润?如果报表附注披露不充分,我们还要识别关联方。面对单一的密密麻麻的单个指标,信贷人员经常感到麻木、枯燥,感到一切似乎很正常。一些指标异常,就像在华丽的外衣上发现了一个洞,这就是兴奋点,也常常成为财务深度分析的"切入点",从这个口子查下去,发现一些深层次的问题,一下子豁然开朗了,所有指标贯穿起来了。例如前面提到了,毛利率大大超过行业正常水平,这就是个异常点,值得深入推敲。所以,异常指标往往是分析的重点。

4.7 个人财务分析

如何评估个人客户(这里的个人,就是指的家庭,下同)的财务状况?我们日常说一个人有钱,特征如"有几套房""有很多存款""年薪几十万",这些表述都不系统,挂一漏万。我们开始提到过,财务报表是一种分析方法,无论是企业客户还是个人客户,都可以适用。个人没有财务报表,那么信贷人员就要根据客户实际情况,去构建财务报表。编制个人财务报表和企业不同,编制基础是收付实现制,而不是权责发生制,所以利润表和现金流量表就没有区别了,现金流量表也就成了收入支出表。

 小资料

个人资产负债表反映了个人在特定时点所拥有的资产、所欠的债务以及个人的净资产。先看资产,个人有哪些资产?一是流动资产,如现金、活期存款、余额宝、货币基金,这些资产随时可以不受损失地变现,持有目的是保持必要的流动性,以应付日常开支、月供等;二是固定资产,如房产、汽车、商铺等,这些资产不太容易变现;三是投资资产,持有目的是获取投资收益,如股票、企业股权、债券、定期存款、基金、保险、养老金计划、信托投资、艺术品、邮票等。对于普通家庭,较大的资产项目就是房产、汽车、存款;对于企业主来说,最大的资产通常是企业股权。再看负债方,短期负债包括应付租金、信用卡透支、应付账单、月供等;长期负债包括汽车贷款、住房贷款、消费贷款、个人经营性贷款、民间借款等。列举完资产和负债以后，借用会计恒等式，个人净资产＝资产－负债，这就是该时点个人的财富。这是静态的财富，动态来看，要看资产是升值还是贬值。

个人收入支出表主要反映个人的收入和支出项目。收入项目，通常包括工资、奖金、津贴、存款利息、投资分红；支出项目，通常包括生活费、还贷款等。收入－支出＝净现金流，净现金流又增加了资产负债表上的现金资产和净资产项目。信贷人员评估个人偿债能力时，主要工作就是估算净现金流，这里的评估就不仅包括金额，还包括对每个项目的稳定性、规律性、时点进行准确把握，进而设计授信额度、期限、偿还方式等。信贷人员还要分析收入支出结构，如果个人支出以人力资本投资如教育培训为主，则未来收入的增长潜力较大，如果收入主要来自炒股收益，则稳定性较差。

构建了个人财务报表以后，信贷人员就可以做一些初步的指标分析。

（1）流动比率＝流动资产÷每月支出，反映了短期偿债能力。一般来说，客户的流动资产应满足三个月正常开支，即流动比率大于3。

（2）资产负债率＝负债÷资产，反映客户综合偿债能力。一般来说，资产负债率小于50%比较合适。

（3）负债收入比＝本期到期负债÷本期收入，反映短期偿债能力。计算该指标的时候要合理选择期间，考虑因素包括负债偿还方式、收入范围、收入频率。拿固定月薪的应选择按月测算，年底收入较多的应选择按年度测算。例如某客户月供2 000元，月收入4 000元，则负债收入比为0.5，通常来说，负债收入比应当小于1/3。

第 5 章

经营管理分析

经营管理分析，就是通过分析申请人所处的行业、发展阶段、业务循环、商业模式等信息，找出申请人存在的问题，进而评价其持续经营能力以及经营管理水平。

5.1 分析切入点

不同行业的企业都有相同格式的财务报表，财务分析也有套路。然而，不同行业的企业，经营活动差异较大，如何入手呢？

5.1.1 结合财务报表

经营管理分析与财务分析无法截然划分，财务报表是经营成果的体现，分析财务报表本身就是在分析企业经营管理。阅读财务报表，可以对企业的规模、资产形成总体印象，然后在实地调查的时候进一步印证。通过经营管理分析也能验证财务报表的真实性，或者还原出一张更真实的财务报表。

经营管理调查最后的落脚点是对授信申请事项的合理性进行判断。借款用途是什么？为何要做这个项目？是不是资金到位就能确保做成？其他的条件是否已经具备？若是为了扩大经营规模，那么就要分析申请人所处的细分市场是否有天花板；若是季节性因素、商业信用改变，就要对供需形势、谈判地位进行分析。为什么缺钱？财务上的问题背后都是经营管理的问题，资金短缺是结果而不是原因。产、供、销哪个环节出现问题都会导致资金紧张，有的问题可以通过贷款解决，有的问题则不能，这就要从产、供、销环节去了解问题细节，最后落实到管理水平和人的因素上。

我们在财务章节分析了部分指标，但是有的指标只有结合经营管理分析才能深入理解，如周转指标。周转指标一方面影响利润，因为毛利率通常由市场决定，上游决定原材料价格，下游决定产品价格，企业能够改变的主要是周转率，加快周转能提高单位投入的利润，而利润（EBITDA）是偿债能力的重要体现，是贷款利率、信贷额度的重要参考；同时，周转天数（=365÷周转率）也是决定信贷期限的重要因素。对于流动资金类的贷款来说，期限要和现金周期、营业周期匹配，固定资产贷款要和折旧期限匹配，所以搞清楚了周转指标对信贷与风控极为重要。通过财务报表固然能计算出周转指标，然而往往与实际相差较远，例如"存货周转天数过高"说明存货占用资金高，要进一步分析，就要分解为原材料周转天数、半成品周转天数、产成品周转天数（但不能直接加总），原材料属于采购管理、半成品属于生产管理，产成品属于销售管理，这涉及物流天数、生产周期、销售进度等，只有搞清楚了产、供、销流程，搞清楚哪个环节出了问题，才能真正搞明白"存货周转天数过高"的含义。又比如销售增长率指标，它是决定信贷需求的重要因素，我们可以用历年平均增长率来近似未来的增长率，但是企业所处的环境变化极快，我们只有把企业所处的行业、面临的市场环境认识清楚，才能对增长率有更准确的预测，进而确定合理的信贷额度。

信贷调查不仅要看到现在的情况，还要能够看到未来。财务分析主要是分析现状，经营分析能够看到驱动财务指标的实体力量，而这些力量的变化就会决定财务变化。有什么样的经营团队，就有什么样的经营结果和财务报表。财务变化很快,扭亏为盈是一两笔账务调整的事情,而经营变化要慢得多,从经营困境走出来要很长时间。

5.1.2 管理者视角

经营管理情况调查的边界在哪里,即要调查多少内容?可以换成另外一个问题,假如你是管理者,企业在你的手里能平稳运行多久?这就不是一张问题清单和贷前调查模版能够解决的问题。尽职调查要能够站在企业管理者的角度,假如企业经营不下去了,你接手企业,作为总经理,你要了解哪些东西?你有没有读懂这个企业,读懂其商业模式?行业有什么机会?有什么威胁?竞争对手在哪里?企业面临哪些问题?如何改善经营状况?如何来管理人员?这些问题无法回避,这就是要设身处地地想问题,而不能隔岸观火。

 小资料

企业如同一台机器⊖,"产、供、销、人、财、物"就是组成这台机器的零件。总经理作为这台机器的驾驭者,需要及时了解内外部的环境和自己的竞争优势,以确定将这台机器开向哪里,还要按时对它们把脉来诊断出各零件存在的隐患,从而及时做出检修或救治的决策,以使这台机器始终处于正常运转的状态,以保证有效输出符合董事会要求的年度经营指标。

只有设身处地地去调查,才能达到一定深度,而不是走马观花地看一看。光听对方介绍,全是成绩亮点,好像赚钱很容易,进去工作才发现处处是难题。信贷人员没有经营企业的经历,这是劣势,但优势是见得多,看了很多同行业的企业,甚至不同行业、不同地区的企业,成功的、失

⊖ 引自:张青,"成功总经理的报表管理",http://blog.chinaceot.com/blog-htm-do-showone-uid-1063967-type-blog-itemid-578549.html。

败的，形成了一套独特的判断思路，也容易发现一些企业经营管理上的盲点。你发现的管理漏洞、企业问题，对方有没有改进方法？企业的管理水平如何？是不是常常头痛医头、脚痛医脚，如用加班来解决产品不能按时交货、用加薪来解决高离职率等。当然，要注意的是，信贷调查不是管理咨询，可以形成判断但是不要当面评论。

5.1.3 建立分析框架

熟悉一些分析框架，通过填空式的作业，有利于全面梳理信息，不会遗漏重要的风险点，从而得出比较成熟、不偏颇的结论。

常见的分析框架有：①行业层面分析，即找到企业所在的细分行业，了解细分行业的商业模式、盈利模式，对行业有一些粗线条的认识。分析行业的外部因素，有PEST模型，分析所在行业上下游产业链、谈判地位和核心价值，有价值链分析、波特五力分析。行业分析可以不断延伸，无边无际，落脚点往往是与行业龙头企业进行对比，寻找差距，分析企业目前的竞争地位。②企业层面分析。信贷人员通过分析企业业务流程，从采购、生产、销售各个环节，了解企业内部运行效率；也可以从企业的组织架构、内部控制、考核机制来分析企业管理水平；还可以运用SWOT方法分析企业的竞争战略。

经验丰富的信贷人员在思考问题时，框架感很强，但是他们的报告里不会写出来，他们更关注一些核心情报。初入行的信贷人员，往往罗列一些框架，没有实质性的内容。光框架没价值，但是如果尽职调查仅仅像情报员一样去追逐一些"小道消息"，长期下来就会变得很低端，没有任何理论积累，即使做了很多年，对企业分析也没有多少深度。

5.2 行业层面的分析

企业千差万别，难以把握，但是企业所在的行业总是有一定的规律。

拿到一个目标企业，信贷人员首先要知道企业属于什么行业，放在行业大背景下进行分析。GDP 增长 7%，有的行业增速远远高于 7%，有的行业不但没有增长反而在下降。一个企业处在上升趋势明显的行业，未来发展就有良好的预期，"站在风口，猪都能飞起来"。而处于下滑行业的企业，股东实力再强，管理水平再高，日子也不太好过。增速放缓的行业，这些行业产出占国民经济比例越来越低，未来还款来源越来越少，如果贷款投进去，甚至贷款占比越来越高，逆势而为，就会形成风险。一般来说，选对了行业，风险就减小了一大半。

银行的行业信贷政策一般分为积极介入、适度介入、审慎介入、控制压缩四大类。积极介入就是此类行业贷款增速可以高于全行贷款平均增速；适度介入就是此类行业贷款增速不高于全行贷款平均增速；审慎介入就是此类行业贷款增速要低于全行贷款平均增速一定的百分点；而控制压缩类的行业贷款余额需要压降，但是个别行业重点客户还是可以做，往往配合名单制管理，就是只给名单内的企业放款。有了行业政策，下一步的问题就是如何精确定位目标企业所属的行业，特别是细分行业。

5.2.1　行业归类

我们日常生活中对行业这个词使用得非常随意，如环保行业、装备制造业等。行业和产业基本类似，只有细微的差别，产业比行业略大，说到行业，强调的同一性，即行业内的企业都是提供同类产品和服务，产业则是核心行业加其相关行业的概念。在狭义的范围内行业和产业可以混用。

按照国家统计局《国民经济行业分类》(GB/T 4754—2017)，可以将国民经济行业分为门类、大类、中类、小类[⊖]。目前，绝大多数银行的对公授信业务也是按照该行业划分标准制定相关授信政策。中国证监会制定的有

⊖ 《国民经济行业分类》国家标准于 2017 年第四次修订，详见 http://www.sac.gov.cn/gzfw/ggcx/gjbzgg/201717。

《上市公司行业分类指引》，适用于中国境内证券交易所挂牌交易的上市公司，证监会的分类方法和统计局大同小异，信贷人员在找行业内上市公司进行比较的时候会经常用到。全球行业分类系统（GICS）是由标准普尔（S&P）与摩根士丹利公司（MSCI）制定，也是金融行业的主流分类方法。WIND 借鉴 GICS 标准，进行微小调整，建立 WICS 分类标准，信贷人员在使用 WIND 资讯获取行业最新报告、数据的时候要注意其分类方法。

随着社会创新能力的不断提高，新的领域和细分行业不断出现，很多新行业出现授信政策缺失。很多企业的业务横跨多个行业，很难将这类企业按照单一行业授信政策处理，这时就需要修正：一种是组合，将传统行业组合为大产业，特别是对产业链相关性较大的行业集群进行组合；另一种是拆分，不断将传统行业细分。

当一个企业或者企业集团的业务可以归入多个行业，那么就出现了跨行业经营的问题。如何判断一个企业或者企业集团的行业分散程度？例如：甲企业是跨门类经营，如横跨《国民经济行业分类》（GB/T 4754—2011）中的 B 采矿业、C 制造业；乙企业是横跨大类，如横跨 A 农、林、牧、渔业中的 01 农业和 02 林业大类；丙企业是横跨中类，如横跨 02 林业大类中的 021 林木育种和育苗、022 造林和更新两个中类；丁企业是横跨小类，如横跨 021 林木育种和育苗中类中的 0211 林木育种、0212 林木育苗两个小类。基本结论是，甲企业行业分散程度最高，丁企业行业分散程度最低。也就是说，涉及行业之间的相关程度越高，行业分散风险越小；反之，涉及行业数量越多，特别是跨越的分类层级越大，这样的行业相关性越低，行业分散程度越大。

通常来说，信贷人员喜欢主营业务突出的企业，认为行业分散往往带来风险。实践来看，的确有大量的企业以某一个细分行业起家，积累了一些资本，取得了比较优秀的业绩，在主业的光环下取得了大量的信贷支持，因为各种原因或者机会开始涉足新行业，摊子铺开后管理能力跟不上，投资效益较差，时间拖长以后资金链开始紧张，主业开始受到影响，整体盈利能力下滑，最后全面亏损，银行或其他债务人催收债务，资金链断裂，危机爆发。

一个企业集团，如果其规模很大，而其仍然仅仅专注一个行业小类，这样的企业集团会不会存在行业过于集中的风险？当然，如果所在的细分行业出现问题，企业的经营管理再精细化也无法规避来自行业的风险。由于行业之间的相关性，似乎横跨的行业相关性越低，企业集团整体的行业风险也就越低。这种情况通常是理论思考，实务中跨行业经营是非常困难的，通常来说，一个行业已经有足够的市场空间让企业去经营。至于行业本身的问题，就需要信贷人员和风险管理人员对行业进行深入分析和预判，制定合理的行业授信指引。

5.2.2　行业分析方法

行业分析大多是采用产业经济学的一些理论方法和咨询公司的工具。经典的方法是结构—行为—绩效模型，随后又有芝加哥价格理论方法，新奥地利学派的行为主义分析方法，库兹涅茨的跨国比较分析方法，新制度学派的产权结构和组织结构方法，波特战略分析方法，里昂惕夫的投入产出法，还有最时髦的博弈论等。

实际信贷业务中，信贷人员主要从下面几个角度入手。

（1）自上而下。基本思路就是由宏观环境入手，从大到小，步步逼近，最终落脚到行业风险。宏观环境变化了，影响的不是一两个行业，而是一大片，行业之间的传导机制，先后顺序需要细细考量。做自上而下研究的很多，如统计部门、经济学家、券商行业分析员、商业咨询公司等。初入门时，信贷人员可以参加各种经济形势研讨会，阅读行业分析报告、行业授信政策，可以在极短的时间内对行业有一个总体的认识，还可以利用行业集会（博览会、招商会、订货会、参展会）接触企业、了解产品，认识同行。

（2）自下而上。从身边入手，观察身边的突发事件。信贷人员可以从现有存量客户入手，与熟悉的客户交流，这些客户遇到哪些新问题，这些个性化的事件可能扩展到整个行业，成为行业共性问题，所谓见微知著。自下而上的好处是看得见摸得着，真真切切，而且最终落脚点是行业对目标客户的影响。例如，每天上下班看到地铁抢座，是不是会涨价？堵车严重，会不会出台限号，影响4S店未来发展空间？某地煤矿发生了重大瓦斯爆炸，会不会导致政府出台清理整顿政策？进而导致当地煤炭供应减少，价格上涨，给当地电力、冶金等下游行业带来短期负面影响，影响这些企业的当期利润？又比如，看到网约车的流行，那么出租车牌照价值是否会下降？出租车经营权质押有没有风险？从身边入手容易陷入抽样偏差，一个银行人看到的并不代表一般人的看法，而影响经济的力量都是普通民众的加总行为。

（3）抓住龙头。行业龙头的行为很大程度上就代表了行业。当对一个行业一无所知时，信贷人员应首先找出该行业中的代表性公司，研究出行业的龙头，就能把握住行业中非常重要的基本面要素，包括行业的驱动要素、上下游、用户结构、整个产业链结构等。例如要研究汽车经销商行业，首先就可以通过阅读庞大、中升、广汇的招股说明书，进而阅读年报、券商分析报告等入手。熟读300份招股说明书，各行各业的分析基本上就会了。

5.2.2.1 宏观环境

对宏观环境因素进行分析，主要是从政治（political）与法律（law）、经济（economic）、社会文化（social）和技术（technological）四个方面进行分析，也就是PEST框架，其中最重要的是宏观经济政策和产业政策。一般认为宏观政策影响所有行业，但是影响程度总是不一样的。扩张的财政政策往往加大了基础设施建设资金投入力度，带来钢铁、水泥、建材、机械等行业的利好。货币政策扩张往往带来资金密集型行业利好，如银行业、房地产、汽车行业。

产业政策比较庞杂，针对各个行业的政策也比较零散，日常工作中信贷人员可以通过咨询业内人士，查阅相关政府部门文件进行了解。比较全面的产业政策是《产业结构调整指导目录》，将行业划分为鼓励类、限制类、淘汰类，各银行的行业授信政策指引最主要的依据就是这个目录。2005年12月2日发改委首次发布指导目录，2016年3月25日，目录再次修改。还有一些地方版的产业目录，例如《北京市新增产业的禁止和限制目录（2015版）》。对于比较成熟的行业，可以关注行业协会发布的一些信息。例如汽车经销商行业就有中国汽车流通协会，该协会定期梳理了国家发改委、商务部、交通运输部、公安部、人力资源和社会保障部、工商总局、税务总局、海关总署、国家统计局等政府部门的政策。信贷人员需要关注的是产业政策预期，政策会不会调整、会如何调整等。我以自己当年亲历的北京限牌政策为例来看产业政策出台及其影响。⊖

2008年以来，北京一直针对解决交通拥堵为课题进行对策研究，随之而来的次贷危机将这项计划搁置，后来汽车行业火爆、经济增长向好，有了出台的客观条件。恰恰2010年9月，北京发生比较严重的交通堵塞，有关部门开始实质性制定政策。从10月底开始，"北京每年放牌20万辆"的传言开始流传，11月初，北京市交通委已经有相关负责人出面辟谣。出台限制新车上牌政策前一周，北京的汽车经销商就获得了消息，但因为没有正式文件，大家还将信将疑，一直到12月21日消息才算明确，消费者开始疯狂突击购车上牌。12月23日晚，北京出台"限牌令"，12月24日起

⊖ 详细背景可见："北京限牌是不得已的政策"，http://roll.sohu.com/20120711/n347840444.shtml；"北京限牌之后：汽车经销商为何成为'打不死的小强'"，http://business.sohu.com/20120706/n347487782.shtml "受累限牌政策 北京自主品牌汽车经销商遭受重创"，http://www.chinanews.com/auto/2012/01-09/3588949.shtm。

购买的车辆必须参加 2011 年的摇号、取得指标后方能注册登记。2010 年北京市新车销售 89.1 万辆,而限牌之后,北京市每年限定的上牌数量为 24 万辆。当时行业分析普遍认为,北京的汽车经销商至少要死掉一半,特别是 10 万元以下的低端品牌,因为车牌这么难弄,谁会买低端车呢?自主品牌经销商必然遭受重创。政策出台以后,汽车销售快速增长在 2011 年停止了,长城、长安、比亚迪等多家新入网的自主品牌经销商陆续关门。对于这些刚加入不久的经销商来说,没有太多存量客户,修车利润较少,车卖不动只好关门。老店有固定的售后客源,情况要好一些,尚能通过修车盈利维持一段时间。经销商也开始开拓二手车置换业务,通过一些专业网络公司将本地二手车销售到外地,腾出宝贵的车牌指标,实现新车销售。

从上面的案例可以看出来,通过简单的数据分析即可得出汽车销量与北京交通堵塞的相关性,治理是必然的。然而什么时候会出台政策是难以预料的,很多投资人在 2010 年加入自主品牌销售网络,恰恰是对行业分析误判了。北京限牌政策仅仅是政府部门每天出台的各种政策中的一个,一个客户经理面对的客户来自各行各业,很多不相干的政策可能都忽略了,而对身在其中的企业来说,这些不起眼的政策影响力却是致命的。这就要求银行对行业进行细分,每个行业有专门的团队去研究分析跟踪,同时客户经理日常工作中要对产业政策保持敏感。

5.2.2.2 行业周期性

行业的周期性分为行业与宏观经济周期的关联关系、行业自身的生命周期、行业自身的景气周期三重含义。

经济周期是整个宏观经济的起伏波动。一般来说,经济上行有利于各行业发展,但经济周期对各行业的影响程度不一样,有些行业有明显的周期性,即强周期行业如采掘、冶金、汽车、装备制造、建筑、房地产、航运、金融等;有些行业经济周期特征不明显,即弱周期行业如农业、食品、纺织、服装、教育、医药医疗、环保等。周期性又分周期正相关行业和周期负相关行业，正相关行业如高档消费、钢铁、水泥、房地产、银行业，经济繁荣时，这些行业发展速度快，经济衰退，这些行业也就陷入困境。负相关行业如廉价消费品、网游、成人教育培训、典当、拍卖等，经济下行，人们收入下降，衣食住行又不得不消费，只能转向低端消费如廉价服装，购物方式也从逛商场转为网购；失业增加了，一些无事可做的加入直销队伍，一些人玩网络游戏打发时间，一些人参加成人教育培训充电找工作；经济下行，债务纠纷较多，很多人被迫典当私人物品来获得现金周转，资产处置、律师诉讼也比较多了。

行业生命周期又称为行业成熟度，包括初创期、成长期、成熟期、衰退期。初创期的特点是技术革新快、市场需求变动剧烈、销量增长迅速、新公司不断涌入、行业利润和风险都比较高，初创期行业融资需求很大，但是还款来源不稳定，信贷风险较高，如果银行判断正确则能占据较大市场份额。成长期的特点是技术趋于成熟、有成型的先进产品，市场风险基本可控，各银行也开始大量介入，市场竞争趋于激烈。成熟期行业技术和产品基本标准化、同质化，市场竞争激烈，企业开始比拼价格和服务，部分技术开始老化，而此时往往其存量授信比较高，信贷饱和度很高。衰退期行业面临市场萎缩，企业开始兼并重组，大量企业退出市场，信贷风险很大，银行纷纷退出。银行要根据行业发展阶段，制订市场计划，重点介入那些处于成长后期和成熟前期的行业，关注行业转折点和行业预警指标的变化。

行业景气周期是行业内的短期波动，一般规律包括：销量上升，毛利率大涨，导致企业大量进入，固定资产投资增加，产能扩张，固定资产周转率开始下降，产量增速超过销售增长，存货压力大，存货周转率持续性下降，行业内开始大量赊销，应收账款周转率持续下降，资金链紧张，最后只能降价，毛利率明显下降，全行业出现亏损。行业的景气状况也可以称为行业景气度，它直接反映行业内企业的总体经营状况，常见的指标包括行业开工率、产销率、亏损面、投资增速等，这些都是行业风险预警的重要依据。

要重点区分的是生命周期和景气周期。景气周期主要是指行业周期性出现的复苏、景气、过热、衰退，这是行业自身供给需求发生转变带来的周期性，是由行业自身的要素所决定的。例如造船行业，过去100年也就出现大概3～4次周期。生命周期往往就是一轮，衰退以后，行业就消失了，如胶卷制造、DVD行业。谈到生命周期一定是行业小类，即细分行业。很少遇到大的行业进入生命衰退期。例如随着经济下行，钢铁行业出现衰退，这时候说的是景气周期，衰退只是暂时的，但是只要没有新的替代材料出现，钢铁行业尚不会消失。又比如水泥，硅酸盐水泥有近两百年的生产和使用历史，长期以来都没有替代品，其景气周期不断变化，但生命周期尚未衰退。

5.2.2.3 行业上下游

行业总是处于国民经济产业链中的一个节点。例如，钢铁的上游是铁矿、煤矿、焦炭等，下游是房地产、机械、汽车等；建筑行业上游是钢铁、建材，下游是房地产、基础建设；水泥行业上游是矿山资源、能源，下游是房地产、基建；化学纤维行业上游是化学能源，下游是纺织行业。我们通常会说，钢铁行业影响房地产、汽车、装备制造、基础设施，电力行业影响冶金、化工、建材，这就是行业上下游之间的互相影响。信贷人员做行业分析，最好熟记两张图：一是宏观经济产业链网络图，囊括国民经济所有行业，以及行业之间的关系，行业与最终需求（衣、食、住、行、健康、娱乐）的传导路径；二是行业的地域分布图，包括行业龙头企业的分布情况。

图5-1展示了主要产业之间的关联关系（来自网络），最上方为采掘业，左边为建筑业，中间为制造业，右边居中为轻工业、农业，右上角为化工业，最下方为服务业。

第 5 章 经营管理分析　191

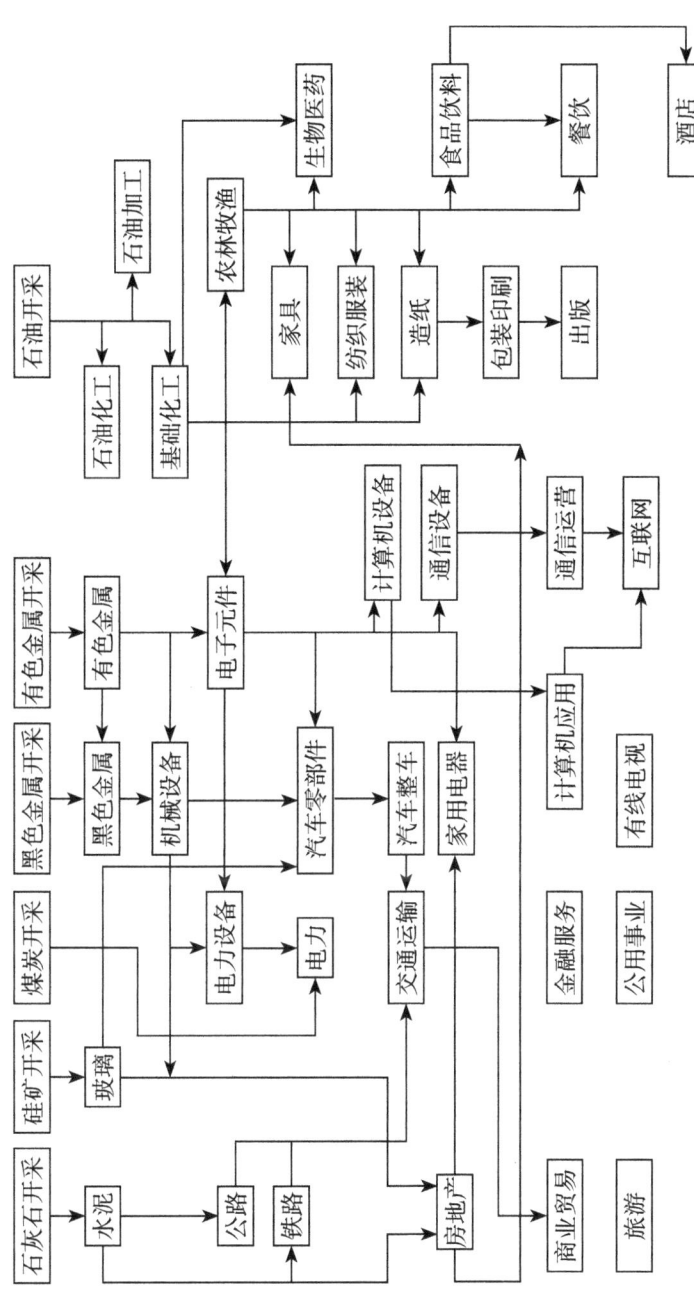

图 5-1　产业链网络图

资料来源：申万研究报告。

行业关联分析可以从两方面入手：一是价值链分析。从原材料到终端产品，涉及很多行业，产品的价值不断增加，共同构成的完整价值链条。我们要分析目标行业处于价值链的什么环节？增加值有多少？当然增加值也就对应了盈利水平。产业链有个"微笑曲线"理论，在"研发—设计—生产—销售"链条中，研发和销售处于链条的顶端，具有较高的盈利水平，而生产加工环节的盈利水平往往较低（个别高精尖的加工行业除外）。二是行业风险传导。例如金融危机导致国际贸易萎缩，从国际航运业到造船到钢铁到煤炭，就会有一系列的风险传导。

 小资料

  分析国民经济产业链条上各行业之间的关联关系，通常使用里昂惕夫的投入产出法。行业与上游的关系，通常称为后向关联，是指目标行业在其生产过程中需要从上游行业获得投入所形成的依赖关系。后向关联可以用目标产业对其他行业的消耗系数、影响力系数来衡量。消耗系数越大，目标行业对其他行业的依存关系越强；影响力系数越大，则目标行业增加一个单位最终产品时，对国民经济各行业所产生的生产需求波及程度也越大。行业与下游的关系，通常称为前向关联，是指目标行业通过供给关系与其他行业发生的关联关系，即目标行业的产品作为其他行业的原材料。前向关联可以用分配系数、感应度系数来衡量。目标行业对某一行业的分配系数越大，表明该行业对目标行业的需求越大；感应度系数越大，说明国民经济每增加一个单位最终产品时，目标行业由此而受到的需求感应程度越大，也就是需要目标行业为其他行业生产而提供更多的产出量。

分析行业上下游之间的风险传导，信贷人员需要关注的重点是上游行业价格上涨和下游行业需求减弱对目标行业的影响。信贷人员可以通过统计年鉴查询投入产出参数，从而判断哪些行业是宏观经济强敏感性行业、哪些行业是宏观经济弱敏感性行业，并能够区分需求拉动型的产业链风险传导路径和成本推动型的产业链风险传导路径。不是很精确的话，信贷人员也可以通过观察目标行业内公司的存货周转天数来判断上游风险传导时间。假如某企业存货周转很快，也就是短期内就要采购原材料，那么上游价格上涨很快就传导至企业。

通常来说，上游链条长的行业如房地产、汽车、家电，影响产品成本的不确定因素多，但是因素比较分散，风险也比较分散；上游链条短的行业如农业、矿产开采、冶金、石化、煤炭等，影响产品成本变动因素少，但是因素集中，风险较高。下游链条长的行业如能源、运输等基础设施，其销售稳定性就比较高，风险较低；而下游链条短的行业如零售行业，其销售的波动性就比较大。

5.2.3 行业信息与情报

行业分析的一个捷径是阅读现成的行业研究报告，但是要有选择性，要关注其研究的动机和立场。行业研究一般分为买方研究和卖方研究。卖方研究就是通过研究报告吸引客户，买方研究是通过研究做决策，信贷人员做的行业分析，是一种买方研究。买方报告往往看不到，市面上看到的绝大多数是卖方报告，这些报告门面功夫十足，噱头很多，但是内容往往不深不透，有赚眼球之嫌，且很少指出行业问题，往往提到的都是机会。

很多时候我们会看到各种网站兜售的行业研究报告，目录非常精细，要看内容就得支付几千块，笔者当年也用过。其实这些报告质量参差不齐，很多都是拿到一些国家部委的统计数据，通过模板加数据批量生成报告，定期更新一下数据。这些作者很多都是刚出校门的学生，根本谈不上对行业的深刻理解，只是简单套用图表框架，除了个别机构靠关系能提前拿到内部数据外，大部分都没有参考价值。

信贷人员要特别注意数据来源。例如，通过网络搜索到一个细分行业数据，要多搜几个来源来互相印证，如果大家都在互相转载，就要找到源头，因为源头是假的，印证也无意义。通常来说，学术期刊、政府公开报告中的一些信息相对可靠。企业公布的数据往往有其商业目的，或虚张声势，或欲盖弥彰，发布信息只是一种商业策略而已。还有个别中介，貌似中立地发布一些调研数据，其实也是一种软文。

模型框架好比招式，关键在深厚的内力，即对行业深入的理解。有个例子是：如果山上一群羊需要计数，咨询顾问们会用各种模型公式计算，而把这事儿交给牧民的话，他们可能不到一分钟就数完了，咨询公司总是习惯把简单的问题复杂化和公式化。行业分析如何着手，往往是先从对自己业务影响最大的行业入手，吃透一个行业远比泛泛了解很多行业重要。当深入一个行业，工具、知识都显得肤浅了，要找到行业资深人士，甚至是决定行业发展的那些人，了解他们下一步的动作，这就是情报。行业分析可以写几十页，重要的情报就几句话。这就需要社交，也难怪银行的酒文化特别浓厚，很多情报就是通过这种圈子来传播。例如站在 2010 年下半年，行业分析能得出出台限购政策的必要性，但是出台的时点和内容，是任何公开行业报告都没有写的，也是最有价值的。又比如房地产泡沫论已经流传了很多年，却没有讲何时崩盘，这种行业分析就失去了意义。"领先百步死，领先半步生"，要能准确分析消费者的变化节奏，而不能泛泛而谈"世界经济大趋势"。行业分析重要吗？重要，但总是觉得缺点什么，那就是情报。

以白酒行业为例，白酒行业自 2012 年开始进入寒冬，销售收入增速急剧下降。而从 2004～2010 年白酒行业都是高速增长的。回顾 2011 年的白酒行业分析报告，其实大都没有预料到后来的情况，那就是"三公消费"禁令的出台。经济学家、咨询公司、行业分析师往往局限于一些模型、框架，进行常规分析，得出一些知识，这些知识价值很低，情报才是有商业价值的。分析讲究的是逻辑论证连贯合理,情报强调的是准确度与时效性。行业分析往往流于形式,变成了公开信息的堆积。对于信贷实战来说,情报比公开信息重要得多。其实情报不是窃取的,而是通过大量公开信息的拼接,合理推测而来。例如,通过一些行业领袖的讲话、上市公司年报中的管理层展望、有关部门密集的会议、行业圈子内的传言,都能预感一些行业大事的发生。日本金融业在情报研究方面有独树一帜的地方,其产融结合非常紧密,借助综合商社遍布全球的信息网络,往往能获取大量的情报。

行业分析不是目的,重要的是根据行业分析做出信贷决策。信贷上的行业分析往往不需要长篇大论,分析要围绕目标客户,要落脚到做还是不做。

5.3 企业的基本面

对企业层面的调查,通常包括企业的历史沿革、发展脉络、管理团队、主营业务等。我们首先了解企业的基本面,然后再对企业的业务进行深入剖析。

5.3.1 企业历史

信贷调查不能师心自用,要借力用力,一个企业在社会上运作,每天都要接受各种各样的考验,员工、供应商、顾客都在考察企业,回顾企业的运营历史可以大大简化信贷人员的工作。

 小资料

信贷人员了解企业的历史沿革,应侧重于其资产积累、主营业务发展、企业经历的重大调整和未来发展趋势。通过面谈、外访等方式了解客户注册时间、从事本行业经营时间,整理出企业完整的历史沿革和发展脉络。公司成立年限以企业营业执照为认定的主要依据，若企业由于产业转移、成本费用、发展战略调整等原因变更营业执照、搬迁注册地点或设立新法人企业，主要股东没有变化，主营业务有延续性，可视同该企业持续经营。有的公司虽然成立不久，如果借款人的股东或实际控制人在其之前的公司担任相当于总经理及以上的职务，并且前一公司也从事相同的行业，在此种情况下，对公司成立年限的认定可以参考对核心管理层从业经验的认定。经营经验是非常重要的考察角度，只有长期从事本行业经营，经历了完整的行业景气周期的企业才能够正确理解行业的商业模式，练就生存之道，具备基本的抗风险能力。

5.3.1.1 创立初衷

信贷人员考察企业的发展历史，要思考一下：创业是很艰难的，为什么他们能做老板而我们银行人只能打工？他们有什么突出的优势？企业的创立往往有如下类型，各自有其不同的优势和特点。

（1）技术优势。这类企业发展初期主要依赖创始人的专业技术，如专利成果、知识产权、专有技术等，如果这种技术具有一定的垄断优势，可替代性弱，那么这种企业的发展具有一定的稳定性和成长性。

（2）社会关系。企业发展离不开各种外部资源，社会关系是企业经营的重要资源，良好的资源有利于市场开拓、品牌推广、渠道建设。例如，有的企业创始人来自政府、大的厂商，利用自身的资源和渠道开展业务。但是一旦社会资源消失了，这样的企业发展就面临困境，这是这种企业致命的弱点。信贷人员判断社会关系型企业要看实际控制人的个人履历，企业前几大销售客户、供应商比例。

（3）商机。这种企业的成立往往因为市场刚刚出现商机，这种企业商业模式尚不清晰，产业链不完整，供求不稳定，对这种企业银行要谨慎介入，要进一步了解产品的成熟度、美誉度和市场占有率情况。

（4）家族优势。这种企业往往子承父业，利用家族血脉纽带，互相提供信息、资金、资源支持。家族企业的管理往往依赖老板的个人性格，职业经理人难以发挥能力，要关注管理团队的稳定性和家族成员的管理能力，特别是接班人的经营思路和发展规划，对于接班人轻易改变经营模式和主业方向，盲目投资新领域的，银行要谨慎介入。

5.3.1.2 企业生命周期

考察历史，是为了看清企业目前的状态，以及判断其未来的发展趋势。一般来说，中小企业的生命周期是3～6年，要么做大了，要么消失了，这就是客观规律。笔者回头看看，早期做的那些信贷客户，当时企业家信心满满，现在很多已经转行了，有的企业刚刚举办完辉煌的20年庆典，第2年就倒闭了。这些规律就倒逼企业主去做大做强。我们希望企业不要做大，成为"小老树"，实际上是不可能的，员工没有提升空间就会慢慢离开。例如，管理层要做出业绩，要开辟新的事业部，倒逼（忽悠）老板去融资、去多元化。

如何在成长期，缺乏他行竞争的时候及时介入？如何在成熟后期提前退出？如何准确判断企业前景？这就是企业的生命周期分析，但要准确识别周期是非常困难的。《万历十五年》讲的就是明朝衰败的开始，笔者遇到很多企业也是这样，有很多细节和信号，如"僵化、沉默"。"千里之堤，毁于蚁穴"，当问题积累到一定程度，就会出现不可逆转的结果，员工看到企业没前景就会陆续自保，错误的决定无人反对，甚至加入掏空企业的行动中。企业家励精图治，重病用猛药，转型、转行，往往又加速了企业的倒闭。

小资料

经济学家科斯认为,企业的存在是为了节约交易费用,当企业内部协调成本低于市场交易费用时,企业就产生了,然而随着企业规模的扩张,企业内部协调成本越来越大,当该成本接近市场交易的费用时,这就是企业规模的上限了。很多企业的成立就是源于股东各种资源的整合,通过"命令"与"激励"的方式组织生产,实现盈利目标。而企业变大了以后,有了各种烦琐的制度、流程、合规,有了内部权力争斗,发展到一定阶段,宁可找市场上的陌生人也不用内部资源,这就是大企业病。经济学家熊彼特认为,企业的成长,归结于将生产要素重新排列组合,以求提高效率,没有创新,企业最终走向死亡。著名管理学家爱迪斯将企业周期细分为 10 个阶段(图 5-2),每个阶段都有各自的特征,总体来说,随着企业的成长,规矩越来越多,创造力越来越少。创新、柔性代表生命力,但是没有章法的创新往往沦为空想,"瞎折腾、一事无成",然而规矩过多又会吞噬创造力。随着企业越来越"规范化",一批创业者出走了,企业开始按部就班吃老本,越来越不能适应市场,最后也就消失了。还有很多企业根本长不大,一直停留在家族企业阶段,但是这并不妨碍企业长寿。

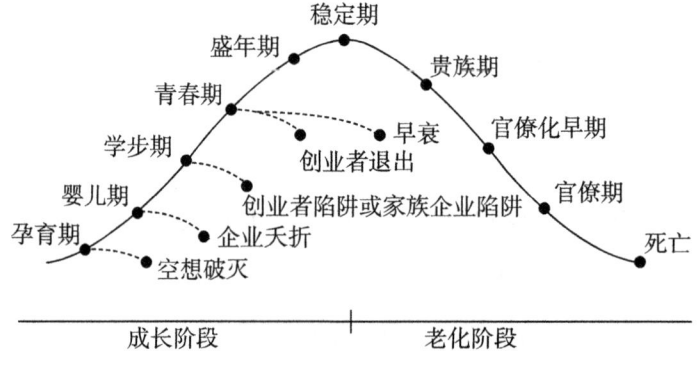

图 5-2 企业生命周期图示

资料来源:伊查克·爱迪思.企业生命周期[M].赵睿,译.北京:华夏出版社,2004.

当我们说周期，往往与成立时间或规模联系，其实，新公司、小企业也可能正在走下坡路，而老企业、大企业也能在上升期。而且，企业也不一定要走完 10 个阶段，在任何节点都可能直接走向死亡。企业生命周期之外还有行业周期、经济周期，经济上行，问题可能暂时被掩盖，经济下行，盛年期的企业也可能直接破产。上坡阶段可能掉下来，下坡阶段能否返回去，"逆生长"？一般来说，一旦"官僚"文化形成了，不适应的员工会下岗，不适应的管理层要下课，甚至不适应的创始人也要出局，企业完全被一群行政合规人员控制！这艘"破船"能承载的人越来越少，大家不是想着如何"修船"，而是通过斗争让别人下海。我们很多老客户，在不知不觉中就步入下坡阶段，若迷失于其往日光环，或奈于多年交情，维持额度，这是非常危险的。很多贷款重组，寄希望于"中兴""力挽狂澜"，其实这种可能性是非常小的。

5.3.1.3　资产积累

信贷人员到借款人现场调查，可能会看到很多资产，但是哪些是借款人自己的积累形成的？哪些是借款人负债形成的？信贷人员梳理企业历史的过程，就是摸清楚企业资产积累的过程，那些稀奇古怪的发家史，往往代表着巨量的隐性负债。

企业发展的第一桶金来自哪里？企业发展是靠偶然抓住了机遇？还是通过持续的管理改进？以此判断其业务持续性。要对比企业发展与行业发展，在行业发展的关键期，企业主在干什么？进而判断其商业眼光。

对于一些小企业主或者个体工商户，论证企业家原始积累的合理性通常用到权益校验法，也就是用应有权益和实际权益进行对比。应有权益＝期初权益＋期间利润＋期间注资＋增值－贬值－期间提取资金。期初权益就是借款人开业最初的非负债投入，即第一桶金；期间利润为客户自生意开始后每年的利润；期间注资，如家庭成员的投入资金；增值，如店铺厂房升值；贬值，如机器设备折旧；期间提取资金为客户从生意中抽出用于其他项目的资金，如购买自住用房等。实际权益就是信贷人员到了现场看到借款人的自有资产。如果通过推算借款人应有权益和实际权益相差较大，则企业的信息值得进一步核实。

例如，一个客户3年前投入资金100万元做生意，每年盈利50万元，每年家庭开支约为10万元，期间用30万元购买一辆汽车，我们推算其应有权益为100万元+50万元×3-10万元×3-30万元=190万元。假如信贷人员根据实地察看及资料核实目前客户的实际权益为300万元，则可能的原因就是：①看到的部分资产并不属于借款人。例如，客户的供应商在客户这里有铺货，被误当作客户自己的存货。②利润不真实，实际利润可能更高。③客户有负债没有调查出来，如应付账款、民间借贷等。④或许还有其他投资人。假如实际权益为100万元，则可能的原因就是：①客户的原始积累没有100万元，有部分并不属于客户；②利润不真实，实际利润可能更低；③客户还有其他投资和产业并没有被看到。

5.3.2 管理情况

企业财务报表上数字变化的背后是经营的变化，经营变化的背后是人的变化。通过财务报表分析，得出财务上的结论，诸如营运能力、偿债能力、盈利能力、发展能力等，这是最初级的分析；如果能窥探出企业经营策略、管理方式的变化，这是中等水平；如果能准确地发现哪个部门，哪些人员出了问题，这才是最高境界。尽职调查的时候，不要怕企业有问题，要看企业是如何解决问题的，透过这个过程去评估其管理能力。优秀的企业也有一堆问题，管理就是不断发现问题、解决问题的过程。创业靠机会，基业靠管理。一个企业，可能因为外部偶然的机会发展起来，但是成功后呢？企业面临天花板，员工面临天花板。优秀的企业，必须善于变革自身的组织结构，打破天花板，调动员工积极性，持续地抓住机会。企业是个生命体，还要保持人员的新陈代谢，保持文化活力和生命力，否则就会像"爱迪斯曲线"一样下滑。下面我们就从组织结构、人员稳定性、企业文化这几个角度来分析企业。

5.3.2.1 组织结构

信贷人员在信贷调查时，拿到企业的组织结构图和员工表，首先要看管理层级和管理半径。从企业最高一级组织到最低一级组织，每一个组织等级就是一个管理层次。管理半径是一个管理者直接管理的下级人员的数量，如总监管多少经理，经理管多少主管，主管管多少一线人员等。通常管理层级多，管理幅度就小，典型的就是科层制，组织结构严谨、职责明确，等级森严，便于层层控制；但是管理人员往往以层层晋升为工作动力，官僚色彩浓厚，与一线脱节，基层创造力较差。管理层级少，管理幅度就大，典型的就是扁平化，便于高层了解基层，信息传递速度快、失真少，管理费用较少，市场反应快；但是管理人员工作任务重，精力分散，管理容易失控，而科层制下，管理人员层层把关，很多大的方向性错误不会犯。

信贷人员要结合企业所处的阶段对企业的组织结构进行评价。企业初创期，其组织结构往往是扁平化的，事无巨细都要汇报给老板决定，一个管理者精力有限，有效管理下属也就十来人，无法保持对过多下属的关注，必然出现只关注少数重点突出员工，而很多没有被关注的员工容易混日子。随着人数的增加，不得不设立各种管理层级，小事情就不找老板了。慢慢地，就形成了庞大的管理团队和僵化的科层结构。当然，如果个别企业的管理人员能力很强、对市场非常熟悉，既懂战略又有战术经验还是可以采用扁平化的组织结构。随着信息技术的运用，总部与基层的信息上传下达、下情上传越来越方便，为了适应快速变化的市场环境，很多企业集团又开始扁平化改造。

5.3.2.2 人员稳定性

对企业最了解的是员工，员工考察一份工作比银行尽职调查要仔细得多，所以信贷人员通过员工稳定性也能看出一个企业的好与坏。

首先是管理团队的稳定性，只有在管理团队稳定的情况下，分析经营管理能力才有意义。有时候，信贷人员刚写完调查报告，管理层就变动了，可能这个企业未来就是另外一番景象了。管理团队变更一般分为以下几类：第一类是正常变更，能够预期的变更，如退休；第二类是出于改善企业经营状况进行的变更，如撤换不合格的管理人员；第三类是管理层跳槽了。通常来说，公司业绩越好，高层管理人员发生变更的可能性就越小。所以管理层频繁变动的企业，往往都存在这样那样的问题。

除了高管以外，就是一般员工。如果企业成立已久而员工平均入职时间较短，则说明员工流动性较大；如果有很多老员工，这些员工都打算在企业干到退休，说明流动性小。合理的员工流动属于优胜劣汰，能促进企业的长期发展，有利于企业保持活力；而超过合理范围的员工流动对企业和员工都有可能产生不利影响，如业务脱节、质量下滑、生产混乱、团队失衡、培训成本和招聘成本增加等。例如：员工流失所产生的岗位空缺一时难以填补，常常导致相应工作停滞，影响企业经营稳定性和政策持续性；员工流失还会带走企业技术秘密和客户资源，削弱企业的核心竞争力；员工流失会冲击现有员工的心理，降低员工的工作积极性和对企业的忠诚度，影响企业的形象和声誉。终身制是不现实的，人往高处走，如何把员工变成客户、商业伙伴、企业正面形象的传道者，变被动为主动，是一门学问。

人员流入流出，招聘就是一项常规工作。而透过招聘信息（招聘原因、岗位设置、人员条件、待遇、职位有效期等），信贷人员往往能够发现一些企业的真实信息。例如，一个汽车销售企业突然开始招聘风控业务员，很可能是企业开始介入汽车按揭担保行业，或者是赊销出现了大面积逾期；

一个企业总是在不停地招聘人员，我们就有理由怀疑其员工稳定性，当然也可能是企业通过招聘来宣传自己；一个企业的招聘广告发布渠道比较低端，待遇条件比较差，招聘要求比较低，说明企业的技术水平一般；一个企业开始新上一个项目，而没有相应的招聘信息，其项目的真实性就有待考证。

5.3.2.3 企业文化

信贷人员在考察企业的时候，要了解企业的员工文化、薪酬水平、考核激励，以及管理潜规则。企业文化不是写在墙上，而是从员工行为方式上体现出来，信贷人员要去观察和感悟，倾听员工的心声。信贷人员可以通过企业网站、百度查询等方式，查看企业领导的简介、传记和讲话等，可以对领导人的教育背景、主要经历、过往业绩、性格特点等进行分析，进而分析其决策能力和领导风格，以便预测企业的发展方向。关注高层变动对企业文化和经营管理模式带来的影响。也可以通过监测外部论坛上员工留言等，这些内容往往比企业自身的宣传更为客观，对此加以分析，可以掌握企业内部的第一手情报。

民营企业一般采取家族化管理，依靠家长的权威。创业初期，管理层和核心员工都是家人及其亲属，具有一定的凝聚力和稳定性；发展到了一定阶段，企业遇到瓶颈，就会外聘职业经理人。有许多民营企业出于安全的考虑和加强企业内部认同的需要，重用亲戚、同乡、同学等，对外人总存在着一定的排斥。家族成员往往垄断企业的最高决策权，把外聘人员排挤在外，外聘的职业经理人流动性也比较大，难以持久发挥作用。所以，信贷人员在贷前调查的时候不要被职业经理人个人能力和行业背景所迷惑。如果企业的业绩主要是靠外聘的职业经理人，那么要重点关注其聘用合同条件和激励机制。如果企业的业绩主要依靠实际控制人或股东搭建的平台，那么职业经理人的变动对企业影响不大。

5.4 企业的业务循环

对于生产型企业来说，购买原材料、生产产品、销售产品、收回现金，是一个基本业务循环，可能一年有很多次这种循环；投资形成固定资产和产能、固定资产更新、报废，这种循环过几年就有一次，企业经营活动就是这种大循环和小循环的组合（见图5-3）。商贸企业就简单一些，进货、销售、收款，不断地周转。银行放贷，短期流动资金贷款往往经历一个小循环，中期流动资金贷款经历几个小循环，固定资产贷款经历一个大循环，任何一个环节出了问题，都有可能导致还款来源出问题。信贷人员深入了解企业的这些业务循环，就是要寻找贷款切入点和相应的风险控制抓手。

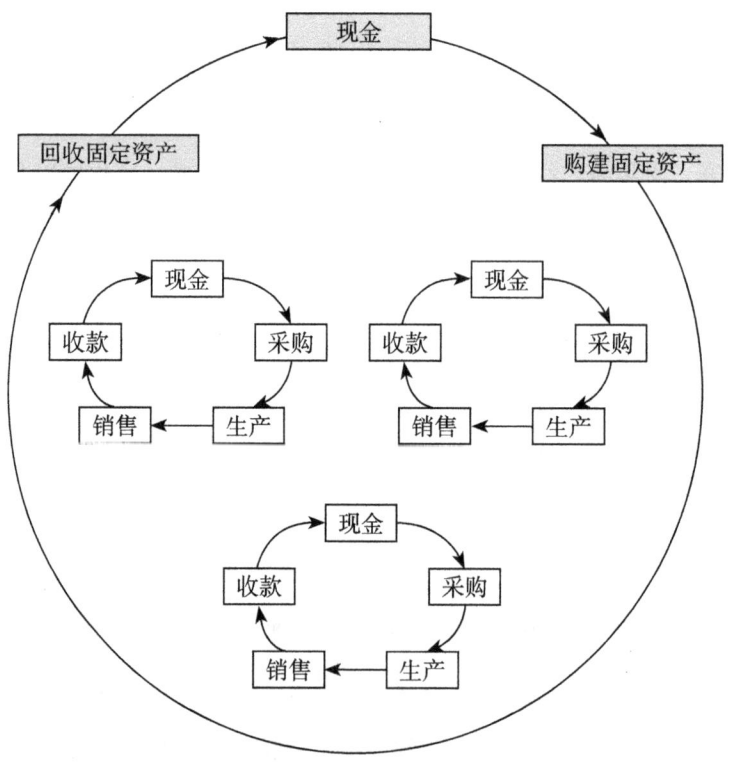

图 5-3 企业业务循环图

5.4.1 采购情况

采购是企业购买物资（或接受劳务）及支付款项等相关活动。其中，物资主要包括企业的原材料、商品、工程物资、固定资产等。原料的品质决定着产品的质量和价格，原料及时供应才能保证生产和及时交货，精确的采购又能减少库存对资金的占用；固定资产的采购就更加重要，一旦决策失误，企业将长期背负沉重的财务负担。流动资产重效率，固定资产重决策，信贷调查的时候要有所侧重。同时，贷款基本上是通过采购对外支付，通过采购的分析，也可以核查贷款用途的真实性。

5.4.1.1 采购可能的风险

《企业内部控制应用指引第7号——采购业务》归纳了采购的主要风险："一是采购计划安排不合理，市场变化趋势预测不准确，造成库存短缺或积压，可能导致企业生产停滞或资源浪费；二是供应商选择不当，采购方式不合理，招投标或定价机制不科学，授权审批不规范，可能导致采购物资质次价高，出现舞弊或遭受欺诈；三是采购验收不规范，付款审核不严，可能导致采购物资、资金损失或信用受损。"

企业经营的现实是，客户的订单需求不稳定，原材料供给也不稳定，经常造成原材料要么短缺要么积压。采购少了，原材料短缺，生产线停工，损失很大，这是采购人员最担心的。采购多了，原材料积压，资金链就紧张，供应商账期到了，财务又付不出去款，长期失信，供应商就不会准时交货了。存货还和销售预测密切相关，以销定产，销售预测上很小的失误，传导到采购端，往往引起很大的偏差，进而增加库存持有量，这就是"牛鞭效应"。例如，客户下了订单，采购员进行了采购，如果下游客户突然修改订单，延迟或者取消交货，理论上原材料交货时间也应该推后或者取消，而现实中往往做不到。一点一点积累，温水煮青蛙，等资金链吃紧时，才发现：该买的原材料不能及时付款，不能及时到货，而不需要的原材料大量积压。这些多余的库存是一系列"错误"构成的,要想短消化非常困难,很多企业就是倒在库存上面。持有过多的存货可以防止停工待料、防止延迟交货,但它也掩盖了问题,即如何改进管理?

5.4.1.2 采购管理评价

完整的采购流程包括编制需求计划和采购计划、请购、选择供应商、确定采购价格、订立框架协议或采购合同、管理供应过程、验收、退货、付款、会计控制。这些环节有没有管理缺陷?采购的过程,往往就是信贷资金流转的过程,所以对采购流程的深入分析,就显得很重要。

采购计划一般始于销售预测,然后是生产计划,采购部门要平衡现有库存物资,统筹安排采购。管理比较差的企业往往是采购、销售、生产各行其是,采购计划不合理、不按实际需求安排采购或随意超计划采购等。请购是指企业生产部门根据采购计划和实际需要,提出的采购申请,该环节的主要风险是:请购未经适当审批,导致采购的物资不适用,影响企业正常生产经营。

供应商选择不当,可能导致采购物资质次价高,甚至出现欺诈、舞弊行为。信贷人员要看企业有没有建立科学的供应商评估和准入制度,有没有对供应商提供物资或劳务的质量、价格、交货及时性、供货条件及其资信、经营状况等进行实时管理和考核评价;有没有根据考核评价结果,对不合格的供应商淘汰、补充新的供应商。在贷款支付时,供应商往往是信贷资金的去向,供应商欺诈往往直接造成信贷资金损失,所以有必要对企业的主要供应商进行一些信用调查(KYCC),调查方法和企业信贷调查的方法类似。

信贷人员要看企业对供应商有没有议价能力,上游价格主要由哪些因素决定,国际市场?资源垄断?哪些因素企业无法控制?采购人员的议价能力如何?优秀的采购人员具有敏锐的市场感知能力、判断能力,以及准确的市场预测能力,而且对供应商的工艺流程了如指掌,甚至连供应商的所有单个工序的成本都能分析得十分透彻,知道供应商的成本结构以及利润空间,从而能在价格谈判中游刃有余,既能给供应商留有合理的利润空间,也能为采购方争取到最低的价格。此外,要了解企业的议价管理,例如:有没有协议采购、招标采购、询(比)价采购、动态竞价采购等?有没有定期研究原材料的市场供求形势、成本构成与市场价格变动趋势?拿不出来很有见地的东西只能说明其议价管理较差。

采购合同应该是信贷人员最熟悉的材料之一,因为企业放款申请的附件就有采购合同,但大多条款简单,很多是假的,配合银行形式审查而已。要关注企业真实商业环境中是怎么签合同的?企业历史上有没有出现过合同纠纷?有没有法律顾问?复杂的合同有没有组织专家参与谈判?谈判经验不足,缺乏技术、法律和财务知识的支撑,往往导致企业利益损失,甚至由采购纠纷引发信贷风险。

信贷人员还要关注供应物流过程和财务付款环节,要看企业的采购运输、投保等情况;要看企业对采购物质的验收和检测情况;还要看企业付款方式,是预付、现款交易,还是有多久的账期?是否经常开承兑汇票?有没有定期与供应商核对应付账款、应付票据、预付账款等往来款项?还要看企业采购付款是否及时,有没有拖欠的习惯,这一块能反映企业的信用。

 小资料

以买方采购为例,与上游卖方的交易有四种付款模式,依照卖方的强势程度分别是先款后货、现款现货、货到付款和账期结款。先款后货是采购方先打保证金或预付款到卖方账户,卖方将订单金额扣除后安排发货;现款现货就是一手交钱、一手发货,钱货两清;货到付款适用送

> 货上门，由运输方或销售人员直接收款；账期结款场景下，买方相对卖方更为强势，由卖方先发货后按月或约定周期结算货款，双方确认后由买方安排付款。实务中，付款条件和方式还考虑代销（所有权归卖方）、经销（所有权归买方）、铺货铺底等因素。实务中，付款条件有很多叫法，如周结、半月结、月结、当月结、次月结、月结30天、货到后30天、发票后30天、压批结算、翻单结算、实销实结、抽单结算、联营扣点等。月结就是一个月结算一次，当月结就是当月月底结算，次月结就是这个月的货下个月结算。月结也不是月底结算，往往要提前几天，如"每月25日结算"，25日后的货就要列入下月的批次结算。月结仅仅是对账，形成往来账款数，具体付款往往还另有期限，如月结5天付款、月结30天付款、月结60天付款、月结60天+120天银行承兑汇票等，这个天数是从结算日次日起算。实销实结是按销售结算，销了多少结算多少。压批结算、翻单结算就是送第二批货时结算上一批货。实际工作中，进货、销售是不间断进行，每一批进货单有整体售完，有部分售完，无法严格按照批次结算，于是用抽单结算，比如上月销了100万元，本月结算时只需凑够100万元金额的发货单即可，这些单据并不一定是已经销售的那100万元的货，仅仅是为了结算方便。

采购业务很多，我们可以先查看制度，然后抽查个别业务进行"穿行测试"，即通过一笔采购业务，追溯原始凭证，查看材料中的供应商询价情况、采购申请、采购合同、验收证明、入库凭证、款项支付等，以此判断采购制度的执行力，也可以印证会计记录的准确度。

当然，企业处于不同的发展阶段，其采购流程和管理是不一样的。对于小企业来说，企业采购目的在于保持一定的库存水平，缺什么就补充什么，往往是单一的固定供货商。随着企业的发展，采购活动除了维持正常的产销活动还要降低成本，于是开始制订采购计划，开始采取竞标采购、多源头采购。但是,一味地削减成本,按照成本最低原则选择供应商,供应商往往疲于应付,售后服务跟不上,也无心提高供货档次。只有与注重产品价值的供应商合作才能共赢。我们通过观察企业的采购管理,也可以一定程度上判断企业所处的发展阶段。

5.4.2 生产情况

生产是企业最基本的经营活动,对制造业来说是产品形成的过程,对于服务业来说就是提供服务的运营过程。

5.4.2.1 产能

产能,即生产能力,是在既定的组织技术条件下所能生产的产品数量或者能够同时提供服务的能力。产能不是实际产量,是在设计上规定的正常生产条件下的最大生产能力。例如,汽车产能 40 万表示一年最大能生产 40 万辆整车。产能应作广义理解,在各个行业、公司可能会有所区别。百货零售公司的营业面积增加,酒店的客房数量增加,航运类公司的船队规模扩大都可以理解为产能扩张。

如何调查产能?以机器生产为主的可以查看设备说明书;以劳动力为主的可以按人均产值换算,比如工厂有 10 个工人,规定每个工人每天的生产 10 个产品,生产能力就是 100 个 / 天。有了实际产量数据和产能数据就可以计算产能利用率,产能利用率是实际产量与设计生产能力的比率,反映客户设备利用及生产经营情况。一般情况下,当产能利用率大于 85% 时,客户生产经营正常;产能利用率小于 70%,企业开工不足,生产经营较差;当产能利用率环比出现大幅下降时,说明生产经营出现重大变化,应特别关注。

为什么关注产能?产能代表生产规模,规模越大,单位投资的能耗、物耗、管理和销售成本就越低,从而形成规模经济,形成竞争力,而且只有达到一定规模，才谈得上研发能力、产品质量体系、销售渠道等。有的企业高调宣布产能，也是为了喝阻其他试图进入该行业的投资者。国家总是不断地调整产业结构，对于产能比较低的企业，经常面临被整合的风险，特别是一些钢铁、水泥企业，要关注淘汰落后产能生产工艺目录。而如果实际产能超过了核定产能，也可能面临安全生产管理部门的处罚，特别是煤矿、民用爆炸物生产行业，更要关注政府部门的核定产能。

我们谈产能，谈的是资金实力，谈的是投资门槛。比如煤炭行业，国家能源局规定不得新建30万吨/年以下煤矿，那么一个新建项目的产能至少就是30万吨/年，假如每吨建矿资金500元，建矿资金至少1.5亿元。一个矿建好了还要买煤炭资源采矿权，如果计划开采30年，按照产能计算，就需要购买900万吨的开采权，假如每吨10元，又需要9 000万元。所以，投资煤矿最低需要2.4亿元。

信贷人员分析企业产能是否能够跟得上市场需求，不仅要看企业本身的生产能力，还要看企业能在短期内调动的生产能力，例如外协。外协通常是为了解决产能不足，如果产能开工不足还进行外包或者是技术外包，说明该企业自己的生产品质达不到客户要求。现在流行的轻资产模式，很多低利润业务都外包，企业保留高价值链条。轻资产模式其实对企业的运营经验要求很高，只有自己做过了，才知道有哪些风险点，如果自己都没做过，没管理过，或者自己管理不好就外包，玩轻资产，其风险可想而知。正如武林高手出门大多不带兵器，但是新手最好还是拿一把重刀，慢慢磨炼技艺。

5.4.2.2 技术和工艺

生产阶段的核心是技术，技术水平是其核心竞争力的体现，产品质量、产品差异性都需要技术来保障。技术创新和产品升级往往减少现有产品的市场需求，导致现有产品价格下降，存货和固定资产贬值。有的行业技术更新缓慢，如农产品、食品、工业原料、燃料动力、商贸、基础设施、化纤纺织，而有的行业更新很快，如电子产品（摩尔定律）、多晶硅、汽车、家电、医药、炼轧钢、造纸等，对于后面这些行业的客户就要重点关注其技术和生产工艺。

信贷人员要关注企业研发人员的素质和研发水平；查看企业已有的技术水平证明，如专利、高新技术认证等；了解企业与科研院所、大学的长期研发协作情况。如何保障技术转换为现实产品？那就要靠工艺流程，要调查客户采用的工艺技术所获得的专利技术和认证情况，分析客户工艺的成熟程度、产品性能、使用寿命、单位产品物耗、劳动生产率、自动化水平、装备水平、设备运行情况等，并与同业进行比较。对于生产型企业而言，生产设备，特别是一些核心装备（如发电机组、水泥炉窑、炼钢高炉、机床、石化反应塔等），往往决定了企业产能规模、产品性能、产品质量、物耗、能耗、污染排放。要看设备开工充分还是开工不足，设备是通用的还是专用的，自动化程度如何，自己研发的还是外购的。

技术和工艺往往专业性较强，尽职调查的时候，信贷人员可以查看企业的技术人员简历，通过行业圈子进一步了解，多咨询行业专家，切忌主观臆断。

5.4.2.3 生产条件

生产性企业，一个调查重点就是生产条件，包括能源、交通、环保、安全等。

一是能源动力供应状况。信贷人员要分析客户所在地供水、供电、供热能力，判定客户生产动力的保障程度，也可以通过水电气实际消耗，侧面推算企业实际产量。

二是交通运输条件。信贷人员要分析现有和拟建的交通设施是否能够满足原材料和产成品运输的需要。理论上，市场是无限大的，想要卖到全世界，第一个问题就是运费。交通条件就决定了企业能在多大的市场半径内销售，超出了这个半径（销售半径），只能亏损，这就是最现实的天花板。对于单位质量很低（体积小、质量轻）、毛利很高的产品（如芯片），其生产的地理位置往往不是特别重要，其销售半径就很大。对于那些单位重量很高、毛利很低的产品，运费是成本的重要组成部分，与终端市场和原材料的距离往往决定了企业的核心竞争力。一般来说，公路运费大于铁路，而水路运输费用最低。以钢铁行业为例，沿海、沿江的钢厂相对内陆的钢厂，运输条件就占优势。

三是环保情况。工业生产、食品生产，环保要求比较高。信贷人员要看企业生产活动排污情况、生产工艺和产品有没有环境损害。对于生产工艺落后、高能耗、废物排放严重的，要慎入。

四是安全生产。通常来说，采掘业、化工、造纸、印染这些行业特别容易受到安全突发事件（爆炸、火灾、污染）影响。信贷人员应查看当地高危行业规划、布局、选址情况，查看危化品建设项目安全许可、安全资格证书、职业卫生安全许可证核发情况；要查看企业有没有建立安全生产标准，有没有安全生产责任保险、风险抵押金、安全生产费用提取等，有没有发生较大事故和较大规模、较大数额的行政处罚。

5.4.3 销售情况

各行各业的盈利模式千差万别，但是第一还款来源通常是主营业务收入产生的现金流。主营业务收入往往依靠产品和服务的销售来实现，销售的稳定性直接决定还款来源的稳定性。信贷人员主要通过调查申请人的主要产品销量、主要客户、市场分布情况、品牌宣传、销售渠道、售后服务、产品定价等方面的信息，分析判断申请人的市场营销能力、主导产品适销程度和市场前景，最终判断企业第一还款来源的稳定性。思路是通过历史业绩来判断其能力，假定能力持续，进而预测未来销售；但是能力是会变化的，所以信贷人员要多对比，横向与纵向对比，计划与实际对比。

5.4.3.1 市场分析

市场分析，首先就是对目标企业所参与的市场进行定义。例如，对某地级市一家奇瑞 4S 店进行市场分析，信贷人员首先要定义汽车市场，是全国汽车市场？全国乘用车市场？自主品牌乘用车市场？该地级市自主品牌乘用车市场？该地级市奇瑞品牌乘用车市场？如果把市场定义得太广，就无法准确定位目标客户和目标对手；如果定义得太窄，就会错失很多机会和遭遇意料之外的竞争对手。市场细分，到底要细到什么程度呢？原则上要能够发现目标企业所面临的问题，同时解决方案要可执行。该地级市奇瑞 4S 店的车根本卖不到外省，对全国市场进行分析意义就不大，该店要考虑的是本市自主品牌乘用车消费群体，竞争对手不仅包括同品牌的店，还包括吉利、比亚迪等自主品牌经销商，所以合适的市场定义是该地级市自主品牌乘用车市场。

定义了市场，接下来就要了解市场规模有多大。市场规模的研究方法较多，主要是从供给和需求两个角度估算。从供给角度估算市场规模主要是加总市场供给方的销售额，数据来源主要是行业协会和政府部门的统计结果。例如上例中，可以到车管所获取当月乘用车上牌量、可以从各大汽车厂商发布的汽车销量估算。这种方法的缺点是没有反映潜在的市场规模，如消费者的潜在购车需求。另一种方法是从需求角度估算市场规模，通过各种家庭消费支出统计、用户购买意愿调查等数据进行测算。例如，某地的啤酒市场规模可以通过该地区可支配收入和其中食品支出比例、食品支出中饮料支出比例、饮料支出中含酒精饮料支出比例、含酒精饮料支出中啤酒支出比例，环环连乘而得。例如，汽车市场规模可以从新老用户的角度考虑，新用户首次购买，老用户重复购买，老用户又可以根据购买动机，分为同档次更新和因生活水平提高而追求更高品质的车系车型两种。

市场份额是指企业销量（收入）与总体市场销量（收入）的比例。市场份额体现了竞争力。当看到某 4S 店本月"市场份额从 10% 提高到 20%"时，信贷人员就要考虑如下问题：细分市场的准确定义是什么？计算公式用的是销量还是销售收入？本月有没有特殊的促销政策？不能简单地认为"企业市场竞争力显著提高"。一个占 20% 市场份额的企业在多数市场都是一个很有竞争力的企业，但是也不一定，要看其他企业的市场份额是多少，所以引出了相对市场份额的概念，也就是企业销量（收入）与最大竞争对手销量（收入）的比例。实务中，信贷人员主要是通过客户与竞争对手、行业龙头企业的对比，分析其市场地位。

数据的获取是个难题，有时候只能设计合理的推理模型进行估算。估算时，基础数据要有官方权威来源，切忌所有的数据都是推测出来的。最好多从不同的角度进行分析，相互佐证。在看各种市场分析报告时，要留意数据是从什么角度、什么渠道、什么方法得到的，以及是否合理。市场分析这一块，乃至包括整个经营管理分析，都是看方向，不要追求绝对精确，把握大意即可。

5.4.3.2 产品分析

产品（服务）连接着企业与客户，独特的产品使得申请人区别于其他企业，也是该企业存在的意义所在。信贷人员一般可以通过企业名称和营业执照上的经营范围，大概了解企业可能属于哪个行业，提供哪些产品；要了解企业近年来经营的所有产品和服务，是自己生产的？还是经销、代理的？要判断产品是否需要相关核准程序，如前置审批或者后置审批。

产品也是有生命周期的，信贷人员要注意产品目前所处的阶段。产品进入成熟期往往市场增长就会放缓，市场出现饱和，竞争变得激烈，这时候要注重产品特色。而到了衰退期，产品就需要更新换代，增加新的功能，以减少亏损。但是产品的发展不是一成不变的，有的传统产品，随着应用领域的拓展，可能又进入了新的生命周期。

要关注产品的质量和性能，外在来看就是产品合格率、良品率、客户口碑等，从内在决定因素来看，研发设计、原料质量、生产工艺、设备性能、员工素质、质量控制体系至关重要。性能与价格构成性价比，性价比又决定了产品的竞争力。

有时候，企业申请贷款的原因是上新产品，这时候对产品的调查就更加重要。新产品上市之前有没有足够的预约客户？客户关注度如何？市场上有没有同类产品？产品有没有明显的缺陷？该企业历史上有没有召回等？通常来说，新产品的风险要高得多。信贷人员要从产品的功能和特性入手，通过与同类产品的比较，分析公司产品在功能上是否有改进，是否具有独特优势，能否完全或部分替代现有产品进而判断新产品能否打开市场，能否适应目标客户的消费特征。

5.4.3.3 价格分析

价格分析主要包括影响价格的因素、价格变化趋势以及企业定价策略等内容。对于信贷分析而言，主要防范产品价格在贷款期限内出现大幅波动，银行希望产品价格保持相对稳定。影响企业价格的因素主要包括成本因素、消费者需求、竞争者行为、政府干预、一般物价水平等。成本涉及技术革新、生产效率、原材料价格等因素，不同产品成本有差异；消费者需求短期变化不大；货币政策没有调整的话一般情况下物价也不会变动太大；政府对价格的影响，主要体现在部分行业价格需要政府确定，如电力、供水、医院收费、学校收费等，一般变动不频繁；产品市场价格波动的主要原因是原材料价格、市场竞争。原材料价格在采购环节已经分析，这里主要是分析市场竞争。

价格是一个复杂的体系，现实的商业环境中，价格往往和产品、配置、服务、市场营销活动等联系在一起。价格也不是我们在教科书上认识的那种可随意调整的变量，在经销模式下，价格往往是厂家统一制定的，经销商乱调价扰乱市场往往会受到严厉处罚。定价还要考虑竞争对手的反应，如《中华人民共和国反不正当竞争法》第十一条规定："经营者不得以排挤对手为目的，以低于成本的价格销售商品。"对于打算持续经营的企业，价格是可以低于成本的，但是要高于变动成本，如果价格低于变动成本了，产品就不会被持续生产出来。《反不正当竞争法》规定不正当竞争行为的例外情形包括：销售鲜活商品；处理有效期限即将到期的商品或者其他积压的商品；季节性降价；因清偿债务、转产、歇业降价销售商品。所以现实商业环境里，降价往往与这四条联系在一起。

价格还承载了营销理念，企业经营是一个持续的过程，不是说一次性降价就能扩大销量、独占市场、提升盈利那么简单。有时候高价可以使新产品一投入市场就树立起性能好、质量优的高档品牌形象，产品一炮打响。有的产品上市定价过高，即使产品后期降价也过气了，再难翻身，这就有了所谓的价格策略。价格策略，就是产品基本价格、折扣价格、津贴、付款期限、商业信用以及各种定价方法和定价技巧等因素的组合和运用。价格策略往往反映了企业的话语权，是掌握了定价的主动权还是市场价格追随者，都能从价格策略中反映出来。

上面说的是一般的产品价格，而有投资属性的产品，如房地产、贵金属、大宗商品（铁矿石、农产品、有色金属、煤炭等），其价格往往受到投资行为（机构投资策略、市场投资预期）的影响，波动幅度远超一般产品。如果产品价格波动很大，就还要注意评估企业转移价格波动的能力，比如企业能否随意提高定价、价格是否受到管制、价格弹性如何，这些都会影响盈利能力。

5.4.3.4 销售分析

销售模式，一般包括直销、经销、代理，不同的模式其毛利、资金需求都有很大差异。如果是厂家直销，就要分析其开拓市场的能力；经销是指经销商从厂家进货然后转手再销售，经销商主要是赚取价差或者返利，经销商出资金，产品所有权也属于经销商；代理是代理商受厂家委托帮厂家销售产品，代理商只收取相应的佣金，产品所有权属于厂家。企业通过经销商往往可以迅速打开市场，但是要让渡利润空间，市场容易失控。

分析销售，前提条件是获取真实的销售数据，最好拿到销售部门第一手的数据，如近年来的逐月、分产品、分地区、分客户的销售明细数据，包括数量、价格、回款方式等。管理比较规范的企业都有销售管理软件，这些信息都可以导出，形成电子表格；即使没有管理软件，大多都有电子台账，信贷人员要分析这些数据是否完整、是否真实（可以灵活运用财务章节介绍的顺查法、逆查法）。

有了基本准确的销售数据后，信贷人员就可以分析不同产品的销售情况，如销售主要地区、主要客户群体、销售增长情况、价格、毛利等；分析企业客户群体，要看是本地还是外地，国内还是国外，低端还是高端。

一般来说，产品定位、经营策略要和客户群体结构相适应。高端客户往往追求产品性能，质量和服务是企业关注的重点；低端客户追求产品性价比，成本控制和销量是企业关注的重点。

信贷人员应重点关注前几大客户的实力、合作年限、结算方式、销售占比等情况，并通过分析产品销售合同、意向书、合作协议书的合理性、可行性，综合判定借款人与客户合作关系的可靠性和稳定性。交易付款方式主要就是预收账款、现货交易、赊销三种，预收最好。如果销售集中在几个大客户，则赊销可能性较大。如果这些客户恰好是申请人的关联企业，则销售真实性大打折扣。赊销会形成应收账款，信贷人员还要分析赊销流程：赊销需要哪些人审批？风险控制措施是否有效；应收账款是哪些部门负责催收；有没有拖欠超过两年的赊销等。对一些较大客户，有必要查询其背景与信用，这些下游客户资金链断裂了，也会导致申请人资金链断裂，危及第一还款来源。信贷人员要分析近几年销售客户的变化情况，哪些是老客户，多少是新开拓的客户。我个人的调查体会是，一个企业没有几个大客户，企业品牌积累就很慢，但是必须有大量不断新增的小客户，小客户议价能力弱，毛利较高，且现款现货；而做大客户呢？毛利极低，且挤占企业资金，一旦有变，企业资金链就断了。

在分析数据的同时，信贷人员要和企业管理层、市场总监、销售经理、销售顾问交流，了解其从业经历，以及在企业的年限，听取其对市场、产品的看法。销售顾问处于市场一线，最了解客户需求，信贷人员还可以和销售顾问聊一些薪酬、绩效、提成之类的话题，间接了解产品的毛利，销售顾问往往还会抱怨一些本企业产品的缺点和劣势，以及管理上的问题。在现场调查的时候，信贷人员应到市场部门、销售部门去看看管理台账、看板、业务员业绩图表、分析报告、考核奖惩通知等，一些网点的布告栏也有业绩排名、内部考核奖励、惩罚等企业内部管理信息，这些信息可靠性较高。现场调查时间往往很短，这就要求信贷人员到现场之前做大量的准备，熟读企业提供的基础资料、工商查询信息、财务报表，记在脑海里，在现场很自然地印证，而不能让客户觉得你是刻意在搞调查。

产品、销售、市场信息量很大，也很杂乱，让分析者迷失方向，这时可以将他们放在一个波士顿矩阵模型里面分析，便于迅速认清楚企业产品的现状。

5.5 商业模式分析

实务中的经营分析比较复杂，各种"跨界""布局""暗度陈仓"，很难用一个套路去分析。"产、供、销、人、财、物"这些常规的分析做完以后，还是难以吃透其生意经，有时候辛辛苦苦分析了几十页，还不如业内高人一两句点得透，分析偏了写得再多也没用。生意经，专业一点的提法就是商业模式，是一个企业组织各种资源，形成产品和服务，满足消费者需求的一套方法体系，核心就是盈利模式和核心竞争力。

5.5.1　盈利模式

盈利模式就是解决企业的资源如何变现，如生产型企业是以最低的成本，生产出合适的产品，通过销售获取利润，而贸易型企业则是采购产品转销售，获取利润。如果分析仅仅停留在这种层面，那就太浅了。比如：光伏生产就涉及多晶硅、硅片、电池片、电池组件、电站建设等环节；家电销售就涉及经销商、自营专卖店、家电卖场、百货商场等模式；商业房地产，模式包括只售不租、只租不售、租售结合、售后返租、商家联盟等。实务中，企业的盈利模式总是不断创新，很难用一个模板去套。

商人的生意经、成功秘诀，核心就是"创新"，当然不会轻易示人，不会告诉员工，更不会告诉信贷员，这就要靠信贷人员的观察。如果一个企业的盈利模式外人一看就懂，那么这个企业就面临各种竞争，企业家骨子里总是不断寻找"蓝海"，规避恶性竞争，于是就有了各种"战略"。以互联网经济为例，开发各种软件让客户免费用，公众平台上的研究报告免费看，看似不赚钱，实际上在获取客户资源，增强客户黏性，有了客户，再嫁接其他生意赚钱。有人说苏宁、国美的盈利模式是用低价让利占领市场份额，进而控制供应商，占用供应商的资金做房地产投资。也有人说，麦当劳、肯德基的盈利点不是快餐，而是投资房地产。如果这个逻辑成立的话，只要房地产市场下滑，这些企业就会出现重大风险，甚至资金链断裂。信贷人员分析企业经营状况，如果仅仅分析表面从事的行业，就会陷入误区。到底是按餐饮业来分析呢，还是按房地产分析，其实不能偏废。许多产业集团都有财务公司，涉足金融，企业的主营业务可能不赚钱，甚至亏本，而这些财务公司、金融公司的利润却很好。但是假如没有了这些主营业务来积累客户和渠道，试问这些辅助业务还能赚钱吗？做金融的很多,没有产业背景的金融公司利润有那么好吗?"皮之不存,毛将焉附?"

存在的东西总有合理之处,表面上长期亏损的事情为何还有人去做?有的老板投资电影,票房很差,看似亏损,实际上他是在洗钱、在避税。有的茶馆、烟酒店、洗车行,门可罗雀,实际上他做的是"放水"生意(放高利贷的,店名惯用带水的字号)。没有商业经验的人,往往看不到盈利点之所在,这就是盲区,这就是行业门道。正如外行人进入银行大厅与大堂经理看到的肯定不一样,宣传折页摆放位置、高低错落、休息区设计这些都有讲究。

开工率、产销率、销售回款率都很高,这就是好客户?可能你看到的"正常运营、热火朝天",那只是为了构建融资壳而已。前几年很多老板都是注册个公司或者买个濒临倒闭的公司壳,租个场地,赊一批钢材,就开始申请担保贷款,扣掉给担保公司的利益,剩下的资金放高利贷或者投资房地产。要做得更大就收购一些不景气的工厂,号称从事实业,能解决就业,向政府拿地,为更大的融资做准备。还有很多老板进军流通业,超市、药店、商城,原因之一就是零售业赊销少,具有连续的现金流,还可以占用供应商资金。当年德隆把旅游业作为自己的主导产业来发展,主要是因为旅游业都是先收钱再做事,这种资金停留的时间差可以为企业运作提供广阔的空间。还有的农业企业、电商产业园,实际上是套取政策红利、低价获得土地和政府补贴。还有的成立小微企业、大学生创业企业,实际上是为了利用融资政策。我们信贷调查时要拆穿企业的表象,这些老板并不是做实业的,本质是为了融资而构建实业背景、抵押物、现金流,这些都是局、都是壳。一般来说,企业要有清晰的盈利模式,简单的事情复杂化,太过于高深曲折的往往是陷阱。

5.5.2 核心竞争力

我们分析企业,还要挖掘企业核心资源、核心竞争力。什么是核心竞争力？它是指企业竞争力中那些最基本的能使整个企业保持长期稳定的竞争优势。北大张维迎教授曾经对核心竞争力的特性做了界定，认为它必须具备五个特点：偷不去、买不来、拆不开、带不走和流不掉。常见的核心竞争力包括独特的地理位置、矿产资源、水资源、核心技术、创始人魅力、特殊的政商关系等。在小城市，经常有一类商人，没有原始积累，突然"起高楼、宴宾客"，横行各行各业，畅通无阻，总是能赚钱，或者说哪个行业能赚钱就会有他们的影子，而随着政府人事变动，又迅速消亡了。对于这样的商人来说，一个公司垮掉了没关系，换个行业还可以做，如果政商关系变了，公司经营得再好都会失败。这些企业的核心竞争力不是具体的产品，而是政商关系，成也政商关系，败也政商关系。大企业、国企，与其说他们经营的是产业，不如说是为政策服务，财务分析一大堆，盈利也好、亏损也罢，都是记账而已，一项人事变动、一个会议、一项政策倾斜就能扭亏为盈。如果信贷人员考察企业仅仅停留在产品层面、行业层面，那就没有把握住核心竞争力，更重要的是没有找到潜在风险点，即什么决定了其成败。

企业在市场上的竞争短期内主要体现为产品价格和产品性能的竞争，那么从长期看则是体现为核心竞争力的较量。特别是中长期贷款，更需要关注企业的核心竞争力。一方面是股东资源。每个企业都有不同的先天资源禀赋，职业经理再努力，也是现有资源的最优化组合，在既定条件下的最大化其生产能力，这就好比一个人的出身背景往往决定了其人生的天花板。而把资源边界往外拓展，则考验股东的能力了。阶层分析，是可以运用到信贷调查之中，授信几十万元的客户和授信几千万元的客户所处的社会阶层往往差别明显，当然金融杠杆本身又加剧了这种阶层分离。另一方面是适应的能力。我们看到，一个优秀的企业家，在行业景气的时候，他们懂得如何去扩张、去发展；在行业下滑的时候，他们懂得如何断臂求生。这种适应环境顽强生存的能力才是信贷人员应该关注的。银行总想把钱贷给那些扎扎实实、专注一个细分行业几十年、精益求精的实业老板，然而事实上在手机摄影普遍化的今天如果一个企业专注于胶卷，谁也不敢支持。实业与投机，不可偏废，这中间的"度"如何把握？竞争日益激烈、毛利在不断下降，坚守还是转型？资本总是追逐利润，商人必须善变，商人本身不做实体或者做技术，商人是配置资本，整合资源，总是将资本配置到高利润行业。很多民营企业老板，经商几十年，成功的关键就是把握住了关键的几个点（如国企业改革、房价上扬、互联网），捞到了第一桶金，其他方面的能力甚至不如一般的职业经理人。银行借钱给一个企业家，也就相信了其商业能力，尽管行业在衰退，优秀的商人能够提前退出，并嗅到新的商机。银行信贷人员在做行业分析，商人不会分析吗？大家都悲观的时候，往往是低成本进入的好时机。这种经商能力，或者说"商业眼光"往往难以准确评估，然而又非常重要。

第 6 章 贷款项目评估

经营状况调查的对象是企业的现有经营业务，有时候贷款对象是新设项目，没有经营活动，也没有财务报表，如何尽职调查呢？更多的是预测、评估。广义来说，企业是项目的延续，项目达到设计能力，也就进入企业经营期。项目评估也可以借鉴对企业尽职调查的方法，本章侧重介绍项目特有的关注点。

6.1 项目贷款管理

项目周期包括立项、可行性研究、报批、用地、规划设计、市政配套、开工、竣工、试运营、正式运营等，其流程长、时间跨度大、不确定性因素多。在项目贷款中，银行对项目掌控的主动权随着资金的投入而降低。在资金投入之前，银行有主动权，可以决定不为项目提供资金，资金的数量、偿还时间、方式都可以协商。资金贷出后，银行无法具体控制项目的具体建设、管理和运作，主要依赖他人对项目的管理。

银行要保持资金的流动性，说白了就是要保持一种"能够随时下船""全身而退，毫发无损"的能力，而不太希望"同舟共济"、更不希望被"套牢"。所以银行对项目贷款非常谨慎，如何控制风险？一个重要的方面就是准入控制，不靠谱的项目不介入，"不轻易上船"。以房地产项目贷款为例,准入条件是"四三二"原则,狭义理解,即项目四证齐全、项目资本金达到30%、开发商二级以上资质。广义理解,"四证齐全"代表项目手续合规合法,"不是海盗船";"30%自有资金"是说投资人不能完全依靠信贷资金,还得自己拿出真金白银来承担项目风险,"投资人也在船上";"二级资质"是说投资人要有一定的行业经验、能力,保证项目取得预期效果,"老船长掌舵,船不偏"。

实践中,信贷人员要从广义理解,手续合规合法不仅仅包括四证齐全,项目资本金制度也难以约束开发商的扩张,一纸资质不等于项目建设和运营都会顺利。政府对于项目的管理,是为了纠正市场经济负外部性,维护公共利益,不大考虑项目的市场前景、资金来源、经济效益等因素,符合公众利益的项目,不一定有经济效益。随着政府简政放权,国务院陆续取消了多项行政审批、资格认证、职业考试,把许多责任交给了市场主体。

项目总投资中,大部分是银行信贷资金,银行承担了最大的风险,就要亲力亲为,全面评估项目。评估内容包括项目建设的合规性、借款人及项目股东情况、产品与市场、项目建设配套条件、项目技术工艺、项目投资总额、项目融资方案、项目效益、项目风控措施等。大部分评估内容可行性研究报告上面都有,然而银行对项目评估的角度和取舍标准与政府或企业的标准存在差异,不能单纯地采纳企业委托中介做的可行性研究、项目评估报告,银行要从维护银行权益的立场出发,根据自己的标准评价项目,为贷款决策提供科学依据。借款人及项目股东情况、产品与市场评估、项目建设配套条件评估、项目技术工艺评估的内容和方法与前面章节类似,本章就不赘述。这里主要介绍项目背景、合规性、投融资、效益风险评估。

6.2 项目背景分析

正常项目的逻辑是先要有各种需求,以及各种有利条件,然后才有实行某个项目的必要和可能。但如果非要上某个项目不可,总可以编造出各种合理需求,并且创造各种各样的有利条件。投资人为何要投资这个项目?动机是什么?摸清楚一个项目的来龙去脉,比埋头计算各种公式和指标要重要得多。背景分析主要是指对提出项目的理由及投资意向进行分析评估,一方面是站在客观的角度观察(预测)行业发展;另一方面是从投资人的角度分析其采取的行动是否可行。

分析项目背景,有不同的切入点。

(1)从项目所属行业切入,按照前面章节行业分析的思路展开分析:首先,找准该项目所属的细分行业,了解目前相关的产业政策、技术政策和该地区、部门对行业的发展规划,如果符合规划要求,则项目是必要的;其次,了解目前行业的发展阶段、供求状况、竞争态势、技术水平,以及行业机会,从而判断项目与行业的匹配性。当然,新建项目也会影响行业供求关系,要分析其他厂商项目建设情况,避免一哄而上。

(2)从股东企业的历史与现状展开分析:企业处于什么样的阶段?具备哪些优势和劣势,又存在哪些威胁和机会?目前适合扩张战略还是收缩战略?投资项目是否能更好地发挥优势?

(3)利益相关者分析。项目建成,哪些人受益?有哪些政治、经济、社会效益?比如,充分利用当地资源、填补产业空白、扩大就业、充分利用政策优惠等。有些项目不纯粹是市场行为,有更多的政府因素,财经作家吴晓波曾在其《大败局Ⅱ》一书中,对戴国芳的江苏铁本项目的背景做过深入剖析。

戴国芳想建一个大钢铁厂的想法,是在2002年的春天突然迸发出来的。在改革开放后相当长的一段时期里,能源紧缺一直是困扰长江三角洲企业的最大瓶颈,也正因如此,钢铁行业的成长性一直比较好。2001年之后,随着宏观经济的持续高速成长,各种能源全面紧缺,其中钢铁和电力是最最紧俏的两大物资。在钢铁市场上，无论是线材还是板材，普通钢还是特种钢，价格普遍持续上涨，几乎到了"一天一价"的地步。铁本钢厂的门口，来自全国各地的大卡车每天排成长龙，等候提货，这样的景象天天出现。按戴国芳的估算，中国的这股钢铁热起码还可以延续5～6年，这应该是钢铁人一生难遇的大行情。

戴国芳把新工厂的地址选在了长江边一条狭长的沿岸地带。铁本的新建计划得到了常州市政府的积极支持。2001年前后，常州的社会固定资产投资增长率一直位列江苏之首，可是国内生产总值在全省13个省辖市中只能排名第六。饥渴的常州需要一个超大规模的投资来填补这段让当政者难堪的差距。在那几年的市政府报告中，"全市上下齐心协力，抓投入、上项目、增后劲，加快建设大企业、大项目，努力实现投入总量和项目规模的新突破"，是一个年年必提、十分迫切的发展战略。此时的铁本已经是常州市的一个大企业，上缴利税排名全市第二，戴国芳的设想一提出来，当即获得了市政府的响应。谁都知道，钢铁是一个大投入、大产出的产业，铁本的梦想一下子变成了常州市政府的梦想。在有关人士的热情推动下，铁本项目一改再改，日渐膨胀。在短短的六个月里，项目规模从一开始的200多万吨级，加码到400万吨级、600万吨级，最后被定在840万吨级，规模占地从2 000亩⊖攀升到9 379亩，工程概算为天文数字般的106亿元，产品定位为船用板和螺纹钢等较高档次产品。

实务中，类似铁本的项目非常多，特别是一些新兴产业，近的比如光伏产业，2005～2012年，政策一直鼓励可再生能源发展，各地政府纷纷以补贴、税收优惠引导企业投资，随后出现"羊群效应"，一哄而上，项目集中建设，建成后产能迅速扩张，市场出现过剩，价格迅速下滑，全行业陷入困境。

⊖ 1亩=666.7平方米。

6.3 项目合规性分析

项目要依法合规,必须取得相关手续,包括立项与报建审批。

6.3.1 项目立项与报建审批

政府对项目的立项管理有三种方式,审批、核准和备案。如何理解?通俗来说,审批制,就是政府可以批,也可以不批,非常灵活;核准制,就是符合规定的条件政府就核准,不符合就不核准,照章办事;备案制,是可以自主做,但是要让政府知晓项目情况。一般来说,新建项目由发改委进行审批、核准或备案,而工业项目的技术改造和改扩建,由工信部负责,有时候还涉及经信委。

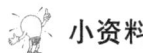 小资料

2004 年以前,不管是政府投资项目,还是企业投资项目,都实行审批制。2004 年,《国务院关于投资体制改革的决定》出台,按照"谁投资、谁决策、谁收益、谁承担风险"的原则,对于企业不使用政府投资建设的项目,一律不再实行审批制,区别不同情况实行核准制和备案制。其中,政府仅对重大项目和限制类项目从维护社会公共利益角度进行核准,其他项目改为备案制,项目的市场前景、经济效益、资金来源和产品技术方案等均由企业自主决策、自担风险,并依法办理环境保护、土地使用、资源利用、安全生产、城市规划等许可手续。

对于政府投资项目,采用直接投资和资本金注入方式的,需要审批项目建议书和可行性研究报告,特殊情况还需要审批开工报告;采用投资补助、转贷和贷款贴息方式的,只审批资金申请报告。要注意,立项批复和可研批复是实行审批制的政府投资项目审批过程的两个不

同环节。实行审批制的项目，首先要审批项目建议书（立项），项目单位再依据项目建议书批复文件办理规划选址、用地预审、环评审批等手续，并委托有相应资质的工程咨询单位编制可行性研究报告，连同相关附件报项目审批部门审批可行性研究报告。

国务院于2016年11月30日公布《企业投资项目核准和备案管理条例》，于2016年12月20日公布《政府核准的投资项目目录（2016年本）》，对核准范围和权限做出规定。实行核准制的项目，不再审批项目建议书、可行性研究报告、初步设计和开工报告，由项目单位直接向城乡规划、国土资源和环境保护等部门申请办理规划选址、用地预审和环境影响评价审批等项目建设的相关前期手续。相关前期手续完成后，项目单位委托具备相应工程咨询资格的机构编制项目申请报告，然后向政府提交项目申请报告，政府主要从"外部性"条件方面进行核准。对于外商投资项目，政府还要从市场准入、资本项目管理等方面进行核准。核准制项目也有可行性研究报告，那是给投资人决策看的，无须政府审核。

简单来说，审批制只适用于政府投资项目；核准制则适用于企业不使用政府资金投资建设的重大项目和限制类项目；备案制适用于企业投资的其他项目，实际操作中主要是关注最新的《政府核准的投资项目目录》。新一届政府倡导简政放权，通过修订政府核准投资项目目录，取消和下放一批行政审批事项，释放改革红利，代表了投资体制改革的方向。从重视事前审批到注重事中事后监管，审批与监督、执法检查相分离，改革方向当然是好的，但也把责任丢给了市场，对银行来说，风险事实上变大了。重事前审批，差项目根本不会被立项，立项批复了，对银行来说至少有个确定性的东西；而重事后监管，已立项的项目也可能被撤销，不确定性大大增加了。

投资项目报建审批事项，是投资项目申请报告核准或者可行性研究报告批复之后、开工建设之前,由相关部门和单位依据法律法规对项目单位做出的行政审批事项。2016年5月19日,国务院印发《清理规范投资项目报建审批事项实施方案》,清理规范后的投资项目报建审批事项共42项。

拿到批准文件就合规了吗?不是,还要看做出决定的机关是否越权,是否违规。看证不唯证,这些证书取得过程是否合法?很多项目因为违规审批问题被叫停,形成烂尾工程,最后银行贷款出现风险,典型案例就是江苏铁本、内蒙古新丰电厂项目贷款。这里面涉及的很多风险已经超出了银行的掌控能力,实务中需要多看一些审计署的报告。常见的违规审批包括[一]:

(1)项目拆分方式规避审批,将一个项目总投资超过地方审批权的大项目拆分后进行审批。

(2)分期建设或增资方式规避审批,以增资扩股形式,分次批复项目,实现最终投资总额增加。

(3)批小建大方式规避审批,实际项目规模超过批复的项目规模。

(4)非法批地。例如:违反土地利用总体规划和年度计划审批建设用地;违反审批权限和程序规定,以签订征地协议、供地协议、拆分审批等形式,擅自批准农用地转用和土地征收;将未办理审批手续的土地直接转为国有建设用地。

6.3.2 以房地产开发为例

最常见的项目贷款就是房地产开发贷款,所以我们以房地产开发项目为例,来介绍一个项目的流程和涉及的报批事项。房地产开发包括:选址、立项、取得土地、规划设计、开工建设、竣工验收。其中细节很多,银行不可能全面掌握,主要是通过五证来判断其流程合法合规性,主要包括建设用地规划许可证、国有土地使用证、建设工程规划许可证、建设工程施

[一] 引自:"恶意规避项目审监和用地审批的手法",http://www.dffyw.com/blog/a/wood/1669.html。

工许可证和商品房销售（预售）许可证。

6.3.2.1 建设用地规划许可证与国有土地使用证[⊖]

房地产开发，必须取得土地才能进行。根据《城市房地产管理法》的规定，房地产开发用地一级市场取得方式有两种：出让和划拨。通过出让方式取得使用权的法律凭证是国有土地使用权证，通过划拨取得土地使用权的凭证是建设用地批准书或划拨决定书。国土部门没有权力核定土地用途的，要根据规划部门核定的用途来填写。

一个城市的商业用地、住宅用地、公园用地、道路广场用地需要全盘规划，"先规划、后批地""先规划、后立项"。建设用地规划许可证就是核定土地用途及用地界线的法律依据，没有此证就属非法用地。"地块规划设计条件"规定了地块面积、土地使用性质、容积率、建筑密度、建筑高度、停车泊位、主要出入口、绿地比例、须配置的公共设施、工程设施、建筑界线、开发期限等。同地段、同使用性质的土地，规划条件越好，土地的价值越高。然后国土部门依据规划部门核定的土地功能及土地使用强度，计算出土地出让金，在土地证上载明土地用途及年限。国有土地使用证由国土部门颁发，是土地权属证明，该证主要载明土地使用者名称、土地坐落、用途、土地使用面积、使用年限和"四至"范围。

以某宗土地为例：土地面积为 10 000 平方米，容积率为 3，建筑密度≤30%，绿地率≥30%，建筑高度≤80 米。经过拍卖，最后成交价为 3 亿元。容积率为 3，即开发商可以修 10 000×3=30 000（平方米）的房子，即总建筑面积为 30 000 平方米。建筑密度≤30%，10 000×30%=3 000（平方米），即开发商可以在上面修房子的土地只有 3 000 平方米，其余要留作道路、绿地、广场、停车场、消防通道等。那怎么办呢？只能向空间拓

⊖ 《不动产登记暂行条例》实施后，房地产登记由不动产登记替代，土地证变为《不动产权证书》。此处仍以土地证举例，实务中以你所在地实际情况为准。

展,修更高楼层,30 000/3 000=10(层)。当然,楼层、建筑密度会影响住房的舒适度,进而影响销售价格。在建筑密度不变的情况下,增加容积率,只能增加楼层了。在容积率不变的情况下,开发商也可以通过增加楼层的方式来进一步降低建筑密度,但是楼层不能无限增加,在一定区间增加楼层可以摊薄每平方建筑成本(单方成本),随着楼层的不断增加,建筑成本和施工难度也会变化,单方成本也会增加。从成本来看,楼面地价=3亿元/(10000×3)=10 000元/平方米,楼面地价和单方成本是最终房价的重要组成部分。

实务中有很多开发商拍下土地以后,发现做不出来利润,就会到规划部门改规划,如增加容积率、建筑高度等。规划是可以修改的,这对银行债权影响非常大。有时候政府为提升城市形象和市政建设需要调整规划条件,既有可能将原有工业用地性质调整为商业用地性质,也有可能将商业用地性质调整为商住用地性质,还有可能控制建筑高度、调低容积率。土地使用权人改变用地性质,提升了土地价值,要补缴出让金,而降低容积率,减少了可修建房屋,会带来损失,政府会以各种方式补偿。一是用现金方式补偿给土地使用权人,二是土地使用权人如果不止一宗土地,国土部门有可能将甲宗土地上少修的房屋面积增加到乙宗土地上进行等额补偿。通常情况下这两种补偿国土部门只与土地使用权人协商,而忽略了与他项权利人(即银行)协商,就会导致被抵押的土地实际价值缩水或悬空,当贷款出现风险,处置土地就很有可能无法足额偿还贷款本息。有时候规划部门会在颁发的规划文件上注明备注条件,例如要求土地使用权人开发利用时退多少米,要求土地使用权人开发利用时必须将紧临的几户房屋进行拆迁纳入统一规划等。这些附加条件也会降低土地价值,银行在信贷调查时候应予以关注,从而避免将来造成抵押物处置困难。

 小资料

对于一些大型房地产项目的抵押,信贷人员要进一步到建设、规

> 划、测绘部门获取信息：了解房地产项目所在区域的总体规划，标的房地产是否违反建筑物的规划用途的情形，规划涉及方面很多，如水源、景区、防洪、消防、机场管制、港口码头建设、高压线限高、地质条件、军事禁区、水电供应、道路交通、文物保护等；房产所在区域有规划调整，房产往往无法办理过户手续；要留意近期政府主管部门有没有出具如《会议纪要》《批示》《函》等限制或支持该房产的改造和建设的文件等。

6.3.2.2 建筑工程规划许可证

建设工程规划许可证由城市规划主管部门依法核发，是建设工程符合城市规划要求的法律凭证，没有此证的工程建筑是违章建筑。建设工程规划许可证记载内容包括：证书的编号、证书的办理机构及办理日期、工程建设单位、工程位置、建设规模以及名称，然后是附件设计图。

办理建设工程规划许可证必须提交设计方案、设计图样、相关单位的审核和批复意见、关于土地使用的同意书和建筑施工的整体预算等。"相关单位"包括很多部门，要符合各个专业部门（住宅建设管理、规划、消防、交通、环保、节能、劳动保护、排水、卫生防疫、抗震、民防）的规范要求。设计图样主要包括总平面图和单体建筑设计方案。总平面图，比如一个小区的建筑物如何布置，每栋单体建筑有多高，各栋单体建筑之间间距是多少，道路怎么安排，是否符合消防规范等。单体建筑如小区里面的一栋楼就是一个单体。单体建筑的设计，包括该单体的建筑图、结构图、给水排水、采暖及通风、电气设计等方面。

在领取建设工程规划许可证之后，说明项目的工程规划已经获得认可，接下来就进入工程施工准备阶段。实务中，在项目获得国有土地使用权证、建设用地规划许可证、普通商品住宅固定资产投资项目备案，编制完毕总平面图、建设工程设计方案后，就可以进行项目贷款预审批了，待四证齐全后办理出款手续。

6.3.2.3 建筑工程施工许可证

建筑工程施工许可证是建设单位进行工程施工的法律凭证，无此证就属违法施工。

办理施工许可证前，涉及房地产项目临时用水用电用地审核、项目招标备案、项目质量安全报监与开工计划审批、项目文物钻探与放线验线等环节。工程施工招标虽然是房地产开发企业内部工作，但是必须到相关部门进行备案，接受监督。质量报监主要是针对建筑工程质量的监督，安全报监目的是加强施工中的安全管理，确定安全施工负责人。开工计划审批是把项目的计划报送发改部门进行审批，从而使项目的投资建设得到监控。文物钻探是为了确保地下没有文物。当所有开工准备工作做好以后，就可以请规划院测绘队进行放线与验收。最后，到建委申领建筑工程施工许可证，只有获得了施工许可证后，才能动工建设。

施工许可证非常关键，拿到施工许可证基本上"四证齐全"了，就可以向银行申请放款了。

6.3.2.4 商品房销售（预售）许可证

商品房销售（预售）许可证是房地产管理部门允许房地产开发企业销售商品房的批准性文件。预售就是将正在建设的房屋（期房）预先出售给购买人，预售许可证的获得条件在《城市房地产管理法》中有明确，但是一些城市为了保障购房者利益，提高了申领条件，例如高层（七层以上）建筑结构完成 2/3，低层建筑结构封顶。要注意区别的是：在建工程抵押的条件是已经建成的部分才可以办理抵押；银行办理按揭的条件是，无论层数高低，全部封顶才能放贷。央行、银监会《关于加强商业性房地产信贷管理的通知》(银发〔2007〕359 号) 还规定："利用贷款购买的商业用房应为已竣工验收的房屋",实务中是以建设工程竣工验收备案证书作为竣工验收的标准。

房地产项目竣工后,要组织相关部门进行验收,包括消防、民防、卫生、环保、规划、交通、园林、防雷等专业部门验收和综合验收。验收通过后,要进行竣工备案,证明项目已经竣工,然后就是交付购房人、产权证办理等。产权证,包括大产权和小产权。大产权是房屋所有权初始登记而获得,即开发商在商品房建成后办理的整体房地产权属初始登记,这时的房地产产权归开发商;小产权是购房者在购房后办理的房地产权属登记(通常是开发商代办),产权归购房者个人所有,即大产权分割成小产权。

6.4 项目财务分析

项目财务分析,类似于企业财务分析,要分析资金需求、资金来源、利润、现金流等。实务中,借款人提供了项目可行性研究报告和各种评估资料,信贷人员的工作就是审核这些评估内容的合理性。这一块内容涉及大量的数据计算,各项评估数据之间有依存关系(见图6-1),实务中主要运用Excel模板或者评估软件来实现。要再深入了解项目评估的方法,可以参考《建设项目经济评价方法与参数》(第3版),并系统学习一下工程经济、建造、项目投资咨询等方面的内容。

6.4.1 项目总投资

项目总投资是指拟建项目全部建成、投入营运所需的费用总和,按照支出类型可以分为建设投资、建设期利息和流动资金,按照最终形成资产可以分为固定资产、无形资产、其他资产和流动资产,见表6-1。不精确地讲,可以将项目总投资主要分为固定资产投资和流动资金投资两大块。

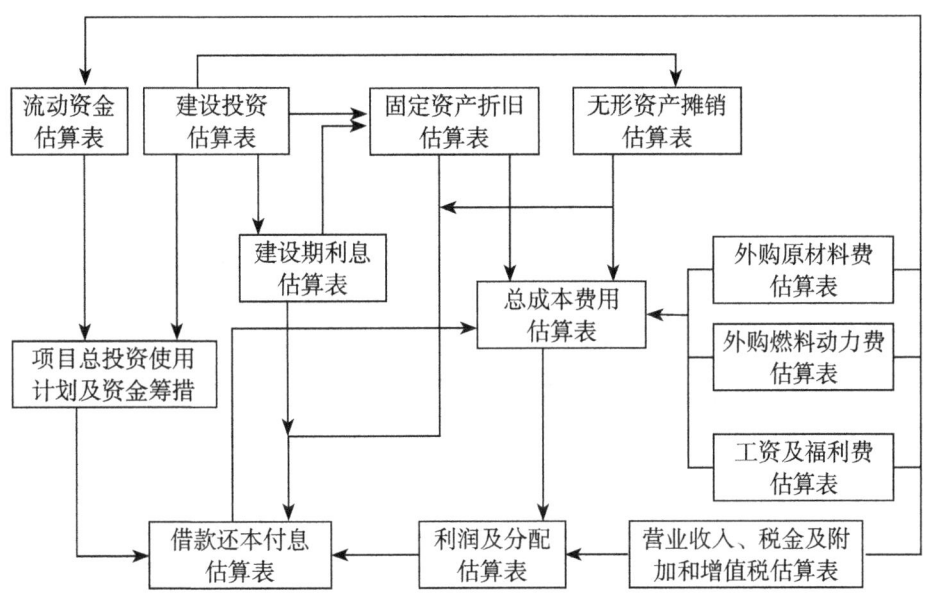

图 6-1 财务分析顺序关系图

表 6-1 建设项目总投资相成表

			费用项目名称		形成资产类型
建设项目总投资	建设投资	工程费用	建筑工程费	静态投资	固定资产
			设备购置费		
			安装工程费		
		工程建设其他费用	建设管理费、可行性研究费等		
			专利及专有技术使用费、土地使用权等		无形资产
			生产准备及开办费		其他资产
		预备费用	基本预备费		固定资产
			价差预备费	动态投资	
		建设期利息			
	流动资金				流动资产

实务中，我们会遇到很多总投资口径，有的包括全部流动资金，有的只包括铺底流动资金（项目投产后试运行所需的流动资金，为全部流动资金的 30%），在审核评估报告和计算资本金比例时要注意区分。

6.4.1.1 固定资产投资

案例：某4S店项目，建设期1年，运营期5年，项目固定资产投资3 380万元，主要构成为：建设工程费2 240万元（销售中心200万元、展厅136万元、车间520万元、竣工区48万元、维修车间520万元、变配电室8万元、商品车中转库280万元、职工公寓440万元、道路绿化72万元、管线沟道16万元），设备购置及安装费500万元（电脑检测仪、四柱举升机、举升机、尾气抽排器、大梁矫正仪、整形机、四轮定位仪、抛光机、免拆清洗仪、发动机分析仪轮胎动平衡仪），工程建设其他费用费用500万元（土地费用450万元、建设单位管理费20万元、勘察设计费8万元、工程监理费4万元、职工培训费8万元、临时设施费10万元），预备费60万元，建设期利息80万元（拟申请项目贷款2 000万元，年利率8%，由于陆续提用，平均余额为1 000万元，所以全年利息80万元；实务中，准确的项目融资金额和利息都要等现金流分析完，融资方案可行才能确定）。

评估项目固定资产投资估算时，要看估算参数和依据是否符合国家及行业主管部门的有关规定，工程内容和费用是否齐全，投资构成比例是否合理，是否任意扩大费用范围和提高标准，估算中有无漏项、少算或压低造价等情况，必要时应据实调整。例如4S店案例中，我们也可以与同城同类4S店的造价进行对比分析。该店展厅造价136万元，我们要分析展厅面积大小，单方成本是否合理，如果同一区域的其他项目单方成本1 000元/平方米，而该项目单方成本2 000元/平方米，则估算偏高。投资估算过高，相应的贷款需求就大，有的企业通过将一些不必要的辅助工程纳入投资估算，小项目、大配套，获取了超额的信贷资金，就可能造成信贷资金挪用。还有的企业少列了部分必备的辅助工程，导致投资估算不足，这样只需要很少的项目资本金就可以启动，但是很容易导致后期资金不足，导致项目难以完工，这时候倒逼银行追加信贷额度，成了"钓鱼"项目。

6.4.1.2 流动资金

流动资金包括项目建成投产后，为维持正常生产经营活动，用于购买原材料、燃料、支付工资及其他经营费用等所需的周转资金。从财务报表角度理解，项目建成以后，相当于在空白资产负债表上增加了固定资产，企业要运营，还需要现金、存货、应收账款等流动资金。形成了生产线，没有流动资金采购原材料，企业也无法生产；生产了产品，要顺利销售，就得制定恰当的销售政策，如合理的赊销，就产生了应收账款，需要占用一定资金；如果企业的产品很畅销，可能会预收一部分货款；如果企业采购很强势，也可能赊销一定的原材料。合理的原材料、产品库存、现金、应收账款，扣除应付账款、预收账款等，就是正常的流动资金需求量。

流动资金的评估可以采用扩大指标估算法和分项详细估算法。扩大指标估算法是参照借款人以往的或同类企业的流动资金占用率，对借款人流动资金需求量进行估算。例如同类 4S 店，年销售 1 000 辆汽车，流动资金为 500 万元左右，则 2 000 辆销售规模的 4S 店其流动资金需求量为 1 000 万元。分项详细估算法是对流动资金组成部分进行逐项详细测算，流动资金需求 = 现金 + 应收账款 + 存货 − 应付账款 − 预收账款，而应收账款、预收账款通过预计的年主营业务收入除以其年周转次数得到，应付账款、存货用预计年主营业务成本除以其年周转次数得到，现金用年度三项费用除以其年周转次数得到。分项详细估算法比较精确，但工作量较大。

继续案例：我们用分项详细估算法对 4S 店进入运营期后的流动资金需求情况进行了估计：第 2 年流动资金为 485 万元，第 3 年流动资金为 774 万元，第 4～第 6 年流动资金为 967 万元，即第 2 年为 485 万元，第 3 年需要增加 289 万元，第 4 年需要增加 193 万元，增量部分就是流动资金需求，合计为 967 万元。

实务中，无论是周转率还是资金占用率都不会特别准确，因为新项目投产以后，其市场策略肯定会发生较大变化，如以前供不应求，投产以后变成了供过于求，那么赊销比例就会增加，周转率、资金占用率就会发生变化。实务中，投资人对项目进入运营期后的流动资金往往估计不足，而且往往全部依赖负债资金（银行贷款、商业信用）。流动资金中股东应该承担多少（至少铺底流动资金应该纳入投资总额，投资方需要承担其中一部分）？有没有可靠的资金来源？这些都是要重点关注。

6.4.2 资金来源分析

项目资金来源分析或者资金筹措计划评估，是对项目资金来源、构成、到位情况及与项目投资计划的匹配性进行评估。资金来源不落实，往往导致建设工期拖长、工程造价升高，甚至无法完工。资金来源主要分为权益类资金（自有资金或项目资本金）和债务资金两部分。

6.4.2.1 项目资本金

权益资金和债务资金性质不同，在项目清算前，权益资金不得提前抽走，亏损也是先亏权益资金。一个项目，权益资金多一点，债权人的风险就小一点。虽然投入属于"沉没成本"，但是投资人对于一个项目还是有个心理防线，如果项目里没有投资人任何资金，全是债务资金，一旦市场有变化，投资人就撒手不管了；如果投资人自有资金投入很大，则会尽一切努力挽救项目。国务院《关于固定资产投资项目试行资本金制度的通知》确定了项目资本金制度，该文件规定："投资项目必须首先落实资本金才能进行建设。项目资本金，是指在投资项目总投资中，由投资者认缴的出资额，对投资项目来说是非债务性资金，项目法人不承担这部分资金的任何利息和债务。"国务院从宏观调控的角度，不断调整项目资本金比例，不同时期、不同行业有不同的资本金比例要求，这是合规性的底线要求。

继续 4S 店项目案例：固定资产投资 3 380 万元，流动资金需求 967 万元（铺底流动资金 290 万元已纳入投资总额）。计算项目资本金比例的投资总额为：固定资产投资＋铺底流动资金=3 670（万元），项目贷款 2 000 万元，资本金=3 670-2 000=1 670（万元）（1 384 万元用于固定资产投资、290 万元用于流动资金），项目资本金比例=1 670÷3 670=46%。下一步工作就是审核投资人 1 670 万元项目资本金到位情况，以及银行项目贷款 2 000 万元、流动资金 677 万元的筹措情况。如果贷款由本行全部承担，负债资金来源无须评估，如果只占一部分，则需要审核其他负债资金来源的可靠性。项目进入运营期，流动资金可以通过利润补充，也可以通过贷款解决。一般项目贷款银行会连带提供运营期流动资金贷款，通过贸易融资、票据深度介入，这样可以获取结算信息，吸收结算存款，进而控制项目贷款的还款来源。

项目融资主体分为既有法人和新设法人，既有法人就是一个正常经营的企业，新设法人就是为项目专门设立的项目公司。对于既有法人来说，其资本金就是所有者权益，出资能力则体现为可变现资产（重点是现金、银行存款）。对于新设法人，资本金就是股东出资，审核的重点就是股东出资情况与出资能力。

要严格区分股东出资与股东投入，股东借钱给项目也是股东投入，但是借钱就是债，可以归还，而出资是不得收回的。项目股东借了钱再出资给项目与以项目名义借款的法律性质也不同。股东借的钱还不上，他的债权人可以追股东的投资（即项目），虽然其受偿劣后于项目本身的借款，但也会给项目造成很多麻烦。所以我们评估资金来源既要重形式，更要重实质。"形式"就是证据，当其他利益相关方要来追项目资产时，我们拿出这是股东出资的证据来对抗。"实质"就是要看股东的出资和股东的实力是否匹配，要充分考察股东多年的经营积累。审核出资，要看相关资产的产权有没有变更到项目名下，是否真正投入项目建设？有的资产是为了凑数,项目用不上,这也不能算为出资。在项目建设与运营过程中,还要持续关注股东是否通过关联交易、股东借款、长期投资、应收应付等方式抽逃出资,这一点和普通企业类似。

6.4.2.2 负债资金

负债资金包括银行借款、发行债券、融资租赁、股东借款等。要调查这些资金的筹措数额、筹措方式、筹资成本、担保方式、筹资计划安排及落实等情况,最好获得资金提供方书面的意向承诺、合同等。其他银行贷款的,要分析贷款条件,有无提款限制性条件。项目公司向股东借款来作为项目建设资金来源,应该要求股东承诺,劣后于银行资金退出,当然最好是把这部分资金转为资本金,即履行法律程序,增加注册资本。除了这些负债资金外,企业还可能通过一些委托贷款、理财产品、信托计划、资产管理计划等方式融资,要重点关注其融资合同对企业新增银行贷款有无限制性条款,有无提前到期条款等,要充分评估这些资金的稳定性,使用期限与项目投资计划的匹配性。

为什么我们在项目评估时要高度关注债权人呢?事实上,项目贷款出现风险,银行面临的对手不再是项目投资人,反而是这些债权人,项目资产只有这些,就看谁分得多一点。特别要关注民间负债,如涉及高利贷、非法吸收公众存款或者非法集资,出现群体性事件,担保物权也软弱无力;要关注各种资金的成本,包括资金筹集费用和资金占用成本,加权平均资金成本率是一个项目必须获得的最低收益率。当我们了解到一个项目的资金成本已经远远高于项目收益时,这种项目往往难以为继,有的房地产项目因为借入大量高利贷("放水"资金)导致烂尾,"被水淹死了"。

 小资料

房地产开发项目的资金来源主要包括自有资金、银行借款、预售收入。正常情况下，开发商以自有资金拍下土地，再用土地抵押融资进行建设，取得预售许可以后用预售资金还贷款。在自有资金不足的情况下，还有其他融资方式：借钱拍地，办证后抵押融资；在没有预售许可证的情况下通过"卖楼花"融资，如售卖优先选房权、收诚意金等；对于一些商铺，开发商还通过出售、租赁、回购等方式进行销售，美其名曰"投资理财"，实际上也是变现的融资；还有利用优势地位，使供应商和施工方垫资，无偿占用建设资金和原材料；资金紧张的开发商还会转让项目股权、项目收益权、信托融资，以高息向内部员工、社会公众、担保公司融资。房屋销售情况良好，资金成本问题迎刃而解，楼市低迷，这些融资方式就会带来风险隐患。理论上，在建工程抵押以后商品房就不能预售，商品房预售以后及时备案就不会出现一房二卖，商品房大产权办理以后及时分割成小产权就可以避免开发商将预售房屋再次抵押。实务中开发商总是利用各种空档，如抵押登记部门分割容易出现重复抵押的问题。很多时候所谓的购房者并不是想要房子，而是获取投资收益，对于抵押、备案都不是很关心，然而当银行要处置抵押物时，这些人又变成了"购房者"。开发商筹资的范围一旦从内部员工拓展到社会个人，就容易构成非法吸收公众存款罪，形成刑事案件，造成银行债权处置困难。

6.4.3 项目效益评估

项目贷款和流动资金贷款最大的区别就是周期长，对于流动资金贷款来说，由于期限短，不盈利没关系，现金流和利润短期可能会不一致，有现金流就可以偿还贷款，项目贷款则不同，长期不盈利的项目不可能现金流充沛，也不可能偿还贷款。对于财务效益分析，借款方已经编制了各种评估报告，贷前调查的时候主要也就是评估该报告的各种假设和计算方法是否恰当，以及对各种假设进行不确定性分析。不确定性分析的目的也就是通过判断项目亏损到了什么程度就会危及银行贷款本息，从而设置项目资本金比例、贷款金额、还款方式等信贷条件。

6.4.3.1 收入、成本、利润

项目投产后，每年产生多少销售收入？销售收入＝预计销量 × 预计售价。项目评估的时候，一个常用的假设就是以产定销，即销量＝产量（尽管这个假设不一定合理），而产量是根据产能和生产负荷来确定，即产品销量＝项目设计生产能力 × 生产负荷（%），于是销量预测问题就变成了生产负荷的估计问题。一般来说，项目投产要一段时间才能达到全负荷生产，比如第 1 年 50%，第 2 年 80%，第 3 年 100%。在确定项目负荷时，要参考行业平均生产负荷，谨慎起见，要尽量调低负荷。

接上例：4S 店运营期第 1 年负荷为 50%，第 2 年负荷为 80%，第 3 年进入正常经营期，正常经营期年销量 2 000 辆，销售收入 2 000 万元，维修收入 1 000 万元。那么第 1 年销量 1 000 辆，销售收入 1 000 万元，维修收入 500 万元，第 2 年销量 1 600 辆，销售收入 1 600 万元，维修收入 800 万元。

收入估计完成以后，接下来就是成本费用估计（要区分成本和投资，建设项目花了多少钱叫投资，建成投产后每年要花多少钱叫成本）。总成本费用包括外购原材料费、外购燃料及动力费、工资薪酬、修理费、折旧费、摊销费、利息费用等。根据成本费用与产量的关系可以将总成本费用分解为可变成本、固定成本，进而计算营业收入的盈亏平衡点。固定资产原值即为投资总额中形成的固定资产部分，这部分要在运营期计提折旧。而投资总额中形成无形资产、其他资产部分需要在运营期内进行摊销。折旧和摊销只在账面进行计提，影响利润但不影响现金流，按照现行的会计

制度，这部分资金可以用于日常经营，并不需要单独存放，这部分资金构成了借款本金偿还的重要来源，也可以补充流动资金缺口。总成本费用扣除折旧费、摊销费、利息支出就是经营成本。

有了收入、成本、利润数据，我们可以初步计算借款偿还能力，如借款偿还期、偿债备付率等指标，见表6-2。

表6-2　借款偿还能力分析表　　　（单位：万元）

序号	项目	计算期					
		0	1	2	3	4	5
1	年初借款余额		2 000	1 868	1 579	809	0
2	本年新增借款	2 000	195	289	193		
3	本年应计利息	80	172	167	138	65	0
5	本年还本资金来源		327	578	963	1 319	1 623
5.1	折旧费×80%		288	288	288	288	288
5.2	摊销费×80%		125	125	125	125	0
5.3	未分配利润			247	632	989	1 393
6	本年偿还本金		327	578	963	809	0
7	年末贷款余额	2 000	1 868	1 579	809	0	0
8	共偿还本金和利息	80	499	744	1 101	874	

借款偿还期 =（借款偿还开始出现盈余年份 −1）+（盈余当年应偿还借款额 ÷ 盈余当年可用于还款的余额）= 4+809÷1319 = 4.6年。

最快的还款方式是将每一年的利润、折旧、摊销全部用于还款（即最大偿还能力），直到贷款付清为止，通过这种方式计算出的借款偿还期是最短偿还期。保守起见，本例仅将折旧费、摊销费的80%和未分配利润用于还款，得出还清借款本息所需的年限。

如果已经确定了贷款期限和还款方式，就不能用借款偿还期指标，要用利息备付率（EBIT ÷ 当期应付利息）和偿债备付率［(EBITDA−T) ÷ 当期应偿还本金和利息］评估还款能力。

费用、利润、贷款偿还期之间存在循环关系，牵一发动全身，这种影响方式：贷款偿还方式→财务费用→总成本费用→利润→本金偿还金额→

下一年财务费用，这就需要多表格联动，银行在确定还款方式（金额、年限）的时候，要根据各种表格反复测算。

6.4.3.2 现金流分析

最后将投资、融资、收入、经营成本转换为现金流，就可以得到每年的预计现金流入流出，进而就可以计算净现值、内部收益率、投资回收期等指标，见表6-3。

表 6-3　项目现金流量表　　　　（单位：万元）

序号	项目	计算期					
		0	1	2	3	4	5
1	现金流入		10 500	16 800	21 000	21 000	23 407
1.1	产品销售收入		10 500	16 800	21 000	21 000	21 000
1.2	回收固定资产余值						1 440
1.3	回收流动资金						967
2	现金流出	3 300	10 403	16 198	20 106	19 932	19 981
2.1	固定资产投资	3 300					
2.2	流动资金		485	289	193	0	0
2.3	经营成本		9 289	14 802	1 8478	18 478	18 478
2.4	销售税金及附加		630	1 008	1 260	1 260	1 260
3	税前净现金流量	-3 300	97	701	1 070	1 262	3 669
3.1	累计净现金流量	-3 300	-3 203	-2 503	-1 433	-171	3 499
3.2	折现系数（i=10%）	1.00	0.91	0.83	0.75	0.68	0.62
3.3	净现金流量现值	-3 300	88	579	804	862	2 278
3.4	现值累计	-3 300	-3 212	-2 633	-1 829	-967	1 311
4	所得税		0	98	176	194	244
4.1	税后净现金流量	-3 300	97	602	894	1 068	3 426
4.2	累计净现金流量	-3 300	-3 203	-2 601	-1 707	-639	2 787
4.3	净现金流量现值	-3 300	88	498	671	730	2 127
4.4	现值累计	-3 300	-3 212	-2 714	-2 043	-1 313	814

税前分析：内部收益率=19.71%；当 i=10% 时，净现值=1 311万元；静态投资回收期=5+171÷3 669=5.05（年）；动态回收期=5+967÷2278=5.42（年）。税后分析：内部收益率=16.22%；当 i=10% 时，净现值=814万

元；静态投资回收期 =5+639÷3 426=5.19（年）；动态回收期 =5+1 313÷2 127=5.62（年）。

现金流量表可以分为全部投资现金流量表（案例所示）、资本投资现金流量表、投资各方现金流量表等。由于计算基础不同，流入和流出项目也不同。全部投资现金流量表是假定全部资金都是自有资金，没有利息费用，计算折旧的固定资产原值中也不包含建设期利息，这是站在项目整体角度看项目，属于融资前分析，与融资方式无关。投资人将全部投资内部收益率与各种融资利率进行比较，收益率大于融资利率，融资就可行，然后安排融资方式，也就是最优资本结构的问题。银行在项目贷款评估时，判断项目可取与否，要从银行的立场出发，全部投资内部收益率大于本行的贷款利率，从收益角度来说融资基本可行，但是还要从风控角度合理设置资本金比例，资本金比例越低，债权人承担的风险越大，这种风险体现在：资本金是吸纳项目收益波动的"缓冲垫"，一旦波动超过了资本金能承受的限度，就危及债权人的利益，资本金比例接近零，债权人收益波动直接等于项目收益波动。

有时候，一个项目在整个项目期内收益良好，在个别运营年份可能出现现金净流量为负数的情况，如等额本金还款方式，在运营初期可能需要通过其他渠道临时借入资金来偿还贷款，这会有一定风险。这就需要进一步评价项目财务生存能力，只有项目各年的现金流入足以应付现金流出，项目才具有财务生存能力。从银行角度来看，还款现金流与项目运营产生现金流匹配，还款方式才可行。

6.4.3.3 不确定性分析

案例显示，随着负荷增加，产销量增大，项目扭亏为盈（见表6-4）。其原因就在于，有些成本和费用是相对固定的，如折旧费、摊销费等，就算没有营业收入也要发生。一般来说，有固定成本的项目，在盈利与亏损之间有一个转折点,即盈亏平衡点。盈亏平衡点的负荷越低,项目对风险的承受能力就越强。

表 6-4 盈亏平衡分析

项目	取值情况	营业收入(万元)	固定成本(万元)	变动成本(万元)	利润总额(万元)
负荷	40%	8 400	785	7 303	−192
	50%	10 500	791	9 089	−10
	51%	10 616	791	9 187	0
	60%	12 600	797	10 875	173
	70%	14 700	802	12 660	355

投资总额、收入、成本是在一定假设条件下做出的,后续的指标分析都是在这些假设条件下算出来的。那么如果假设条件变动了,后续所有的盈利预测都会变化。为了确保财务效益评估的准确性,我们需要在不同的假设取值下,重新计算预测值,见表6-5。有的假设条件变了,对盈利影响不大,也就是盈利对这个假设条件不敏感,这种分析就是敏感性分析。实务中,可以通过单因素、多因素敏感分析、蒙特卡洛模拟,对项目收益进行多维度测试,分析项目动态抗风险能力。

表 6-5 敏感性分析表

项目	变化率	内部收益率	税前净现值(万元)	静态投资回收期(年)	动态投资回收期(年)
销售收入	−20%	11%	161	5.39	5.92
	0	20%	1 192	5.05	5.42
	+20%	28%	2 461	4.46	5.06

上例中,我们看到销售收入的轻微波动,就会引起项目收益较大的变化,可见该项目抗风险能力较差。

6.4.3.4 效益评价

一笔项目贷款对银行能产生哪些收益?可以量化的收益主要包括贷款利息、衍生存款、咨询费等收入;难以量化的收益,如密切银行与当地政府、主管部门、借款人业务合作,提高银行的知名度和业务竞争力等。

一个项目不仅对银行有效益，对社会也有效益，如就业、税收、相关产业拉动，这就是经济社会影响评估，站在全社会角度看项目，利息、税收、工资都不是成本了，更多考虑的是环境问题、社会效益等。有的项目经济效益很好，但是很大负外部性（如环保），就存在很大的社会风险。所以，同一个项目，从债权人、投资人、政府、公众的角度，都会得出不同的结论。

一个项目整体收益良好，收益会分配给不同的主体，银行拿走利息、政府拿走税收、工人拿走工资、投资人拿走利润，所有主体的诉求得到满足。如果项目没达到预期，谁承担风险？理论上说，先是投资人的收益会减少；而实际上，投资人对项目更熟悉，更有可能提前撤离。有些项目，投资人投入很低，成功了一本万利，失败了则全身而退；而对银行来说，项目成功了，赚点利差，失败了，本金损失。有的项目没达到预期效果，由于有项目资本金控制，先是消耗投资方的资本金，投资人血本无归，但是银行通过处置抵质押物、更换投资人等方式顺利退出，对于银行来说，风险可控。所以，我们不仅要评估一个项目整体的收益与风险，还要特别关注银行项目贷款的收益与风险，设计相应的风控措施。

6.4.4　项目风险评估

6.4.4.1　主要风险点

项目的风险包罗万象，一一列举就会迷失方向。有些风险可以管控，如经营风险；有些风险无法管控，如政策风险、市场风险。任何项目建设、经营期都可能遇到自然灾害、质量事故、安全事故等风险，但是项目管理方已经购买相关商业保险，这时候就没有必要对这些风险进行过多描述；又比如原材料涨价风险，管理方可以通过固定总价合同等措施进行规避，这些就属于项目管理方的经验和能力。

项目贷款评估时，通常要关注下列风险点：

（1）合规风险。它主要表现为：项目要件不真实，不符合国家相关政策、监管部门的规定和银行信贷政策，项目要件不齐全或要件失去有效性等，如项目总投资超过批复总投资、项目未经有权审批部门批准已经开工建设等。

（2）技术风险。它主要表现在：工艺技术先进性不足，设备与原材料的适应性差，引进技术与设备时未考虑技术的消化吸收能力，进口设备与国内设备不配套等。

（3）市场风险。它主要表现在：未来市场供求关系发生变化，产品成本、价格、质量、性能不再具备市场竞争优势。

（4）资金风险。它主要表现在：出资人主营业务下滑，无法按原计划出资；项目开工以后，市场行情变化导致投资效益缺乏原有的吸引力，原承诺出资的股东不再兑现承诺；原计划的他行融资不能落实，导致项目资金出现缺口；建设期设备或材料价格波动剧烈导致原计划的投资估算不足；借款人为了套取银行贷款，故意高估投资额，挪用部分项目资金。

项目评估过程是一个发现项目风险、过滤风险的过程。审慎选择评估参数就能排除大部分风险。例如在对一些高风险项目评估时，可以适当提高最低可接受收益率，来计算项目的净现值。在经济扩张期，就有必要选择较高的涨价预备费比例。为了防范项目市场风险，评估的时候就要确定合理的负荷率。

6.4.4.2 风控措施

项目的风控措施很多，角度不同，风控的重点就不同，例如投资人尽量抽出自有资金，将风险转移到债权人身上，"绑架银行"，这对投资人来说也是一种风控。而我们关注的重点是银行如何保护自己的利益？银行的风控措施主要包括：

在贷款发放前，贷款项目要满足最低资本金比例，且项目实际进度与已投资额相匹配；监督借款人根据项目的实际进度和资金需求支用贷款资金，防止项目资金挪作他用；要求发起人提供资金缺口担保；以项目资产或项目预期收益为贷款设定担保；要求项目发起人以其持有的项目公司股权为贷款设定质押担保；要求项目主要股东提供连带责任保证；要求建设方设立完工保证金、提供完工担保和履约保函，保障项目完工；要求借款人投保相关商业保险，并将银行设定为第一受益人；项目进入运营期以后，要通过结算网络控制现金流，尽早实现项目还款。

为什么要根据项目实际进度放款呢？试想，在项目初期就一次性将款放了，如果项目中途停工，这时候银行就非常被动，如果按比例投放，未投放的资金就不会有风险。第一笔自有资金到位→银行放款→形成部分资产→将形成的这部分资产办理抵质押→下一笔自有资金到位，如此循环往复。银行每一笔贷款都有相应的项目资产做抵质押，而且这些资产里面都有投资方自有资金的一定比例，来缓冲资产贬值的风险。

控制还款来源是非常重要的风控措施，比如汽车金融公司在做经销商建店项目贷款的时候，通常要通过三方协议控制厂商对经销商的建店返利作为一部分还款来源；又比如高速公路项目贷款通常会把收费权质押，景区项目贷款会采取景区收费权质押，电力发电项目贷款会采取电费收费权质押等。这些协议、抵押或者质押不一定具有法律效力，但是可以最大限度地控制或者掌握项目的进展和运营情况。

项目贷款通常要求"银行贷款还清前，投资方不得撤资，不参与项目分红"。我们在案例中看到：项目产生现金流的最终用于支付贷款本息、税收、股东分红，即现金流最后在债权人、政府、股东之间分，股东多拿一些走，债权人的本息就难以得到保障。如果项目投资方最开始的出资就不实，或者在中途抽逃资金，对于估算模型都会产生致命的影响。

第 7 章

担保措施调查

借款人还款能力强、还款意愿好，自然可以发放信用贷款。若还款来源不足或对还款意愿存疑，则需要增加一些担保措施。第一还款来源不足的情况下，担保作为一种补充还款来源；还款意愿存疑时，担保措施是一种制约因素，增加借款人的违约成本。有的担保措施既是补充还款来源又是对借款人的制约手段，而有的担保措施只居其一。担保充足不能构成发放贷款的依据，特别是制约性担保，因为它本身不增加还款来源。

7.1 担保法律基础

对担保实体上的分析和对申请人的分析基本类似，这里更多的是分析担保行为本身的法律关系。担保涉及《中华人民共和国担保法》（1995 年）、《中华人民共和国担保法司法解释》（2000 年）、《中华人民共和国物权法》（2007 年）、《物权法司法解释一》（2016 年）。《担保法》既适用于物保又适用于人保，而《物权法》仅适用于物保，《担保法》及其司法解释出台较早，其中有很多过时的条款，条文冲突要用《物权法》。

7.1.1 主要担保形式

《担保法》规定了五种担保方式：保证、抵押、质押、留置和定金，信贷业务中常用到前三种。实务中，还有其他的担保方式，如所有权保留、回购、让与担保等，这些方式并非无效，而是《担保法》没规定，要适用《合同法》。

抵押是指债务人或者第三人不转移财产的占有，将财产作为债权的担保，债务人不履行债务时，债权人有权依法以该财产折价或者以拍卖、变卖该财产的价款优先受偿；质押是指债务人或者第三人将其动产或权利移交债权人占有，将该财产作为债权的担保，债务人不履行债务时，债权人有权依法以该财产折价或者以拍卖、变卖该财产的价款优先受偿；保证是指保证人和债权人约定，当债务人不履行债务时，保证人按照约定履行债务或者承担责任的行为。抵押、质押又称物保，保证又称人保。

抵押和质押都属于物保，区别在于是否转移担保物。例如，车主把汽车抵押给银行，车主还可以使用汽车；车主把汽车质押给银行，车辆就要交付给银行，不仅影响了车主正常使用，银行还有保管责任，要有停车场，要定期打火热车，如果车辆丢失，不仅质押权灭失，银行还要赔偿。这就是质押的缺点，如何既实现了"转移交付"又不影响出质人使用？很多担保创新都试图解决这个难题。而抵押操作已经非常成熟，银行、抵押人都乐意接受，被誉为"担保之王"。下面看人保和物保的区别：

假如甲向银行借款 500 万元[一]，要找担保，乙有公司股权、房产、汽车、存款若干，如果：①乙用价值 1 000 万元的 5 宗房产提供抵押，同时用价值 100 万元的汽车提供质押，到期后甲尚欠银行 100 万元，银行可以处置 5 宗房产（即使欠 1 元钱，也可以处置全部抵押物）和汽车，假如拍卖所得 1 100 万，100 万元偿债，剩下 1 000 万元退还乙；②乙提供保证，到期后甲尚欠银行 100 万元，银行可以冻结乙的银行存款，可以处置房产汽车，也可以处置股权，也可以同时进行，假如银行查封冻结了乙名下所

[一] 资料参考：李建伟，2016 年在北京的民法授课内容，略有改动。

有财产，拍卖所得2 000万元，而乙名下尚有其他债务5 000万元，银行能分得2 000×100÷（100+5 000）=39（万元）。

一个客户对外提供物保，其风险是可控的（例中，银行最多可以处置5宗房产和汽车），而对外提供保证的风险是无限的，这种无限不是承担责任无限大（上例中的责任上限为500万元贷款的本息加费用），而是名下每一项财产都可能被处置。这里的债权人可以是银行，可以是小贷公司，可以是商业伙伴，银行可能不会恶意行使权利，而其他债权人就不一定了。所以，一个客户对外提供保证，就等同于将自己名下每项财产置于风险之中。如果没有足够的现金储备以备代偿，随时可能倾家荡产。

人保和物保的区别还在于人保有保证责任期间的概念，债权人只有在该期间采取了特定的行为（起诉债务人、要求保证人代偿等），保证人才会承担责任，否则保证人就免责了。为何要规定保证期间？案例中，甲违约，银行不找甲要，也不找保证人乙要，这会损害保证人利益，因为债务人的财务状况每况愈下，保证人承担了代偿责任还是要找甲。如果银行长期不行动，导致保证人乙无法主动找甲，还是会损害保证人乙的利益。甲到期违约，银行延长债务履行期限，会有什么后果呢？其实延期履行和不采取行为没有太大区别，也会损害保证人利益。《担保法司法解释》第三十条："保证期间，债权人与债务人对主合同数量、价款、币种、利率等内容做了变动，未经保证人同意的，如果减轻债务人的债务的，保证人仍应当对变更后的合同承担保证责任；如果加重债务人的债务的，保证人对加重的部分不承担保证责任。债权人与债务人对主合同履行期限做了变动，未经保证人书面同意的，保证期间为原合同约定的或者法律规定的期间。"物保没有保证期间，只要主债权没有消灭，物保一直存在。

7.1.2 担保人

在抵押合同中，提供抵押物的一方是抵押人，接受方为抵押权人；在质押合同中，提供质押物的一方是出质人，接受方为质权人；在保证合同中，提供保证的一方是保证人，接受方为被保证人；抵押人、出质人、保证人统称担保人。

担保要合法有效，担保人必须具备一定的条件，和第 3 章中对借款人的要求基本一致。担保和借款都是增加负债（或有负债）的行为，但是对外借款有资金的流入，对外担保则是纯粹损害担保人利益的行为（即担保具有单务无偿性），权利义务极不对等，所以对担保的资格要求要严格得多。

《担保法》第八条 国家机关不得为保证人，但经国务院批准为使用外国政府或者国际经济组织贷款进行转贷的除外。

第九条 学校、幼儿园、医院等以公益为目的的事业单位、社会团体不得为保证人。

第十条 企业法人的分支机构、职能部门不得为保证人。企业法人的分支机构有法人书面授权的，可以在授权范围内提供保证。

《担保法》规定这些人不能成为保证人，事实上，这些人也不能成为抵押人、出质人。例如国家机关，国家财政预算拨付的经费和财产只能用于履行其所承担的相应国家职能和支付工作人员的工资，而不能用于任何经营活动，包括为他人提供担保，所以国家机关不能用自己名下的财产设定物保，不能成为抵押人和出质人。实务中，经常遇到政府出具各种财政性拨款决议或财政担保承诺，这些都不能作为有效的担保形式，只构成"宽慰函"，对还款来源提供道义上的支持。

对于物保，我们重点考察物的主人是谁？他有没有对外担保的资格？容易出现风险的情形包括：①如将无民事行为能力人、限制民事行为能力人的财产设定物保；②如被注销的企业以尚在名下的财产设定物保；③个人独资企业名下的财产设定物保，担保人却是投资人；④没有法人资格的企业集团以成员企业的资产设定物保。对于物保，我们关注物本身价值的同时要关注物主的信用，担保人人品差，担保物的处置往往难以实现。

7.1.3 担保物权

抵押权和质押权在《物权法》中称为担保物权,属于物权的一种。债权和物权是民法上两大基本财产权,其差异非常大。常见的债权为合同债权,如《借款合同》《抵押合同》《质押合同》《保证合同》都是债权关系。债权具有平等性,平等性就意味着 2016 年 1 月 1 日的借款和 2017 年 1 月 1 日的借款,在清偿上面没有先后顺序,假如 2017 年 1 月 2 日借款人破产,两个债权按金额比例清偿。而物权则具有优先性,设立在前的抵押优于在后的抵押。债权是对人权,只能约束特定的当事人(如合同双方),而物权是对世权,效力及于一切人。债权强调契约自由,当事人可以任意约定(只要内容不违法),但物权必须法定,不能随便找个物就设定担保物权,而且设立担保物权也必须按法律规定的程序办理。

7.1.3.1 物的分类

哪些物不得抵押?哪些动产不得质押?哪些权利可以质押?都必须符合法律规定。

《物权法》第一百八十条 债务人或者第三人有权处分的下列财产可以抵押:

(一)建筑物和其他土地附着物;

(二)建设用地使用权;

(三)以招标、拍卖、公开协商等方式取得的荒地等土地承包经营权;

(四)生产设备、原材料、半成品、产品;

(五)正在建造的建筑物、船舶、航空器;

(六)交通运输工具;

(七)法律、行政法规未禁止抵押的其他财产。抵押人可以将前款所列财产一并抵押。

第一百八十一条 经当事人书面协议,企业、个体工商户、农业生产经营者可以将现有的以及将有的生产设备、原材料、半成品、产品抵押，债务人不履行到期债务或者发生当事人约定的实现抵押权的情形，债权人有权就实现抵押权时的动产优先受偿。

第一百八十四条 下列财产不得抵押：

（一）土地所有权；

（二）耕地、宅基地、自留地、自留山等集体所有的土地使用权，但法律规定可以抵押的除外；

（三）学校、幼儿园、医院等以公益为目的的事业单位、社会团体的教育设施、医疗卫生设施和其他社会公益设施；

（四）所有权、使用权不明或者有争议的财产；

（五）依法被查封、扣押、监管的财产；

（六）法律、行政法规规定不得抵押的其他财产。

第二百零九条 法律、行政法规禁止转让的动产不得出质。

第二百二十三条 债务人或者第三人有权处分的下列权利可以出质：

（一）汇票、支票、本票；

（二）债券、存款单；

（三）仓单、提单；

（四）可以转让的基金份额、股权；

（五）可以转让的注册商标专用权、专利权、著作权等知识产权中的财产权；

（六）应收账款；

（七）法律、行政法规规定可以出质的其他财产权利。

经过梳理，这些财产主要分为不动产、动产和权利。

对于企业来说，上述财产组成了企业资产负债表上大部分资产，反过来，我们也可以通过资产负债表来找担保物。建筑物、交通工具、生产设备构成固定资产，建设用地使用权、知识产权构成无形资产，原材料、半成品、产品构成存货，股权包括长期股权投资和股票，汇票、支票、本票、债券是金融资产，存款单构成货币资金。此外，还有很多其他财产如收费权、收益权，这些创新的抵质押物都要符合"物权法定"。

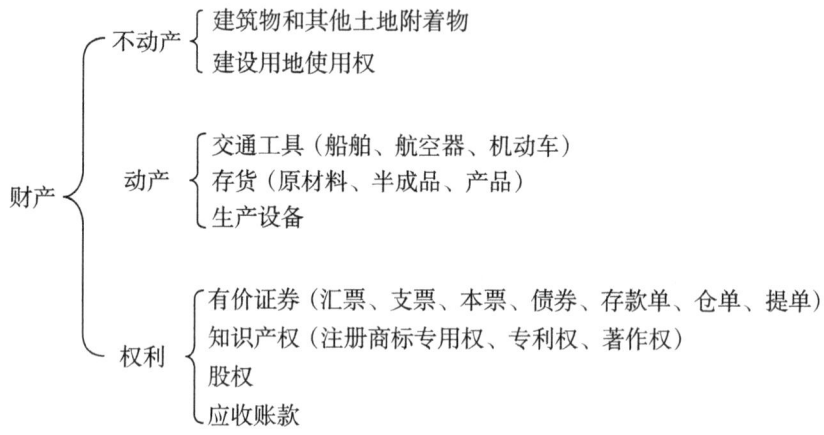

7.1.3.2 权属问题

如何深入理解"有权处分"？我们可以索取有权处分人的各种文书（如公司全体股东同意以公司某项财产设定抵押的决议，如夫妻双方同意以房产设定抵押的意见书），问题是如何判断该提供方是真正的有权人？

《物权法》第六条 不动产物权的设立、变更、转让和消灭，应当依照法律规定登记。动产物权的设立和转让，应当依照法律规定交付。

第九条 不动产物权的设立、变更、转让和消灭，经依法登记，发生效力；未经登记，不发生效力，但法律另有规定的除外。依法属于国家所有的自然资源，所有权可以不登记。

第二十三条 动产物权的设立和转让，自交付时发生效力，但法律另有规定的除外。

根据《物权法》上述条文，不动产的权属看登记，动产的权属看交付占有。我们去现场尽职调查的时候，甲客户有一宗房产，我们可以通过不动产登记中心查询来验证权属；甲的展厅有一批汽车，占有是动产物权的法定公示方法，可以推定为甲合法占有、有权占有，而且占有人甲通常可以被推定为所有权人。甲的财产，登记在甲名下，并被甲占有使用，这是最理想状态。但是，登记在甲名下的房产可能不是甲的；放在甲展厅的汽车可能不属于甲，这就是权属与登记、实际占有相分离，这会带来风险，一是难以摸清甲客户的资产实力，影响我们对客户偿债能力的判断；二是以他人资产抵质押，构成无权处分，可能面临真实权利人的抗辩。

权属的取得方式，可以分为两类，基于合同取得物权和非基于合同取得物权。基于合同取得物权，必须合同有效，且经过了登记或交付环节，才能发生物权变动效力。非基于合同引起物权变动根本无须登记，如基于法律判决、遗嘱等，这时候只看登记在谁名下就有失偏颇。以常见的银行不良资产处置为例，法院裁定用抵押房产抵债，尽管财产还登记在抵押人名下，实际上所有权已经归银行了。非基于合同引起不动产变动会出现登记与实际不一致，有时候产权登记部门的错误也会导致登记与实际不一致，就是"没有产权证并不代表没产权""有产权证不一定代表有产权"。

财产总是处于流转状态，不依靠登记和占有来推定，尽职调查的边界就会无穷无尽。为了维护交易安全和稳定，法律采取了商事外观主义，在无权处分的情况下，可以适用善意取得。《物权法》第一百零六条规定："无处分权人将不动产或者动产转让给受让人的，所有权人有权追回；除法律另有规定外，符合下列情形的，受让人取得该不动产或者动产的所有权：（一）受让人受让该不动产或者动产时是善意的；（二）以合理的价格转让；（三）转让的不动产或者动产依照法律规定应当登记的已经登记，不需要登记的已经交付给受让人。受让人依照前款规定取得不动产或者动产的所有权的，原所有权人有权向无处分权人请求赔偿损失。当事人善意取得其他物权的，参照前两款规定。""其他物权"，就包括抵押权和质押权。银行要善意取得担保物权，必须符合条文中三个条件。

动产占有的取得，一种就是依据合同关系取得的占有，如仓储合同、保管合同、租赁合同、承揽合同、借用合同、运输合同、买卖合同（附所有权保留条款）、质押合同，在这些情况下，真实权利人知晓对方占有自己的动产，既然知晓就要承担相应的风险（被无权处分）；另一种是占有人通过抢劫、抢夺、盗窃、侵占、职务侵占、欺诈取得动产，或者拾得的遗失物、埋藏物等，这些是在所有权人不知情或者不情愿的情况下发生的所有权和占有相分离，相应的盗赃物、遗失物、埋藏物不能适用善意取得。合法取得不动产登记，例如真实权利人出资购房，将房产登记在别人名下，就要承担相应的不利后果。而他人通过伪造公证书等形式取得房产登记，不能适用善意取得，因为真实权利人根本就没有责任。

甲于1968年被乙、丙夫妇收养。2000年3月16日，经法院判决解除双方的收养关系。2008年乙去世，留有一处房产，房产登记在乙名下。2011年12月6日，甲持继承房屋所有权的公证书等材料（后经公安查明为伪造）至房屋登记机关处办理房屋的权属转移登记。2012年3月2日，甲与A银行向房屋登记机关申请办理涉案房屋抵押登记，抵押权人为A银行，并核发他项权证。丙得知后不服房屋登记机关上述房屋权属登记行为，诉至一审法院。一审法院认为，无证据显示房屋登记机关未尽到房屋权属登记的审查义务。但进行房屋权属转移登记重要事实依据的公证书已被人民法院生效判决依法确认为伪造，房屋权属登记行为应当予以撤销。针对涉案房屋上设立的抵押，相关权利人可通过其他途径予以救济。A银行不服一审判决，上诉至二审法院，请求撤销一审判决。二审法院驳回了银行的请求。

善意有"不知情"和"无重大过失"之分，"无重大过失"更加严格，银行作为专业机构，通常要求"无重大过失"。一般推定银行是善意的，真实权利人提出异议，必须承担举证证明责任。不构成"善意"的情况，对于不动产来说，包括：登记簿上存在有效的异议登记，登记簿上已经记载司法机关或者行政机关依法裁定、决定查封或者以其他形式限制不动产权利的有关事项等，这些明显的瑕疵银行没有发现，就可能被推定为"有重大过失"。对于动产来说，交易的对象、场所或者时机等不符合交易习惯的，也可能被推定为"有重大过失"。例如，在一个堆放混乱的钢贸市场，商户的货放在一起，无从区分，仅仅凭占有来推定所有权就有些偏颇。总之，银行要做足调查工作，才可以善意取得担保物权。银行对不动产的权属审查不仅要查看产权登记簿，还要了解所有权人财产的获取途径和付款能力等。对动产的权属审查不能仅限于发票凭证、实物，还应当审查买卖合同、付款凭证，看合同有无特殊约定以及买方付款情况，还要深入分析交易背景、抵质押人的品行和财力状况、交易动机，从多个维度排除风险。

实务中，尽量避开实际占有、使用、收益、处分、登记相分离的担保物。同时不能只看法律条文，要从经济利益角度思考问题，有时候所有权是谁不重要，谁实际控制、收益才是重要的。甲名下的房产，乙长期低价租入，转租给丙，资产处分的时候就会触及甲、乙、丙三人的利益，对于丙来说，重新按照市场价格租赁损失不大，而乙则损失惨重，乙更可能制造执行障碍。实务中也没有绝对的物权，权利总是在一定社会条件下实现，资产的使用都有外部性，围绕一项资产就会产生各种利益主体，这些主体尽管没有处分权，但是也会阻挠资产的处置。例如房地产抵押物的处置有时候会遇到这些障碍：规划调整、租赁纠纷、恶意占用、特殊用途等，有纠纷就是触及了不同主体（如政府部门、原权属人、共有人、合作开发人、侵权受害人、承租人、其他债权人、物业管理人、潜在买主、邻居、施工方等）的利益。理想化的担保物难找，要接受有瑕疵的担保物，就要设计相应的风控措施。

7.1.3.3 生效条件

担保物权是根据合同设立，合同有效是担保物权生效的前提，这就要求借款合同和担保合同都有效，合同的效力这一块内容见第9章。

《物权法》第一百七十二条 设立担保物权，应当依照本法和其他法律的规定订立担保合同。担保合同是主债权债务合同的从合同。主债权债务合同无效，担保合同无效，但法律另有规定的除外。担保合同被确认无效后，债务人、担保人、债权人有过错的，应当根据其过错各自承担相应的民事责任。

担保物权是物权，是对世权，效力及于一切人。但是担保合同当事人之外的人不知道合同内容，所以担保物权的设立不仅要有合法有效的担保合同，还要经过一定的公示程序，为公众所知晓。以房产抵押为例，抵押合同生效，就在银行和房主之间形成了债权关系，合同可以约束房主，银行可以要求房主协助办理抵押登记，即使没有登记，在借款人违约时，也可以用房产价值偿还债务，但是前提是不影响第三人利益。假如，房主把房子卖给第三人，且办理了过户，银行就不能处置房产了。要实现债权到物权的过渡，必须经过法定的公示程序，这样其他一切人都不能侵犯银行的权利。

前面说，登记是不动产物权的法定公示方式，交付（以及随后的占有）是动产物权的法定公示方式。这里有两层含义：一是我们在考察担保物的所有权时，不动产看登记，动产看占有；二是我们在设立担保物权时，不动产要办登记，动产要交付。《物权法》对各类担保物权生效条件进行了详细规定，总结如表7-1。

第一百八十七条 以本法第一百八十条第一款第一项至第三项规定的财产或者第五项规定的正在建造的建筑物抵押的，应当办理抵押登记。抵押权自登记时设立。

第一百八十八条 以本法第一百八十条第一款第四项、第六项规定的财产或者第五项规定的正在建造的船舶、航空器抵押的，抵押权自抵押合同生效时设立；未经登记，不得对抗善意第三人。

第一百八十九条 企业、个体工商户、农业生产经营者以本法第一百八十一条规定的动产抵押的，应当向抵押人住所地的工商行政管理部门办理登记。抵押权自抵押合同生效时设立；未经登记，不得对抗善意第三人。依照本法第一百八十一条规定抵押的，不得对抗正常经营活动中已支付合理价款并取得抵押财产的买受人。

第二百一十二条 质权自出质人交付质押财产时设立。

第二百二十四条 以汇票、支票、本票、债券、存款单、仓单、提单出质的，当事人应当订立书面合同。质权自权利凭证交付质权人时设立；没有权利凭证的，质权自有关部门办理出质登记时设立。

表 7-1 担保物权生效条件一览表

	担保物权类型	生效时间	登记部门	登记作用
抵押权	不动产	登记时	不动产登记部门	生效
	正在建造的建筑物	登记时	不动产登记部门	生效
	交通运输工具	合同生效时	车管、海事、渔政、民航	对抗
	生产设备	合同生效时	工商管理部门	对抗
	原材料、半成品、产品	合同生效时	工商管理部门	对抗
	正在建造的船舶、航空器	合同生效时	船舶登记机关等部门	对抗
	集合动产	合同生效时	工商管理部门	有限对抗
质押权	动产	交付时	无须登记	
	有凭证的有价证券	交付时	无须登记	
	无凭证的有价证券（如记账式国债）	登记时	有关部门	生效
	上市股票	登记时	证券登记结算机构	生效
	非上市股权	登记时	工商管理部门	生效
	知识产权	登记时	有关主管部门	生效
	应收账款	登记时	信贷征信机构	生效

7.1.3.4 动产抵押

表 7-1 中有几个特殊的生效方式，那就是动产抵押，包括交通运输工

具、生产设备、存货、集合动产抵押，以及正在建造的船舶、航空器抵押。这些物都是动产，按照一般理解，动产可以移动，只能设定质押，将物控制在质权人手里，这也是保护质权最好的方式。但是质押后，出质人就无法使用这些物，为了充分发挥这些物的使用价值，也被允许设定抵押。既然是抵押，自然不能转移占有，不能以转移占有为生效条件。按照《物权法》，占有是动产物权的法定公示方式，而不是登记，所以登记也不是生效条件，最后只能以合同生效作为动产抵押的生效要件。

尽管动产上面设定了抵押权，但是没有转移占有，很容易被抵押人出租、出售、出质、二次抵押。抵押人作为所有权人有处分权，关键是第三人是否负担相应的义务。对于一般性的抵押物，出租出售，第三人都有相应的义务，如《物权法》第一百九十条规定："抵押权设立后抵押财产出租的，该租赁关系不得对抗已登记的抵押权。"第一百九十一条规定："抵押期间，抵押人经抵押权人同意转让抵押财产的，应当将转让所得的价款向抵押权人提前清偿债务或者提存。转让的价款超过债权数额的部分归抵押人所有，不足部分由债务人清偿。抵押期间，抵押人未经抵押权人同意，不得转让抵押财产，但受让人代为清偿债务消灭抵押权的除外。"然而对于动产抵押，有一些特殊性。

担保物权设立可以约束一切人，一切人包括合同当事人和第三人，如果第三人根本不知道动产上面设立了担保物权，这对第三人是不公平的。所以，《物权法》规定了，动产抵押未登记不得对抗善意第三人。动产抵押登记部门比较分散，《动产抵押登记办法》（2016年7月5日修订）规定了生产设备、存货、集合动产抵押，应当向抵押人住所地的县级工商行政管理部门办理登记。此外，不同的部门出于帮助行业内经济主体实现融资，出台了很多文件，如《建造中船舶抵押权登记暂行办法》《拖拉机登记规定》等。实务中，我们不一定要通过这些机关办业务，但是其他信贷机构可能在这些部门办理了登记，通过查询不同的登记机关信息，往往能获取借款人更多的融资信息。

如何理解这里的"善意第三人"？第三人不是路人，而是特指在合同当事人之外的对担保物享有物权的人，如动产的购买人、抵押权人、质权人、租赁权人，但是不包括抵押人的一般债权人。按照目前的判例，这里的"善意"主要是指"主观上不知情"，即不知道抵押权存在即可。所以，未登记的动产抵押权还是可以对抗抵押人的一般债权人和知情的享有物权的第三人。

2016年1月8日[一]，甲向银行申请借款，银行认为甲资产实力雄厚（有价值100万元的汽车1辆），向其发放信用贷款50万元。2017年1月1日，甲向乙借款20万元，用汽车抵押，但没登记。2017年1月2日、3日，甲分别向丙、丁借款20万元，同样以该汽车抵押，并分别于1月4日、5日办理了抵押登记。2017年1月6日，甲向戊借款20万元，也用该汽车抵押，但没有办理登记。2017年1月7日，甲向己借款20万元，用该汽车质押，完成了交付。2017年1月10日，甲因为欠了银行50万元未还，汽车被查封。

这个案例是典型的多项担保物权并存的问题。首先，乙、丙、丁、戊、己的担保物权都设立了，都可以对抗银行的查封，并优于银行的普通债权。其次，抵押登记和质押交付都是公示方式，抵质押并存，按登记和交付时间确定先后，丙、丁优于己。再次，《物权法》第一百九十九条规定："同一财产向两个以上债权人抵押的，拍卖、变卖抵押财产所得的价款依照下列规定清偿：（一）抵押权已登记的，按照登记的先后顺序清偿；顺序相同的，按照债权比例清偿；（二）抵押权已登记的先于未登记的受偿；（三）抵押权未登记的，按照债权比例清偿。"乙的抵押权尽管设立在先，但是无法对抗善意第三人丙、丁、戊、己。最后，乙和戊互为第三人，相

[一] 资料参考：李建伟，2016年在北京的民法授课内容，略有改动。

互间均不得对抗，按照各债权的比例受清偿。所以拍卖汽车的价款清偿顺序为：丙、丁、己、乙和戊，最后是银行。

动产抵押登记了就一定能够对抗第三人吗？这里的登记是一种公示，然而第三人有没有义务去查询登记？顾客到超市购买商品，通常不会去查询货物有没有抵押登记。所以，动产抵押登记的公示力是不够的，还有必要采取多种方式增强公示力，如贴标签，刷上押品特殊标志，避免第三人声称"不知情"。

下面分别介绍四种动产抵押物。首先是集合动产，其抵押人只能是企业、个体工商户、农业生产经营者，抵押物只能是生产设备和存货，而且抵押物是浮动的，根据《物权法》第一百九十六条的规定，"抵押财产自下列情形之一发生时确定：（一）债务履行期届满，债权未实现；（二）抵押人被宣告破产或者被撤销；（三）当事人约定的实现抵押权的情形；（四）严重影响债权实现的其他情形。"例如4S店办理集合动产抵押，其库存车一直处于进货、销售的流转状态，查封早一天或晚一天，抵押物数量是不同的。由于抵押物始终处于流动状态，所以，物权法规定集合动产抵押即使登记了也不得对抗正常经营活动中已支付合理价款并取得抵押财产的买受人。

交通运输工具，主要包括船舶、航空器、机动车，它们是比较特殊的动产，具有不动产特征，称为"准不动产"。其原因就在于，出于管理需要，交通工具必须登记，尽管这种登记不是为了确定所有权，但是这种普遍的登记还是有一定的公信力。汽车是谁的？按《物权法》，是看谁占有，以占有推定所有权；然而实务中，"登记在谁名下"又是辨别车主的重要途径。交付占有和登记的并存，这给权属的确定造成了干扰，经常产生"一车二卖"、无权处分等现象。所以，《物权法》第二十四条规定，交通工具的物权设立变更，除了按照一般动产采取交付成立，还需要登记才能对抗善意第三人。正因如此，人们买车要经常查询登记信息，在交通运输管理部门进行抵押登记，还是有较好的对抗作用。

生产设备，如大型机械设备，一经购建往往要使用多年，难以移动，具有一定的稳定性，所以也是抵押物的重要来源。生产设备是动产，也可以质押，但是必须转移占有，影响企业正常使用。生产设备（以及存货）和交通工具不同之处在于，其日常使用通常就不需要登记，所以这种抵押登记的对抗作用也弱。登记之后，还要在设备上面留下醒目的抵押物标志，起到"公示"效果，避免纠纷。用设备抵押还要查询购置合同，判断有无所有权保留；设备往往结构复杂，登记时，要载明其唯一标示，防止偷换，抵押清单要完整记载，防止登记的时候漏掉关键部件。

对于正常经营的企业来说，存货总是不断循环：原材料→半成品→产品→应收账款→货币资金→原材料。当初登记的那批原材料可能很快进入产品，进入货币资金，原抵押物就消灭了，如何确保存货消灭之前相应金额的贷款已经结清？仅仅办理登记难以确保这一点，所以存货通常不办理抵押。实务中，存货常常用于质押，质押的生效要件是交付，例如4S店以汽车作为质押物，合同约定100台，实际交付1台生效1台质押权，这1台车卖掉了马上就要结清1台车对应的贷款。质押在银行的仓库（打上标识），这是最好的公示方式，足以对抗第三人，当然这会影响销售。如何既满足交付生效又不影响企业的正常销售？有的银行以1元钱租赁企业的库房，补一个租赁合同，在库房门上钉一个"××银行"，就构成"交付"吗？文字上可能构成交付，但是这种方式有公示力吗？实践中，在一个大型市场，很多货就是这样重复质押，甲银行来检查，赶紧钉上"甲银行"的门牌，乙银行来检查，又换上"乙银行"的门牌。好的交付方式设计，一是要有足够的公示效果，二是要不影响企业正常经营活动。

 小资料

交付包括现实交付和观念交付（包括简易交付、指示交付、占有

> 改定）。以甲向乙买车为例，现实交付就是乙将车交给甲；简易交付是车本来就是甲占有（如借用、租赁），甲付完款就完成了交付；指示交付，是乙将车借给了丙，甲付款后，乙指示丙交车给甲；占有改定就是甲乙约定，甲付完款，取得车的所有权，但车继续由乙占有使用。占有改定中的占有移转无法用肉眼观察。民法大师史尚宽认为，"如许设定人仍继续质物之使用收益，而成立质权，则等于无公示方法的动产抵押之设定，不免有害于善意取得其物之所有权或质权之第三人利益，而动摇一般动产交易之安全，故民法规定质权人不得使出质人代自己占有质物，禁止以占有改定之方法，以设定质权。"

7.1.3.5 法定优先权

物权是对世权，但也不是绝对安全，从目前已出台的法律规定看，一些特殊权利仍然优于担保物权。

1. 政府利益，如税收、土地出让金等优先权

《税收征收管理法》第四十五条规定："纳税人欠缴的税款发生在纳税人以其财产设定抵押、质押或者纳税人的财产被留置之前的，税收应当先于抵押权、质权、留置权执行。"《海关法》第三十七条、《海关进出口货物减免税管理办法》第三十二条，规定涉及海关监管货物在处置时要优先偿付、补缴海关税款。土地出让金优先权散见于《土地管理法》第五十五条、《担保法》第五十六条、《城市房地产管理法》第五十一条以及《最高人民法院关于破产企业国有划拨土地使用权应否列入破产财产等问题的批复》（法释〔2003〕6号）。很多地方为了招商引资，往往给予大量税收和土地优惠，先办理土地证，土地出让金分期缴纳，帮企业实现融资。项目失败了，银行要执行抵押物，政府却要把这些优惠拿回去。实践中，在介入大型项目时，要调查清楚税费实际缴纳情况，必要时让税务机关出具不欠税证明。

2. 建设工程款优先权

《合同法》第二百八十六条规定："建设工程的价款就该工程折价或者拍卖的价款优先受偿。"最高人民法院《关于建设工程价款优先受偿权问题的批复》（法释〔2002〕16号）规定："人民法院在审理房地产纠纷案件和办理执行案件中，应当依照《合同法》第二百八十六条的规定，认定建筑工程承包人的优先受偿权优于抵押权和其他债权"。建筑物从无到有，由劳动者建造而成，其价值包括土地、资金和劳动，建筑工程款优先权相当于特殊的留置权，是保护劳动者（主要是农民工）的利益。实务中，要关注抵押人虚构建设工程欠款对抗银行抵押权。要求承包人签署放弃优先权承诺是通常做法，然而农民工的法定权利是否可以由承包人放弃，还有很大争议。

3. 公民居住权

《最高人民法院关于建设工程价款优先受偿权问题的批复》（法释〔2002〕16号）第二条规定："消费者交付购买商品房的全部或者大部分款项后，承包人就该商品房享有的工程价款优先受偿权不得对抗买受人"，既然购房人利益优于工程价款，自然优于抵押权。房子动辄耗尽一个家庭一生的财富，要保护购房人获得房产，实现居者有其屋。同样的，处置房产抵押时，也不能剥夺公民基本的居住权利。当然，为公民提供基本的居住条件是社会保障制度的功能，属于政府职责范围，但是实务中，法院往往把这项责任转嫁到担保物权人一方，造成了购房人的特殊利益保护和唯一住房"执行难"。类似的条文还有《关于审理商品房买卖合同纠纷案件适用法律若干问题的解释》（法释〔2003〕7号）第七条、《最高人民法院关于人民法院民事执行中查封、扣押、冻结财产的规定》（法释〔2004〕15号）第十七条、《最高人民法院关于人民法院办理执行异议和复议案件若干问题的规定》（法释〔2015〕10号）第二十条、第二十八条。

4. 租赁优先权

租赁有两种情况：

（1）租赁在先抵押在后。《物权法》第一百九十条规定："订立抵押合同前抵押财产已出租的，原租赁关系不受该抵押权的影响。"假如租期长（可达20年）且租金已付，抵押物价值将大打折扣。

（2）抵押在先租赁在后。这时候，承租人享有优先购买权，同样影响处置，而且重组过程中重新抵押登记往往导致"租赁在先抵押在后"。实务中，银行清收抵押贷款，借款和担保官司容易胜诉，然后法院主持拍卖，带租赁关系的抵押物往往价格很低或者流拍。法院判决以资抵债后，银行就要解决租赁关系（有时候租赁关系不止一层，还有层层转租），涉嫌虚假租赁的，还要对租赁合同、付款凭证进行文书鉴定，通过诉讼消除租赁关系，然后商业拍卖，获得正常市场价值。实务中商业地产租赁关系比较复杂，与招商政策、租赁方式、前期投入、经营收入、商业气氛、商誉都有关系，招商方、租户、银行的纠纷往往旷日持久，要依法解决这些纠纷就要走各种程序，就要耗时间，笔者就遇到一宗90年代的抵押商铺，至今未变现。

5. 生命权

抵押人涉及刑事犯罪，其财产往往全部被刑事查封，根据《最高人民法院关于刑事裁判涉财产部分执行的若干规定》（法释〔2014〕13号）第十三条规定："被执行人在执行中同时承担刑事责任、民事责任，其财产不足以支付的，按照下列顺序执行：（一）人身损害赔偿中的医疗费用；（二）退赔被害人的损失；（三）其他民事债务；（四）罚金；（五）没收财产。债权人对执行标的依法享有优先受偿权，其主张优先受偿的，人民法院应当在前款第（一）项规定的医疗费用受偿后，予以支持"，有抵押权的债权位于人身损害赔偿中的医疗费用之后。实务中，麻烦在于，一般要等刑事责任和民事责任确定之后才能按照法定顺序分配，这个过程极其漫长，长达数年。如果银行想提前处置担保物（比如车辆贬值很快），需要管辖法院和查封的公安机关协商，协商不成还要各自报上级机关协商。

6. 破产案件中的担保物权受限

假如抵押人进入破产程序，担保物权人总是希望直接破产清算，早日变现，当然扣掉优先权后，大部分普通债权人获得清偿的可能性很小；而事实上一些企业可以通过和解、重整等方式"挽救"，这样对普通债权人和社会（政府、税收、就业）都有利。这里就存在一个价值判断和选择，而选择权往往在于法院和政府。通常，在破产案件中，会在不明显损害担保物权人的利益前提下，对其权利进行合理限制（如只保护申报的债权，限制行使保全措施等），以使得全体债权人都得到公平的受偿。

7.2 担保设计实务

银行在信贷调查时，在分析经营状况、财务状况的同时，就在构思担保方式，是信用还是抵押、质押，或者是保证。

7.2.1 如何找担保

好的担保条件往往是谈出来的，信贷人员尽量要求高质量的担保，充分保障债权人的利益，严格控制信用放款。申请人愿意配合提供人保物保，那是最好，然而综合考虑金融环境、同业竞争等因素，有些贷款不得不采取信用方式。股东、实际控制人保证，企业自身股权做质押，关联方保证，本质上还是信用方式。信用放款，往往要在贷款合同中增加很多限制性措施和贷后管理要求。企业达不到信用贷款标准，那么就要结合企业自身的资产、收入来设计担保方式，为何站在客户角度来主动设计担保，而不是被动地审查借款人提供的担保？"找到担保再来申请吧"，等客户再来的时候，往往与担保方形成了很多说不清的协议和关系。主动设计的好处在于银行处于有利地位，担保陷阱就会少一些。

信贷人员在分析企业财务报表时，就要寻找可担保资产。具体来讲，信贷人员要了解并分析以下内容：企业报表显示现金和存款较多，是否可以采用保证金质押方式？应收票据很多，是否也可以质押？了解企业的销售回款、应收账款情况，是否可以办理应收账款质押或者保理业务？企业的存货是否可以办理抵质押（通常是质押）？银行有没有条件监控、管理其存货；抵质押是否会影响存货销售？企业固定资产、在建工程、无形资产中的土地使用权是否可以办理抵押？如果无法办理抵质押，那么要了解这些资产是否已经抵质押出去了，融资规模有多少，有没有在财务报表披露，是不是隐性负债，会不会构成沉重的债务负担。在现场调查的时候，更要了解企业办公场所、生产车间、机器设备是自有产权还是租赁？自有产权的话，是否可以办理抵押？把企业的资产过一遍以后，再看企业的股东、实际控制人。信贷人员应了解股东及实际控制人家庭有多少资产、有多少产业，哪些可以用来办理抵质押？作为兜底，通常公司的实际控制人夫妇必须提供连带责任保证，当公司无可执行财产时，可以继续追实际控制个人财产。由于将来可能要向法院提供实际控制人可执行财产线索，所以信贷人员在担保调查时摸清楚其资产分布情况非常重要。实务中，有的银行要求企业的财务负责人提供担保，这有一定的道理，虽然对方未必有多强的担保能力，但是财务负责人往往对企业的资金运作了解得比较深，出现风险（股东掏空行为、挪用贷款行为）可以及时向银行报告。

企业内部找完了，没有很合适的或者很强的担保，那么就需要企业提供外部担保。一般来说，担保方的风险通常要与借款人的经营风险不相关，才能对冲风险、缓释风险。企业自身的资产，其变现能力和企业经营状况息息相关，第一还款来源和第二还款来源相关性较大，存货质押、应收账款质押的第一还款来源和第二还款来源几乎一样了，起不到风险缓释的作用，关联担保与此类似。同在一个行业，往往借款人不景气，担保人也不景气，如同一商圈的几个商户联保，这种担保也起不到太大缓释作用。为了对冲企业经营风险，较好的担保就是找寻外部非股东的担保，最好不是同一行业。问题是，企业总是在一定区域一定行业内活动，八竿子打不着的企业又怎么会认识呢？又怎么会关系好到可以提供担保的地步呢？这就是信贷悖论。从风险控制角度来讲，鸡蛋不能放在一个篮子里，而实务操作时，事物总是相互联系的，风险总是关联的。在找到表面上毫无联系的外部企业或自然人担保的时候，对方很爽快地同意担保，那么信贷人员就要认真审查他们之间的关系了，即担保动机是什么？

7.2.2 担保人的动机

我们前面提到第三方担保，包括提供保证或者以自己的财产为他人提供抵质押。为他人担保，承担的是义务，对自己的财产是损害行为，人都是理性的，要么担保人根本就没有财产，要么担保行为有其他利益补偿，否则担保人又如何能够心甘情愿地代偿或者让银行去处置其抵质押物？只有深入分析担保人提供担保的动机，才能更好地了解担保人的担保意愿和担保能力。常见的动机可以分为以下六类。

（1）互相担保。甲借款时，乙提供保证担保，在甲成功办理贷款后，甲又给乙的贷款保证担保。如果发生在同一银行，甲、乙整体上都是信用贷款。如果乙是在其他银行贷款，乙比甲实力还弱，找乙担保，反而会加大甲的风险，因为一旦乙在他行违约了，甲立刻陷入代偿危机。当然这种互保太明显，现实中往往是多家企业互相担保，几十户企业形成庞大的担保圈、担保链。这种互保很隐蔽，很难发现，由于企业多，发生违约的概率很大，一户出现危机，其他企业都陷入困境。如何识别担保圈？一般要通过人民银行征信系统、银监会客户风险系统进行数据挖掘，单家银行要识别难度较大。

（2）关联担保。很多民营企业集团，实际控制人利用其直接或间接控制的多家关联企业，编造虚假财务数据，互相担保获取贷款。这种关联担保，一旦实际控制人出了问题，所有的担保都难以追偿，实质上也是信用贷款。如何控制这种关联担保呢？那就是集团统一授信，银行对该集团承担多少信用风险，匡算了这个总额度以后，一般要求集团客户成员单位间提供的保证不得超过集团客户总体授信额度的一定比例。此外，变通的做法是用集团公司所持有的子公司或参股公司股权设定质押担保。

（3）为上下游担保。提供担保的企业往往是产业的核心企业，为了拓展下游渠道和保障上游供应，解决上下游企业融资而提供担保。例如，下游经销商向厂家采购了一批货物，向银行融资，厂家提供担保。个人客户采购了一台大型机械设备，向银行融资，经销商提供担保。这些销货方为何愿意担保？一方面是基于长期合作而产生的信任，另一方面是为了经营业绩。这种担保一般是良性的，但是要控制行业风险，要考虑信用风险集中度问题。

（4）自担自用。由于银行对借款人的准入和调查比对担保人要严格，一些有瑕疵的企业往往难以获得贷款，于是找到一个"干净"的申贷主体做借款申请人，由实际用款人安排担保。如果一个保证人为借款人提供担保，没有让对方提供反担保，也没有收费，没有任何利益补偿，很可能担保人就是实际用款人。

（5）资产转移。很多企业的大股东利用其控制权，为关联企业担保，实际上是掏空企业、转移资产、侵害公司小股东利益。很多时候，主业萧条，又无法抽出资金，就拿着企业去为关联人借款提供担保，套出现金。

（6）其他关系。例如：担保公司提供担保的同时收取担保费；保证是以某项变现力很强的财产作为反担保，同时该项财产又在保证人控制之下；保证人欠了借款人一笔款，被迫担保；保证人在贷款项目上有相当比例的投资份额；受到上级主管部门干预被迫担保；因业务合作形成利益共同体；

因业务依赖而被迫提供保证；因私人关系而提供保证。要注意，受胁迫而担保是可以撤销的。受欺诈而担保的，银行知情，担保人也可以撤销。

7.2.3 如何选择担保

2017年4月26日，中国银监会印发了《商业银行押品管理指引》（银监发〔2017〕16号），对押品的选择、调查评估、设立与存续期管理、返还与处置进行详细规定。实务中，不同的金融机构选择担保物都有各自的偏好，有的喜欢房产抵押，有的喜欢第三方担保，有的喜欢担保公司，有的喜欢公职人员担保。总体来说，银行选择担保人尽量要考虑熟悉的客户、存量客户、本地客户、稳定客户。担保人要能够对借款人的行为起到一定的牵制、监督作用，但是又不能是同一控制关系。同时，要考虑尽职调查、贷后管理的难度，担保人的配合程度要弱得多，资料提供、信息报告都难以实现，最后也就流于形式了，特别是异地客户，难以管理，处置时更是鞭长莫及。

从信贷资金流向图来看，贷款自动创造了自己的担保物。对于流动资产贷款来说，贷款支付以后，变成了原材料、半成品、产成品、应收账款，这些货物和权利就构成了担保物；对于固定资产贷款来说，随着贷款陆续支付，贷款变成了项目的在建工程、固定资产，建工程、固定资产就是担保物。实务中，我们经常听到"没有合格的押品"的说法，这有两层含义，一是贷款投放之前缺乏有效担保物，同时贷款发放后形成的货物、应收账款、固定资产、在建工程难以管理，不是法律意义上的"合格押品"；二是贷款运用过程中没有创造出物质财富，资金在空转，例如大量的信贷资金用于承接存量债务本息，根本形成不了物质财富，当然没有担保物。如果"尚未形成有效担保物"，暂时用人保来过渡一下，等形成了合格的押品就要追加物保，例如我们在项目贷款中，前期通过投资方提供阶段性保证，固定资产形成以后要及时办理抵押。我们强调物保，不是"当铺思维"，而是明确资金用途，确保信贷资金形成了物质财富；人保作为一种担保措施，一定是暂行的、短暂的、过渡性的，不能长期依赖。从整个社会来说，金融债权和物质财富一定要成比例增长，当"缺乏抵押物，不得不借助担保圈、担保链维持"成为普遍现象，说明这些金融债权对应的不再是物质财富，而是信用，或者说是"泡沫"。贷款，形成物质财富，后者作为前者的抵押物或还款来源，这是一种金融促进经济发展的良好循环。每一笔债权都对应了一笔真实的物质财富，这就是信贷的本源，[⊖]"担保圈"、"资金空转"，银行的贷款（货币的发行）没有对应物质财富的增长，只是账面利润（利息收入）。担保本身就是"备而不用"，在经济上行期，各种创新都是可以的，当潮水退去，才是真正检验这些创新的时候。

在选择担保物的时候要遵循易于变现原则，实务中，大家可以到淘宝司法拍卖平台去看各种抵质押物的变现情况，有的挂了很久也无人问津。由于担保物处置过程中会有一定的损耗，所以有了抵（质）押率（loan-to-value ratio，LTV），一般房屋土地抵押率不超过70%，在建工程不超过50%，存货不超过70%，通用设备不超过40%。这里的比率各个机构也不一样，有的金融机构在处理设备方面有独特的优势，那么其设备抵押率就可以高一点，有的金融机构在房地产领域有独特的处置能力，那么房地产抵押率就可以高一些，有的金融机构可以依靠产业股东处置存货，就可以大量接受存货抵担保。

担保物处置不仅仅是折价问题，还牵扯大量人力、精力，如果一家金融机构在某一项抵押物处置方面没有任何经验，那么再低的抵押率也没保障，最好不要接受该担保物。信贷人员要注意担保物的所在地，你所在的银行在当地司法体系是否有熟悉的人际网络？执行难，异地执行更难，很多银行接收异地的抵押物，如大城市的房地产，在后期处置中，沟通协调

⊖ 押品分布在哪些行业、哪些地区、哪些产品？价值几何？风险集中度如何？全行投放的贷款形成了什么资产？是实体经济，还是形成了资产泡沫？对这些问题都要有宏观认识。

成本非常高。一般来说,动产抵押,注册商标专用权、专利权、著作权、收费权、收益权、应收账款质押的处置都比较困难。

7.2.4 如何认识担保

担保是一种风控措施,不能过于吹毛求疵。从法律意义上,信贷人员总是希望找到有效担保,但是有的申请人无法提供,银行要做这单业务要么接受有瑕疵的担保,要么就是信用贷款。银行本身经营的是风险,信贷决策不会是无风险,有时候要权衡。担保的目的是为了有效控制风险,而不是追求法律意义上的胜诉与执行。例如汽车合格证质押,实质上是一种保管,而不是法律意义上的质押,但是它提供了深度介入企业经营的手段,使银行对企业的车辆销售动态有了及时的了解,在排除其道德风险的前提下对客户有一定的制约能力。

风险控制,就是要让借款人受制于银行,受到约束,那么首先就要搞清楚借款人怕什么,忌惮什么。一个不遵守法律的人是无法用法律去约束他的。房地产抵押是担保之王,用得最多,最可靠,那么落实房地产抵押就能约束借款人吗?实务中,房地产抵押执行过程中会遇到很多的问题,如不配合腾空房屋、威胁买家、倒签租赁等。借款人为什么要还供应商的钱而不还银行的钱?那是因为他不愿意损失商业信用,他还想在这个行业里做下去。如果借款人已经心灰意冷,不想再做生意了,也就不在乎商业信用了。借款人为何宁可铤而走险去犯法也要按时还高利贷?那是因为高利贷控制了其家人的人身安全。一份文件掌握在债权人手里,也许这个文件评估价值一文不值,法律意义也不叫担保,但是对借款人非常重要,那么这种风控措施实务中却有效,极端的就是"裸条问题",当然这是不合法的。有的借款人注重声誉,于是很多放贷机构威胁借款人,逾期可能通知亲朋好友、同学、同事,如果借款人不注重声誉,这个控制措施就没有效果。借款人非常尊重某朋友,尽管这个朋友资产不够雄厚,也没有担保能力，但是借款人为了他朋友的声誉，一定会想方设法还钱，这就是精神绑架。有时候实在找不到担保让其亲属朋友圈里的公职人员担保，并不是他有多少担保能力，而是让其对申请人产生一种约束。要注意的是，第一还款来源不足的情况下，仅仅增加道义性担保是不构成贷款发放理由的。

有的担保并不是为了增加银行的第二还款来源，而是防止借款人过度融资。例如一宗房产，明明知道有很多瑕疵暗伤、无法执行，假如银行不增加该房产为抵押物，如果今后其他金融机构将其纳入抵押范围了，借款人的负债就增加了，对银行的债权就很不利。当然，担保绝不是越多越好。信贷人员在设计担保的时候，要尽量减轻企业负担。对企业来说，找担保公司，对方要求企业提供反担保物、缴纳保证金、缴纳担保费，增加了财务负担，削减了贷款的还款来源；找外部非关联担保，可能对方贷款时借款人也被迫互保，提高了或有负债，提高了企业的财务风险，甚至陷入担保圈，这就是有害的担保。所以，充足性不是越多越好，通常来说，有优先权的担保（经登记的抵质押）优于无优先权的担保（未经登记的抵质押和保证），后者优于无效担保，无效担保优于信用放款，信用放款优于有害的担保。

7.3 主要担保类型

我们按照上面的思路，梳理出几种常见的担保类型。

7.3.1 专业担保公司保证

在担保行业里，有各种冠以"担保公司"名称的企业，有信用担保公司、融资担保公司和投资担保公司等，按照《关于清理规范非融资性担保公司的通知》（银监发〔2013〕48号）要求，担保公司按照业务类型的划分可分为融资担保公司和非融资担保公司两种，只有前者可以为银行贷款担保。融资担保公司的监管机构有人民银行、经信委、金融办等，经其审批取得融资性担保机构经营许可证后才能在工商部门注册登记。

银行通常对担保公司有准入控制，一般倾向主要由政府部门或者国有大型企业出资的担保公司，还要有资本金托管、收担保保证金、代管客户保证金等措施。这里的担保保证金管理有个细节要注意：为了防止担保保证金被其他法院扣划，担保保证金需要"特定化"，一笔担保业务开立一个专户，要逐户签订保证金质押合同；同时要关注担保保证金来源的合法性，只可以来自担保公司的资本金托管账户、担保收入账户，但不能是借款、集资款和客户保证金等其他来源。有担保公司担保，不等于说免除银行的贷后管理责任。在银行看来，由于有担保公司的担保，企业不能还贷，担保公司负有代偿义务，银行往往会减少贷后管理。由于担保公司与银行相比其实没有风险控制优势，投入人力、物力进行保后管理对贷款风险发生的概率的降低作用不大，担保公司放弃保后管理的倾向很强。事实上，双方都没有落实好贷后、保后管理，这也是目前担保贷款问题高发的原因之一。

如果银行是在经营货币，那么担保公司就纯粹是在经营风险。担保公司的作用是为借款人增信，那么对担保公司本身的信用评价就非常重要。银行考察担保公司主要从两方面入手：一是定量指标，如在保余额、担保放大倍数、担保收入等；二是风控能力、市场口碑等定性指标。

 小资料

在保余额是指担保公司在某一时点依然承担、尚未解除担保责任的合同金额。在保余额体现业务发展情况，在保余额越多意味着公司营业收入越多，但是这也意味着公司承担的潜在风险越大，如果没有大量注资以及风险控制跟不上，就埋下了公司代偿风险；在保余额减少，则表示公司的业务减少，也表示公司的营业收入减少、现金流减少，最终公司的风险抵抗能力减弱。担保放大倍数是担保公司在保余额和公司净资产的除数，融资性担保公司的融资性担保责任余额不得超过其净资产的10倍。担保放大倍数较低的，承担的风险相对较小。通常来说，一家担保公司在一家银行的保证限额与该担保机构在保余额之和，应控制在其实收资本（经营一年及以下）或净资产（经营一年以上）的担保放大倍数范围之内。担保公司的营业收入主要来自担保业务收入、投资收益、利息收入（委托贷款利息收入）。担保业务收入占比高，说明担保公司主营业务突出，如果担保公司收入主要来自高风险业务收入的话，则担保公司风险较大。按照监管规定，融资性担保公司应当按照当年担保费收入的50%提取未到期责任准备金，并按不低于当年年末担保责任余额1%的比例提取担保赔偿准备金。由于风险准备金主要从担保费中提取，过低的担保营业收入占比往往意味着公司过低的风险准备金。分析担保公司还会用到其他定量指标：担保代偿率＝累计担保代偿额÷累计解除担保额；担保损失率＝累计担保损失额÷累计解除担保额；担保准备金＝未到期责任准备金＋担保赔偿准备金＋一般风险准备金；拨备覆盖率＝担保准备金余额÷担保代偿余额；拨备率＝担保准备金余额÷担保责任余额。

担保公司风险集中度分为：担保贷款行业集中度、贷款客户集中度以及担保贷款到期时间集中度。当担保公司担保业务集中于个别行业、个别客户时，代偿事件对担保公司的影响大、冲击大。如何抵御风险？一方面是资本实力；另一方面是风险管理水平。当发生风险，没有充足的代偿资金就缺乏对风险的抵御能力。担保公司代偿资金主要来源于注册资本、股东持续投入、经营现金净流入和风险准备金。注册资本是公司实力的象征，是抵御风险的第一层保障。股东的外部支持也是一个重要因素，是担保公司的潜在保障。担保公司注册资本是静态的，随着经营盈亏，净资产比注册资本更为可信。银行考察担保公司的风险管理水平，还要看其员工的专业能力，有实力的担保公司各职能部门分工明确，有保前尽职调查人员、风险控制、法律人员、保后管理和催收人员等。担保公司的市场口碑反映了外部市场对于担保公司的认可度，可以从两个方面来看：一是担保公司的监管评级；二是担保公司的代偿速度。

7.3.2 一般公司保证

对一般公司的调查，和对借款人的调查相比，没有什么特别之处，但能索取的资料要少得多，要深入调查也不容易，这就要突出重点，如担保动机、担保能力和代偿意愿。

银行对借款人承担了信用风险，对保证人也同样承担了信用风险，对保证人保证能力的评估与对借款人还款能力的评估本质上是一样的，即确定授信额度。如果该保证人已经在银行使用了部分信用，无论是贷款还是为其他客户担保，都要扣减掉已经使用的额度。

授信额度的基础就是公司的净资产，净资产＝资产－负债，这里的资产必须扣除无效资产，如虚增的资产、费用挂账等，尽量使用清算价值，而不是历史成本；负债是广义的，不仅包括资产负债表上的负债，还包括表外负债（对外担保）、或有负债、隐性负债等。资产负债表是时点数据，静态数据，只要信息足够，我们能够评估保证人目前（假如2016年年底）的净资产和目前的保证能力。但是这还不够，保证发挥作用的时间是贷款发放以后，特别是贷款到期以后，保证人在未来一段时间是否持续保持保证能力不下降？我们知道，保证是一种债权，而不是物权，不具有排他性。债权具有平等性，平等就意味着2016年年底设定的保证和2017年年底设定的保证，在清偿上面没有先后顺序，假如保证人破产了，两个债权按金额比例清偿。假如某保证人净资产1 000万元，2016年年底为借款人提供保证担保500万元。假如借款人违约,银行可能会发现,该保证人2017年又对外保证担保5亿元(银行500万元债权被稀释成1%),甚至所有的有效资产都已对外设定了物权担保,变成了空壳。保证担保手续简单,对银行来说很方便,也不用办理登记,很省事;但是,保证人事后虚构保证也方便,很可能就是关联方的一纸协议,真伪莫辨。担保圈有那么泛滥吗?担保是自损行为,企业真的那么轻易就对外担保了?然后就陷入了担保链?还是为了逃废债而虚构的担保链?

担保动机前面已经列了很多,保证是一种"义举",也有可能是意气用事。作为一种或有负债,在签署担保合同时,保证人并不是很清晰其责任(这就需要核保),到了借款人违约时,保证人往往会百般抵赖,千方百计逃避其保证责任,提出种种理由拒绝履行保证责任。在信息不对称和债权人缺乏有效控制保证人手段的现实状况下,保证人非常容易做出损害债权人利益的行为,如转移资产、逃废债务等。我们要判断一个公司的失信成本,尽量选择失信成本高的公司担保。失信成本和实力不一样,信誉更多是软资产、软实力,主要包括商誉、口碑、历史、客户积累、已经投入的广告、企业家个人声誉等。有多年经营历史的老企业就比刚注册不久的企业失信成本高,尽管后者的注册资本和净资产更高;对于没有商标、品牌的企业,轻资产企业,"皮包公司",换个公司名称,重新注册也可以经营,其失信成本就很低;在一个集团内部,窗口子公司有大量的对外交往,形象很重要,相比不对外的子公司来说,失信成本就更高一些。信贷人员要搜集公司经营历史信息,以及通过征信系统、法院、媒体、网络等渠道,核查保证人的信用记录,对于被征信机构列入黑名单的,在金融机构有违约记录的,或有不良资产剥离、核销记录的,有被执行信息的,通常不接受其作为保证人。

信贷人员要掌握保证人对借款人的了解程度,以及对贷款的态度。保证存在的逻辑是保证人对借款人的信用更了解,可以解决信息不对称问题。正常情况下，往往是保证人掌握了借款人的经营信息，或者保证人手里有借款人的货物，如若不然，这种保证就是不符合经济逻辑的。正常情况下，银行与保证人沟通保证事项时，保证人显得很谨慎，会主动了解借款人最大借款额度、用途、自己的责任，会要求借款人提供反担保；而有的保证人根本不关心担保责任，拿起合同就签字，很可能根本没打算代偿过。总之，我们对保证人的信息获取是很有限的（存量贷款客户提供保证例外），特别是贷后的持续跟踪更是很少，能约束保证人的手段也是极少的。所以，仅用保证担保缓释的信用风险，敞口期限不要太长，当借款人能够提供物权担保以后，要尽快补充物保。

公司对外担保，要履行严格的法律程序。公司借款，一般来说都是为了公司自身的经营发展，也不会损害公司自身的利益，股东对此基本上没有不同看法。但是公司对外担保，除非有特殊的利益补偿，对公司毫无好处。所以在这个问题上，股东意见往往不统一，公司为大股东担保，小股东肯定不乐意。

《公司法》第十六条 公司向其他企业投资或者为他人提供担保，依照公司章程的规定，由董事会或者股东会、股东大会决议；公司章程对投资或者担保的总额及单项投资或者担保的数额有限额规定的，不得超过规定的限额。公司为公司股东或者实际控制人提供担保的，必须经股东会或者股东大会决议。前款规定的股东或者受前款规定的实际控制人支配的股东，不得参加前款规定事项的表决。该项表决由出席会议的其他股东所持表决权的过半数通过。

第一百零五条 本法和公司章程规定公司转让、受让重大资产或者对外提供担保等事项必须经股东大会做出决议的，董事会应当及时召集股东大会会议，由股东大会就上述事项进行表决。

《民法总则》第八十三条 营利法人的权力机构、执行机构的会议召集程序、表决方式违反法律、行政法规、法人章程，或者决议内容违反法人章程的，营利法人的出资人可以请求人民法院予以撤销，但营利法人依据该决议与善意相对人形成的民事法律关系不受影响。

实务中，公司的担保决议是比较难获取的，就算意见一致，股东人数众多，逐一签字也困难，加盖保证人法定代表人章和公章相对容易。是否一定需要担保决议？违反公司章程对外担保到底有没有效？公司内部章程对银行有没有约束力？司法判例中，担保合同加盖了公章和法定代表人章，也曾被最高法院认定为有效［见（2012）民提字第156号］。判例认为，公司章程是为了限制和规范公司主体的行为，其实质是内部控制程序，不能以此来约束交易相对人。公司以缺少股东会或股东大会决议为由，拒绝承担担保责任，有违商事行为的诚信原则。

值得注意的是，只看决议文本不看决策过程，甚至看章不看人，保护了债权人利益，然而这实际上是损害了小股东的利益。我国是大陆法系，同案不同判非常普遍，实务操作中最好是取得符合法律法规和公司章程规定，并经董事会或股东会等有权决策机构同意的担保决议，保证人为公司法人分支机构的，要严格取得法人合法书面授权。事实上很多时候，这些决议拿到了，在要求代偿的时候这些股东还是会强烈反弹，理由很多，包括决议内容违法、决议程序瑕疵、决议签字造假、公章造假等，甚至自称被诈骗了，要到公安局报案，总之要找出各种各样的理由脱保。当然，我们实际操作中，则要尽量保存更多的证据，以更好地应对风险。

7.3.3 自然人保证

自然人往往经济实力有限，通常来说仅作为一种补充担保手段。采用自然人保证的，应尽量争取同时将该自然人的资产作为物保。对自然人担保能力的调查和个人贷款的贷前调查类似，应考虑保证人的可支配收入、偿债能力、或有负债等情况。

对于中小企业，公司治理不规范，通常要求名义股东、实际股东、实际控制人夫妇签保证合同，防止法人制度的滥用。有时候找自然人担保的实际上是对借款人的一种心理约束，所谓的"道义担保"，如找老师、同学、朋友等进行担保，用道德来约束借款人。一旦贷款能不归还，就会连累亲戚朋友，对借款人形成了强烈的心理压力。要考虑保证人在当地的社会地位、声望、稳定性。贷款违约了，借款人跑路了，保证人要能够协助联系到借款人。

已婚自然人对外担保要夫妻双方同意。道理很简单，自然人借款，拿到贷款形成了借款人自己的财产还是形成了家庭共有财产都有可能，一般来说都会认为是无损家庭财产的一种经济行为。而担保不一样，担保对家庭共有财产没有任何增加，增加的是责任。自然人对外担保一方签了字，只能执行签字一方的个人财产，而个人财产和家庭财产是很难区分的，往往导致什么财产都执行不了。⊖实务中，常常遇到夫妻一方碍于朋友关系同意担保，但是不愿意告诉家人，有时候和家人商量以后就不愿意担保，甚至造成家庭纠纷；而要找到夫妻双方都同意担保的，这样的担保人往往实力又不够，或者对借款人形成不了约束，实务中也只能灵活处理。

7.3.4　房地产抵押

房地产包括土地和地上建筑物。建筑物按照用途包括住宅、商业地产、工业用房，正在修建的建筑物就是在建工程。房地产抵押相关的法规有《担保法》《物权法》和《城市房地产管理法》等，此外还有最高法院的解释、批复，各地方的规定等。

7.3.4.1　住房抵押

住房在抵押物中占比最大，很多人都有购买二手房的经历，抵押住宅

⊖ 《最高人民法院民一庭关于夫妻一方对外担保之债能否认定为夫妻共同债务的复函》（〔2015〕民一他字第9号）认为："夫妻一方对外担保之债不应当适用《最高人民法院关于适用〈中华人民共和国婚姻法〉若干问题的解释（二）》第二十四条的规定认定为夫妻共同债务。"

的调查工作与此类似。要确保"干净",也就是权属清晰,没有隐性债务,无瑕疵暗伤(凶宅)等。

对抵押房产,信贷人员要尽可能地查阅该房产的全部档案。全部档案就是房屋初始登记、转移登记、变更登记、他项权利登记、查封记录等文件。初始登记是新建房屋竣工以后办理的登记,而买卖、交换、赠与、继承、调拨就属于转移登记,抵押属于他项权利登记,房屋灭失办理的是注销登记。信贷人员应重点关注的是权属信息、抵押信息、查封解封及协助执行信息。权属查询要注意时间差风险,即查询的时候,相关抵押、查封、过户正在走审批流程,查询当时系统显示没有相关记录,查询后就有了,所以信贷人员查询的时候,要和相关人员交流,询问该标的房产有没有相关待办事项。笔者曾遇到一个案例,法院做出了查封房屋的民事裁定,将裁定书和协助执行通知书送达了房管部门,当时房管部门没有及时协助办理查封手续,为银行办理了抵押手续。而当银行行使抵押权时就遇到了障碍,审理法院还是认定查封手续有效(查封裁定书和协助执行通知书自送达时发生法律效力),银行败诉。各地实际情况也不一样,有的地方去查询,仅能获得其工作人员的口头答复,对答复内容的真实性和完整性不承担任何法律责任,也拿不到任何书面文件。要关注非基于合同的物权变动,如房产涉诉问题。《物权法》第二十八条规定:"因人民法院、仲裁委员会的法律文书或者人民政府的征收决定等,导致物权设立、变更、转让或者消灭的,自法律文书或者人民政府的征收决定等生效时发生效力。"有的房产,虽然登记在借款人名下,然而已经被生效判决判给了他人,这种房产设定抵押就会有纠纷。

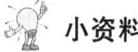 **小资料**

房屋所有权性质,简单分为公产、私产,公产如直管、军产等,通常办理抵押的只是私产房屋,私产不等于个人产权,所有人是企业

则为法人私产。信贷人员还要考察房产用途，如住宅、商用、商住两用，不同用途的房屋办理所有权转移手续费各不相同。在考察房地产时，信贷人员要关注其土地使用权性质。土地使用权性质包括国有土地使用权和集体土地使用权两种。国有土地使用权分划拨、出让、租赁等类型；集体土地使用权分为拨用、入股、联营等类型。用于抵押的房地产的土地必须是"出让国有土地使用权"。

房屋所有权来源包括新建、购买、赠予、继承、划拨、交换、析产、分割、合并、接管、裁决等。"新建"是指权利人自行投资兴建房屋，以原始方式取得房屋所有权，含扩建、改建增加面积等情况，主要适用于开发商；"购买"含依法购买、拍卖成交等，这是普通人取得房产最常见的形式；"交换"如拆迁补偿产权交换；"接管"又含代管和托管；"裁决"含裁定、判决和仲裁等；"分割"是指产权人对房产进行重新间隔，产权证由一个变成多个，通常意味着房主不止一套房产；"合并"则是逆操作，产权证由多个变一个；"划拨"一般是行政性的，比如各个机关院校的公房等，通常也不能买卖交易；"析产"主要是与婚姻变动或继承、赠与相关。为何要关注这些产权来源呢？事实上不同的产权来源对将来产权交易有影响，例如："赠与"房再次转让有可能出现巨额税费；如为"购买"，可能出现过了户但未付清购买价款，原权属人也可能约定了保留所有权或保留行使解除买卖合同的权利；如果抵债所得，可能已过户但是尚未履行抵债协议或裁定约定的义务，或者尚未接管或实际控制房产。

房屋产权性质，实务中有很多提法，商品房、经济适用房、两限房、集资房、使用权房、廉租房、央产房、房改房、军产房、公有住房、小产权房、自建住房等。除了商品房以外，其他类型的房产在将来处置时都存在一定的障碍。例如，经济适用房处置需要购房满五年、补缴了土地出让金、交纳相应契税、政府放弃回购协议等条件。权属风险较大的房产类型还包括：房主离婚未办理析产登记的房产；房主死亡而未完成继承手续的房产；房主是无民事行为能力人（精神病患者、未成年人）；房产事实上已经转让、抵债、分割但未办理过户手续；已被征收、拆迁、置换，实物已被拆除、损毁，但原权属证书未注销；企业已注销而名下房产未注销；因政府部门原因导致一房多证、证实不符的；有的房子涉及上面有户口迁移问题，影响房产处置，特别是学区房处置等；集体用地、农村宅基地上的房屋拍卖、过户存在一定的限制（如须经集体表决、限制转户等），也难以处置。

查询之后，就要现场调查。信贷人员在现场调查时，有以下注意事项[⊖]：

实地地址要和登记地址保持一致；要判断地理位置、交通是否良好；要查看房屋结构类型、楼层构成、占地面积、新旧程度、内部装修、设备安装情况、当前用途；要对比产权证判断是否存在加建、扩建、改建、违建、添附情况；有否被部分拆除、损毁；是否需要加固补强；是否具备独立使用功能；抵押房产范围内是否有其他权属不明的建筑物、构建物；物业管理情况。实地查看实物状况以后，信贷人员要核查该房产由何人占有、使用、收益。使用并不一定是租赁关系，现实中还有各种借用、占用，往往其中存在复杂的利益关系（如家庭亲属矛盾）。信贷人员应了解使用人的背景、与房主的关系及取得使用权的原因，特别注意房屋是否被公益性、行政性以及特殊单位（强力部门、黑势力等）使用。如果调查时，使用人声称该房产属其所有，或声称已购买或已抵债，这种房产就不能接受作为抵押物。更多的情况是租赁使用，要了解租赁的期间、租金标准和用途，承租人的背景以及与抵押人之间的关系（特别要防范关联方虚假租赁），要检

⊖ 部分资料参考：冯灿通，"抵押物尽职调查流程及审核要点"，搜赖网。

查有没有证明租赁关系的缴费凭证,租赁合同是否备案,要了解承租人是否有购买租赁物业的意愿,租户在抵押房产上有无加建、扩建、装修。

大部分房产由借款人自己或亲友提供,抵押物现场调查也是一个收集借款人各种信息的过程,信贷人员要向小区保安、门卫、邻居、房产中介以及当地政府主管部门(如公安、税务、街道办、居委会、村委会)等了解情况。

信贷人员要了解房屋的历史渊源,前房主以及目前借款人的个人情况,取得房产的途径,是否拖欠转让价款、水费、电费、燃气费、供暖费、通信费、有线电视费、物业费、房产税等?还要了解借款人个人及家庭拥有的房产数量情况,是否属于唯一住房?房主品行如何,是否涉及黄赌毒黑,是否涉及高危行业?是否涉诉?信贷人员要了解所在区域近期同类房产的市场价格、租金情况,要了解房产原始购入价格,预估过户时会产生的税费,到了房屋现场还要与房主会面,询问抵押动机和意愿,判断是否合理,观察客户话语是否流畅,思路是否清晰(是否精神病人),家庭成员意见是否一致,抵押至少要征求当家人的意见。有时要查看住宅地址是否是借款人真正的常住地,可从以下方面观察:厨房是否有做饭的痕迹,是否有厨具及做饭调料,卫生间是否在使用及整洁度,餐桌地板是否积灰,垃圾桶是否有垃圾,水电是否正常等。

调查完毕后,下一步就是抵押品的价值评估,当然产权有严重瑕疵的,价值评估就要大打折扣了。房地产估价方法很多,常用的有市场法、成本法、收益法。市场法就是参照相同地段的房地产成交价格,再对楼层、新旧等进行修正,得到待估房地产价格的评估方法。成本法是指在当前条件下重新购建相同的被评估房地产所需的成本扣除已损耗的价值来确定被评估房地产价值的方法,公式为:房地产价格=土地价格+房屋建造成本-应除折旧值。收益法,就是把房屋租金通过利率折现后的价值。

要深入了解房地产抵押评估，可以参考《房地产估价规范》《资产评估准则——不动产》。住房往往都有频繁的市场交易，可以通过市场法进行评估；有出租收益的，可以通过收益法评估。如果当地泡沫严重，可以采用成本法评估；房改房和经济适用房的评估，还要扣除土地出让金。不同城市、区位、使用年限、类型、容积率、交通条件、生活、教育、医疗、自然人文景观、房屋装修、采光、通风、朝向、建筑质量、楼层、邻居、治安都会影响住房的价格，以及将来处置的难易程度。

7.3.4.2 商业房地产

商业房地产主要是指商铺、商场、购物中心、超市、批发市场、专业市场、综合市场等。其调查方法和住宅基本相同，即房产登记信息查询、实地考察等。

影响商业房地产价值的因素：一是地段。什么样的商圈很重要，大型商业中心还是生活社区配套商业街？位于商圈的什么位置？主干道还是偏僻处？一般来说，临街面越宽敞越好，醒目便于吸引客流。二是配套。有没有公交线路经过？有多少停车位？出入是否通达？周围有没有餐饮、娱乐场所？三是内部装修、规模面积、层高等因素，这些一方面影响购物环境，另一方面也与处置难易程度相关，太大了就不容易处置。商业地产的抵押率通常应当低于住宅。由于商业地产用于出租收取租金，所以采用收益法评估比较合适，也不排除个别小的商铺交易市场活跃，有可比价格，可以采用市场法评估。对商业房地产来说，要核查目前的租赁状况，租期、租金及其收取方式，一方面可以判断商业地产的价值；另一方面可以了解将来处置是否有障碍。

7.3.4.3 工业房地产

工业房地产包括厂房、仓库、食堂宿舍等。工业房地产主要用于生产，所以主要考虑交通、水电气等基础设施，应该位于城区、城镇主街道以及工业园区（或工业集中区）范围内，有的特殊工业需要靠近水源、靠近原材料产地，还要考虑当地政府对工业发展的规划，行业限制等，这些都要靠行业经验判断。通常工业地产采取成本法评估，有些新兴开发区有标准厂房也可以采取收益法或市场法评估。成本法就是把土地、建筑物、配套设施分别估价加总，土地价格按照当地政府最新公布基准价，通过剩余年限占比进行修正。厂房常常损耗严重，评估时折扣很大。对于工业房地产抵押，要关注企业拖欠工资、工程款情况，往往处置起来这些人有优先受偿权。处置大型工厂，往往意味着工厂停工、大量工人失业，政府面临较大的维稳压力，往往导致无法处置。还要考虑设定抵押的厂房是否能够单独处置、变现，一家工厂的一处厂房往往难以单独拍卖。总体来说，工业房地产抵押率通常低于商业房地产。

7.3.4.4 土地抵押

土地包括城市土地和农村土地，城市土地国有，农村土地村民集体所有。要用地，要么是通过政府向农民征用，要么是出让、划拨城市土地，出让又包括招拍挂和协议出让。土地的等级、生熟程度、规划条件、规划用途都直接影响其价值。土地抵押，优先考虑住宅用地、商业用地、商住用地，其次是工业用地，其他用地都要慎重。

土地抵押要注意以下几点。一是土地抵押以后，地上新增建筑物不属于抵押财产范围。二是学校、医院等公益性单位的土地，用于公益部分的不得抵押。三是闲置土地不能抵押，在对尚未开发的土地进行抵押时最好拿到政府非闲置土地的证明文件。四是对纯土地抵押贷款，还要重视土地规划，贷前应当到规划部门、国土部门查阅规划条件，贷后要经常浏览当地政府部门，特别是国土部门、规划部门的信息平台，关注规划调整。例如，笔者遇到有的地方政府直接发文禁止处置部分土地类抵押物，理由就是总体规划正在修编，还有的抵押人擅自改变土地用途被政府无偿收回。五是要关注土地增值税问题，要摸清土地取得成本及买地的资金来源，预估土地增值额匡算处置成本，确保拍卖后的税后净收益能覆盖贷款本息。六是要了解土地的相邻情况，如周边地块的开发利用情况。

7.3.4.5　在建工程

在建工程是指尚未完工的工程项目。在建工程抵押通常是作为房地产开发贷款的一种风险控制措施，监控开发商预售行为，单独使用在建工程抵押很少见。而且修建完毕，在建工程抵押要及时转为房产抵押。在建工程没有办理产权证，也就存在开发商在办理抵押之前私下转让或抵债的可能性。曾经有个案例，一个公司以其开发的在建工程作为抵押，后来银行向法院起诉主张优先受偿权时，第三人举证开发商在设定抵押前早已将这些房产补偿给被拆迁人，法院认定抵押无效，银行败诉。在建工程权属纠纷大（比如拖欠土地出让金、建筑工程款补偿安置费、拆迁费、税费，又如预收购房款等），涉及房地产开发企业、银行、购房人、在建工程承包人、税收部门、抵押登记部门等多方当事人，法律关系较为复杂、隐含不确定因素也较多，难以处置，做第二还款来源效果不佳。

确定在建工程的价值主要采取假设开发法，主要是考虑在建工程建成后的房地产价值，规划用途、利用方式、档次、未来收益等。在建工程尚未完工，是否会烂尾，有很大风险，银行在调查时，要考虑开发商实力、工程款支付、有无拖欠情况。对于大型房地产项目，往往抵押物只是其中一块或一层，要注意会不会被其他地块或房产限制或阻碍通行、通风、采光、排污、排水等，从而影响其使用价值。登记制度不能穷尽一切财产，一些道路、花园景观、临时搭建的房屋都没有产权登记，在法院处置抵押物时，开发商往往以这些资产是其自有资产，具有价值而阻止拍卖。在办理抵押的时候，银行就要抵押人出具同意将附属设施一并交由银行处置的承诺。

7.3.5 汽车抵质押

以房地产为例介绍了不动产抵押，下面以汽车为例介绍动产抵质押。汽车是家庭或者企业常见的财产，可以作为交通工具办理抵押，也可以作为动产办理质押，对于4S店来说，汽车还可以作为存货和生产设备一起打包办理集合动产抵押。一般来说，消费者购新车按揭贷款都是通过抵押来操作（在车管所登记），这样不会影响借款人用车，而民间借贷通常是通过质押二手车操作，汽车经销商融资采取集合动产抵押（在工商局办理抵押登记），这样不影响销售。

7.3.5.1 权属调查

汽车有几个阶段，在厂商称为产品，到4S店称为存货，再到客户手里，上牌上路后成为交通工具，在客户阶段又从新车到二手车，最后报废。不同的形态有不同的权属确认方式。

作为产品和存货，即一般动产，交付与占有是法定的公示方式。我们通过考察合同、付款和实际占有情况来判断权属，还要注意核对汽车的主要标示如车架号。要特别留意合同是否有所有权保留条款，这在厂商赊销（或者融资租赁方式）中比较常见，它会导致所有权与占有分离。同时，要到企业住所地的工商行政管理部门查询动产抵押登记情况。

车辆上牌后就是交通工具，即特殊动产，其权属有一定的特殊性，交付与占有是法定的公示方式，但是登记是重要的对抗要件。要考察车辆来源、交易途径、付款情况，实际出资人（包括融资租赁公司）、实际使用人情况，实际占有与登记情况。车辆的来源非常重要，前面提到即使无权处分也可以善意取得抵质押权，然而黑车（盗赃、遗失物等）无法善意取得。实务中，借名或租牌买车、车辆挂靠时有发生，名实分离往往导致纠纷错综复杂、真假难辨。执行"名义"车主的车辆，往往引起实际车主的异议。只有出资人、使用人、登记完全一致，权属才算清晰。

《公安部关于确定机动车所有权人问题的复函》(公交管〔2000〕98号)公安机关办理的机动车登记,是准予或者不准予上道路行驶的登记,不是机动车所有权的登记。

《物权法》第二十四条 船舶、航空器和机动车等物权的设立、变更、转让和消灭,未经登记,不得对抗善意第三人。

《买卖合同解释》第十条 出卖人就同一船舶、航空器、机动车等特殊动产订立多重买卖合同,在买卖合同均有效的情况下,买受人均要求实际履行合同的,应当按照以下情形分别处理:

(一)先行受领交付的买受人请求出卖人履行办理所有权转移登记手续等合同义务的,人民法院应予支持;

(二)均未受领交付,先行办理所有权转移登记手续的买受人请求出卖人履行交付标的物等合同义务的,人民法院应予支持;

(三)均未受领交付,也未办理所有权转移登记手续,依法成立在先合同的买受人请求出卖人履行交付标的物和办理所有权转移登记手续等合同义务的,人民法院应予支持;

(四)出卖人将标的物交付给买受人之一,又为其他买受人办理所有权转移登记,已受领交付的买受人请求将标的物所有权登记在自己名下的,人民法院应予支持。

车的权属是非常复杂的,车也是处于不断流转之中,以甲某卖车为例:①甲的车,卖给乙,交付了没过户,所有权归乙,这时实际所有权与登记出现分离,甲就有机会把车借回来,再卖给丙,如果过户给丙且交付了,丙就善意取得了所有权,如果过户给丙但没交付,所有权还是归乙;②甲的车,卖给乙,过户了没交付,所有权归甲,甲又卖给丙,交付了,所有权归丙,丙可以要求乙配合过户。实务中,如何证明"交付了",这些都是难题。

7.3.5.2 风控措施

汽车贬值的速度远高于房地产,所以汽车抵质押贷款的期限一般比较短,设置较低的抵押率,同时要投保保险;汽车作为动产,具有移动性,风险远高于不动产,通常需要安装 GPS,办理集合动产抵押的要经常去实地盘点库存。实务中,追查车辆比较困难,如果购买人纯粹自用,尤其是其所处地理位置十分偏僻的情况下,极难追回。

同一动产可以同时设立多个抵押权,一个质押权,还有留置权。前面已经介绍过抵质押冲突的处理规则,即登记的抵押和交付的质押并存,按登记时间和交付时间先后顺序清偿,未登记的抵押不得对抗已交付的质押。《物权法》第二百三十九条规定:"同一动产上已设立抵押权或者质权,该动产又被留置的,留置权人优先受偿。"例如抵押汽车发生保养、修理,欠下修理费,被 4S 店留置,该留置权优于抵押权。

实务中如何控制这些风险呢?要选择好客户和好车辆,尽量选择一手车,关注出厂日期、质量纠纷,避免过多的纠纷;要到车管所查档,查询车主信息,车辆变更、抵押、查封等信息;要对车辆的状况(购车年限、行驶里程、事故记录、违章记录)进行调查核实。对于二手车来说,价值评估比较困难,事故车、下线车、迁黑车,非专业人士极难识别。

> **小资料**
>
> 事故车是指经过严重撞击、泡水、火烧等,即使修复但仍存在安全隐患的车辆;下线车一般是下线出租车,这些车有法定使用年限,如 8 年的车第 5 年下线,最多可以使用 3 年;迁黑车,是将车辆档案从本地迁出而不在异地落户,车辆就成为无牌车辆。

对于质押来说,要控制车辆、备用钥匙以及车辆相关的全部证件(发票、机动车登记证、车辆购置税单、保险单);一些放贷机构还会与车主预先签订各种买卖合同和授权委托书或者直接将车辆过户到贷款人名下,便于在车主失联的情况下单方面处置车辆。

7.3.6　共同担保

实务中,常有多种担保组合形成最终的担保方案,如房产抵押+车辆质押+公司保证+个人保证,这就是共同担保。共同担保是指一笔授信业务存在两个或两个以上同一类别或不同类别担保方式的担保,可分为共同保证、共同抵押、共同质押和混合共同担保等类型。混合共同担保就是不同类型(物保、人保)的担保组合。在有多个担保的情况下,发生贷款违约时,债权人应该先找谁呢?人保、物保承担责任的顺序如何呢?银行当然是认为哪个好处置就先找谁,然而担保人太多往往就会互相扯皮、推脱,以各种理由进行抗辩。

只有一个保证人的情形,保证人会如何抗辩?保证人会让银行先找借款人,起诉、执行借款人的全部财产仍然不能偿还,保证人再代偿,当然银行就会陷入旷日持久的诉讼与执行程序,保证人就有了时间转移资产;有多个保证人呢?保证人不仅会让银行先找借款人,还会让银行先找其他保证人。保证人的这些理由是否成立,要看保证的类型。保证方式分为一般保证和连带保证,一般保证人的确享有先诉抗辩权,而连带保证则没有。这里的"连带"是指保证人与借款人之间的连带责任。在多个保证人的情况下,保证人与保证人之间也可能存在连带关系。《担保法》第十二条规定:"同一债务有两个以上保证人的,保证人应当按照保证合同约定的保证份额,承担保证责任。没有约定保证份额的,保证人承担连带责任,债权人可以要求任何一个保证人承担全部保证责任,保证人都负有担保全部债权实现的义务。已经承担保证责任的保证人,有权向债务人追偿,或者要求承担连带责任的其他保证人清偿其应当承担的份额。"

甲向乙借款100万元,丙、丁提供保证,有如下情形:①丙提供连带保证50万元，丁提供连带保证50万元，甲到期违约，乙可以直接找丙要50万元，也可以找丁要50万元，假如丁没钱，乙不能找丙要100万元，丙代偿50万元后只能找甲要，不能找丁要，因为丙和丁没有连带关系；②丙、丁提供一般保证，未约定保证份额，那么丙、丁之间构成连带责任，甲无可执行财产，乙可以找丙要100万元，也可以找丁要100万元，假如丙代偿100万元，丙代偿后可以找甲要100万元，但是只能找丁要50万元，即自己也要承担一半损失。

我们通常把借款人自己财产设定的抵质押，称为"自物保"，以第三人财产设定的抵质押，称"他物保"。保证（无论是一般保证，还是连带保证）和自物保并存的情况下，按《担保法》的要求是银行必须先处分借款人的担保物，然后再找保证人，如果银行放弃了对借款人物保的处置，保证人将在其放弃范围内免责。例如，银行未经保证人同意擅自解押抵押物，导致抵押物被出售一空，保证人也就免责了。法律为何这样规定？就常理而言，债权人对债务人享有担保物权而不行使，却转而行使对第三人的担保，有违公平精神。而且，即使债权人选择行使对第三人的担保权利，第三方以后也必然发生对主债务人的追偿，白白增加社会诉讼成本。保证和他物保并存的情况下，法律并不要求银行必须先处分他物保，如果银行放弃了他物保，保证人并不免责。要注意的是，先执行自物保的前提是混合担保（人保、物保并存），如果没有人保的情况下，自物保和他物保之间并没有法定的先后顺序，而是根据担保物之间约定的是连带还是按份担保来界定担保责任。

甲公司向银行借贷1 000万元，甲公司以其房产抵押1 000万元，乙公司以其生产线抵押1 000万元，丙公司为甲公司提供1 000万元范围内的保证。在具体起诉的时候，银行可以同时要求甲公司、乙公司、丙公司承担担保责任的，法律也不限制，诉讼上可以合并审理。但在承担责任上，法院首先会以甲公司的房产清偿银行的债权，剩余部分，由乙公司生产线、丙公司分担（见表7-2）。

表7-2 共同担保分析

担保模式	债务人		担保状况	行使顺序	放弃物保效果
混合担保	一	甲	房产抵押	先甲后乙或丙	银行放弃房产，乙、丙部分免责
		乙	生产线抵押		
		丙	保证		
	二	甲	乙 生产线抵押	无顺序	银行放弃生产线，丙通常不免责
			丙 保证		
共同抵押	按份	甲	甲 房产抵押	无顺序	银行放弃房产，乙不免责
			乙 生产线抵押		
	连带	甲	甲 房产抵押	无顺序	银行放弃房产，乙部分免责
			乙 生产线抵押		

实务中，通常是借款人有特定的贷款需求，如甲要用1 000万元，能够提供的物保为2宗房产，分别价值500万元。根据内部合规要求，抵押率60%，1 000万元的抵押物只能贷款600万元。但是借款人的1 000万元需求是刚性的，只能增加外部担保。假如乙提供1条生产线设备抵押，价值1 000万元，抵押率30%，可以增加贷款300万元，还是不够，又找丙提供连带责任保证。最后的担保条件为：甲的2宗房产抵押＋乙提供设备抵押＋丙连带责任保证。如何签订合同？如何登记？如何最大程度保护银行债权？银行可以将1 000万元分为3笔抵押贷款（各300万元），1笔保证贷款（100万元），这样做的优点是抵押率没有超标，保持了合规性，而且担保关系非常清晰，处置起来阻力小；但是，任意一宗抵押物贬值或者丙破产，都可能导致部分债权损失。采取混合共同担保呢？每一宗抵押物对应的债权都是1 000万元（如果登记机关允许），丙对应的债权也是1 000万元，优点是部分押品贬值或者丙破产，也不会影响全部债权的实现，二次抵押的可能性也减小了。但是，混合共同担保的关系复杂，乙、丙可能会提出抗辩，要求先执行甲的房产，甚至认为甲的房产抵押价值

1 000万元，自己无须承担责任了。如果甲的某一宗房产存在较多权利瑕疵如租赁纠纷，难以处置，银行就陷入被动。（还可能是甲的2宗房产列入抵押清单，办了一个他项权利证书，要全部处置完毕，才能解押，某一宗房产存在处置障碍就会影响其他房产的处置。）

《物权法》第一百七十六条规定："被担保的债权既有物的担保又有人的担保的，债务人不履行到期债务或者发生当事人约定的实现担保物权的情形，债权人应当按照约定实现债权；没有约定或者约定不明确，债务人自己提供物的担保的，债权人应当先就该物的担保实现债权；第三人提供物的担保的，债权人可以就物的担保实现债权，也可以要求保证人承担保证责任。提供担保的第三人承担担保责任后，有权向债务人追偿"。该条文在一定程度上缓解了"物保优先"情形下债权人的被动处境，体现了意思自治。

如果自物保很难处置，岂不是错过了向第三方追偿的最佳时机？好在《物权法》允许自由约定，例如某银行在所有的担保合同均约定"无论乙方（银行）对主合同项下的债权是否拥有其他担保（包括但不限于保证、抵押、质押、保函、备用信用证等担保方式），无论上述其他担保何时成立、是否有效、乙方是否向其他担保人提出权利主张，也不论是否有第三人同意承担主合同项下的全部或部分债务，也不论其他担保是否由债务人自己所提供，甲方（担保人）在本合同项下的担保责任均不因此减免，乙方均可直接要求甲方依照本合同约定在其担保范围内承担担保责任，甲方将不提出任何异议"。担保人承担了担保责任以后，通常会向借款人追索，那么这个追索行为会不会造成对债权人的不利影响呢？例如，甲贷款100万元，乙提供60万元范围内的连带责任保证，甲贷款逾期了，乙代偿60万元，剩余40万元银行继续向甲追偿，如果乙也要马上向甲追索60万元，就会产生冲突。所以我们在担保合同还要继续约定"甲方（担保人）

承诺，向债务人或其他保证人主张（包括预先行使）代位权或追偿权，不应使乙方（银行）权益受到任何伤害，并同意主合同项下债务的清偿优先于甲方代位权或追偿权的实现"。贷款发放前，任何苛刻的合同条款，担保人都只能签字，不然借款人拿不到钱。但是，权利不能滥用，多个担保人并存的情况下，看似债权人有很多选择权，但也有可能被解读成债权人的义务。例如《保证合同》约定"可以先找保证人"，《抵押合同》约定"可以先处置抵押物"，抵押人就拿着《保证合同》要求先找保证人，保证人拿着《抵押合同》要求先处置抵押物。所以，债权人最好同时起诉债务人和所有担保人，不要引起明显的不公平。有了不公平，对方就会找合同的漏洞，抠字眼，千方百计脱保。实务中，就有债权人放弃他物保导致保证人脱保的情况，可以参考 2016 年最高法（民终 40 号）关于乾安农发行和江苏索普担保纠纷案例。

第 8 章

风险评价与审批

前面几章介绍的是信贷人员如何做信贷调查,从本章开始是银行内部的流程介绍。贷前调查完毕,就要做风险评价,包括评级授信,并通过有权限的部门进行审查审批。

8.1 信贷风险评价

贷款新规对各类贷款的风险评价方法进行了规范。

《固定资产贷款管理暂行办法》规定:贷款人应落实具体的责任部门和岗位,对固定资产贷款进行全面的风险评价,并形成风险评价报告。贷款人应建立完善的固定资产贷款风险评价制度,设置定量或定性的指标和标准,从借款人、项目发起人、项目合规性、项目技术和财务可行性、项目产品市场、项目融资方案、还款来源可靠性、担保、保险等角度进行贷款风险评价。

《流动资金贷款管理暂行办法》规定:贷款人应建立完善的风险评价机制,落实具体的责任部门和岗位,全面审查流动资金贷款的风险因素。贷款人应建立和完善内部评级制度,采用科学合理的评级和授信方法,评定客户信用等级,建立客户资信记录。贷款人应根据借款人经营规模、业务特征及应收账款、存货、应付账款、资金循环周期等要素测算其营运资金需求（测算方法参考附件），综合考虑借款人现金流、负债、还款能力、担保等因素，合理确定贷款结构，包括金额、期限、利率、担保和还款方式等。

《个人贷款管理暂行办法》规定：贷款风险评价应以分析借款人现金收入为基础，采取定量和定性分析方法，全面、动态地进行贷款审查和风险评估。贷款人应建立和完善借款人信用记录和评价体系。

风险评价的内容，在借款主体、财务、经营、项目评估、担保章节都有涉及，下面仅从还款能力和还款意愿两个角度进行归纳和分析。

8.1.1 还款能力

还款能力分析，主要是分析还款来源，包括对未来现金流的预测，评价还款来源的可靠性。

8.1.1.1 主要的还款来源

记得一位银行家说过："对于信贷的决策，核心就两条，我借钱给你，你拿什么还我？当你说的没用时，我该怎么办？"对应的就是两种还款来源，第一还款来源和第二还款来源，前者是借款人的正常经营活动产生的现金流，后者是处置抵质押物或者对保证人进行追索所得到的款项。第一还款来源是借款人还款的主要来源，是贷款能否发放的重要指标，是确定贷款投向、金额、频率和还款方式的直接依据，而第二还款来源是其补充和保障。

借款人的现金流量表上面有三大现金流，都可以作为还款来源。

（1）经营活动现金流。实务中遇到最多的就是以销售收入作为还款来源，信贷人员通过企业经营管理分析，对企业的供产销有了整体的认识，对企业的销售与收款环节的风险点有了把握，那么对企业销售收入的稳定性、可靠度有一定的判断。例如企业是先有了订单，再来融资备货？还是借款研制新产品再找市场？企业销售模式是预售、现款现货还是赊销？销售收入转化为现金才能还款,所以有的时候不仅要分析客户,还要分析客户的下游客户,分析其是否具备按期、足额支付货款的能力和意愿;特别是订单融资、保理融资、应收账款质押,申请人交易对手的资信状况、付款记录、付款实力非常重要。

(2)筹资活动现金流。经营活动现金流不足以偿还到期贷款,企业首先想到的不是变卖固定资产,而是找过桥资金。这时候就要准确估计其他银行贷款到位的时间点;重点关注客户资信状况和融资能力是否出现不利变化,融资渠道是否畅通;以筹资活动现金流来还款的企业,往往资金链高度紧张,风险非常大。

(3)投资活动现金流。例如以变卖固定资产、无形资产、股权投资所得现金来还款。重点关注变现难易程度,是否可行?这些方法筹措资金都是非正常手段,不能作为主要还款来源。

分析企业现金流,不光要看现金流量表,还要看月度资金计划表。每个月,有多少现金进账?有哪些开支?任何企业都应该有这种计划表,没有的话就是管理混乱。企业有没有把银行贷款还本付息列入资金计划?如果没有,那八成就是骗贷,根本没打算还款。信贷人员通过企业一定时期的资金计划表和现金流分析,可以发现企业资金运作规律,哪些月份进账多,哪些月份资金紧张。很多企业贷款总是说生意如何如何赚钱,信贷人员需要了解的是具体哪个月能进账多少,而不是笼统的明年能赚多少,这种分析才有意义。信贷人员只有知道了企业未来资金流的规律,才能制订切实可行的还本付息方案,是到期还本,还是分期还本,最好是企业现金流最旺盛的那一个月贷款刚好到期。

除了企业自身的现金流,还有其他现金流作为还款来源,如担保方代偿、投资人出资等。信贷人员要重点关注:一是保证人在借款人违约的情况下,是否能及时代偿。假如保证人和借款人处于同一行业,风险相关性很大,借款人违约了,保证人恰好也经营不善。二是抵质押物处置难度大不大，需要多长时间才能变现。三是股东实力如何，在企业经营不善的时候股东有多少实力代偿。

在对还款来源分析时，信贷人员要充分考虑各种各样的风险。例如，政府融资平台往往以土地出让收入作为还款来源，那么信贷人员就要分析土地出让收入有哪些风险？一是土地从"生地—熟化—二级市场流通"的变现时间长、土地变现需经多个审批环节，受拆迁、突发自然状况等因素影响，存在很大的不确定性；二是国家宏观政策影响未来土地变现价值，导致土地出让收入不能完全覆盖贷款本息。

8.1.1.2 如何控制还款来源

知道还款来源在哪里很简单，识别风险有一定难度，但是这些都不是关键，关键是对现金流进行控制，或者至少是监控。其实人保也好、物保也罢，都是一种虚幻的安全感，都不如设计方案去控制现金流有效。常用的控制方法有：签订账户监管协议、还款资金承诺函、贷款回收计划，资金结算比例要求，贷款封闭运作等。我们都知道，在历史上，中国政府向外国借债而以关税担保，然而大家却很少关注其风险控制细节。还款来源是中国的关税，如何控制风险呢？由该债权国政府派员到中国设立海关直接收取关税，收到钱才是硬道理。

对于工薪阶层来说，还款来源往往是工资，所以其工资代发银行有很大的监控优势。对于公司来说，信贷人员通常要求借款人在银行开立结算账户，办理各种代收代付。在一些大型的项目融资中，控制现金流尤为重要。《项目融资业务指引》第十七条规定："贷款人应当与借款人约定专门的项目收入账户，并要求所有项目收入进入约定账户，并按照事先约定的条件和方式对外支付。贷款人应当对项目收入账户进行动态监测，当账户资金流动出现异常时，应当及时查明原因并采取相应措施。"控制现金流，说起来容易，做起来却不容易，下面是一个案例。

A 银行给予某开发商经营性物业抵押贷款 1.5 亿元人民币，贷款期限 10 年，贷款以借款人一宗物业房产做抵押，采用在借款期内每年偿还 1 500 万元的还款方式，其第一还款来源是物业租金收入。银行风险控制措施和做法如下。

（1）在调查阶段，通过实地考察、以普通租户身份间接印证等方式核实了项目的目前租约、租金价格、剩余房屋数量的真实性。

（2）贷款发放前，贷款行、借款人与承租人共同签订《物业租赁费交纳监管协议》。要求借款人委托银行代收租金、要求承租人承诺按期将租金划至该监管账户，并承诺不得在他行开设相同性质的账户，确保该监管账户为项目的唯一资金回款专户。

（3）贷款银行为借款人建立了收入、支出明细台账，由银行将代收的租金存入监管账户。除了借款人维护物业正常经营的管理费用、财务费用和税收费用之外，其他任何对外支出必须经过银行客户经理、客户经理主管的审核批准后方可使用，防范借款人随意挪用账户资金。

（4）建立租户名单管理台账，定期与借款人及承租人进行对账，掌握承租人的各项信息，确保租金来源的真实性，避免了虚假交易带来的风险。

（5）在与借款人签订的合同中明确要求借款人将其与承租人之间，包括租金在内的任何租赁合同内容的变更信息及时通知贷款银行；针对借款人与承租人修改租金金额、支付方式、租约期限等核心条款的行为，必须经过贷款人书面确认，贷款人有权据此变更借款人的每期还款额度。

本案例中，A 银行为了控制租金收入，做了大量工作，对项目真实情况进行调查和验证，又通过书面合同条款约定贷款人、借款人、承租人三方权责，建立承租人名单管理台账等，初步做到了对项目收入的监控，但是实际运行效果如何，还需要大量的后续跟进，执行中还要不断调整。

8.1.2 还款意愿

借款人还款意愿是借款人主动还款的想法，有还款能力但是没有还款意愿往往导致贷款清收颇费周折，所以在贷款介入的时候信贷人员就要把这批客户排除掉。

借款人为何愿意还款？从道德上讲，诚信取决于人品，然而如何评价人品呢？经历了大量不良贷款的清理以后，笔者发现赖账的人性格各异，没有一定的规律。但是要特别注意一类人，他们没有特别强烈的"欠债还钱"观念，总是认为关系亲密到一定程度，"你的就是我的，我的就是你的"，在申贷环节就各种拉拢信贷人员，制造各种"陷阱"，到了还款阶段各种拖延抵赖。这就是人情债，他认为信贷员受了恩惠，就欠了他人情，而人情是无法用金钱来衡量，也无法用金钱偿还，信贷员帮他拿到贷款是天经地义了！

人是社会关系的总和，单独谈一个人的面相、心理、性格太过于表面化，人有各种想法，但外在行为一定是符合社会环境的。自然人属于一个家庭，一个人的信贷活动实际上是一个家庭的经济行为，所以我们更愿意把自然人风险落脚到家庭。企业呢？企业最终也是自然人为了经济利益组成的一个团体，集体行为更趋于经济理性，有利益则是团体，无利可图则四分五裂。

从经济学讲，理性人总是自私自利的，没有长期博弈，赖账是必然的，但是一个人长期赖账往往导致信用丧失，无法再次取信于人，给自己日后生活带来不便，这就是违约成本。恪守信用，维持"诚信"的口碑是为了长期经营需要。对个人来讲，本地人、有稳定工作、已婚、有子女，其违约成本就高。对企业来讲，经营商誉较高的，其违约成本也较高等。当然，这只是一般规律，不能推而广之，有时候家庭幸福、子女众多的人逃废债更可怕。不守信用有时候也是一种求生本能，财产就那么多，给了银行，家人就陷入赤贫，逃债是为了给家人留下更多的生计。人总是受制于各种人际关系，受到利益牵制，表现出社会性；但是当环境发生重大变化以后，借款人也会不管不顾的逃废债务，体现出求生的本能。

> **小资料**
>
> 　　《林家铺子》中的主人公林老板，熟谙生意经，刻苦耐劳，虽然遇到种种困难，但他总是有办法把生意做得红红火火。林老板又是一个诚实守信的人，当朱三太来要账时，虽然自己手头紧，但是为了人家能买上年货还是把人家的账款给还了；上海人来要账时，想尽办法为其收集账款，这些细节体现了他守时守信的一面。然而在重重压迫之下，在后面选择逃跑时并没有顾忌比自己更艰苦的人的生活，拖欠大量欠款跑路了。

还款意愿是会变化的。实务中，借款人是一步步走向失信的，并不是蓄意要诈骗，他们就是林老板一样的生意人，就在我们身边，在重重压力之下走向了诚信的反面。银行的大多数客户都具有这种两面性，"诚信、人品好"，这些话往往靠不住。对于既定的客户，如何增加违约成本呢？一方面是增加担保措施，如道义担保等；另一方面增加违约后惩戒措施，如加收罚息、列入失信人名单、以骗贷罪起诉等。

中小企业主一般都是通过"第一桶金"完成原始积累的，不甘心一次失败就又重归社会底层，在判定企业陷入困境之际，往往以各种隐蔽的手段抽逃转移资产。特别是年龄较大的企业主，反正也不会二次创业了，也不会和银行打交道了，失信成本很低。愿意长期博弈的企业主也可能选择违约，假如不违约，把最后的本钱花光，只能退出经营多年的行业，于心不甘。违约、转移资产，保持一点"火种"，或许还能东山再起。"去杠杆"的过程就是不断废除债务的过程，纵观历史，每一次提出"废除一切不平等债权"都是有深刻的经济背景，然后理论家论证债权的"不平等"，进而合理化"废除"。从债权人角度来看，如何规避这种风险？那就是贷前评估，行业有没有前景？值不值得投？客户能赚钱才能还款，客户赔了钱，无论是请多么优秀的律师，招聘多么强悍的催收员，想拿客户的本钱来偿债都是非常艰难的。干好信贷这个活，从根本上讲还是需要对经济、行业有非常深刻的理解，而不能停留在"完善法律文书，打官司索债""软磨硬泡、死缠烂打式催收"这种层次上。

8.1.3 信用评级

借款人信用等级，专业一点就是说客户风险等级（customer risk rating），也就是借款人违约的概率有多大？客户信用等级越高，违约概率越低。如何判断目标客户的违约率呢？传统上就是凭经验，更加科学化、体系化的评估就要用信用评级模型。

信贷业务中的评级包括主体评级和债项评级。一笔信贷业务的预期损失 = 违约概率（PD）× 违约损失率（LGD）× 风险敞口。主体评级是解释该客户的违约可能性有多少。例如，某银行的客户甲主体评级 C 级，通过主标尺换算成违约概率，其对应的违约概率是 20%；客户乙主体评级 AAA 级别，其对应的违约概率 0.05%。当一个客户的违约概率太高，银行就不会介入。债项评级（facilities risk rating）主要是确定违约后某一笔信贷业务的损失程度。违约并不一定会损失，担保贷款和信用贷款的损失率是不一样的。一个客户只有一个主体评级，但是可能有多个债项评级，假如客户在银行有两笔业务，一笔是房产抵押贷款，另一笔是信用贷款，很明显前一笔贷款的风险要小于后一笔贷款。有时候主体评级和债项评级有一定的关联度。例如：当借款人违约时，抵押物相应发生贬值，这就是正相关；又比如，股东将公司的股权质押给银行，公司贷款违约自然会影响其股权价值；还有一些上市公司的股东作为借款人，将旗下上市公司股份质押给银行，这时候股东出现问题（借款违约），是否影响上市公司股价？

这就要区分情况，如果股东作为上市公司关键管理方，上市公司本身财务状况较差，股价就会波动。一般来说，主体评级很低的客户，只能做债项评级很高的业务（低风险业务）。

银行要准确评级，一方面要有不同类型客户的历史违约数据库；另一方面要掌握目标客户多维度的信息。要不断地细分，建立不同的评级模型，如零售模型、中小企业模型、大企业模型以及各种专项贷款模型等。大企业模型还要细分，根据不同的地区校准参数（国别风险、地区风险），做成各地区的评分模型。实务中的评级要录入财务报表和非财务信息，有的新公司没有财务报表，要用商业计划、管理层经验、财务预测，有时候需要用担保人的主体评级替代借款人的评级。评级结果也不完全以模型为准，如果对系统评级结果有异议，可以进行评级调整，但是必须提供充分的调整理由。

我们常说，模型是没用的，但是必须要有一个。大部分银行评级模型都非常初级。例如将客户的财务、非财务因素逐个罗列，设定各种等级、权重，然后累加分数，分数对应信用等级。影响客户违约的指标有哪些？影响程度有多少？这种指标的选取和权重的设置往往是靠管理层的经验（即风险建模中的特征工程）。例如，婚姻状况和房产状况都是常用的指标，已婚无房产、离婚有房产，哪个客户评分更高？这就需要用历史违约数据来估算权重。一些数据积累比较完善（七年以上，包含完整经济周期）的银行开始实施巴塞尔协议的内部评级法，然而我国处于经济转型发展期，数据的结构性变化比较明显，新的风险特征不断涌现，影响了模型准确度。个人贷款的模型相对成熟，随着机器学习方法的运用，模型自我优化的能力也在提升。总之，对评级模型不能过于迷信，模型的功能在于简化思维过程，如果"唯模型""为模型打工"，那就进入误区了。

评级有重要的管理意义，一笔贷款债项评级（FRR）太低，该笔贷款就会被否决。有的银行还将评级等级与信贷审批员的审批权限动态挂钩。例如，一笔贷款评级很高，本来审批权限500万元的审批员，可以批1 000万元以内的贷款，一笔贷款评级很低，本来权限500万元的审批员，只能批200万元以内的贷款。有时候，信贷人员还要关注外部评级，要通过公开渠道收集第三方（包括评级机构、其他银行）对申请人主体及债项的评级信息。一般来说，客户发行过短融、中期票、企业债的必须提供第三方评级报告作为附件，这些都可以借鉴。

8.2 授信方案制订

授信是指商业银行对客户或地区统一确定授信额度，并加以集中统一控制的信用风险管理制度。

现代银行信贷流程分为评级、授信、用信三步。传统上，客户从申请贷款到使用贷款，要经历一个漫长的审批期，要通过客户的财务报表和非财务信息，分析整理出客户的信用状况，评价是否可以发放贷款。随着信贷产品日益增多，多个部门各自审批各自的产品，一方面是重复劳动；另一方面是多头授信，总量失控，于是银行采取了额度授信管理。额度授信，就是先核定客户的授信额度，在授信额度总量和有效期内，各种信贷业务可以不经过烦琐的审批程序，走简易审批程序，或者直接走放款审查程序。银行给予授信额度，往往附有生效条件和持续性条件，满足生效条件才能启用额度，不满足持续性条件，银行可以冻结额度。需要走审批流程的情形就只包括：①额度不够用，需要临时增补额度；②额度到期，需要额度重审；③出现风险，需要压缩冻结额度。额度授信的要点是，必须保证在额度有效期内，客户的还款能力不出现大的变动。实务中，每次额度提用前（低风险业务除外），客户经理都要再次审核客户最新情况，对风险预警信号进行排查。没有变化的，再提交放款中心审核放款；有变化的，则要报审查部门审查审批。

授信方案（proposal），包括确定授信额度、期限，安排信贷产品（facility），制定风险缓释措施，以及产品定价。并不是所有的客户都要从头开始做方案，存量客户、续做单一客户一般授信方案不会有太大变化，通常是到期年审（review），有更改的只是重点注明变化与理由。新增客户，如果为现有集团客户之一新成员，则要说明关联方在本行已核定授信方案、使用情况、主要变化及原因。授信方案涉及很多信贷惯用语，各行略有差异，经常引起歧义，下文只做一般性介绍，实务中以你所在的机构规范为准。

8.2.1 测算授信额度

授信额度是银行在未来一段期间内对客户能够承担且愿意承担的信用风险敞口总量。

授信额度有总额度和敞口额度的区分，敞口额度＝总额度－保证金、银行存单和国债质押金额。例如，甲客户有敞口额度1 000万元，甲客户能够申请签发多少承兑汇票？只要提供了相应的保证金，这个签票金额是可以无限大，只要敞口控制在1 000万元以内即可。有了授信额度，还可以按照不同产品设置分项额度及其调剂规则。例如：给A公司授信额度20亿元，其中固定资产贷款额度10亿元、流动资金贷款额度5亿元、承兑汇票额度2亿元、贸易融资额度3亿元，固定资产贷款额度不得与其他授信产品串用，流动资金贷款、银行承兑汇票、贸易融资额度可以调剂。授信额度可以分为专项额度和非专项额度，前者适用于固定资产贷款、房地产开发贷款、商用物业抵押贷款等，其还款来源与项目收益密切相关；非专项额度主要是用于客户日常经营周转，其还款来源依赖客户综合还款能力。授信额度还可以分为循环额度和非循环额度，循环额度是指还款后释放的额度还可以继续使用，而非循环额度则不可以，专项额度一般是非循环额度。

8.2.1.1 授信额度

如何确定客户的授信额度呢？中国人民银行颁布的《商业银行授权、授信管理暂行办法》第十条规定：

商业银行对其业务职能部门和分支机构所辖服务区及其客户授信，应遵循以下原则：

（一）应根据不同地区的经济发展水平、经济和金融管理能力、信贷资金占用和使用情况、金融风险状况等因素，实行区别授信。

（二）应根据不同客户的经营管理水平、资产负债比例情况、贷款偿还能力等因素，确定不同的授信额度。

（三）应根据各地区的金融风险和客户的信用变化情况，及时调整对各地区和客户的授信额度。

（四）应在确定的授信额度内，根据当地及客户的实际资金需要、还款能力、信贷政策和银行提供贷款的能力，具体确定每笔贷款的额度和实际贷款总额。授信额度不是计划贷款额度，也不是分配的贷款规模，而是商业银行为控制地区和客户风险所实施的内部控制贷款额度。

通过"资产负债比例"确定授信额度是普遍的做法。从财务角度看，资产（A）=负债（L）+所有者权益（E），要实现资产的扩张，可以负债融资或者股权融资，这就是资本结构理论。资本结构的理论研究很多，观点也不一致，但通常认为，负债融资占比越高，财务风险越高，假如负债比例接近100%，则破产在即。所以，这里就有一个客户所能承受的最高资产负债率（D）。假如该客户获得了融资（M）后，所有者权益（E）不变，负债和资产同时增加M，由于融资后资产负债率$\leq D$，推导出$M \leq E \times [D \div (1-D)] - L$，公式右边就是理论上客户能够新增的最大负债金额。这个金额由哪些因素决定？一是所有者权益，或者净资产，即资本实力；二是最高资产负债率（D），通常用行业参考值。负债率是衡量企业财务风险，财务管理理论认为，企业的风险由经营风险和财务风险组成，经营风险低，财务风险就可以高一点，经营风险高，财务风险就应该低一些。经营风险体现为息税前利润本身的波动性，如果波动性大，则经营风险大。结论就是，利润本身的波动性大，可接受的负债率就应该低，授信额度就比较低。

假如一个企业目前资产100万元，权益80万元，负债20万元，资产负债率20%，银行认为该行业的企业普遍可接受资产负债率是50%，套用公式计算，该企业可以增加负债60万元。假如本银行拟占的市场份额⊖50%，授信额度即为30万元。可接受资产负债率不是随便定的，而是通过行业分析来设置。利润波动性很大的行业（股权投资、证券、期货投资、炒房），期初100万元资产，期末可能变成了200万元，也可能变成零，这种行业银行无法接受，即可接受的资产负债率接近零，不能给予贷款。利润波动性越大，可接受的资产负债率越低，也即是承担波动的永远是股东的钱（即资本）。

确定授信额度还有其他方法。

（1）通过客户申请的额度，深入分析借款原因，挖掘客户真实信贷需求和资金缺口，得出客户所需要的额度。

（2）参考客户偿还能力，例如某客户月收入5 000元，月息5‰，假如该客户每月收入全部用于还利息，本金到期不断续贷，则最多只能贷款100万元，这就是客户承贷能力的上限。

（3）根据担保措施核定授信额度，如某客户提供房产抵押，价值100万元，抵押率60%，即可核定60万元授信额度。

（4）根据银行内部行业、地区、产品授信组合政策来确定。例如某行业授信额度有个总量、某地区授信额度有个总量，层层分配下来，给特定

⊖ 市场份额占比往往要根据客户规模来设置。大企业上市公司，同业占比低，便于分散风险；中小型企业，可以适当提高同业占比。同业占比过大，往往被企业"绑架"，难以抽身。

的客户授信额度就有了上限。

（5）监管政策、法规限制，例如单一客户授信集中度不得高于银行资本的10%，集团客户授信不得超过银行资本的15%，全部关联授信与资本净额之比不超过50%。

8.2.1.2　分项额度

确定了授信额度，银行与客户的所有债项交易，包括贷款、贸易融资、承兑和贴现、透支、保理、担保、贷款承诺、开立信用证以及持有客户发行的债券、短期融资券、中期票据等形成的信用风险暴露，扣除客户提供的保证金存款及质押的银行存单和国债金额以后的余额就必须小于该授信额度（敞口额度）。至于说给企业贷款多少？承兑多少？这些就要根据企业的实际用款需求和特点来具体确定。

贷款新规对贷款按用途进行划分，主要包括流动资金贷款和固定资产贷款（包括项目贷款）。对于固定资产类贷款，由于用途特定，所以其额度通常要根据项目来确定。一个项目有总投资，资金来源包括资本金、经营收入再投入、银行贷款等。要准确计算额度就依赖于对这些项目的评估，是不是有多大缺口就给多大授信？不是，还要分析项目的现金流状况，确保项目还款来源能够覆盖本息，这就需要对项目收入、成本进行分析。这一块详见项目评估章节。

贷款新规中流动资金贷款的定义是用途为"日常生产经营周转"的贷款，应包括贸易融资。预测流动资金需求主要运用银监会的《流动资金贷款需求量的测算参考》（简称《测算参考》）中的公式。此外还有销售百分比法、回归分析法、资金习性法等，这些方法本质上没有区别，都要借助资产负债科目与收入之间的相关关系，在《测算参考》中，这种关系体现为周转率。

《测算参考》中提出了营运资金量的测算公式为：营运资金量＝上年度

销售收入×（1−上年度销售利润率）×（1+预计销售收入年增长率）÷营运资金周转次数，其中：营运资金周转次数=360÷（存货周转天数+应收账款周转天数−应付账款周转天数+预付账款周转天数−预收账款周转天数）。该公式通过推导，可以变形为：营运资金量=[（应收账款平均余额−预收账款平均余额）×（1−上年度销售利润率）+平均存货余额−（应付账款平均余额−预付账款平均余额））]×（1+预计销售收入年增长率）=[应收账款净额×（1−上年度销售利润率）+平均存货余额−应付账款净额]×（1+预计销售收入年增长率）=[应收账款净额×（1−上年度销售利润率）×（1+预计销售收入年增长率）+平均存货余额×（1+预计销售收入年增长率）−应付账款净额×（1+预计销售收入年增长率）

销售收入增长了，那么应收账款、存货也必须相应增长，要补充流动资金，但是应付账款也会增加，这会带来流动资金，两者抵消以后，就是流动资金需求。这里的流动资金、营运资金就是财务管理上的营运资本，即流动资产减流动负债后的净额。

这种分析思路和销售百分比法基本一致，只是销售百分比法下，不仅这五个科目要变动，其他资产负债项目也会随销售收入而变动，同时考虑股利支付和留存收益等因素，推算出结果略有差别。《测算参考》假定了五个科目保持同样的增长率（对应的就是周转率不变），其实销售收入增长，存货、应收账款、应付账款并不一定同比例增长。有的客户销售增长了，应付账款增长超过了存货和应收账款增长，反而创造大量现金流，那么就没有新增贷款的需求；又比如有的客户处于发展初期，需要向商家铺货，存货占用资金较大，而到了发展后期由于市场饱和，不得不大量采取赊销，应收账款居高不下，即资产结构会随经营阶段变化而变化。《测算参考》规定"应根据实际情况和未来发展情况（如借款人所属行业、规模、发展阶段、谈判地位等）分别合理预测借款人应收账款、存货和应付账款的周转天数，并可考虑一定的保险系数"，就是为了弥补这些缺陷。当然，还可以采取回归分析法、资金习性法，根据不同的科目分项详细估算。

估算出了的营运资金量是销售增长后未来应该持有的流动资金，但是借款人现在就有一部分自有流动资金，现有的流动资金贷款也不会到期全部结清，未来还可以通过其他渠道获得营运资金，所以：新增流动资金贷款额度＝营运资金量－借款人自有资金－现有流动资金贷款－其他渠道提供的营运资金。

对"借款人自有资金"有多种理解：①营运资本，即目前流动资产与流动负债的差额，也等于所有者权益＋非流动负债－非流动资产；②所有者权益＋长期负债－长期资产－预测期内需要支付的红利；③自由现金流量，即未分配利润＋净利润＋折旧－资本性支出－股利支出－到期以后借款和其他借款；④未分配利润中可用于营运资金周转部分＋当年净利润＋折旧－当年分红－计划归还贷款；⑤货币资金。口径①假定原投入的营运资本保持不变，计算相对简单，最常用，但是它忽略了销售增长后带来的利润也可以补充未来流动资金，也忽略了借款人挪用营运资金用于长期项目。如果借款人未来从销售收入中抽取部分资金用于长期投资、固定资产投资，那么自有资金需要扣减这部分资金。

由于是计算"新增流动资金贷款额度"，所以要扣除"现有流动资金贷款"（含其他银行）。而"现有流动资金贷款"，在预测期未必一直存在，有时候要置换其他银行的贷款，就要把需要置换的部分加回去。"其他渠道提供的营运资金"，一般应包括发行债券、融资租赁、股东借款、吸收直接投资、发行股票、商业信用、预计能够获得的其他银行新增授信等。

计算出来的"新增流动资金贷款额度"是客户的需求值，理论上的上限值，本次银行提供多少授信还需要分析其合理性，毕竟销售增长不一定能赚钱，亏损的增长就难以还款。下面是计算案例（表8-1）。

表 8-1 流动资金贷款需求测算表

科目	应收账款（万元）	预付账款（万元）	存货（天）	应付账款（万元）	预收账款（万元）
期初余额	199	4	326	109	4
期末余额	398	22	119	100	10
平均余额	299	13	223	105	7
周转次数	10.1	203.4	11.9	25.3	428.6
周转天数	35.8	1.8	30.3	14.2	0.8
保险系数	1	1	1	1	1
周转天数	35.8	1.8	30.3	14.2	0.8
营业收入	3000	营业成本	2644	销售利润率	11.87%
营运资金周转次数		6.8	预计销售收入年增长率		33%
预计营运资金量		516	当期营运资金		400
需置换他行贷款		50	流动资金贷款需求量		166

《测算参考》规定："对小企业融资、订单融资、预付租金或者临时大额债项融资等情况，可在交易真实性的基础上，确保有效控制用途和回款情况下，根据实际交易需求确定流动资金额度。"实务中，贸易融资额度更简化，比如可以根据客户与核心客户平均交易额和账期来测算。各个行业都有一些经验比率，这些经验值往往比报表算出来的周转次数、周转天数要准确得多。比如汽车经销商库存融资，库存和月销量的比例称为存销比，合理的存销比应当小于3，根据经销商的预测月销量和最大存销比就可以算出其最大库存量，结合目前库存量，即可核定库存融资额度。

是模型就有缺点，前面提到，预测的逻辑是"销售增长，存货、应收账款相应增长，产生资金需求"，应收账款中包含了利润，这部分不产生资金需求，已经通过（1-上年度销售利润率）扣除，（1-上年度销售利润率）即成本率，成本中还分为付现成本和非付现成本，只有前者构成现金需求。同样地，存货本身包含了原材料、工人工资、制造费用三个价值组成部分，制造费用包含了生产车间所使用固定资产的折旧费，显然折旧费不需要现金支出，对于折旧费占比非常大的企业，预测时就要相应调整。公式中的销售利润率，通常采用毛利率口径，如果企业的期间费用占比很高，模型就会低估资金需求，这时可以采取营业利润率口径。

8.2.2 确定授信期限

准确来说，信贷期限包括授信期限和用信期限。例如，银行给某企业授信1 000万元，期限一年，企业用信时可以申请签发六个月的银行承兑汇票。授信期限一年更多的是考虑在一年内企业的基本面不会发生重大变化，而用信产品期限六个月更多的是考虑匹配企业的采购付款条件。授信到期以后，借款人信用风险已经与授信之初有很大改变，授信额度就要重新评定。授信期限太长，往往不能及时根据借款人风险状况调整授信额度；授信期限太短，往往操作成本太高，不经济。

银行设定授信期限要考虑政府授予客户经营许可的期限，如特种经营许可证的到期日、相关一些技术资质的期限、施工企业资质期限，还有一些是产品、品牌代理特许经营权期限。并不是说不能突破这个期限，而是要评估企业的经营稳定性。

确定合理信贷期限主要是指用信期限，即贷款期限、承兑期限、信用证期限等。贷款期限可以划分为短期和中长期。对信贷机构而言，虽然长期贷款的收益较好，但贷款期限越长风险越大。对借款人而言，若贷款期限大于实际需求期限，会导致企业资金过剩，有可能会导致盲目扩大投资、扩张生产。若贷款期限短于实际需求期限，又会导致贷款到期频繁借新还旧、展期甚至逾期，给信贷机构造成不必要的操作风险。

用信期限还要与企业经营周期相匹配。固定资产周转期包括固定资产建设、运营、逐年收回折旧、报废，从信贷角度又划分为建设期和补偿期，前者是贷款运用期间，后者是从开始提取折旧到提足折旧的期间（见图8-1）。由于固定资产投资不仅包括贷款资金，还包括企业自有资金，通常约定先偿还贷款然后股东才能收回自有资金，所以固定资产贷款期限应该短于固定资产周转期，在提足折旧以前就应该偿还完毕。具体在确定一笔固定资产贷款的还款期限时，信贷人员要充分考虑企业固定资产折旧回收期和企业自有资金占比。如果企业盈利能力强，利润中现金流充沛，那么可以设定较短的贷款期限；反之则期限较长，但是不能晚于折旧提足以后。

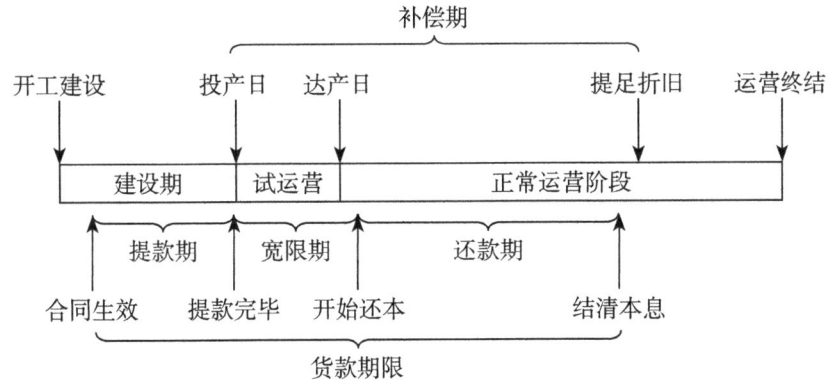

图 8-1　项目周期与项目贷款

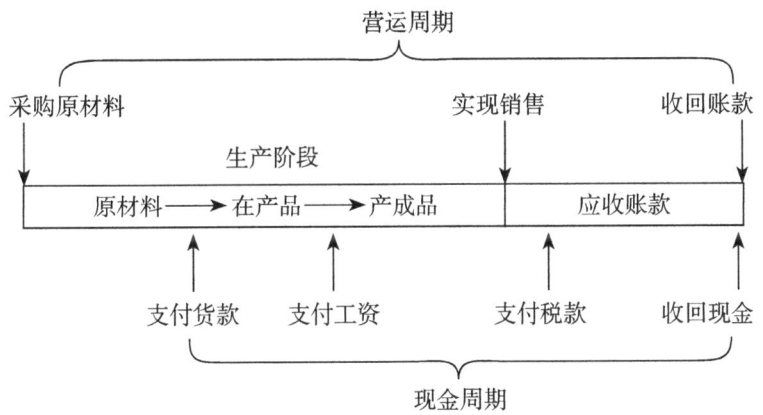

图 8-2　营运周期与流动资金贷款

流动资产的周转包括采购、生产、销售、收款环节，形成营运周期和现金周期（见图 8-2）。通常来说，短期流动资金贷款期限等于现金周期，但实践中，两者很难准确匹配。以图 8-2 为例，支付货款、支付工资、支付税款、收回现金流的节点都是变动的，是不可预测的，有时候需要预付采购款，有时候可以延期支付工资，有时候要预缴税款，这些不确定性因素导致了现金周期和营运周期不匹配，贷款期限和现金周期不匹配。流动资金的用途也很难锁定，常常流动资金贷款参与了多项流动资产的多个循环周期，造成了"流动资金贷款不流动"，最后贷款沉淀至滞销存货和坏账中。实务中设置流动资金贷款期限，首先是考虑客户信用等级，优质客户、高信用等级客户发放中长期流动资金贷款，当客户信用等级下滑，就要适当缩短贷款期限；其次是要与担保物的周转期一致，如存货质押类流动资金贷款要根据存货周转期设置期限，即原材料到货至产品发货；应收账款质押类流动贷款要按照企业销售结算周期设置期限，即销售产品到销售收入回笼；最后，要考虑还款来源的准确到账时间，到期日最好与交易回款无缝对接。例如：保理业务期限要与应收账款回收期限匹配，出口退税账户托管贷款的期限要与税务部门办理退税的时间匹配；以租金收入为还款来源，要匹配租金收取时间，当然也可以在合同中约定收到款项视为贷款到期。

当把握不住企业的经营周期时，信贷人员应尽量设置短期限：低风险客户可以给予中长期贷款；一般客户尽量给予短期交易性贷款；当授信客户风险趋于上升、发展前景不乐观，应当及时调整存量产品授信期限，或者用短期限产品替换长期限产品。

8.2.3 安排信贷产品

授信方案中通常有一系列信贷产品。不同的产品可以满足不同的需求，不同的需求又可以由多种产品来满足，理想的做法是根据不同的客户来设计产品，一户一策。实务中，一个地方设计了好的产品，上级开始推广，有制度、流程、营销方案、指标考核，然后各地方的客户经理根据产品营销指引找客户。第一波找到的客户还是很适合这些产品，第二波客户经理找到的可能需要包装一下才适合，到了一定阶段，根本就没有合适这个产品的客户，为了完成考核，于是出现削足适履，泛滥成灾，最后风险集中爆发。很多信贷产品创新都经过了这种轮回，如大宗商品贸易融资、钢贸类票据业务、联保等。

安排产品的一般原则包括：一是选择风险控制成熟度高、收益稳定的授信产品，尽量用低风险产品，慎重选择新业务、高风险品种。所谓的低风险产品就是票据贴现、贸易融资等产品，绝对的低风险业务可以定义为敞口为零的信贷业务，如贴现、全额保证金承兑等。二是选择风险调整后收益高的产品。例如，银行承兑汇票和国内信用证，风险程度一样的情况下后者资本消耗低。不同时期的收益侧重点不一样，当银行需要完成存款任务时，尽量建议客户使用表外产品（收保证金），如果银行缺乏利润，那么要引导客户使用表内产品。

银行在具体安排产品的时候还有多重考虑因素，具体如下：

（1）根据企业业务循环特点安排产品。例如：采购阶段安排票据融资、国内信用证融资，生产阶段安排订单融资、动产质押、仓单质押融资，销售阶段可以安排保理、应收账款质押融资等。

（2）根据行业特征安排产品。例如：制造业客户，建设期主要安排固定资产贷款，建成后，通过流动资金贷款、贸易融资、银行承兑汇票等解决其营运资金需求；贸易类批发类客户，主要从事商贸，尽量安排供应链融资产品，强化交易流程控制，少安排高风险的流动资金贷款。

（3）考虑客户与上下游的结算方式，是银行承兑汇票、信用证结算还是转账支付，安排相应的票据融资、贸易融资、贷款等产品。

（4）考虑银企关系，"优质客户重关系，一般客户重交易"，优质客户尽量安排中长期信贷产品以巩固长期合作关系，一般客户尽量安排短期贸易类产品。

（5）结合产业链，对核心企业主要提供流动资金贷款，对上下游企业则提供贸易融资等。

8.2.4 设置用款方式

用款方式包括一次性支用、分批支用、循环支用等。还款方式分为一次性还款和分次还款。

还款方式设置不合理，与借款金额、借款用途、借款人现金流等不匹配，往往导致贷款展期、逾期、重组。例如餐饮业，每天都有现金流，可以设置为分期还本。又例如借款用途是项目建设，那么就要设置提款期和还款期，提款期是项目建设过程中要根据项目进度陆续用款；到了项目建成投产以后，就要进入还款期，分期陆续还款。如果提前设置了还款期，往往导致企业没有现金流还款，如果推后了还款期，还款来源又无法得到保障。

循环使用，例如 A 汽车经销商授信额度 1 000 万元，采购 100 台车支用了一笔贷款 1 000 万元；销售回款以后要陆续还贷，还贷的过程也就释放了额度；假如销售 50 台车，还贷 500 万元，此时可用授信额度恢复为 500 万元；如果授信未到期，企业可以用 500 万元再次采购，也就是循环使用。最佳的方案是企业每销售一台车就要还一次款，这样还款方式与现金流完全匹配。

8.2.5 信贷产品定价

价格是银行最难决策的授信要素之一。银行的报价既要从银行自身出发考虑业务成本、风险与必要的利润，又要从客户角度出发，使价格能够被客户接受，同时还要考虑到竞争对手的价格策略、市场的价格水平等。

 **小资料**

信贷产品的价格体现为利率和费率。利率是货币所有者因暂时让渡货币资金使用权而从借款人那里获得的一定报酬，为一定时期内利息量与本金的比率。贷款让渡了资金使用权，所以贷款的价格就是利

率，承兑、信用证、保函业务不占用资金，其价格就体现为费率。利率一般有年利率、月利率、日利率三种形式。年利率也称年息率，以年为计息期，一般按本金的百分比表示；月利率也称月息率，以月为计息期，一般按本金的千分比表示；日利率也称日息率，以日为计息期，一般按本金的万分比表示。我国计算利息传统标准是分、厘、毫，每十毫为一厘，每十厘为一分。年息几分表示百分之几，月息几厘表示千分之几，日息几毫表示万分之几。费率是指利率以外的银行提供信贷服务的价格，一般以信贷产品金额为基数按一定比率计算。费率的类型较多，主要包括担保费、承诺费、承兑费、银团安排费、开证费等。

2014 年 2 月 14 日，中国银监会、国家发展改革委令 2014 年第 1 号公布《商业银行服务价格管理办法》，其中第十一条规定："除实行政府指导价、政府定价的服务价格以外，商业银行服务价格实行市场调节价。"在这个办法出台以前，很多金融产品的定价与实际情况脱节，银行承兑汇票就是典型。[⊖] 银行承兑汇票虽无须占用资金，但却承担了和贷款一样的信用风险。早期的银行承兑汇票作为计划经济条件下国有企业的结算工具，几乎没有信用风险，《支付结算办法》第八十六条也规定："银行承兑汇票的承兑银行应按票面金额向出票人收取万分之五的手续费。"仅体现为银行的结算成本费用。随着银行承兑汇票的推广，中小企业也可以办理，目前市场上还有很多票完全是融资性工具，结算作用倒在其次。银行承兑手续费收益根本无法覆盖风险损失。银行如何为风险定价？由于早期源于 0.05% 承兑费率的行政定价，商业银行只能加收承兑保证金，以保证金的存贷利差收益覆盖承兑风险损失。但是，此种风险抵补方式无法针对出票人的个体违约率进行

⊖ 赵慈拉. 承兑费率市场化意义深远 [J]. 中国金融，2014（6）：67。

> 差异化的风险定价。事实上,加收承兑保证金也使得银行承兑汇票异化为银行拉存款的工具,形成"货币空转"现象。

授信定价基本方法主要包括成本导向定价法、需求导向定价法和竞争导向定价法。成本导向定价法主要根据银行贷款经营管理过程中所发生的资金成本、各项费用、风险成本和分摊的资本成本等要素确定授信价格。需求导向定价法主要根据客户资金运用产生的收益对贷款进行定价。竞争导向定价法是指银行参照市场上同业的授信价格水平确定本行的价格。目前商业银行普遍先用成本导向定价法确定贷款利率底线,然后参考其他定价方法,综合确定报价。

贷款价格底线=(资金成本+经营成本+信用风险成本+资本成本)÷贷款金额

银行的资金是有成本的,资金成本是银行根据某笔贷款的期限和现金流特征在金融市场(吸收存款、发行债券等)上融入同种性质的资金所需付出的成本。资金价格的基础是市场无风险收益率,可以参考收益率曲线。大银行有众多的储蓄网点,往往资金成本较低;不吸纳存款的各种非银行金融机构(如消费金融公司、汽车金融公司),其资金来自银行拆借、债券、证券化、上市融资等,其贷款产品的利率就比较高;民间金融机构资金来源往往是各种高息理财资金,贷款的利率也相当高。值得注意的是,表外授信业务仅仅是借用银行的信用,而不需要用资金,其成本因素就不包括资金成本。

银行同其他企业一样,日常运转也需要付出各种各样的经营成本,如员工薪酬、网点租金、硬件设备折旧、软件使用费、税费支出等。不同的营运模式下,成本结构是很不一样的。传统上,一笔贷款的业务受理、尽职调查、放款操作、贷后检查都需要大量的人力费用,而随着技术更新,通过互联网获取客户,通过大数据模型完成尽职调查和审贷,这一块成本会逐渐下降。资金成本是市场决定的,而营运成本是信贷机构能够改变的，这也是一个机构的核心竞争力。

发放一批贷款，总有部分形成损失，这也是很重要的成本因素，问题是如何测算和预估信贷损失？实践中，通常将损失分为预期损失、非预期损失和偶然损失。预期损失是基于历史数据分析可以预见的损失，可以理解为平均损失；非预期损失是难以预见的较大损失，但是它可以通过一定概率估计，如99%可能性下最大的损失；而偶然损失是完全无法估计的，如黑天鹅事件，不严格区分的话，偶然损失也纳入非预期损失。在历史数据比较完整的情况下，预期损失可以通过评级来测算，预期损失 = 违约概率 × 违约损失率 × 风险敞口。估计了预期损失，就可以通过提高信用风险利差来弥补，高风险客户我们设置较高的信用风险利差，低风险客户我们设置较低的信用风险利差。信用评级前面已经谈到了，这里就不再赘述，下面主要谈谈非预期损失。

不同的信贷业务的非预期损失是不一样的，高风险业务更可能出现意想不到的损失、历史上从未发生过的损失，传统业务的非预期损失通常更低。非预期损失如何弥补？在经济学上这种损失可以理解为不确定性，股东投资一家银行就要承担这种不确定性（相应的获取利润作为补偿）。股东的资本金是有成本（机会成本）的，这就是资本成本。股东投资一家银行承担了一定风险，也就相应地要求一定的资本回报率，即资本目标回报率。一笔业务的资本成本有多少？资本两个口径：一是经济资本；二是监管资本。经济资本是银行通过内部模型去估计一笔信贷业务的非预期损失来确定；监管资本就是监管部门要求银行为这部分非预期损失提供的最低资本保障，体现为资本充足率要求。⊖下面我们侧重监管资本分析，即一笔信贷业务的资本成本体现为：消耗多少监管资本？会在多大程度上影响资本充足率？

资本充足率 ≈ 资本 ÷ 风险加权资产。风险加权资产包括信用风险加

⊖ 详见《商业银行资本管理办法（试行）》（中国银监会令2012年第1号）。

权资产、市场风险加权资产和操作风险加权资产。权重法下信用风险加权资产为银行账户表内资产信用风险加权资产与表外项目信用风险加权资产之和。表内资产信用风险加权资产＝表内资产风险敞口×风险权重；表外项目信用风险加权资产＝表内资产风险敞口×转换系数×风险权重。

计算表内资产的监管资本消耗，一个简单的方法就是用资本充足率×权重×风险敞口。权重的设定，一方面考虑的是不同交易对手的风险，例如交易对手是政策银行，其代表国家信用，风险权重为零，公共部门代表各级政府信用，风险权重为20%，而一般企业权重会高一些。另一方面考虑不同业务的导向，银行做什么业务最耗费资本？"其他非自用不动产、对工商企业的其他股权投资"，权重高达1 250%，也就是不倡导银行经营实业。"个人住房抵押贷款"风险权重50%，"符合标准的微型和小型企业的债权"风险权重75%，风险权重低于一般企事业贷款权重（100%），这也是监管部门倡导银行从事住房按揭贷款、小微企业贷款的监管导向。值得注意的是，"对我国其他商业银行的债权"风险权重也比较低，这也就是很多信贷业务通过同业通道放款的原因。

表外业务也是要消耗资本，但是表外业务没有直接的风险权重，需要转换为表内资产，然后选择不同的交易对手权重来计算资本消耗。而计算一笔表外授信业务的资本消耗，一个简单的方法就是用资本充足率×转换系数×权重×风险敞口。为什么国内信用证业务发展这么快？一个重要原因就是其转换系数低于银行承兑汇票的转换系数，从而一笔同样风险敞口的国内信用证所消耗的监管资本要低于银行承兑汇票。

A银行受理一笔贷款申请，金额1 000万元，期限一年，到期支付本息。该笔贷款的资金成本为3%，经营成本为1.5%；该客户的违约概率为1%，该笔贷款违约后损失率为50%，需配置的经济资本为25万元，股东要求的资本回报率为20%。则该笔贷款的成本为：资金成本：

1 000×3%=30（万元）；经营成本：1 000×1.5%=15（万元）；信用风险成本：1 000×1%×50%=5（万元）；资本成本：25×20%=5（万元）；成本合计：55万元，即贷款利率底线为5.5%。

有了价格底线，要综合市场报价情况和客户风险发展趋势，然后向客户正式报价。市场报价在本行底线之上，要积极争取客户，最大化收益。若竞争对手的报价或客户要求的价格低于本行底线，则要通过增加抵质押措施降低风险成本、适当缩短期限以降低资金成本，或者通过其他放款方式降低资本消耗，从而降低价格底线满足客户需求。要考虑客户未来的变化，对风险趋于上升的客户，要适当提高定价。

8.2.6 计算综合收益

一笔信贷业务的收益不仅是利息，银行总是试图通过一笔授信业务带来更多的综合收益，如负债业务效益、中间业务效益以及关联和社会效益等。考虑综合收益，应该说是一种信贷定价的延伸，即信贷风险可以弥补的情况下，才考虑综合收益，任何时候都不能因为综合收益来左右信贷决策。

利息收入一般是信贷业务效益的最大组成部分，是决定信贷业务整体效益的关键因素。定价方法前文中已经提到，总之，信贷人员要熟悉当地的信贷市场，不仅要了解当地银行的利率，还要了解当地民间借贷的利率水平。利息收入也比较复杂，要考虑派生存款情况。甚至有的银行要求企业贷款后不能用，要存起来开全额银行承兑汇票，企业拿到票贴现后才能用款。银行的利息净收益就包括：贷款利息收入＋贴现利息收入＋开票手续费收入－存款利息支出。

负债业务效益主要体现在吸收存款所带来的综合效益。对于存量客户，应分析存款份额、货款归行率与贷款占比是否匹配。对于新客户，应分析业务发放可带来的存款量。从一家银行整体层面来看，某一类客户的贷款总额和存款总额之比，称为此类客户存贷比，存贷比可以衡量存款派生情况。一般来说，小微企业贷款，投放以后，资金很难沉淀下来。货款归行率是银行的某一客户通过本银行回笼其货款占全部货款的比例，可以衡量银企关系的紧密程度。当企业采购这批货用的贷款 50% 是 A 行提供，那么这批货销售后一半的资金就应该存入 A 行。

中间业务效益主要体现在信贷业务带来的中间业务收入，主要包括结算、清算、代理业务的手续费收入、咨询和顾问费、银行卡业务收入等。我们总是说，国际银行业大部分收入来自中间业务，我们也一直提倡银行提高中间业务收入占比，于是产生一系列考核措施，也产生了很多"变味"的中间业务收入，如以贷收费、浮利分费、息转费、推迟或提前确认收入等中间业务收入。中间业务收入可以说是核算极度混乱，会计信息严重失真。

关联效益是指一项信贷业务的办理对银行整体业务发展的潜在效益。例如：业务对银行知名度和社会影响力的提升作用；业务对当地重大项目的带动作用；业务启动了与企业集团、地方政府的合作。社会效益如绿色信贷要求，即对申请贷款的企业，无论财务指标有多好，带来的经济效益有多高，只要环保不达标，都要一票否决。

8.3 信贷审查审批

授信方案制订完毕，在"审贷合一"的信贷机构，直接报审批人审批即可；而在大多数银行，都要按照"审贷分离"的要求，先提交审查部门审查。信贷审查主要对信贷业务风险进行再次分析判断，并提出审查结论，为信贷业务审批提供参考和依据。

8.3.1 审查工作

8.3.1.1 审查人员的工作

审查人员的工作主要包括：一是在权限内审查各类授信、用信事项，以及对需要呈报上级行的业务进行初审，确保业务合法合规、风险可控、综合收益适当，要充分揭示风险，并提出具有针对性和操作性的风险控制措施建议。二是对业务涉及的行业进行持续监测和分析，撰写行业分析报告，确保信贷策略、准入标准符合行业发展，信审的行业分析属于买方分析，重结论不重形式。三是对审查过的个别信贷项目回访，市场调研，确保审查条件符合产业特性、客户需求和同业竞争形势。四是对下级行信贷事项进行解答释疑、培训指导，提升下级行业务素质。

银行对审查人员的风险控制能力要求比较高，风险控制最重要的是见识，要见得多，信贷审查人员日常的工作就是审单子，平均下来一年审的项目远远超过了一个客户经理经手的项目，所以见得多了就积累了更多的经验。经验也意味着可能会产生偏见，导致一些审查人员的固执、偏见与骄傲，这是需要注意的。《西游记》有一节讲的六耳猕猴，即使火眼金睛也不能识别，总有例外，总有不一般，这就启示我们要谦虚。

授信审查和信贷调查很相似，事实上很多审查人员就来自客户经理，要严格区分工作方法和内容，意义不大。工作形式包括书面审查、实地核查、间接核查等，但是主要以书面审查为主，通常不实地核查，不与客户过分接触，所以对资料审查的功夫要求比较深，要入木三分，但又不能闭门造车。个别情况可以实地核查，但要确保审查独立性。间接核查主要运用银行信息库和第三方信息库，这一块通常可以用软件来操作，批量核查，当然这些方法贷前调查也可以运用，审查的时候就是二次复核。审查内容其实和贷前调查也基本相同，主体合法合规性、财务分析、经营分析、担保分析，对授信方案的可行性进行分析，提出风险点等。有区别的就是，审查工作要更多关注调查工作的程序，即复核的同时要监督。

调查工作做得扎实，审查的风险就小得多。审查的工作表现为在办公室翻资料，但是在翻资料之前首先要思考：这些资料是如何报来的？是哪些经办人员收集的？该调查人员工作能力如何？诚信度如何？收集的方法和渠道是什么？第一次报审还是再次报审？老客户还是新客户？当这些问题搞清楚以后，才不会犯方向性错误。如果说调查报告是调查工作的结果，那么调查工作的过程就是调查程序，审查工作首先就是对前期调查工作的程序进行审查，然后再审查报告内容。调查报告通常会介绍贷前调查的过程，例如：

  本人按照贷款尽职调查的要求，通过人民银行征信系统查询了借款人的信用状况，×××时间在×××地点进行了实地调查，约见了借款人法定代表人×××和财务总监×××，详细了解企业的经营情况、发展规划及未来发展预期，向负责人了解企业的经营情况、发展规划及未来发展预期，收集了借款人的贷款资料并查阅了近期及近三年的财务报表，翻阅近期财务数据及传票，收集了保证人的贷款资料并进行详细审阅，结合公司的行业特点对贷款担保的总体情况和风险进行了分析，在信贷系统中录入企业的报表，进行了信用等级评估和贷款的风险度评估。根据以上程序撰写了调查报告。

8.3.1.2 调查程序审查

  调查程序审查就是判断调查人员是否按照规定的程序开展调查工作。主要涉及下列方面：对于新增客户、增量授信业务，是否至少有两名信贷人员参与调查；对于大额贷款、集团客户，大型项目，是否有多个条线和部门组成联合调查组进行调查；对于专业性较强的项目，是否有第三方专家参与。通过询问，比对两名参与调查人员对同一调查内容的表述是否一致？表述与调查报告是否一致？表述与客户原始资料是否一致？调查报告内容是否与客户撰写的资料（例如项目贷款中的可行性研究报告、企业简介等）完全雷同？是否属于简单粘贴复制？是否对生产经营情况、抵押物现状没有详细表述或者表述不清？这些情况不到现场是编不出来的。审查人员可以调阅借款申请、调查报告、面谈记录、员工考勤记录等，查看多份面谈记录内容是否雷同，侧面了解调查人员在调查、面谈期间是否休假、外出培训或参加会议；客户资料复印件上"与原件核对一致"签名与调查人员是否一致。审查人员通过以上信息综合判断调查人员是否通过实地核查、面谈等手段获取借款人有关信息。

8.3.1.3 贷前调查资料的检查

调查程序审查没有问题后，就是对贷前调查收集的资料进行初步检查，是否完整、是否真实、是否有效。完整性主要是对照资料目录，查看有无资料缺失。资料的有效性，前面也提到过了，就是关注各种证照的有效期。资料的真实性只能做到"未发现虚假"，一方面审查人员不是文书鉴定专家，另一方面，资料上的内容无法代表企业实际经营情况。审查工作的边界就是，至少要证明自己履行了合理注意义务，对表面上的真实性和合理性要进行审查，剩下的就是让借款人对所提供资料的真实性、完整性、有效性进行书面承诺，实地调查人员在资料复印件上加盖"与原件核对相符"章并签字确认。

8.3.1.4 审核调查报告

审核调查报告是否规范、真实，主要包括：一是调查报告内容是否完整。调查报告载入的内容要关注，调查报告应该包括却没有包括的就更要关注。二是报告前后内容要一致，财务数据不能出现错误。三是风险揭示要全面，提出有效的风险缓释和防范措施，并有事实和相关数据充分支撑。四是调查人员要对调查情况进行综合分析并提出明确的调查意见和结论，调查结论不能存在歧义、表述不全、模棱两可，包含"经领导同意""为了……"等，这些词往往暗示调查结论不独立、不客观。下面是某信贷项目贷前调查合规性审查的结论。

客户经理×××已按要求实地进行了项目调查，并与该调查企业的实际控制人进行了访谈。客户经理已经提交了企业及关联公司的人民银行征信查询，实际控制人及股东和配偶的个人信用报告均已提交审查。客户经理已经按规定的资料目录的受理资料清单收集了资料，收集资料齐全。客户经理撰写的调查报告版本符合本行规定，但对以下分析不够全面和合理：对……情况没有进行披露，对……科目变化没有说明原因，对贷款用途理由和额度测算存在……的问题，……

通常，贷前调查合规性审查不过关，就需要补充调查或者补充资料，例如：调查方法和程序不符合有关规定、缺少基本信贷资料或信贷资料的真实性存在重大疑问；调查内容事实不清或调查过程存在明显缺陷；调查报告存在明显逻辑错误；调查报告主要内容不全或未形成明确调查结论。审查人员审查过程中或贷审会审议过程中认为有必要实地核查调查资料真实性的，可独立或与客户部门一起实地核查。去还是不去现场，客户值不值得第二次去？这是个问题，对客户来说，无论是贷前调查还是贷中审查，没有区别，反复去，最后批了，给客户的印象就是贷前调查不专业，银行不专业，对日后的贷后管理造成麻烦，下次增加授信额度，可能客户就直接联系审查人员，扰乱审查的独立性；否了，客户更加火光，认为银行是瞎折腾。总之，信审人员尽量避免去现场核查。

8.3.1.5 对客户的实质性审查

最终，贷前调查合规性审查过关了，那么就要进入对客户的实质性审查，是好客户还是坏客户？如何评价？主体、财务、经营、担保、授信方案，逐一审查，方法与贷前基本一致，每个方面都有具体的细节，贷前报告已经过了一遍，所以审查可以更加精练，更加侧重风险，提炼风险点和风控措施。信贷决策是个复杂的思维过程，不是一项不合格就否，一部分指标优秀，一部分差，如何决策？有硬伤的肯定不行，有弹性的就要靠经验判断。随着机器学习的运用，自动化审查应该会替代大部分审查人员的工作。

8.3.1.6 形成审查报告

审查完毕以后，要形成审查报告，其基本要求是内容完整、规范，结论客观、明确。审查报告更应该如实反映重要资料、数据的瑕疵，不能隐瞒审查发现的重大问题和风险。信贷审查报告应当包括以下几方面的内容：申请人情况、项目基本情况、经营分析、财务分析、授信方案分析、风险分析、审查结论，核心是审查意见。审查意见主要包括以下几种基本类型。

一是同意。对综合收益明显、信贷风险可控的信贷业务，审查意见就是同意，这里的同意就是对授信方案的完全同意。授信方案审批后就是放款执行的依据，所以，授信方案要明确、可操作。这里有很多细节，如借款主体应使用营业执照登记的名称，避免使用简称，避免名称有错别字影响借款合同的法律效力；授信额度要表述准确。例如：对 A 集团授信 2 亿元人民币，其中 A_1 子公司 1 亿元人民币（流动资金贷款 5 000 万元人民币、银行承兑汇票敞口 5 000 万元人民币），A_2 子公司 1 亿元人民币（项目贷款 1 亿元人民币）；用途必须明确，如贷款用于 ××× 项目建设。很多授信审查人员不注意这些细节，而风险恰恰在细节中，由操作风险衍化为信用风险。

二是不同意。对存在明显的不符合准入条件的信贷项目，要坚决否决。这些项目通常有明显硬伤。例如：申请人不具备合法的主体资格；借款用途违反国家法律、法规；严重违背国家现行的行业、产业、环保、用地政策和城市规划；还款资金来源无法落实；在信用、经营、财务、担保等其他严重缺陷，风险很大且不可控。

做出同意或者不同意相对来说比较容易，审查工作中，比较难办的是介于两者之间的项目。审查人员主要站在风险控制的角度提出结论，很容易否决这些项目，但是这些项目并没有明显瑕疵，也许就是"感觉"，难以说服前台部门。提交贷审会审议，还是暂缓将信贷业务提交贷审会审议？前台部门通常要求尽快得出审批结论。这时候，审查部门应当对调查不清晰的问题尽快让前台部门补充调查，然后对风险进行认真分析，如果通过调整授信方案，设定切实可行的限制性条款和贷后管理要求能够在一定程度上有效控制或降低风险的信贷业务，应当充分揭示风险、提请贷审会对是否办理该笔信贷业务进行审议。但是这些限制性条款不能随意增加，有的条件还要考虑贷后管理部门实际操作，通过和客户部门沟通，审查部门尽可能在达成一致后再形成最终审查结论。对于无法控制风险的项目，或者前台部门不愿意配合，审查部门应当果断予以否决。调查审查不清晰，贸然上贷审会，那就是不负责任和投机，由于贷审会决策时间很短，通过了风险很大，事实上，这些都是不良贷款高发的项目，没有通过，续议复议，就更加影响效率。

授信条件，主要包括启用贷款的前提条件、贷款发放后的持续性条件、贷后管理要求。启动贷款的前提条件，例如：项目贷款要求资本金到位，项目批复全部落实；银行承兑汇票业务的保证金到位；抵质押物投保财产保险；已经签订账户监管协议；借款人出具董事会承诺函（常见的内容如：承诺于3个月内将抵质押手续办理完毕；贷款结清前，不得对外提供担保或以项目形成的固定资产对外提供抵质押担保；年度分期还款计划执行完成前，不得进行分红；若其他银行最终确定项目贷款条件优于本行，本行享有同等条件等）；出账前由相关单位出具放弃优先权承诺等，这些条件往往是放款审核的重点。

贷款发放后的持续条件包括：资产负债率不得高于一定水平、不得对外投资、限制分红、限制发债等，这些条款通常会进入贷款合同，如果借款人违反了这些条款，银行可以提前收贷。还有的是收益条件，例如要求企业基本户迁入，日常结算量保持贷款金额的一定倍数，日均存款达到多少等。还有的是对用信方式和放款审核提出的要求，例如"合理安排用信到期日，将到期日集中安排在企业回款高峰期""建议分笔出账，分散借款人集中还款压力""出账前，该公司近期到期贷款还清后，他行授信续做，我行再介入""限定办完土地抵押手续可出账 200 万元，待房产手续齐全，完善抵押后方可使用剩余额度"。

贷后管理要求要非常明确，而不能简单地表述为"加强贷后管理"之类，例如"贷款发放后派驻客户经理，跟踪库存商品""待抵押物产权证正式办理完毕后全部抵押于我行""密切跟踪环保验收手续的办理""密切关注其与下游的供货情况，按季度索要对账单，监控其现金流"。写得太多易失去重点，流于形式，一定要找准薄弱环节。

但是审查人员要保持清醒，不能认为有完善的贷后管理就能放松准入标准，信贷的核心是信用评估，事实上很多贷款在同意贷款那一刻就已经出问题了。笔者从事了多年信贷审查，体会是第一感觉很重要，但是"先入为主""首印效应"有时候会引起灾难。看到客户和自己的头脑中的框架很熟悉，就自然地按照自己主观思维去推断，给客户"贴标签""归类"，其实看上去很相似，实际上可能大相径庭。审查人员内心接受一个客户，往往就只看到好的方面，忽略了差的方面，这就是人工审查的弊端，机器审查可能会做得好一些。有时候，审查人员做完审查意见，要跳出企业，多反思一下，为什么一切都这么顺利，是不是哪里不对劲，再多打几个电话，从不同层面了解一些信息，很多风险就可以避免。

8.3.2 贷审会审议

一些金额较大、情况复杂的贷款通常是提交贷审会集体审议。贷审会是信贷业务的最高决策机构，其成员通常由主管信贷的副行长，信贷管理、风险管理、市场等部门负责人组成，主管信贷副行长任主任委员，信贷审查部门是贷审会的日常办事机构。行长不进贷审会，一个项目要通过，通常需要 2/3 以上的贷审会成员赞成，最后上报行长，行长具有一票否决权，但不得一票赞成。

贷审会通常是奇数，以五人与七人为主，人数太多以后，成员参与讨论的机会就少，出现搭便车行为，往往听从少数人主导。实务操作中，贷审会主任委员的意见非常关键，所以不能先发表倾向性意见，如果有两个成员对贷款不赞成，这种项目一般都通不过。一些银行具备贷审会委员资格的人很多，每次会议组成人员不一定相同，避免出差等因素导致无法开贷审会。有的银行还会聘请行外专家参与贷审会，发表专家意见。贷审会的形式包括系统表决、会议、传签。系统操作，也就是审查人员将申请人相关资料、调查报告、审查报告录入系统，系统随机选择委员，例如随机选择五名，2/3 以上人员同意为通过。传签往往是前台部门拿着资料找委员签字，先找谁，后找谁，后面的委员看到其他人都签字同意了，如果自己不签字将导致项目被否决，通常有压力。这种会议之外的活动往往影响决策独立性。会议形式最常见，有利于相互讨论，但是也会互相干扰，例如群体思维、从众心理等。贷审会成员来自不同的部门，代表不同的部门利益，市场部门往往注重贷款带来的市场效益，而风险条线、贷后条线往往对贷款持谨慎态度，特别是操作风险大、贷后管理难度高的项目。一般来说，成员的背景差异越大，越能避免出现一边倒的意见。

现实中大量不良贷款都是通过贷审会审议过的，这就涉及责任追究问题，很多贷审会委员对不良的出现，往往认为是经济下行，或者调查不实。其实贷审会成员都是专家、高管，应该有对经济环境变化较强的洞察力，对贷款项目所处的行业和具体企业的发展前景做出判断，因此经济环境变化带来的贷款失败可以认为是贷审会对经济发展趋势的判断失误；而且贷审会在对一项贷款进行讨论前，首先做的就是审查前期调查信息的真实性和完备性，因此对调查不实所引发的贷款失败，贷审会也是审查失职，也要负较大责任。当然，贷审会成员来自各个部门，都是日理万机，临时参会，很少有专职贷审会委员，贷审会决策时间较短，一次会议要审议十几个项目，每个项目也就几分钟时间，也确实造成了很多贷款审查流于形式。贷审会应该是高效运行，不能审而不议、议而不决、变相形成多次续议。会议之前的沟通、讨论、返工往往起到非常关键的作用，能够到贷审会环节，基本上没有太大的分歧。这也是各种会议的一贯特色，成为形式和程序，大多数决议都是一致通过，很少有热烈讨论、激烈争论。通常来说，一个反复审议的信贷项目，往往风险非常大。贷审会结束要形成记录，内容包括贷审会委员出席、投票、表决、计票、项目审议、复议等情况，反映了一笔贷款的决策过程、各委员意见、放款条件、贷后管理要求等信息。贷审会记录是形成贷审会决议的基础，有的银行为了界定决策责任，还会保留贷审会音频视频。

8.3.3 信贷审批

通常来说，通过了贷审会审议，贷款基本上就批了，所以有的银行将贷审会称为贷款审批委员会，但是行长有一票否决权，所以还是有个审批环节。有的贷款是审查人员审查之后提交专职审批人审批。审批更多是一种权限的划分，上级行对下级行的授权，行长对专职审批人的授权，什么样的项目需要走什么样的审批流程，谁有权审批等。

从形式角度理解，审批特指最后签字环节。而从内容角度，信贷审批要关注哪些风险点？信贷决策有哪些依据、哪些考虑？调查人员、审查人员、贷审会都在参与信贷决策，能够到最终审批人环节，说明已经通过前面环节的审批，未拒绝本身就是一种审批，有的项目在调查过程中就否决掉了。信息传递是会不断耗散失真，审批绝不是让最终审批人来把关，只有每个流程都尽到自己的责任，风险才能得到控制。

审批结论分为同意、续议和否决。续议是指对无法决策，补充材料后重新上报审批，原则上可以续议一次。对于否决的项目，银行方面要做好沟通工作。沟通对象涉及客户、前台部门，有时候还涉及客户的主管部门，特别是政府部门。沟通工作做得不好，很容易打击前台部门的积极性，恶化银政企关系，给以后的工作开展造成麻烦。如何取得各方面的理解和认可？

一是要有较高的信贷审批决策水平，要有详细的风险识别和风险评价过程，找准事实，作为不同意的理由和依据，这是沟通的前提。沟通不是简单传达审批结果，要对决策的理由和依据进行深入细致的梳理消化，有理有据，情况清晰明了，给对方一个明确的信息，那就是没有任何商量的余地和复议的必要。如无特殊情况，否决项目只可以复议一次。

二是要针对不同的沟通对象采取不同的沟通艺术，特别是对于政府主管部门，要重点汇报信贷政策和审批原则，争取对方的理解，有利于以后在其他项目上的合作；对于对方的指示和要求，可以反馈但不要急于表态。

三是要注意保密工作，审批意见不是个别审批人的意见，而是整个审批部门的综合意见，不能讲"某某认为资产负债率偏高导致了否决"，这样讲一方面会引起矛盾和不敢发表意见，另一方面会引起风险控制失效，即前台部门知道了审批人的审批偏好，以后的资料就会更加不真实。

当然，最好的沟通是不需要沟通，最好的否决就是不需要介入，那就是风险控制前置，建立预审制度，将信贷审批政策融入市场准入、客户准入政策之中。在许多互联网信贷机构，已经没有市场与审批的界线，不符合风控标准的客户根本找不到申请入口，或者无法完成申请流程。

第 9 章

合同与放款

授信审批以后,接下来就进入客户用信环节,银行端的工作包括合同签订、放款审核和对外支付。放款,不仅包括发放贷款、办理贴现,还包括签发银行承兑汇票、信用证、保函等,准确地讲就是授信业务出账、下账。这一块工作非常琐碎,包括落实审批条件、核保、签订合同、抵质押登记、办理保险、公证、对外支付等,但是风险往往就潜藏在这些细节中。授信和用信不能截然割裂,要做到有效衔接,环环相扣,才能有效控制风险。

9.1 合同签订

9.1.1 合同的形式

信贷合同是指银行在信贷业务办理过程中与借款人、担保人或其他相关方签订的借款合同、担保合同、合作协议、代理协议等文本。按照《合同法》第一百九十七条的规定,借款合同要采用书面形式。

最常见的信贷合同有授信协议、借款合同和担保合同。如果银行和借款人只有一次性信贷关系,如中长期固定资产贷款,往往直接签署借款合同和担保合同。对于很多短期贷款、贸易融资、票据融资,涉及多种产品组合使用、循环使用，这时往往需要先和客户签订授信协议和最高额担保合同，然后在不同的时点根据用款进度签订多笔借款合同（承兑协议）。除此之外，银行还会与押品监管方、抵押物的承租人签订各种合作协议。在类信贷业务中，一笔贷款涉及理财客户、证券、基金、信托等多方当事人，这时的合同就更加复杂，要和理财客户签署单一或资产池理财合同，与基金、信托签订资产管理合同、委托贷款合同等。

《固定资产贷款管理暂行办法》《流动资金贷款管理暂行办法》等文件对合同内容有详尽的要求，这里不再引用。通常，银行会设置大量的保护条款，如加速到期条款，当借款人触发某些预警指标（如资产负债率，对外担保、对外投资、现金分红、资产处置比例等），银行可以暂停发放贷款，或宣布贷款提前到期；又比如交叉违约条款，当借款人对其他任何银行违约，视同对本行违约。有了这些条款，借款人在用款后就会有所畏惧，银行在贷后应对时就没有过多的法律障碍。问题是，这些略显"霸道"的条款有效吗？如果条款或者合同本身无效，那么就不能按照银行的套路往下走，这就涉及格式条款和合同效力问题。

信贷合同中绝大多数都是格式条款，也就是银行制定，借款人或担保人只有签与不签的选择权。为了保护相对人利益，《合同法》规定，对格式条款有两种以上解释的，应当做出不利于提供格式条款一方的解释，提供格式条款的一方要采取合理的方式提请对方注意免除或者限制其责任的条款。通常，对事关对方重大义务或责任的条款，或免除银行自身责任的条款，银行一般会用黑体字予以标注。信贷人员要提请对方注意阅读，并做必要解释，最好让对方签署"已知悉或阅读"的书面意见。签合同的过程可以察言观色、判断心机。借款人要想拿钱，只能选择签字，有些担保人读完就犹豫了，而假如担保人本身就是实际用款人，则会很爽快地签字。

实务操作中，经办人员无须关注合同内容，只需选择正确的合同版本即可。信贷合同在制订时会专门留有一定的空白条款或选择性条款，要根据贷款批复填写。填制过程中，应注意以下问题。

贷款金额、贷款期限、贷款利率、担保方式、还款方式、划款方式、用途等要素要与贷款最终审批意见一致，合同条款有空白栏而不准备填写内容的，应加盖"此栏空白"字样的印章或者用斜线（即"／"）划掉。常见错误包括：填制金额未注意到"万"已打印上去，而在填制时多写了个"万"字；借款合同漏填、错填担保人或担保合同的编号；借款合同落款时间填在最高额担保合同约定的债权发生期限之外；一般担保合同落款时间早于借款合同落款时间；担保合同的落款时间晚于抵质押登记时间。

有的大客户，不认可银行提供的合同，所有的合同条款都要经过其审核，一个合同被改得面目全非；还有的重组贷款、高风险客户，合同往往也要加入一些条款，增加违约成本，这些就是非格式合同。一般来说，非格式合同都要经过法律部门、信贷审批部门共同参与拟定，客户部门落实签署，然后放款部门对签署后的合同进行审查，这就涉及很多部门之间的沟通与协调，操作风险比较大。

9.1.2 合同的效力

我们经常看到借贷纠纷案的民事判决书最后会有这样一段话：

本院认为：……银行与……公司签订的《人民币资金借款合同》、与……公司签订的《保证合同》，是合同双方真实的意思表示，其内容不违反法律、法规的强制性规定，均是有效合同，合同双方当事人均应按照合同的约定履行合同义务。……银行已经按照合同约定按期全额发放了贷款，……公司应当按照合同约定的期限和方式偿还借款本金及利息。……公司未按期偿还借款本金及利息属违约行为，应当承担相应的违约责任。

故本院对……银行所主张的要求……公司偿还贷款本金×××万元,及按照《人民币资金借款合同》约定的计算方法所生之利息、复息、罚息的诉讼请求予以支持。……公司为上述债务签订了《保证合同》,应当按照合同的约定承担连带保证责任。综上所述,依照《合同法》第八条、第六十条、第二百零六条、第二百零七条,《中华人民共和国担保法》第六条、第三十一条之规定,判决如下:……

这里的关键点就是"合同双方真实的意思表示,其内容不违反法律、法规的强制性规定,均是有效合同""银行已经按照合同约定按期全额发放了贷款"。前半句是针对合同效力,后半句是针对合同的履行。

9.1.2.1 有效要件

合同行为属于民事法律行为,一般来说,合同只要符合民事法律行为有效要件就有效,不符合则要区分情况,分别按合同未生效、无效、可撤销或者效力待定处理。

《民法总则》第一百四十三条 具备下列条件的民事法律行为有效:(一)行为人具有相应的民事行为能力;(二)意思表示真实;(三)不违反法律、行政法规的强制性规定,不违背公序良俗。

合同当事人的行为能力在第3章已经介绍过。首先,合同当事人应当是民事主体,如职能部门不是民事主体就无法以自己的名义签合同;其次,签合同要和行为能力相适应,包括年龄、智力、精神状况以及授权情况。比如,小孩签借款合同,合同效力待定,事后获得家长追认才有效,分支机构要在法人授权范围内签合同才有效。此外,担保人还要具备担保资格,机关、公益部门签的担保合同无效。

《民法总则》第一百四十四条 无民事行为能力人实施的民事法律行为无效。

第一百四十五条 限制民事行为能力人实施的纯获利益的民事法律行

为或者与其年龄、智力、精神健康状况相适应的民事法律行为有效；实施的其他民事法律行为经法定代理人同意或者追认后有效。相对人可以催告法定代理人自收到通知之日起一个月内予以追认。法定代理人未做表示的，视为拒绝追认。民事法律行为被追认前，善意相对人有撤销的权利。撤销应当以通知的方式做出。

意思表示，可以分解为"意思"和"表示"，前者是内在意志，后者是外在体现。"意思表示真实"就是说行为人表现于外部的表示与其内在的真实意志相一致，表里如一、内外一致。意思表示不真实包括虚假意思表示、重大误解、欺诈、胁迫、显失公平等情形。

《民法总则》第一百四十六条　行为人与相对人以虚假的意思表示实施的民事法律行为无效。以虚假的意思表示隐藏的民事法律行为的效力，依照有关法律规定处理。

第一百四十七条　基于重大误解实施的民事法律行为，行为人有权请求人民法院或者仲裁机构予以撤销。

第一百四十八条　一方以欺诈手段，使对方在违背真实意思的情况下实施的民事法律行为，受欺诈方有权请求人民法院或者仲裁机构予以撤销。

第一百四十九条　第三人实施欺诈行为，使一方在违背真实意思的情况下实施的民事法律行为，对方知道或者应当知道该欺诈行为的，受欺诈方有权请求人民法院或者仲裁机构予以撤销。

第一百五十条　一方或者第三人以胁迫手段，使对方在违背真实意思的情况下实施的民事法律行为，受胁迫方有权请求人民法院或者仲裁机构予以撤销。

第一百五十一条　一方利用对方处于危困状态、缺乏判断能力等情形，致使民事法律行为成立时显失公平的，受损害方有权请求人民法院或者仲裁机构予以撤销。

合同的撤销，是通过撤销权人行使撤销权，使已经生效的合同归于消灭，存在撤销原因的合同就是可撤销合同。可撤销的原因主要包括重大误解、欺诈、胁迫、显示公平，未履行格式条款提示说明义务也构成可撤销。要注意欺诈和胁迫的适用条件有区别。例如：借款人通过欺诈手段（利诱）获得了担保人的担保，如果银行不知情，担保人不能行使撤销权；但是如果银行或者第三人（借款人、主管部门等）以胁迫手段（威逼）使得担保人签担保，无论银行知不知情，担保人都可以行使撤销权。当然，撤销权人不行使撤销权，或者不在法定期限内行使撤销权，合同继续有效。

《民法总则》第一百五十二条 有下列情形之一的，撤销权消灭：（一）当事人自知道或者应当知道撤销事由之日起一年内、重大误解的当事人自知道或者应当知道撤销事由之日起三个月内没有行使撤销权；（二）当事人受胁迫，自胁迫行为终止之日起一年内没有行使撤销权；（三）当事人知道撤销事由后明确表示或者以自己的行为表明放弃撤销权。当事人自民事法律行为发生之日起五年内没有行使撤销权的，撤销权消灭。

合同无效的原因主要包括损害了第三方利益或者违法、违反公序良俗。哪些属于"法律、行政法规的效力性强制规定"？通常是指全国人大及其常委会通过的法律，国务院颁发的行政法规。强制规定又分为管理性规定和效力性规定，只有违反了效力性规定才归于无效。比如《商业银行法》第四十条规定"商业银行不得向关系人发放信用贷款"，《商业银行法》是全国人大常委会通过的法律，违反了该条款，造成了较大损失还可以构成"违法向关系人发放贷款罪"，可能获刑五年以上。但是，该条款是管理性规定，违反了也不能否定合同的效力，借款合同还是有效的。

《民法总则》第一百五十三条 违反法律、行政法规的强制性规定的民事法律行为无效，但是该强制性规定不导致该民事法律行为无效的除外。违背公序良俗的民事法律行为无效。

第一百五十四条 行为人与相对人恶意串通，损害他人合法权益的民事法律行为无效。

9.1.2.2 法律责任

合同有效,那就按照合同履行,一方违约就按照合同承担违约责任,合同条款是银行制订的,"我的地盘我做主",对银行很有利。合同有效力瑕疵,就不能按照合同条款往下走,只能由法院来判,银行的利益就很难得到保障。也不是借款人、担保人无须承担任何责任,或者贷款全部损失。不发生合同效力,当事人还有其他法律责任,如返还财产、缔约过失责任、行政处罚等。缔约过失责任主要是指,由于一方过错造成了合同未生效,合同另一方受到损失,有过错的一方要赔偿损失。

《民法总则》第一百五十七条 民事法律行为无效、被撤销或者确定不发生效力后,行为人因该行为取得的财产,应当予以返还;不能返还或者没有必要返还的,应当折价补偿。有过错的一方应当赔偿对方由此所受到的损失;各方都有过错的,应当各自承担相应的责任。法律另有规定的,依照其规定。

《合同法》第五十八条 合同无效或者被撤销后,因该合同取得的财产,应当予以返还;不能返还或者没有必要返还的,应当折价补偿。有过错的一方应当赔偿对方因此所受到的损失,双方都有过错的,应当各自承担相应的责任。

对于借款合同而言,返还财产就是返还本金,对于担保合同而言,返还财产就是解除抵质押登记、返还抵质押物。但是也要看过错,银行有过错就可能会有损失分担。我们看下面一则法院判决书。

甲银行在签订和履行本案 2.25 亿元贷款合同的过程当中,未尽审慎注意义务,对私刻的乙公司公章、伪造的证明文件和董事会决议未进行必要的鉴别和核实,在贷款的审查、发放、贷后跟踪检查等环节具有明显疏漏。乙公司作为上市公司,在长达两年的时间内未在上市公司半年报和年报中披露本案所涉贷款，甲银行对此亦未能察觉并采取相应措施，反而与其签订了借新还旧的新合同。故甲银行在本案中也存在一定过错，对本案的损失应承担相应的民事责任。2.25 亿元贷款本金和未付利息的损失，乙公司承担 1.925 亿元及未付利息，银行承担 3 250 万元及利息。

担保合同是从合同，其效力主要受借款合同效力影响。同时，保证人的责任也与其过错程度有关。例如，分支机构未经授权对外担保，导致担保合同无效，担保人明显有过错（内部管理松懈），不承担担保责任但应当承担过错责任。又比如，借款活动涉及骗取贷款犯罪，一般担保人和借款人关系密切（要举证知情），知情仍然提供担保，其行为具有明显过错。所以信贷人员在作业过程中，要尽量把工作做细一些，多留一些有利的证据，要避免过错。

《担保法司法解释》第七条　主合同有效而担保合同无效，债权人无过错的，担保人与债务人对主合同债权人的经济损失，承担连带赔偿责任；债权人、担保人有过错的，担保人承担民事责任的部分，不应超过债务人不能清偿部分的二分之一。

第八条　主合同无效而导致担保合同无效，担保人无过错的，担保人不承担民事责任；担保人有过错的，担保人承担民事责任的部分，不应超过债务人不能清偿部分的三分之一。

9.1.3　合同签订实务

信贷合同通常规定"本合同自双方签署之日生效""本合同自双方签字盖章之日生效""本合同自双方签章之日生效"。签字盖章体现了当事人的意思表示，是确保合同生效的重要环节，然而这也是非常烦琐的一项工作，一方面要依法合规，另一方面要考虑客户体验。

找谁签？未婚的成年自然人（智力、精神状态正常），本人签；已婚的，夫妻双方签。委托他人代签的，要有经公证的授权委托书。法人由法定代表人签，非法人组织由单位负责人签。

《民法总则》第六十一条 依照法律或者法人章程的规定，法定代表人以法人名义从事的民事活动，其法律后果由法人承受。法人章程或者法人权力机构对法定代表人代表权的限制，不得对抗善意相对人。

第六十二条 法定代表人因执行职务造成他人损害的，由法人承担民事责任。法人承担民事责任后，依照法律或者法人章程的规定，可以向有过错的法定代表人追偿。

第六十五条 法人的实际情况与登记的事项不一致的，不得对抗善意相对人。

第一百零五条 非法人组织可以确定一人或者数人代表该组织从事民事活动。

第一百七十条 执行法人或者非法人组织工作任务的人员，就其职权范围内的事项，以法人或者非法人组织的名义实施民事法律行为，对法人或者非法人组织发生效力。法人或者非法人组织对执行其工作任务的人员职权范围的限制，不得对抗善意相对人。

第一百七十二条 行为人没有代理权、超越代理权或者代理权终止后，仍然实施代理行为，相对人有理由相信行为人有代理权的，代理行为有效。

如何签？签署可以理解为签名，签章如何理解？严格掌握就是签名加盖章。个人签合同可以签字，也可以按手印（用大拇指的手印防伪效果更好），但是不能仅盖私章。企业有很多种印章，如公章、法定代表人名章、合同专用章、财务专用章、部门章等。通常情况下，签订合同必须加盖公章或合同专用章，是否还必须法定代表人亲笔签名？最好是这样做，退而求其次就是加盖其法定代表人名章。什么印章是真章呢？企业的印章都是通过公安部门指定的刻章公司刻制，在工商登记部门有印章记录。银行要关注更名、变更法定代表人、更换印鉴等重大变更。实务中，伪造印章有很多情况，如果企业为了业务方便（地域比较广）加刻了多套公章，以及明知他人伪造自己的公章而不予否认，则可以推定合同是其真实意思表示，银行要找对方其他经济业务合同，是否用过该伪造的印章，以推定其明知或默许。如果签字、印章的真伪核实有困难，也可以到公证部门办理公证。

合同签订有面签和核保的要求。面签可以了解真实意思，防范假冒名，以及履行格式条款提示义务。担保合同签订前要核保，了解担保人担保意愿非常重要，要明确告知担保人其责任和风险。为了留下证据，最好要采集合同签署过程的影像资料。实务中，一笔信贷业务要找很多人签很多文件（申请书、决议、合同、协议），涉及法定代表人、股东、实际控制人夫妇，而这些人可能分布全国各地，有的常年在国外，有的人不识字。有些大老板见一面十分困难，让其和配偶一起拿着身份证、结婚证、个人财产证明面签合同，难度较大。实务中有很多变通的做法，但是都有调换、签章不实等风险。签字或者盖章，实质上都是为了获取"真实意思表示"的证据。形式上合法，实质上呢？这些签字和签章到底是如何获取的？到底是在什么场合获取的？以什么方式获取的？这些只有经办人员自己清楚。

通常不要把电子版的合同发给客户打印，邮寄纸质件也得加盖骑缝章，或者留下一些特殊的印记。当然，对方单位签章后，也要加盖骑缝章，自然人是每一页都签，客户签字了、盖章了，然后才是银行盖章。银行盖章以后，要给客户和保证人一份合同，要注意的是，凡是银行盖章后给客户的文本，一式两份的，自己留一份原件，给客户的那一份原件必须复印一份，防止对方在文件上面添加内容。

放款之前，客户求银行，无论多么烦琐的流程对方只能接受，但是不要反复折腾客户，一会儿决议漏了签字，一会儿合同版本错了，总之，要尽量一次办完所有文书工作。优质客户的个别股东，在贷前调查时会借故不见，签合同是个很好的机会，可以通过这些活动近距离考察客户。

9.1.4 登记、公证与保险

合同签订了，有的合同需要办理公证或登记，抵质押物、权利凭证要交接，有的押品要办理保险。这些工作非常琐碎，信贷人员要熟悉这些流程，就得亲自办理几次，很多操作风险就是蕴含在这些细节中，流程上的细微变化都会对银行信贷操作产生很大的影响。

以房地产抵押合同登记为例，登记机关通常要求登记债权金额和抵押期限。《担保法》第四十六条规定"抵押担保的范围包括主债权及利息、违约金、损害赔偿金和实现抵押权的费用"，《物权法》第二百零二条规定"抵押权人应当在主债权诉讼时效期间行使抵押权；未行使的，人民法院不予保护"。根据这两个条文，一般抵押权在登记的时候根本无法确定抵押物将来要承担的责任有多少，以及抵押权存续的期限。债权金额有本金、本息、本息及费用各种口径，抵押期限有借款期限、借款期限再加几年等各种版本。实务中，银行、登记机关、法院的理解常常不一致。银行在贷款批复中，往往要求"以最大限度保障银行债权的方式进行抵押登记"，而无法具体讲如何进行登记。也有的银行直接办理最高额抵押，合同约定较高的担保金额，以此金额登记，但是最高额抵押项下的抵押物查封后发放的贷款又不纳入担保范围。出现这些问题的根源在于同一宗抵押物上面有多个利益主体。第二顺位抵押权人是基于对抵押登记公示的债权金额和期限的信赖才发放的贷款，并且办理了余额抵押登记，法院出于公正立场，不能对其利益视而不见。实务中如何去规避这些问题，有的银行采取阴阳合同，有的采取补充协议，没有统一的做法。这些操作层面的东西经常变化，公司注册登记制度、抵押登记制度等，这些都是借贷双方之间的游戏规则，要做业务就要熟悉当地的司法环境、政府办事流程。

一些简单的贷款，如车贷、房贷，通常要办理合同的强制执行公证。公证后，不需要通过烦琐的诉讼程序来实现债权，一旦债务人违约，银行可以直接向公证机构申请出具执行证书并据此向人民法院申请强制执行。公证有利有弊，办理了强制执行公证，对该债权直接提起诉讼的，人民法院就不会受理。实务中，有很多民间放贷者，在放贷的同时签订一份房屋买卖合同，贷款本金体现为购房款，并办理全权委托公证，必要时通过公证直接过户房产；同样，有的车贷机构也会办理买卖公证，或者直接办理了过户再放款，这也是一种风控手段。

抵质押物通常还需要办理保险，特别是对于存货类押品，火灾、洪水、偷盗或意外事故可能导致存货损毁灭失。对押品保险的一般要求是：投保总值不少于押品担保的债权本息；保险期应长于信贷期限，如有多份保单，则最早到期保单的保险期限应长于信贷期限；保险单上应注明银行作为该保险的第一受益人；借款人应向保险公司申请出具"未经银行书面同意，不变更受益人"的书面承诺，一旦发生保险事故，保险人应将保险赔偿金直接划付至贷款行指定的账户；客户分年分次投保的，应要求客户出具保险期限届满续保的书面承诺；贷款期间内，借款人应使保险持续有效，不得中断或撤销保险，不得退保，如借款人未按时全额缴纳保费，银行可代为缴纳，有关费用由借款人承担；保单正本须存放贷款银行，无法交付保单正本的，要将保险批单存放贷款银行。

9.2 放款审核

放款审核主要审核出账业务是否满足出账条件，包括程序是否合规、授信审批条件是否落实、合同及法律文件是否完整、有效，保证或抵质押是否有效等。出账审核是最后一道关口，为了确保审核质量，银行通常建立放款中心，独立于信贷经营部门、信贷审查部门，独立进行审核。

9.2.1 审核原则

放款中心属于操作部门，工作繁忙，大量贷审会上通过的贷款都等着放款，一方面贷审会领导已经批了，如果卡在放款中心，很容易遭到内外各种压力。然而，事实上很多贷款出问题就出在放款环节，没有对贷审会条件的落实情况严格把关，如签章不全、资料不齐、抵质押登记未办结等，匆匆忙忙就把款放出去了，说好的事后补，结果没补上，很多风险形成就在于此。对放款审核人员的要求是什么呢？那就是较真、坚持原则，具体来说，放款审核应遵循"独立审核、满足条件"的原则。独立审核是指放款审核不受任何单位、部门、个人的干预；满足条件是指出放款审核应确保"先落实条件，后办理出账"。

放款前置条件应该是完全满足了才能放款，放款审核中如发现出账申报资料和手续不符合要求，如出账资料不完整、审批条件未落实、额度失效、金额利率不一致、合同填写有误等情况的，应尽可能一次性指出缺漏，填写放款审核补充资料清单，退回经办机构补充完善或重新办理。当然，降低风险的不符点是可以认可的，如追加了担保、减少了出账金额、缩短了出账期限、提高了保证金比例、提高了利费率要求等。有原则就有例外，对于确实难以在短期内落实的授信前置条件，可以作为例外申请向审批人申请。还有些审批人的审批条件很宽泛，到底是满足了还是没满足？这里的沟通非常重要，既不能妨碍客户用款，又不能糊涂出账。如果授信条件有歧义，可向原有权审批人申请解释，并形成书面记录。

实务中的贷审会决议非常复杂，有时候并没有可执行性。例如：某银行同意给予A公司综合授信10亿元，期限2年，用于A公司及下属子公司原材料采购，具体品种为流贷、银承、商票贴现、国内信用证、保理、保函，其中中长期流动资金贷款不超过5亿元，期限不超过2年，银承保证金比例50%，国内证保证金比例20%；授信可以由A公司子公司A_1使用除流贷之外的授信品种，额度不超过2亿元，A_1使用额度，要追加A担保。担保方式：

（1）B、C公司提供最高额保证担保，各担保5亿元。

（2）A实际控制人甲夫妇无限连带责任担保。

（3）A公司股东乙、丙无限连带责任担保。

（4）A公司持有的A_2公司100%股权质押。

（5）A_1公司项目建成后提供房产抵押，抵押面积不低于10万平方米，抵押率不超过70%，机器抵押，抵押率不超过50%。

落实担保条件（1）（2）后，可以启用额度，不超过5亿元；落实担保条件（1）（2）（3）后，可以占用额度不超过6亿元；落实担保条件（1）（2）（3）（4）后，可以占用额度不超过8亿元。

实务操作中，发现：一是甲的妻子已为外国籍，属于境外担保，暂时无法落实担保，这就需要修改决议，避免迟迟无法启用授信；二是最新工商登记信息显示，A公司仅持有A_2公司90%的股权，需要修改决议；三是抵押率的规定相当于规定了各抵押物的最高债权登记金额，而这样登记不利于实现债权，可能机器的变现后覆盖掉登记债权还有剩余，而房产变现后不足以覆盖登记的债权，应该修改为"上述抵押物所担保的最高债权额为2亿元（内部掌握），但经办部门在实际操作中可按登记机构许可的最高担保债权金额执行，以最有利于保障债权的方式进行抵押登记"。

实务中，也有个别业务放款前移，即先放款后落实担保措施。例如，个人一手房按揭贷款中，出账环节前移至领取购房合同备案（或商品房预告登记）收件回执后或前移至领取抵押登记收件回执后，对应的风险控制措施是开发商（或者担保公司）提供阶段性担保直至抵押预告登记转为抵押权登记办妥并记载于登记机关房屋登记簿之日止。类似的还有一手车按揭贷款，其他贷款都要谨慎操作，收到登记部门受理登记的回执就发放贷款，通常就叫"黄单放款"，这种风险是非常大的。仅仅签署抵押合同就放款，银行就面临抵押人将来不配合办理抵押登记的风险。

放款审核的时候要特别关注客户的最新情况，而不能把授信审批条件绝对化，生搬硬套。有时候授信批了，客户不一定当时就要用款，客户是根据对外支付的时间节点来用款。由于授信审批和客户用信有时间差，这期间客户的经营状况可能会发生变化。如果客户情况变化太大，往往就会重新审批授信条件或者终止授信额度。也有的银行是在授信审批单上面标注有效提款期，超出了一定期限没有提款额度就失效了。有的信贷产品属于循环使用，就会涉及多次还款、多次出账，通常每次出账之前，都要进行调查，内容有繁有简，至少要查询授信客户（包括借款人、保证人、实际控制人等）的工商、征信、法院执行信息；最高额抵押项下放款，还要实时查询抵押物情况，防止抵押物被查封后的放款无法纳入担保。

9.2.2 审核内容

放款中心要审核哪些内容呢？主要是一些文件和资料，一方面是法律文书，这些是打官司的证据，是最重要的档案，要严格把关；另一类是佐证资料，如贸易背景、经营财务方面的佐证资料，这一块弹性较大，只要能佐证事实即可。

法律文书分三块：基础资料、借款合同、担保手续资料。放款之前，是客户求银行，放款以后，客户的配合程度就没那么爽快了，所以放款审核人员的一个重要工作就是在放款前确保所有的信贷档案资料完整，该补的都要要求客户经理催齐全，不会有任何法律上的瑕疵。审核方法就是按照不同的信贷产品的资料目录清单，一一收齐。放款审核人员主要是确保资料齐全，资料的真实性由客户经理负责。资料齐全后，放款审核人员还要对合同与担保手续进行重点审核。实务中，审核到什么标准为止呢？有很多弹性的东西，银行有内部标准，但是最终是要看民事诉讼证据规则。

对于流动资金贷款、贸易融资、票据等业务，放款审核人员审核的重点就是贸易背景，确保提款申请与贷款约定用途一致，审核用途的依据主要就是采购合同和发票。采购合同审核，这里面就比较复杂了，实务中，大量合同都是没有真实贸易背景的，但是要证明起来就非常困难，然而明显的瑕疵必须要发现，例如：①交易对手、金额、用途、支付方式等是否符合审批要求，是否与出账授信业务一致，有的交易合同约定现款现货，授信业务却是签发银行承兑汇票，则为明显瑕疵；②审核商贸合同约定的用途是否明显超出营业执照经营范围；③合同交易模式包括"先货后款"和"先款后货"，如果是前者，出账前审核人员可以查看发货单、运输单、提单等凭证，如果是后者，只能在贷后人员在首次检查中进行审核。实务中的合同形式多种多样，按照《合同法》规定，当事人订立合同，有书面形式、口头形式和其他形式；书面形式又有合同书、信件和数据电文，包括电报、电传、传真、电子数据交换和电子邮件等形式，银行很难区分合同真假。企业之间签订的合同也可以不执行，也可以通过协议更改，这些银行都难以审查。

合同应当具备《合同法》第十二条规定的合同要素；商品名称应与税务发票上的商品名称一致；记载数量、单价等要素应与税务发票一致；合同签订日期应早于或等于放款申请日；合同不能重复使用，签订的合同金额应大于或等于放款金额。

增值税发票也是重要的审核内容，这里就涉及假票的识别问题。虚假增值税发票分为伪造和变造。伪造增值税发票属于直接造假，在国税网查询即可判别真假。变造增值税发票即克隆票，在国税网增值税发票查询为真实发票，实务中多次复印、涂改真实发票进行造假比较常见。还有就是重复使用，即虽然发票真实存在，但同一笔发票在不同银行甚至同一家银行的不同支行重复使用。有的企业还利用增值税发票管理中对退货和错开发票的规定进行造假。现实中，大量真实商品交易并不需要开具增值税发票，如餐饮娱乐、小企业的交易往来。同时，许多交易关系是供需双方在一个总合同下进行，不可能逐笔提供增值税发票。其实，"贸易背景真实"与"合同发票真实"之间既不是充分又不是必要条件，监管部门的要求就好比在资本流动中掺入沙子，让骗贷更困难而已。

发票购销双方地址、税务登记号、销售货物或劳务的名称、总金额、增值税税率、税额、发票开具日期等项目要齐全，不得有遗漏；字迹要清晰、不得涂改；印章要齐全规范；发票载明的货物名称与合同上的货物名称须一致；发票的总金额一般大于或等于放款金额；开具发票的日期原则上应在交易合同日期之后。

对于固定资产贷款和项目贷款，一个重要的风险控制手段就是要求借款人资本金同比例到位，在借款人自有资金未及时足额到位的情况下，贷款资金单兵突进是非常危险的。放款审核人员就需要审核资本金同比例到位的落实情况，在同比例资本金到位前，不能将信贷资金划入借款人账户。以房地产开发贷款为例，借款人提款要遵循"逐笔审核，形成资产才可提款支付"的原则，即提款主要用于支付开发商已投入并已形成资产的应付费用；提款支付时，借款人提供监理部门出具的最近报告，载明工程已完工程量和总投入资金情况；借款人要提供本期已投入资金的支付凭证或向施工单位出具的，由施工单位及监理部门认可的应付款证明。实务中，监理单位并不一定中立，也不一定配合银行，有些在建工程未封顶，也拿不到正式的工程监理报告，这就需要信贷人员了解一些工程知识。有时候，跳出本专业，才能更好地做金融。

9.3 贷款支付

贷款支付环节是在会计部门，放款中心审核以后，会计部门对外支付。

9.3.1 放款的影响因素

先看银行贷款的账务处理：①发放贷款时，借：贷款——×××公司×××万，贷：企业存款——×××公司×××万；②对外支付时，借：企业存款——×××公司×××万，贷：现金（或联行往来）×××万。银行发放贷款，不会消耗现金，但对外支付，需要消耗现金。所以贷款审批后，银行需要准备相应的放贷资金，如果现金短缺，就会出现"排队放款"的情况。当然银行每日的存放活动很多，不会根据每一笔去匹配资金，而是从总体上进行管理，主要是流动性管理。

银行在管理流动性时，主要是监控各种指标，传统指标如存贷比（贷款余额÷存款余额，应低于75%）。控制了存贷比，实际上就控制了银行的贷款发放进度。由于理财和存款、投资和贷款的界限日益模糊，存贷比已经由监管指标调整为监测指标，并不严格考核。按照最新的《商业银行流动性风险管理办法》（银监会令2015年9号），监管部门主要考核流动性覆盖率（合格优质流动性资产÷未来30日现金净流出量，应不低于100%）和净稳定资金比例（可用的稳定资金÷所需的稳定资金，应不低于100%）。此外，还有央行的宏观审慎监管（MPA）考核，央行为了实现宏观调控目标，往往对信贷投放进行窗口指导甚至直接数量控制。

影响银行放款的因素还有：

（1）资本消耗。放款会增加银行承担的信用风险总量，如果银行的资本金固定，就会降低资本充足率。在资本紧张的情况下，银行要优先办理低资本消耗的放款。

（2）民生金融考核。其主要是指小微企业贷款和涉农贷款考核，以小微贷款"三个不低于"考核为例，其中就有小微企业贷款增速不低于各项贷款平均增速，在考核期如何平衡两个增速成了贷款投放的重要考虑因素，到了年底为了完成这些指标，就要对放款量进行逐日监测。

（3）内部考核。一些银行会按年设置信贷计划或任务，如果当年额度用完或任务已经完成，就会暂停放款，一般年初信贷投放较多。

9.3.2　实贷实付与受托支付

按照贷款新规，贷款支付需要"实贷实付"。所谓"实贷实付"，是指银行按照项目建设进度和有效贷款需求放款。例如，贷审会给企业批了1 000万元的额度，但是企业并不是马上就要采购1 000万元的货物，可能是陆续采购，那么银行根据采购进度陆续放款并同时对外支付。这样的话，如果企业当前没有对外支付的需求，那么银行即使给企业授信1 000万元，银行的贷款也不会增加1 000万元，相应的派生存款也不会增加，更不会增加利息收入。如果企业对外支付的对象不是本行的客户，那么派生的存款也就流向行外了。

与"实贷实付"原则对应的是"实贷实存"。贷审会给企业批了1 000万元的贷款，在借款人账户增加1 000万元的存款，借款人按照借款合同约定用途使用即可。传统上，银行都认为"早投放、早受益"，不管企业用不用，年初大量投放信贷，早点收利息。还有在月末、季末、年末通过存单质押办理低风险贷款，突击放款。这些虚假绩效如果没有企业相应的用款需求配合，在实贷实付原则下，是难以实现的。

贷款新规确立了两种贷款支付方式，即自主支付和受托支付。借款人自主支付是指贷款人根据借款人的提款申请将贷款资金发放至借款人账户后，由借款人自主支付给符合合同约定用途的借款人交易对手。贷款人受托支付是指贷款人根据借款人的提款申请和支付委托，将贷款资金支付给符合合同约定用途的借款人交易对手。实贷实付不等于受托支付，受托支付只是其中一个要求，但是通过受托支付，贷款资金不受企业支配，减少了企业挪用信贷资金的风险，正因为如此，监管部门认为能用受托支付的尽量用受托支付。

《固定资产贷款管理暂行办法》第二十五条规定："单笔金额超过项目总投资5%或超过500万元人民币的贷款资金支付，应采用贷款人受托支付方式。"

《流动资金贷款管理暂行办法》第二十六条规定："具有以下情形之一的流动资金贷款，原则上应采用贷款人受托支付方式：

（一）与借款人新建立信贷业务关系且借款人信用状况一般；

（二）支付对象明确且单笔支付金额较大；

（三）贷款人认定的其他情形。

《个人贷款管理暂行办法》第三十条规定："个人贷款资金应当采用贷款人受托支付方式向借款人交易对象支付，但本办法第三十三条规定的情形除外。"第三十三条："有下列情形之一的个人贷款，经贷款人同意可以采取借款人自主支付方式：

（一）借款人无法事先确定具体交易对象且金额不超过三十万元人民币的；

（二）借款人交易对象不具备条件有效使用非现金结算方式的；

（三）贷款资金用于生产经营且金额不超过五十万元人民币的；

（四）法律法规规定的其他情形的。

采用贷款人受托支付方式的，借款人要提交合同约定的交易资料供贷款人审核。银行审核同意后，在贷款发放的当天，将贷款资金通过借款人账户支付给借款人交易对手，资金不在借款人账户停留。支付完成后要做好有关细节的认定记录。实务中，有个别借款人以银行将款放给交易对手而不认可自己使用了借款，所以受托支付申请书和划款凭证是非常重要的证据，如果银行拿不出证据，就只能找交易对手返还不当得利了。采用借款人自主支付的，借款人在提出提款申请时要同时提供贷款资金使用计划。在贷后管理中，银行也应要求借款人定期汇总报告贷款资金支付情况，定期核查贷款支付是否符合约定用途，并通过账户分析、凭证查验或现场调查等方式核查贷款支付是否符合约定用途。

受托支付、实贷实付，这些都是监管部门的外在要求，也是国外银行业的良好实践。对于贷款用途的监控是银行的应有责任，即使自主支付条件下，银行也不能放任企业资金挪用，就算采用了受托支付，企业还是会挪用资金。如果银行只是停留在形式上符合监管规定，事实上毫无意义，徒增企业和银行的成本。实务中，有这些情况：以真实业务背景向银行申贷，支付给交易对手后全部或部分资金转回自主使用；以虚假业务背景向银行申贷，支付给交易对手后全部资金转回自主使用。银行往往对第一次支付有控制，但是交易对手转回借款人在其他银行的账户，贷款行往往也查不到。例如，借款人是汽车4S店，提供了采购车辆合同，银行受托支付将款划给汽车厂商，厂商转手将款退回给4S店，后者挪用资金。如何解决呢？这就要求银行深度介入产业链，不仅客户本身，客户的上下游这都是银行的客户，先有真实的物流、信息流，后有资金流介入。总之，只有受托支付原则真正落到实处，才能管住贷款用途。

第 10 章

贷后管理

客户的风险状况总是在不断变化,预期能够偿还贷款本息的客户,有可能因内外部不利变化,造成了经营及财务状况恶化,影响还款,这就需要及时采取有效的应对和补救措施,防范不良贷款的发生。贷后管理包括贷后检查、风险预警、风险应对、风险分类、拨备计提、贷款回收等内容。

10.1 贷后管理概论

传统信贷,重贷前审批轻贷后管理,通过风险管理前置把不好的客户堵在门外。随着贸易融资、供应链产品的兴起,轻市场准入、重贷后管理的作业思路又开始引入。加上互联网、物联网、大数据技术在金融领域的运用,传统上非常烦琐的贷后监测也变得简单易行了,贷后管理变成技术活。当然,人防、技防不可偏废,技术是一方面,人的因素还是不容忽视的,贷后管理是一个道德风险高发的环节。

审批失误,贷款往往出现首逾,即第一次结息就出现逾期,贷前调查、信贷审查审批人员面临极大的压力。放款前,再多的要求,借款人都会百般应承,一一满足;放款后,借款人态度就变了,认为贷后检查是"挑毛病、找茬",有时候需要"求着客户配合完成贷后检查"(当然客户态度变化本身也是检查要点之一）。从贷款发放到贷款回收，这是一个很漫长的过程，多如牛毛的预警信息处理，每个季度都去实地贷后检查，财务分析，撰写报告，风险分类，占用客户经理大量的时间和精力，做得好是应该的，没有正面激励，而营销一个客户，批下来，就有直接的效益。于是，客户经理慢慢地也就松懈了，"复制、粘贴"，短期内的确看不出问题来，在这个过程中，往往有着各种各样的小恩小惠，业绩上的"做回报"，客户经理失去了"随时可以下船"的能力，这时候风险往往就突如其来地出现了。风险暴露也就意味着职业生涯的终结，继续为其提供融资，维持现状，"以时间换空间"，让问题暂时掩盖起来了，"鸵鸟思维"，"相信"客户经营会好转，当然银行也错过了最佳的退出时机。

如何有效发挥贷后管理的作用？一是贷后管理要相对独立。银行要建立相对独立的贷后管理团队。例如，有的银行随机抽取贷后管理人员对借款人进行贷后检查，检查的时间随机化，当然过度预警、过度反应，也会影响银企关系；要建立多种信息渠道，现场检查和非现场监测，多管齐下，避免偏听偏信。二是贷后管理需要差异化和有侧重点。贷后检查必须有可操作性，面面俱到，内容太多，操作人员不堪重负，也就流于形式了。银行要根据客户所处行业、区域、经营规模、授信金额、业务品种等方面的差异，进行针对性的风险识别，对贷后检查频率、检查内容、风险控制措施等实施有差别的管理。例如，次级类贷款的检查频率要高于关注类贷款；集团客户主要关注是否存在过度授信、多元化经营、互保、关联交易逃废债、行业风险等，而小微企业主要关注实际控制人个人及其家庭因素；流动资金贷款主要关注贷款用途是否符合要求、有无短贷长投，而固定资产贷款主要关注项目资本金到位情况、项目建设运营情况。三是要提升风险判断的能力，信息化有利于贷后监测，但是银行也陷入了信息的汪洋大海，很多银行做了大量的数据模型和风险控制规则，大多是"狼来了"，最后也就松懈了。

很多专门从事贷后管理的人员觉得工作乏味，技术含量低，没有审批权力，不被重视。做个比喻，贷前调查类似猜谜语，审查类似算命，贷后则是谜底揭晓的过程，好客户还是坏客户，一切的真相最后都会赤裸裸地展现在银行的面前，贷后阶段也是检验风险控制措施优劣的真正战场。日常工作中，信贷人员要善于归纳风险客户的类型、原因及其处置方案，通过贷后表现来修正贷前判断，对客户的预测、预判能力就会好得多，这也是提升技术的最佳途径，对于将来从事调查或者审批都有很大的帮助；对于一个企业、一个行业长期的跟踪，信贷人员也可以积累丰富的行业经验，对行业发展有了深刻的认识和独到的见解，以后遇到同类型的客户，在调查和决策中自然更加容易入手。同时，贷后管理与贷前和贷中不是绝对分割的，一笔贷款有到期日，一个客户却只有退出日，通常来说，贷后就是下一笔贷款的贷前，贷后所收集的信息和分析结论也是下一次授信的基础。

10.2 风险识别与应对

很多逃废债行为都是在银行眼皮下发生的，管与不管肯定不一样。再烂的贷款，在贷款发放那一刻都有几分资产，为什么到了贷款清收的时候什么都没了呢？这些资产是怎么亏损掉的，或是怎样转移出去的？除了有意识地骗贷以及自然灾害、生产事故等突发性风险外，大多数风险都有一个问题苗头逐步暴露，违约风险逐步积聚的过程。初期虽具有一定的隐蔽性，但是凡有发生，必有痕迹，及早发现这些迹象，尽早识别出劣变的客户，尽早采取措施应对，损失可能就要小得多。

10.2.1 贷后检查

贷后检查形式上包括贷后首次检查、日常检查和专项风险排查，内容上主要包括贷款用途检查、资产检查、账户资金监测、财务报表分析。

一是用途检查。贷款发放以后，用到什么地方了，这是核心问题。通常来说，一笔贷款发放后 15 日内（有的是 7 日），就必须进行贷款用途检查。检查的方法有很多，一种是查资金流向，如信贷资金支付到交易对手账户，是否短期内回流到借款人账户，然后被挪用？另一种是查实物，采购合同执行后，货物有没有回来？有没有发票、物流单据？对于资金未一次全额使用的，这种资金用途检查将分期进行，如项目贷款资金是按照项目进度逐步使用的，要定期了解项目进度与已投放的贷款资金是否匹配。资金挪用问题是个难题，资金一旦进入企业，就与企业的自有资金混在一起，都是借款人可支配资金，用贷款支付采购款，用自有资金炒股就不是挪用？延迟应收账款的回收，放任下游炒股就不是挪用？有没有挪用还得看整体资产变化。

二是资产检查。企业风险林林总总，归根结底都会体现在资产负债表上，要么是负债增加了，要么是资产减少了，负债的完整性本身就是难题，负债端这一块只能是不断留意、不错过，无法刻意去查，因为根本就查不清楚隐性负债。银行只能盯住资产，贷款发放时有的资产，贷后有没有减少（包括被抵押、被查封、被出租、被拆迁、被霸占等）。要结合工商、房管、土地、车辆等公开信息，进行资产盘存，比较客户各期资产，是增加还是减少？是日常交易转让，还是恶意转移资产？

三是账户监测。银行的特殊优势就是结算体系，授信审批附加条件往往就是信贷客户日常收付款业务要放在贷款银行，即销售收入归行率的要求。信贷人员要用好流水这个抓手来识别控制风险。例如：通过采购资金流向核实贷款用途和项目建设进度，通过销售收入归行控制第一还款来源。其他结算业务还包括代发工资、代扣代缴税、水电费等，以开办代发工资业务为例，虽然很烦琐，但是能捕捉很多负面信息：停产停工往往就会连续几个月不发工资；员工流动性很大，就会经常新增卡号、删除卡号，发现核心管理层离职就要引起警觉；销售下滑则销售人员就会普遍降薪或者绩效工资减少等。一般来说，银行要监测账户存款余额、近三个月月均存款、近三个月资金流入量、近三个月资金流出量、近三个月流入流出差、近六个月流入流出差，以及对100万元以上的每一笔资金进行监控。导出电子版的账户流水，通过时间、金额、收付方向、收付对手、用途等多维度分析，总结出借款人的收付规律，如月度、季度或年度资金收付总量、收付时点规律、账户资金波动范围等信息，进而掌握企业主要的产供销关系及交易对手范围，推断其市场地位和在相应产业链中的位置。如果资金流动违背日常规律，资金流向超出正常交易对手范围，可判断为贷款资金挪用。

四是财务报表分析。贷后检查需要连续收集企业财务报表，通常来说，单一的会计报表可以造假，但要把每个季度的资产负债表、利润表和现金流量表一起造假，则十分困难。因为一旦提供的财务数据与定性的信息严重不符，客户经理可以依据贷款合同，要求企业做出解释，否则按要求是可以提前收贷的。财务报表的分析和前面章节基本类似，要关注银行贷款发放后，正常情况是负债方增加银行贷款，资产方增加经营性资产，如果非经营性项目增加了，就要考虑信贷资金是否被挪用了。比如流动资金贷款发放后，通常货币变成存货，进而变成应收账款，再到货币，不断循环。可以通过科目变动和实物流转、资金流水一一印证。

10.2.2 监测预警

有很多客户信息不一定需要到现场去收集，随着互联网的运用，非现场监测越来越得到重视。如果说贷前调查只是一次性查询的话，贷后就是持续的监测，人工已经难以胜任，这就需要技术化的操作。例如，企业破产，会在报纸上刊登破产公告，如果不注意浏览报纸或网站，很容易遗漏重要信息，而通过工具不间断地在全国电子报刊数据库监测，就不会有这样的问题了。对于传统的账户流水分析，几行简单的Python代码就可以实现分析图表的可视化。对于采集海量数据和信息，银行可以开发出各种预警模型，一旦客户的信息特征触发了预警规则，预警信号就会及时发送给客户经理。例如，非法集资活动总是有一定特征，如多个个人账户资金流向某个企业账户，同时互联网会有"×××公司收益率"之类的词汇出现，当一个企业的信息特征符合了该规则，就会被模型识别出来。

预警机制，简而言之就是提醒。例如，信贷人员在贷后检查时发现某个行业的个别企业出现问题，比较有代表性，通过上报该预警信息，银行可以及时调整行业授信政策，在很大程度上防范风险的蔓延；某个集团客户的子公司出现风险，通过上报预警信息，银行可以及时调整集团的授信策略，避免了其在A支行的子公司出现风险了，其在B支行的子公司还在继续新增贷款。预警信息按涉及客户的数量划分，可分为系统性预警信号和个案预警信号。系统性预警信号是指从行业、地区、产品等维度可能会对银行某组合层面客户的还款能力构成影响的预警信号；个案预警信号是指只会对银行单个客户或单个集团客户的还款能力构成影响的预警信号。预警信号还可以按照对客户还款能力的影响程度划分，分为紧急预警信号和普通预警信号。预警事件发生后，客户经理要及时上报，同时就事件对信贷资产安全可能产生的不利影响做出判断，采取应急措施，持续跟踪，直至预警事项解除。哪些情况下，可以解除预警？要么是经过核实，相关人员报告的预警信息不准确；要么是情况好转，已对银行授信不构成风险。解除预警通常要非常慎重，第一次的判断往往是准确的，经过借款人一番解释游说，银行放松了警惕，恰恰给了借款人操纵的时机，如转移资产、恶意逃废债等。

风险预警信号有很多，关键是准确度。预警信号与信贷损失之间有没有因果关系？从事后追责来看，任何信贷损失都可以找出一两个先兆信号；从做业务角度来看，哪些信号足以引起信贷风险，这需要深入思考。

引入了外部数据，银行就陷入信息的汪洋大海，作为风险控制部门，尽量增加预警信号，免去自己的责任，然而这增加了一线核实的工作量，必然导致工作流于形式，进而忽略了真正的危机。一次不准确的预警，被认为是瞎折腾，几次不准确，就不会引起重视，到了真的狼来了，为时已晚。

10.2.3 应对措施

10.2.3.1 借款人风险

发现风险是一回事，采取什么样的应对措施则是更重要的决策。一般来说，当借款人偿债能力逐渐地出现问题，这时候信贷人员通常要调整客户的授信方案，也就是重新确定授信额度、用信方式、风控措施等，还要对贷后管理方案进行调整。对于风险程度很高，难以走出困境的客户，要考虑信贷退出。

调整授信方案包括：一是调整授信总量，对于出现轻微风险的客户，可以利用客户最新或经调整的财务数据重新计算额度，并对授信总量进行调整；对于客户自身偿债能力出现明显问题，则要停止新增授信并压缩现有授信量。二是调整信贷产品，从高风险品种调整为低风险品种，从信用贷款调整为担保贷款，从项目贷款调整为流动资金贷款或者贸易融资，从部分保证的品种调整为全额保证金业务品种。三是调整用信期限，通常来说，缩短信贷产品期限能够降低风险，但是有时候适当的展期也可以达到化解或降低风险的效果。四是调整定价，风险增加了，银行承担了高风险，增加了贷后管理成本，银行有必要增加产品的定价来弥补这些成本，同时也是增加借款人负担来催促其加紧还贷款，通常的做法包括上浮利率，加收罚息，或要求企业增加日常结算存款量。五是增加风险控制措施，包括监管企业银行账户、封闭式管理、签订贷款还款计划等，通常还要限制企业投资、限制上新项目、要求企业紧缩开支等。

当客户出现风险时，应及时调整贷后管理方式。首先，应根据不同风险因素迅速做出相应的贷后检查重点的调整。例如，企业将固定资产贷款挪用到其他项目或者对外投资，应重点关注在建工程、往来账项、投资项目等科目；又如流动资金贷款挪用到固定资产投资，信贷人员应重点关注固定资产、在建工程等科目。其次，当客户第一还款来源出现较大风险时，银行必须对客户资金进行封闭式管理，要求企业开立专用账户，企业的贷款资金以及相应的回笼资金必须通过该账户，对企业资金用途逐笔审核，保证资金用于各项合理支出，保证还款资金充足。最后，当客户出现严重风险时，信贷人员要及时掌握企业的细微变化，向企业派驻信贷人员，跟踪了解企业的经营管理情况。如果贷后管理人员的监管能力和水平不足，或者出现道德风险，对客户难以实施有效监管，可以调整贷后管理人员。

当客户偿债能力出现很大风险，已经不符合准入标准，这时候银行要考虑实施信贷退出策略。银行的资金资源是有限的，而国民经济各行业的发展呈现轮动态势，就需要不断地从发展较差的行业与客户中及时退出。每年保持一定的退出率，从而使信贷资金处于流水不腐的良性循环之中。信贷退出包括了主动退出和被动退出，被动退出主要是优质企业通过上市、发债的方式获得了融资，结清了贷款。这里主要谈主动退出，即银行有计划地从目标区域、行业、客户、产品退出。营销一户企业，投放一笔贷款，贷款到期了，银行还得找新项目放款。实务中只要企业在基本面上没有太大变化，到期了往往会续贷，⊖甚至增加贷款额度，保持了良好的银企关系。贷后管理的一个重要内容就是及时发现基本面已经发生变化的企业，并采取灵活多样的手段及时退出。

如何选择信贷退出的最佳时机呢？通常来说，银行要对经济周期、行业周期、企业生命周期有深刻的认识。最佳的退出时机是企业成熟期和衰退期的临界点，而不能等到企业已经进入衰退期。当大家都在积极介入的

⊖ 银行审查续贷，往往停留在评级、金额、期限、利率、保证金、担保等贷款条件的分析上，只要条件不弱化都能续作，有个别苗头，但多年续贷都没出事，风险来临又措手不及。

时候主动退出，既不会影响企业融资，也能够全身而退。另一个退出时机是，在企业有投资人进入的时候，如通过支持企业兼并、拍卖、上市等方式实现退出。退出方式要灵活，不一定是提前收贷，银行可以通过提高产品价格的方式，迫使企业主动选择其他融资方式，实现顺利退出；也可以运用产品转换来实现信贷退出。例如，对原有流动资金贷款的企业，可以动员企业改用银行承兑汇票，要求其缴纳部分保证金并提供其他担保，签票后，对企业资金回笼情况密切关注，到期立即扣款兑付，从而关闭风险敞口。

10.2.3.2 担保风险

贷后管理容易忽略的一个内容就是对担保的管理，包括对押品和保证人的风险监测与应对。

先看抵押物，由于不转移占有，在贷款期间抵押物可能出现各种意外，比如车辆事故毁损，房屋遭遇地震、洪水、爆炸案，土地被政府征收、征用了等。抵押权具有物上代位性，抵押物毁损、灭失时，抵押权的效力及于财产毁损灭失后的替代物（瓦砾），或赔偿金、保险金、补偿金等。此外，抵押物也可能被人为侵害，银行作为抵押权人可以行使的权利包括：停止侵害请求权、恢复抵押物价值请求权、提供补充担保请求权、自行采取抵押物价值恢复措施权、合法转让抵押物价款优先受偿权、撤销权和行为无效请求权、损害赔偿请求权等。假如银行不及时行使权利，导致了抵押品价值大幅贬损，则可能被认为"放弃物保"，导致保证人脱保。

银行占有了质押物，一方面保障了债权；另一方面给自己带来很大的保管责任，如果保管不善，致使质物丢失、损坏的，银行可能要承担赔偿责任。例如借款人出现风险，各路债权人蜂拥而至，质押货物被哄抢，不仅质权消灭，银行还要赔偿。此外，银行还要关注质押品的价值波动情况，应当及时变价处置而不处置，给出质人造成损失，银行也要承担赔偿责任。

保证的风险在于保证人的财产不特定，保证人签保证合同之后还可能对外负债，这样保证人的资产和负债处于变动状态。保证人死亡怎么办？贷款到期或违约的，可以用保证人遗产来承担保证责任；法人保证人破产呢？银行可以参与债权申报，参与破产财产分配，未到期的债权可以提存。贷后监测过程中发现保证人不再具备保证资格，或者经营、财务发生重大变化时，应对及时评估对担保能力的影响，及时采取调减、取消保证额度，或者要求借款人更换保证人等措施。

贷后风险应对思路很好理解，但是如何操作则要依法行事。例如放款前，借款人或者担保方出现风险，银行应当停止发放贷款，但是如何停止？直接停止发放是否构成违约？银行必须依据法律规定、合同约定，有充足的证据，然后正确行使权利，这里银行停止发放贷款是《合同法》所规定的"不安抗辩权"。

10.3 贷款风险分类

良好的分类是管理的前提，不同类型的贷款采取不同的管理方法。分类有很多维度，如产品、客户、行业等，而贷后通常按风险进行分类，即按照风险程度将贷款划分为不同档次。中国银监会2007年7月3日印发《贷款风险分类指引》，明确了五级分类制度。

《贷款风险分类指引》第五条　商业银行应按照本指引，至少将贷款划分为正常、关注、次级、可疑和损失五类，后三类合称为不良贷款。

正常：借款人能够履行合同，没有足够理由怀疑贷款本息不能按时足额偿还。

关注：尽管借款人目前有能力偿还贷款本息，但存在一些可能对偿还产生不利影响的因素。

次级：借款人的还款能力出现明显问题，完全依靠其正常营业收入无法足额偿还贷款本息，即使执行担保，也可能会造成一定损失。

可疑：借款人无法足额偿还贷款本息，即使执行担保，也肯定要造成较大损失。

损失：在采取所有可能的措施或一切必要的法律程序之后，本息仍然无法收回，或只能收回极少部分。

第十八条　对贷款以外的各类资产，包括表外项目中的直接信用替代项目，也应根据资产的净值、债务人的偿还能力、债务人的信用评级情况和担保情况划分为正常、关注、次级、可疑、损失五类，其中后三类合称为不良资产。分类时，要以资产价值的安全程度为核心，具体可参照贷款风险分类的标准和要求。

五级分类只是监管上的指引，各银行都可以根据自身情况细化分类标准。例如，有的银行把信贷资产划分为十二个级别，正常类和关注类划分为很多细分档次，如正常一级、正常二级、关注一级、关注二级等。由于一旦进入次级，贷款就划入了不良贷款（Non-Performing Loan），所以我们在使用分类标准的时候，重点就是关注类和次级类的准确区分，而区分的关键就是是否会造成损失。

10.3.1　分类方法

根据《贷款风险分类指引》的规定，对贷款进行分类，主要考虑以下因素：借款人的还款能力、借款人的还款记录、借款人的还款意愿、贷款项目的盈利能力、贷款的担保、贷款偿还的法律责任、银行的信贷管理状况。对贷款进行分类时，要以评估借款人的还款能力为核心，把借款人的正常营业收入作为贷款的主要还款来源，贷款的担保作为次要还款来源。评估借款人的还款能力包括分析借款人现金流量、财务状况、影响还款能力的非财务因素等。五级分类的特点是强调主观判断，不同的人对借款人还款能力的评估结果是不一样的,这也就导致了分类的偏差。所以我们在分类的时候,要重点关注不变的东西,如逾期天数、合规因素等,然后再根据评估结果进行调整。

10.3.1.1 逾期期限

逾期天数是反映借款人还款意愿、还款能力的一个客观指标。按照《贷款风险分类指引》的规定:本金或者利息逾期,应该至少划分为关注。借款人不会无缘无故逾期,逾期是经营状况发生恶化的表现。实践中还有所谓的"技术性逾期",由银行系统错误、银行加息等造成的。除了技术性逾期,只要出现逾期,就是强烈的风险信号,往往需要实地检查,挖掘经营层面的风险因素。

《贷款风险分类指引》第十五条规定:"逾期天数是分类的重要参考指标,商业银行应加强对贷款的期限管理。"第八条规定:"对零售贷款如自然人和小企业贷款主要采取脱期法,依据贷款逾期时间长短直接划分风险类别。对农户、农村微型企业贷款可同时结合信用等级、担保情况等进行风险分类。"所谓的脱期法,事实上又回到了最早的"一逾两呆"分类法,主要根据贷款逾期天数来分类。一般来说90天是一个重要的时间节点,财政部《金融企业会计制度》(财会〔2001〕49号)第八十五条规定:"发放贷款到期(含展期)90天后尚未收回的,其应计利息停止计入当期利息收入,纳入表外核算。"虽然在新会计准则实施之后,应根据实际利率和摊余成本确认贷款利息收入,实务中很多银行还是以90天作为标准。所以,贷款本金或利息逾期超过90天,通常作为次级贷款。

实务中,脱期法是一种很简便的分类方法,首先要通过Excel建立好分类矩阵,即一张表,行标为逾期天数、列标为担保方式,行列交叉点是分类结果,矩阵可以采用银监会的小企业分类矩阵表、农户分类矩阵等,也可以自行设计更为严格的分类矩阵;其次,可以从系统导出所有贷款数据，关键指标是逾期天数和担保方式，有的银行没有逾期天数，只有表内利息、表外利息，那么就要通过利息、利率换算出逾期天数；最后，是通过Excel查找引用公式（VLOOKUP），批量进行分类，这一步也就几秒钟的事情。一家银行的贷款往往有几十万、几百万户，而其中个人类、小企业类占了绝大多数，脱期法可以在很短时间内对一家银行所有贷款进行初步分类，下一步就是通过各种合规因素进行调整。当然公司类、大金额贷款，还是需要结合实地调查进行还款能力评估。

10.3.1.2 合规因素

贷款分类的时候，有刚性规定的，先按照规定进行分类。对于哪些贷款该划入关注、次级，《贷款风险分类指引》有明确的规定。

《贷款风险分类指引》第十条　下列贷款应至少归为关注类：

（一）本金和利息虽尚未逾期，但借款人有利用兼并、重组、分立等形式恶意逃废银行债务的嫌疑。

（二）借新还旧，或者需通过其他融资方式偿还。

（三）改变贷款用途。

（四）本金或者利息逾期。

（五）同一借款人对本行或其他银行的部分债务已经不良。

（六）违反国家有关法律和法规发放的贷款。

第十一条　下列贷款应至少归为次级类：

（一）逾期（含展期后）超过一定期限、其应收利息不再计入当期损益。

（二）借款人利用合并、分立等形式恶意逃废银行债务，本金或者利息已经逾期。

第十二条　需要重组的贷款应至少归为次级类。

重组贷款是指银行由于借款人财务状况恶化，或无力还款而对借款合同还款条款做出调整的贷款。重组后的贷款（简称重组贷款）如果仍然逾期，或借款人仍然无力归还贷款，应至少归为可疑类。重组贷款的分类档次在至少六个月的观察期内不得调高，观察期结束后，应严格按照本指引规定进行分类。

先看借新还旧的分类方法，《不良贷款认定暂行办法》（银发〔2000〕303号）第九条规定："贷款到期（含展期后到期）后未归还，又重新贷款用于归还部分或全部原贷款的，应依据借款人的实际还款能力认定不良贷款。对同时满足下列四项条件的，应列为正常贷款：

（一）借款人生产经营活动正常，能按时支付利息；

（二）重新办理了贷款手续；

（三）贷款担保有效；

（四）属于周转性贷款。"

也就是说，满足这四个条件的借新还旧可以认定为关注（正常大类），而基于对借款人清收利息、减息（表外部分）还本、保全资产等目的而实施的"借新还旧"贷款，则至少认定为次级贷款。还有一些贷款通过"过桥资金"偿还，也就是还旧借新，其实这种情形和借新还旧没有本质区别。如果一笔贷款到期无法偿还，需要借新还旧，或者需通过其他融资方式偿还，说明第一还款来源出现问题，按照五级分类定义，至少应划分为关注类贷款。

借款用途的不同往往意味着风险程度的不同。贷款用于日常周转形成流动资产，如存货、应收账款等，这些资产能够短期内变现形成还款来源；贷款用于项目形成固定资产，往往需要很长时间的周转才能形成还款来源；贷款用于非经营活动，如股票投机、期货投机，那么信贷资金出现损失的可能性就会非常大。对于是否"改变贷款用途"的认定，实务中判断比较困难，如果约定了具体的贷款用途如采购汽车，借款人用于了炒股票，应认定为"改变贷款用途"，如果借款人将贷款用于采购汽车，将原本用于采购汽车的自有资金部分用于炒股票，如何认定呢？特别是大量的借款合同中未约定款项的具体用途，仅笼统地表述为"日常生产经营周转"，则判断起来十分困难，往往是贷款出现风险的时候发现资金被挪用。直接证据难以获取，信贷人员就要通过财务报表推断，锁定期初的科目和自有资金，贷后各期不断比较，发现企业新增了在建工程、固定资产、其他应收款、其他货币资金，这些项目往往就是流动资金贷款被挪用的去处。

"同一借款人对本行或其他银行的部分债务已经不良"至少应分类为关注。通常来说，一个客户只有一个分类结果，但是也有例外情况。例如一个企业有一笔信用贷款和一笔贴现，由于贴现业务银行承担的是承兑银行的信用风险，两笔业务风险完全不一样，很可能信用贷款进入不良，而贴现仍然分类为正常。更多的时候，我们要参考同一借款人在本行或者其他行的信贷业务分类情况。假如贷后管理时，征信查询到借款人其他银行贷款出现逾期，纳入了关注、特别是次级，银行就要高度重视。由于银行的贷款到期日不一致，先到期的贷款出现逾期了，后发放的贷款可能还没有进入还款期，一旦其他银行抽贷，借款人很可能出现资金链断裂。

贷款重组是为了降低和化解贷款风险，措施包括：贷款展期、借新还旧、还旧借新、减免或全减利息罚息、减免部分本金、债转股、追加担保品、重新规定还款方式及每次还款金额等。《贷款风险分类指引》第十二条第一款规定："需要重组的贷款应至少归为次级类。"第三款："重组后的贷款（简称重组贷款）如果仍然逾期，或借款人仍然无力归还贷款，应至少归为可疑类。"借新还旧属于重组，重组贷款应划分为次级，这是否与借新还旧至少划分为关注矛盾？《企业会计准则第12号——债务重组》中第二条："债务重组，是指在债务人发生财务困难的情况下，债权人按照其与债务人达成的协议或法院的裁定做出让步的事项。"核心要义是：①进行债务重组的前提即为债务人发生财务困难；②债权人做出让步为债务重组的结果。如果没有这两个条件，仅仅是贷款期限调整的借新还旧是不构成债务重组的。

10.3.1.3 还款可能性

通过分析逾期、合规因素，能够确定贷款分类，但是这些方式都没有触及一笔贷款分类最核心的因素，那就是，评估借款人的还款可能性。合规的贷款不一定有还款能力，不合规的贷款不一定就无法还款。

还款可能性，一方面是还款能力；另一方面是还款意愿。还款能力分析与客户评价、信贷审批工作中的偿债能力分析并没有本质区别。但是，由于分类工作频率较高，除第一次分类时应当进行全面分析还款能力外，每季度分类时应当以其变动趋势为主进行分析和研究。还款意愿分析在贷前调查时比较困难，对方会伪装出非常诚信的样子，然而通过持续的贷后检查，多次交往，往往能够获取借款人的真实态度，以及态度的变化过程。

10.3.2 分类结果

五级分类后，次级、可疑、损失三类贷款称为不良贷款（NPL），不良贷款与各项贷款的比率就是不良率（NPL ratio）。

10.3.2.1 分类准确性

科学准确地对贷款进行分类是风险管理的基础和前提。很多银行的贷款管理和风险分类挂钩，如贷后检查频率。如果分类不准，就会掩盖贷款的风险状况，导致贷后管理措施不当，风险不能及时处置。从大的方面来说，只有准确分类，才能提足拨备，真实反映利润。

 小资料

衡量分类准确性的重要指标就是分类偏离度。贷款分类偏离度是

> 指贷款的账面分类和真实分类的偏差程度，偏离度指标值越大，分类准确性越差。实务中，先对贷款总体进行抽样，对样本的分类进行检查，确定样本真实不良率，计算贷款分类偏离度，并推算总体的真实不良总额。

分类偏差的重要原因是认识误区：

（1）认为没逾期的贷款就是正常贷款，然而一些期限较长的贷款，虽未进入还款期，但是借款人可能早已丧失了还款能力。

（2）混淆信用评级与风险分类，认为借款人信用评级高就分为正常类，过于重视客户背景而忽视还款来源。

（3）忽略货币时间价值，例如一笔贷款余额 100 万元，抵押物评估价值 200 万元，考虑处置抵押物损耗 50%，处置年限 2 年，利率 5%，则估算可收回金额为：200×（1-50%）÷（1+5%）^{2}=90.70（万元），贷款损失率为 1-90.70÷100=9.30%，很多银行认为抵押物充足，贷款没有"终极风险"，然而货币是有时间价值的，一年收回和 10 年收回差别很大。

（4）过于强调第二还款来源，以担保人的实力雄厚、担保物价值充足为理由，将问题贷款划分为正常类，其实被迫处置抵押物或向保证人行使追索权，其花费的精力和成本非常大。

10.3.2.2 分类的影响

分类结果有较大影响，首先是影响借款人，一家银行的分类结果很快会上传到征信中心，其他债权人都可以查询。大家一起行动，很容易导致企业资金链断裂，风险变成了现实。分类结果还会影响后面要介绍的拨备计提比例，进而影响利润、收入等，如果拨备存在缺口，还会影响资本充足率。

进入不良的贷款通常要移交给风险资产管理部门专门管理，包括不良贷款日常检查、信息搜集、风险分类、估值测算、贷款减值准备计提、催收等方面。移交的过程就是责任界定的过程，接手以后，不良资产管理人员就要负责到贷款本息全部收回或核销为止。接收部门往往夸大风险和预计损失，这样清收回来就是"成绩"和"绩效"，也就造成了经营部门的责任被放大了。前台经营部门能够通过日常贷后催收化解的不良贷款通常就内部消化了，移交出去的往往是风险难以"掩盖"的贷款，也就意味着被追究责任，甚至连人一起移交，"下岗清收""专职清收"。正是因为这些考虑，经办机构有掩盖不良贷款的动机，所以一旦不良贷款冒出了，往往情况比想象的要糟糕。实务中，纯粹新客户到期就成为不良贷款的，往往少见，这种客户本身在贷款审查时就应该排除掉。暴露出来的不良贷款，往往是经过了很多轮的重组，在这个过程中，很多人事更迭，贷后松弛，很难区分到底是天灾还是人祸了，银行要想清收回来也极度困难。

一笔贷款进入了不良，经办人员和经办机构就会陷入各种麻烦。各种各样的部门都会参与进来，表面上非常关切、重视，然而大体停留在"每日报送进展、督促限期清收"的层次上，讲了很多思想政治工作，谈不上干货、技术、策略。智者畏因，愚人畏果，如何解决不良贷款往往最能反映了一个机构的信贷文化。

10.3.2.3 不良贷款的正确理解

贷款要么是正常贷款，要么是非正常贷款，经办人员都非常清楚。然而对于局外人来说，要准确把握一家银行有多少非正常贷款却是一件不容易办到的事情。人们在判断一家银行的资产质量和风控能力时，如果仅仅关注不良指标就会陷入误区。除了五级分类的主观性，还有另外的因素。

我们通过银行会计报表看到的不良贷款往往是某一个时点的余额，而不是在一定时期内不良贷款的累计发生额，后者才是我们应该更加关注的数字。银行不断发放贷款，不断产生不良贷款，又不断地清收处置核销。有的银行风控能力较差，不良贷款产生得比较多，但是不断地通过利润来核销，从而报表显示的不良贷款余额就比较少。而不良贷款率呢？它是指某一时点的不良贷款余额与全部贷款余额计算得来的。由于贷款余额处于动态变化，在贷款投放较快的时期，尽管不良贷款产生得比较多，但是不良贷款率可能处于下降趋势。

除了核销，不良贷款处置方式还包括现金回收、以物抵债、重组、转让等。中国文字博大精深，"处置化解"到底是什么含义？有时候更像是文字游戏。通过重组化解的不良贷款本质是仍然还是问题贷款，只是以时间换空间，一些虚假重组的做法包括：延长结息周期甚至利随本清，这样就不会出现欠息记录；在贷款到期时与企业签订协议，约定偿还部分贷款金额后予以展期，但对"再约定"次数无限制，从而规避了展期次数的限制；通过过桥借款偿还银行贷款，再另行向银行申请贷款偿还过桥借款。转让呢？真实"清洁转让"的折扣率很低，而将不良贷款虚假转让实现账面不良贷款的"消失"则是自欺欺人，常见的手法，如通过理财资金、信托公司、资产管理公司购买不良贷款，然后对已转让出表的不良贷款进行回购或提供担保，这种担保可以是"清收承诺""收益互换+担保"，以及设置触发难度较低的回购条件等。现金清收呢？有的银行看似现金清收了不良贷款，具体看那一笔确实结清了，但可能通过其他产品（投资、表外等）或主体（借款人的关联方）承接了，信用风险没有变化。

10.3.2.4 贷款迁徙率

对不良贷款的分析，传统手段通常是针对不良贷款总量和结构在不同时点的存量变化，进行静态的比较分析。但是，由于金融机构可以通过增加贷款投放、借新还旧、贷款重组等方式，调节不良贷款，从而使不良贷款余额或比率的升降难以充分反映信用风险的发展趋势及风险全貌。要衡量贷款在一定期间内风险变化的程度，就需要用到迁徙率分析。一般而言，贷款的迁徙表现为四种形态，包括向上迁徙、向下迁徙、维持原态、清收处置，我们重点关注贷款发生向下迁徙劣变的情况。

迁徙率包括正常贷款迁徙率和不良贷款迁徙率，正常贷款迁徙率又包括正常类贷款迁徙率和关注类贷款迁徙率，不良贷款迁徙率包括次级类贷款迁徙率和可疑类贷款迁徙率。正常贷款迁徙率是期初正常贷款在期末转为不良贷款的比例，正常类贷款迁徙率是期初正常类贷款在期末转为不良贷款的比例。下面是某银行贷款质量迁徙分析（表 10-1）。

表 10-1　某银行 2016 年贷款质量迁徙情况表　　（单位：亿元）

	年初余额	本期减少	其中核销	正常类	关注类	次级类	可疑类	损失类	合计
期末余额	0.00	0.00	0.00	3 125.38	264.43	196.61	24.37	10.53	3 621.31
本期增加	0.00	516.61	0.00	2 226.97	162.36	22.83	1.00	0.00	2 413.16
正常类贷款	2 638.72	1 654.32	0.00	875.07	38.10	61.71	9.52	0.00	0.00
关注类贷款	318.74	168.89	0.00	14.21	63.40	71.99	0.26	0.00	0.00
次级类贷款	112.99	53.88	0.00	9.13	0.57	39.79	9.10	0.53	0.00
可疑类贷款	17.18	12.42	3.65	0.00	0.00	0.29	4.47	0.00	0.00
损失类贷款	17.02	7.00	5.86	0.00	0.00	0.00	0.02	10.00	0.00
合计	3 104.66	1 896.50	9.51	0.00	0.00	0.00	0.00	0.00	0.00

该银行年初各项贷款余额为 3 104.66 亿元（第 2 列），其中正常类贷款 2 638.72 亿元、关注类贷款 318.74 亿元、次级类贷款 112.99 亿元、可疑类贷款 17.18 亿元、损失类贷款 17.02 亿元；该银行期末各项贷款余额为 3 621.31 亿元（第 2 行），其中正常类贷款 3 125.38 亿元、关注类贷款 264.43 亿元、次级类贷款 196.61 亿元、可疑类贷款 24.37 亿元、损失类贷款 10.53 亿元。报告期内新发放但期末已经收回的贷款为 516.61 亿元（第 3 行），期末尚未收回的各项贷款 2 413.16 亿元（净发放），这部分贷款期

末分类为正常类的贷款 2 226.97 亿元、关注类的贷款 162.36 亿元、次级类的贷款 22.83 亿元、可疑类的贷款 1.00 亿元、损失类的贷款零。

年初五级分类为正常类的 2 638.72 亿元贷款（第 4 行），报告期内共收回或处置了 1 654.32 亿元，期末五级分类仍然为正常类的贷款 875.07 亿元、变成关注类的贷款 38.10 亿元、变成次级类的贷款 61.71 亿元、变成可疑类的贷款 9.52 亿元、变成损失类的贷款零。正常贷款迁徙率 =（期初正常类贷款中转为不良贷款的金额 + 期初关注类贷款中转为不良贷款的金额）÷（期初正常类贷款余额 − 期初正常类贷款期间减少金额 + 期初关注类贷款余额 − 期初关注类贷款期间减少金额）×100%=（61.71+9.52+71.99+0.26）÷（2638.72−1654.32+318.74−168.89）=12.65%。

2016 年年初不良贷款余额 147.19 亿元，当年增加不良贷款 167.31 亿元（其中：存量正常类贷款下迁至不良 143.48 亿元，2016 年新发放贷款形成不良 23.83 亿元），不良贷款升级（即存量不良贷款转为正常）9.69 亿元，回收 63.79 亿元（其中回收现金 48.10 亿元，以物抵债 15.69 亿元），核销 9.51 亿元，年末不良贷款 = 年初不良贷款 + 新增不良贷款 − 升级 − 回收 − 核销 =147.19+167.31−9.69−63.79−9.51=231.51 亿元。我们通常将新增不良贷款定义为新增不良贷款毛额，扣除升级和回收后定义为新增不良贷款净额，即新增不良贷款净额 = 新增不良贷款毛额 − 升级 − 回收 = 年末不良贷款余额 − 年初不良贷款余额 + 核销。

根据这些数据，我们还可以得出下列指标：2016 年年初不良贷款率 =147.19÷3104.66=4.74%；2016 年年末不良贷款率 =231.51÷3621.32=6.39%；毛不良贷款形成率 = 新增不良贷款毛额 ÷ 年初贷款余额 =167.31÷3104.66=5.39%；净不良贷款形成率（NPL formation ratio）= 新增不良贷款净额 ÷ 年初贷款余额 =（年末不良贷款余额 − 年初不良贷款余额 + 核销）÷ 年初贷款余额 =（231.51-147.19+9.51）÷3104.66=3.02%；不良贷款升级与回收率 =（升级 + 回收）÷ 年初贷款余额 =（9.69+63.79）÷3104.66=2.37%；不良贷款处置回收率=（回收现金处置+以物抵债处置+其他处置）÷本年不良贷款处置额×100%=（48.10+15.69）÷（48.10+15.69+9.51）=87.03%

迁徙率并不是越低越好，收益与风险是匹配的，过低的迁徙率往往失去更多的市场机会，而较高的迁徙率，通过高收益也能有效地抵御风险。但是，迁徙率波动大，往往说明银行的风险管理存在问题。迁徙率运用非常广泛，可以将正常贷款迁徙率作为贷款的违约率（PD），通过一个经济周期历史各期违约数据的加权平均，可近似计算银行的平均PD；同时通过计算不良贷款处置回收率，可近似计算违约后损失率（LGD），以此结果对内部评级模型计算的违约及损失数据进行初步的验证分析。

10.4 拨备计提与核销

一笔贷款风险有多大，损失有多少，只能到期处置以后才能准确计量，如果处置方式是重组，则单笔贷款到期还是无法计量损失，要等到客户（及其关联方）彻底清户的时候才能计量。然而银行当期就需要计算盈利状况，进而根据业绩发工资、分红，这就需要估计损失，列入成本。未预计到的损失怎么办呢？那就用银行股东的钱，即从利润中预留一部分来覆盖。相应的准备金就有两个概念，一个是列入当期成本的贷款损失准备（资产减值损失准备），另一个是从利润中计提的一般准备金，这两部分共同构成了准备金，或称拨备。

在A银行案例中，2016年年初贷款损失准备130.88亿元，当年新提取75.00亿元，冲销9.51亿元，转回4.86亿元，则年末贷款损失准备余额为130.88+75.00−9.51+4.86=201.23(亿元)。信用风险成本=当年计提准备金÷贷款平均余额=75×2÷(3 104.66+3 621.32)=2.23%；拨备覆盖率=准备金余额÷不良贷款余额=201.23÷231.51=86.92%；拨贷比=准备金余额÷

各项贷款余额 =201.23÷3 621.32=5.56%。

关于准备金的管理，管理部门在不同时期有不同的规定，主要包括以下内容。

（1）人民银行《贷款损失准备计提指引》（银发〔2002〕98号），该文规定的贷款损失准备包括一般准备、专项准备和特种准备，一般准备年末余额应不低于年末贷款余额的1%，专项准备根据风险分类适用不同计提比例，关注类2%、次级类25%、可疑类50%、损失类100%。

（2）银监会《商业银行贷款损失准备管理办法》（银监会令2011年第4号），该文规定的贷款损失准备是指商业银行在成本中列支、用以抵御贷款风险的准备金，不包括在利润分配中计提的一般风险准备，同时规定贷款拨备率基本标准为2.5%，拨备覆盖率基本标准为150%。

（3）财政部《金融企业准备金计提管理办法》（财金〔2012〕20号），该文规定的准备金包括资产减值准备和一般准备，一般准备余额原则上不得低于风险资产期末余额的1.5%，而减值准备计提比例为：正常类1.5%，关注类3%，次级类30%，可疑类60%，损失类100%。

（4）《关于金融企业贷款损失准备金企业所得税税前扣除政策的通知》（财税〔2015〕9号），该文规定准予当年税前扣除的贷款损失准备金＝本年末准予提取贷款损失准备金的贷款资产余额×1%－截至上年末已在税前扣除的贷款损失准备金的余额。

（5）根据2017年4月6日发布的《企业会计准则第22号——金融工具确认和计量》（财会〔2017〕7号），金融资产的减值采用"预期信用损失法"计算。

这些文件有很多不一致：一是财政部的拨备不同于银监会的拨备，前者包括了从利润中计提的准备金，后者仅包括计入成本的减值准备；二是人民银行的一般准备和财政部的一般准备不是一回事，前者尽管叫"一般准备"，但是只能计入附属资本，实际上还是资产减值准备，后者计入核心资本；三是《企业会计准则》没有不良贷款的提法，只有已减值贷款和未减值贷款的区别，也没有规定固定的计提比例，而是要根据减值情况进行计提，减值多少就计提多少。文件差异体现出不同部门的诉求：银监会倾向于银行多计提拨备，甚至超额计提，以防范风险；而税务部门倾向于少计提，减少税前抵扣，确保税源；银行的股东希望少计提，这样利润比较高，能多分红利。从银行管理层角度来说，倾向于在利润较高时多提拨备，利润较低时少提拨备，保持平稳的利润增长，避免业绩波动；审计师则严格按照《会计准则》规定，每一笔账务都要有依据，确保财务信息真实公允，防止银行将拨备计提作为利润调节的工具。总之，拨备管理制度就是各方利益博弈的结果。准备金的计提有顺周期效应，经济下行，银行利润下滑，这时候风险暴露，银行反而需要计提更多的拨备，进一步削减了银行利润。监管部门和准则的制定者也在考虑采取动态调整拨备，即在经济扩张、信贷快速增长时期，计提更多的拨备，以备萧条时期缓冲损失。例如《企业会计准则》已经从"已发生损失减值模型"改为"预期信用损失法"，目的在于提前确认损失，尽早揭示风险。

不良贷款核销（write-off），就是将不良贷款和贷款损失准备在账目上同时消掉。已经核销的贷款，要将本金和欠息在表外登记核算，银行仍保留追索权，即"账销案存"。为了防范借款人因知悉核销信息而放弃还款，银行不能对外泄露。为何要核销掉不良贷款？大量无法回收的不良贷款依然统计在贷款口径下，就会虚增信贷资产，而不断地核销掉不良贷款，再补充计提贷款损失准备，也避免了虚增利润。《金融企业呆账核销管理办法》（财金〔2017〕90号）对核销条件、核销程序进行了详细的规定。

拨备与核销对所得税有影响，计提拨备增加了资产减值损失，从而减少了利润，减少所得税计税基础；但是计提拨备并不意味着实际发生损失，核销的时候损失才真正发生。根据我国现行相关税收政策（财税〔2015〕9号），可以税前扣除的拨备为本年末准予提取拨备的贷款资产余额的1%扣除上年末已在税前扣除的拨备，当金融企业发生符合条件（详细条件见《国家税务总局关于发布〈企业资产损失所得税税前扣除管理办法〉的公告》（国家税务总局公告2011年第25号）、《关于金融企业涉农贷款和中小企业贷款损失税前扣除问题的公告》（国家税务总局公告2015年第25号）等，核销时要提供一系列证明报经税务机关审核确认）的贷款损失，先冲减已在税前扣除的准备金，不足冲减部分据实税前扣除。

第 11 章

贷款回收管理

一笔贷款要放得出去，还要收得回来，安全收回贷款本息是信贷工作的最高目标，回收方式可以分为到期正常回收、客户提前归还、银行提前收贷、逾期催收、不良贷款清收等。

11.1 正常回收

《贷款通则》第三十二条第一款、第二款规定："借款人应当按照借款合同规定按时足额归还贷款本息。贷款人在短期贷款到期 1 个星期之前、中长期贷款到期 1 个月之前，应当向借款人发送还本付息通知单；借款人应当及时筹备资金，按期还本付息。"

大部分贷款都是到期正常回收，银行所要做的工作就是：

（1）通知客户。在贷款到期前一段时间，银行通知客户并在可能的情况下现场检查客户还款能力和还款资金落实情况。通知的形式就是还本付息通知单，内容包括：还本付息的日期、当前贷款余额、本次还本金额、付息金额以及利息计算过程中涉及的利率、计息天数、计息基础等。

（2）账务处理。客户将贷款本息划入还款账号，并填写转账支票，将资金转入贷款账号，由会计部门进行扣款和结息操作，打印结息凭证。

（3）退还抵质押物。如果有抵质押物，客户结清贷款本息以后，就要为抵质押物办理出库手续，客户当场核实接收以后，前往相关部门办理注销手续。

（4）及时将结清信息录入人行征信系统，并根据客户需要出具结清证明。

一笔贷款有到期、回收、结清，对银行来说，收回贷款不是终点，收回贷款还得继续投放。市场就那么大，客户就那么多，存量客户是最佳的投放对象，营销、尽职调查、管理成本最低。信贷投放以后，客户经营良好，那么贷款到期收回后还应该继续放甚至放更多；经营得差，想收也未必能收得到，有时候为了收回还需要发放。从这个角度来说，贷款回收只是授信链条之一环，只是执行过程，而如何经营信贷客户，是增加、维持额度还是压缩、退出？如何在客户的不同阶段做出恰当的授信决策？其实这才是更重要的事情。

11.2 提前回收

提前回收就是在贷款未到期之前就收回本息，一种是客户提前还款；另一种是银行主动提前回收。

11.2.1 提前还款

《贷款通则》第三十二条第五款规定："借款人提前归还贷款，应当与贷款人协商。"提前还款包括提前全部还款、提前部分还款。一笔贷款，从贷前调查到贷款发放，银行投入了大量的人力、物力，这些成本费用需要较长时间的利息收入来弥补，提前还款在某些情况下对借款人有利而对贷款人不利，所以银行会在借款合同中约定是否允许提前还款以及提前还款的条件。例如，银行会约定在一定期限以内（如发放一年内）提前还款一定金额（如金额超过了本金余额两成），借款人就要缴纳违约金。

提前还款降低了银行承担的信用风险，但是却给银行带来了其他风险。允许客户提前还贷，实质上是给予客户一种期权，客户可以在市场利率变动时行权，将利率风险转嫁给银行。例如在固定利率合同中，市场利率下降了，客户提前还款后通过再融资可以降低融资成本；在浮动利率合同中，市场利率上升了，客户可以提前还款以规避较高的市场利率。随着利率市场化进程的加快，银行面临的这种风险越来越大。提前还款改变了银行信贷组合现金流，在信贷资产证券化时，提前还款率是重要变量。

广义的提前还贷还涉及优质客户主动终结信贷关系。例如，一些小公司依赖银行支持，规模越做越大，走向资本市场，发股票、发债券，结清了银行贷款，银行就失去了一个优质客户。有时银行不希望客户做得太大或者多元化发展，这不仅是出于防风险的考虑，还有市场营销的考虑，总是希望客户处于永远依附于银行的"稳定"状态。其实，一家优秀的银行要能够和客户一起成长，在客户发展的不同阶段，从结算、融资、财务顾问等方面提供完整的金融服务。

11.2.2 提前收贷

提前收回贷款是指银行根据借款合同中约定的事由（主要是客户出现风险），将合同约定的还款期限提前，要求借款人履行还本付息义务的行为。合同中的这些提前到期条款，又叫加速到期条款。

《贷款通则》详细罗列了提前收贷的情形，但是《贷款通则》在法律效力层次上属于部委规章，约束银行而不能直接约束借款人。《合同法》第二百零三条规定："借款人未按照约定的借款用途使用借款的，贷款人可以停止发放借款、提前收回借款或者解除合同"。各银行在借款合同中约定了很多提前到期事由，例如：借款人出现本息违约；借款人未履行重大事项报告、通知义务；借款人或其关联公司及担保人涉讼；借款人或担保人被吊销营业执照、进入破产程序、死亡、失联等。当然，如果合同没有约定，银行也可以运用合同法的规定行权，不过需要承担举证义务，没有合同直接约定方便。

银行发现了风险，通常不会将借款人的违约事实通过书面形式向其告知，而是不漏风声，等客户账户刚刚收到一笔销售货款（甚至预收货款），立刻宣布贷款提前到期并予以扣划。扣划的合法性来自《合同法》第九十九条的规定："当事人互负到期债务，该债务的标的物种类、品质相同的，任何一方可以将自己的债务与对方的债务抵销"，存款是银行的债务，贷款是银行的债权，存款贷款是可以相互抵消。由于借贷双方事实上的地位不平等，银行可以将客户的所有不利情况列入加速到期条款，如果任何"风吹草动"都以提前收贷，表面上对银行非常有利，极大地保护了银行债权，然而大家（其他债权银行）都这么操作就会出现问题：一是给企业的经营活动带来干扰；二是随意抽贷给其他债权人造成恐慌，如触发交叉违约条款（一家银行主张提前到期，导致其他银行的贷款也自动到期），引发流动性危机，容易引起企业破产。企业濒临破产的时候再向个别债权人清偿债务就是对其他债权人（商业信用、其他银行）的不公平，于是就有了个别清偿撤销权制度。《破产法》第三十二条规定："人民法院受理破产申请前六个月内，债务人有本法第二条第一款规定的情形，仍对个别债权人进行清偿的，管理人有权请求人民法院予以撤销"。一旦提前收贷构成了个别清偿，银行就将面临返还本息的风险。

加速到期条款在理论界、司法实践中都有很多争议，法院不一定支持银行的提前收贷行为，当地政府主管部门、监管当局往往对抽贷、压贷也有限制性的规定。⊖实务中，出现轻微风险苗头就提前收贷往往被认为是恶意抽贷、压贷，而等到了借款人"根本违约"，企业往往已经濒临破产，银行又面临个别清偿被撤销的风险。实务中，提前收贷实施起来困难重重，案例可以参考三鹿集团破产案。

⊖ 2016 年，银监会开始推行债委会制度，对治理多头授信、恐慌式"抽贷"起到了积极作用，详见：银监办便函〔2016〕1196 号、银监办便函〔2017〕802 号。

11.3 展期与借新还旧

对于借款人来说，有贷款逾期记录意味着自己信用受损，会导致未来融资困难。所以，在贷款到期之前，无法偿还的借款人往往会申请展期或者借新还旧。

11.3.1 展期

《贷款通则》第十二条规定："贷款展期：不能按期归还贷款的，借款人应当在贷款到期日之前，向贷款人申请贷款展期。是否展期由贷款人决定。申请保证贷款、抵押贷款、质押贷款展期的，还应当由保证人、抵押人、出质人出具同意的书面证明。已有约定的，按照约定执行。短期贷款展期期限累计不得超过原贷款期限；中期贷款展期期限累计不得超过原贷款期限的一半；长期贷款展期期限累计不得超过3年。借款人未申请展期或申请展期未得到批准，其贷款从到期日次日起，转入逾期贷款账户。"

展期申请书的内容通常要包括：展期理由、展期期限，以及展期后的还本付息计划、拟采取的补救措施，还应提供有权机关（借款人、担保人）关于同意申请贷款展期的决议文件。借款人提出贷款展期申请，表明借款人出现了问题，要弄清借款人不能按时还款的深层原因，然后决定是否予以展期。三种情况：一是借款人有能力还款而申请展期的，往往是不同的负债陆续到期，哪个债权人逼得紧就优先还，这时候应该不予展期，要求借款人立即还款；二是借款人的经营情况出现了持续的不可逆的恶化，展期后也无力按时归还贷款，这种情况下继续展期，往往越来越糟糕，这时候应该不予展期，直接进入贷款清收程序；三是因为暂时性的原因导致不能还款，仅仅是流动性问题，展期不会扩大风险，这时可以考虑办理贷款展期。

通常不能接受信用贷款的展期，借款人申请展期，往往是资金链紧张，比如存在多笔到期债务（包括民间债务和商业信用），如果其他债权人对借款人的资产进行处置，借款人的资产和还款能力会大幅度下降，因此信用贷款要在提供担保的基础上进行展期，否则，就应采取措施将贷款及时收回。对于保证担保贷款的展期，要重新评估确认保证人的担保资格和担保能力，借款人申请贷款展期必须有保证人的书面同意，担保范围为借款人在整个贷款期内应偿还的本息和费用之和，包括增加的利息，并且保证期限延长至贷款展期后的到期日。抵押贷款展期了，是否需要重新签订抵押合同，重新办理抵押登记或变更抵押登记期限？这一块实务中不同银行做法不一致，法理上无须办理抵押变更手续；要办就得办利索，不要因为重新办手续而丧失优先顺位，这就要通过借款人去协调其他顺位抵押权人了。

11.3.2 借新还旧

借新还旧贷款是指贷款到期（含展期后到期）后不能按时收回，又重新发放贷款用于归还部分或全部原贷款的行为，又称为以贷还贷。借新还旧作为一种手续，银行的风险敞口没有变化，信用风险没有变化，但是存在一些操作风险。借新还旧，一切重新开始，那么原有的风控措施就失效了，借新还旧比展期风险大得多。

借新还旧的原因包括：

（1）期限不匹配。原贷款期限或还款方式设定不合理，造成借款人不能依合同约定归还贷款，通过借新还旧将贷款期限调整至与借款人的生产周期、经营周期或现金流量相符后，借款人就能够偿还贷款；借新还旧往往也是因为部分借款人"短贷长用"，以短期贷款名义申请了贷款投入了长期项目，然后倒逼银行为其办理"借新还旧"贷款。

（2）产品置换。客户用低利率贷款替换高利率贷款，银行用抵押贷款置换信用贷款等。

（3）保全资产。这主要是为了完善抵押、质押和保证手续，或者中断诉讼时效。

（4）掩盖不良。当然这种方式是严格禁止的，特别是没有结清利息的情况下通过借新还旧来以贷收息，虚增了当期利润，虚增了业绩和薪酬。实务中，这些情况往往很难区分，从事后来看，借款人彻底破产了，银行错失了最佳收贷时机，当初（历任信贷人员）的所有借新还旧都可以理解为掩盖不良；而随着经济回暖，借款人经营好转了，没有形成风险，又可以理解为期限匹配或者保全资产。

借新还旧对人保和物保都有重要影响。先看保证人，分为原保证人和新增保证人。借新还旧以后，原担保人往往声称"旧贷已经归还，自己无须承担担保责任"。《担保法司法解释》第三十九条规定："主合同当事人双方协议以新贷偿还旧贷，除保证人知道或者应当知道的外，保证人不承担民事责任。新贷与旧贷系同一保证人的，不适用前款的规定。"所以原保证人的免责诉求是不合法的。新增保证人呢？在办理借新还旧手续时，往往追加了新的保证人。很明显，用于归还旧贷款的风险要远高于用于日常经营活动，如果新增保证人不知情该笔贷款的真实用途，就属于意思表示不真实，甚至构成债权人与债务人恶意串通欺诈保证人，再让其承担保证责任显然是不公平的。银行在操作中，借款合同、借据都要载明"用于归还×××贷款"。

对物保来说，原抵质押权随着贷款归还而消灭，新贷款必须重新签订抵质押合同，并依法办理抵质押登记备案手续（已办理最高额抵押且在担保期限内的除外）。重新登记往往存在一定的操作风险。例如，原抵押物进行了二次抵押，那么重新登记往往导致排序在前的抵押权因借新还旧而排序靠后，类似的有原抵质押期间发生的拖欠税款、工程款问题。因此，贷款银行在决定借新还旧之前，要预先查清各种情况，评估各种风险，在风险不扩大的情况下才可以办理。实务中，有不同的做法，例如：①原抵押不解除，新贷款办第二顺位抵押，待旧贷款归还后自动升位；②将原抵押解除登记和新贷款办理抵押登记的材料一并提交，尽量减少脱节。新增抵质押物呢？如果来自第三人，知情权问题同上。如果是新增加借款人的资产来设定抵质押，而此时借款人往往濒临破产，这里就存在抵质押被撤销的风险，即恶意抵押、事后物保可撤销。相关法律条文包括：《破产法》第三十五条："在人民法院受理破产案件前六个月至破产宣告之日的期间内，对原来没有财产担保的债务提供财产担保，清算组有权追回财产，一同纳入破产财产。"《担保法司法解释》第六十九条："债权人有多个普通债权人的，在清偿债务时，债务人与其中一个债权人恶意串通，将其全部或部分财产抵押给该债权人，因此丧失了履行其他债务的能力，损害了其他债权人的合法权益，受损害的债权人可以请求人民法院撤销该抵押行为。"

11.4 逾期处理

客户逾期了，这是个重要信号。客户也是非常理性的，但凡能筹措出资金，是不会逾期引起逾期记录的，要小心所谓的"技术性违约"，凡是逾期就是疑点。笔者有一次市场调研，遇到辖内一个客户逾期了一笔利息，金额不大，客户解释是网银问题，实地考察却发现其集团资金链高度紧张（甚至发动员工办理信用卡透支），于是提前收回了几千万元的贷款，一年后该集团人去楼空，多家金融机构损失数十亿元。一般来说，客户发生逾期马上联系客户，尽早赶到现场，调查并制订清收方案。随着时间的推移，收回的可能性越来越小。

11.4.1 常规催收

《贷款通则》第三十二条第三款、第四款规定："贷款人对逾期的贷款要及时发出催收通知单，做好逾期贷款本息的催收工作。贷款人对不能按借款合同约定期限归还的贷款，应当按规定加罚利息；对不能归还或者不能落实还本付息事宜的，应当督促归还或者依法起诉"。

"督促归还"，也就是催收，手段包括短信、电话、邮件、信函、实地等。一般是先非现场后现场，先礼后兵。催收工作的重点就是找到人，找人主要是通过电话、户籍地址、快递地址、互联网（论坛、社工库）、公安等方式。在查找的过程中，银行工作人员要区分不同的情况，逾期金额较小、期限较短的，要注意替客户保密。在联系客户的备用联系人时，按照社会资本圈由近及远，避免给客户带来不必要的信誉损失，因为一旦引起其他债权人注意，反而会降低客户通过再融资来还贷的可能性。银行工作人员要确定客户是否涉嫌贷款诈骗，如申请材料虚假、金额巨大，可考虑报案。但是报案是双刃剑，刑事案件程序漫长，影响最终受偿的可能性，刑事案件侦破过程中，如果发现银行工作人员存在犯罪（如非法发放贷款罪及受贿罪），很容易认定借贷合同无效，引起担保人"脱保"。银行工作人员要判断客户的还款意愿和还款能力，没有还款能力的，就不必投入过多精力。有钱不还的，要协商、谈判，要让客户清楚后果，如复利、罚息、不良征信、社会信誉损失、家庭受到影响、工作受影响等，找准其弱点，进而采取后续手段。对于持"凭自己本事借的钱，为什么要还"逻辑的客户，要坚决采取强制措施。实地清收比较复杂，要注意控制局面，避免冲突，例如有的车贷机构暴力拖回抵押车辆反而被认定为抢劫。

法律不保护躺在权利上睡觉的人，债权人未在保证期间起诉债权人或向保证人催收，保证人免责，长期不向借款人催收，主债权超诉讼时效，债权人丧失主债权的胜诉权，同时担保人根据《担保法》第二十条、《物权法》第二百零二条抗辩，可以拒绝承担担保责任。诉讼时效制度与"欠债还钱、天经地义"的善良传统有冲突，但是司法资源是有限的，过了几十年的案子，法院也难以认定事实。我国的诉讼时效偏短，于是规定了大量"中断""中止"条款来消减其影响。催收构成了"权利人向义务人提出履行请求"，可以中断诉讼时效。

《民法总则》第一百八十八条　向人民法院请求保护民事权利的诉讼时效期间为三年。法律另有规定的，依照其规定。

第一百八十九条　当事人约定同一债务分期履行的，诉讼时效期间自最后一期履行期限届满之日起计算。

第一百九十二条　诉讼时效期间届满的，义务人可以提出不履行义务的抗辩。

第一百九十四条　在诉讼时效期间的最后六个月内，因下列障碍，不能行使请求权的，诉讼时效中止：

（一）不可抗力；

（二）无民事行为能力人或者限制民事行为能力人没有法定代理人，或者法定代理人死亡、丧失民事行为能力、丧失代理权；

（三）继承开始后未确定继承人或者遗产管理人；

（四）权利人被义务人或者其他人控制；

（五）其他导致权利人不能行使请求权的障碍。自中止时效的原因消除之日起满六个月，诉讼时效期间届满。

第一百九十五条　有下列情形之一的，诉讼时效中断，从中断、有关程序终结时起，诉讼时效期间重新计算：

（一）权利人向义务人提出履行请求；

（二）义务人同意履行义务；

（三）权利人提起诉讼或者申请仲裁；

（四）与提起诉讼或者申请仲裁具有同等效力的其他情形。

《民法通则意见》第一百七十三条　权利人向债务保证人、债务人的代理人或者财产保管人主张权利的，可以认定诉讼时效中断。

《担保法》第二十条　一般保证和连带责任保证的保证人享有债务人的抗辩权。债务人放弃对债务的抗辩权的，保证人仍有权抗辩。抗辩权是指债权人行使债权时，债务人根据法定事由，对抗债权人行使请求权的权利。

《担保法司法解释》第三十六条　一般保证中，主债务诉讼时效中断，保证债务诉讼时效中断；连带责任保证中，主债务诉讼时效中断，保证债务诉讼时效不中断。一般保证和连带责任保证中，主债务诉讼时效中止的，保证债务的诉讼时效同时中止。

《物权法》第二百零二条　抵押权人应当在主债权诉讼时效期间行使抵押权；未行使的，人民法院不予保护。

催收通知书是银行向借款人要求履行义务的意思表示，每次对方签收催收通知书都会导致诉讼时效的中断，诉讼时效重新起算。债务人和保证人既不还款又不签收通知书的，要通过公证送达、新闻媒体公告催债（金融资产管理公司常用）或起诉（起诉后又撤诉）来中断诉讼时效。公证送达，如公证员随当事人共同到邮局办理邮寄手续。实务中，代签、无见证的留置送达比较常见，甚至贷款发放前批量打印催收通知书让借款人一次性签字备用，逾期了再补日期，其实这些方式都有严重的瑕疵。丧失诉讼时效的，银行也要尽量通过与借款人达成还款协议或会议纪要，或者设法让对方出具承诺书或提交还款计划等方式重新恢复诉讼时效。要注意的是，主债权超诉讼时效，债务人在催收通知书上签字盖章并不一定约束保证人。

11.4.2　清收调查

难度比较大的逾期贷款，通常移交给风险资产管理部门进行专业的清收。一方面对信贷档案进行梳理[⊖]，查漏补缺，为诉讼准备证据，同时挖掘出客户的财产信息，如各种票据、合同、收据、缴款单、审计报告、年检报告、宣传册、名片、招商招标公告上显示的银行账号，审计报告中的应收账款、对外投资等；另一方面对客户现状进行外部调查，做出整体判

⊖ 可参考：冯灿通，"审阅不良债权档案最全面的总结"，搜赖网。

断。关于清收调查，有很多思路，通常都需要找到人，找到财产。这个阶段的工作比贷前难度大得多，客户不一定配合，很多资料拿不到，需要明察暗访，有时候需要通过其经销商、供应商、承包商、竞争对手、前员工了解，还要向相关部门（工商、房产、土地、专利、商标、银行）查询其财产。有时候还需要借助专业律师进行调查，必要的时候只能通过司法机关介入，采取搜查、司法审计等手段进行查找。

11.4.2.1 财务视角分析

银行调查的重点是找到财产线索，进而通过清收方案去合法地拿到财产，有哪些财产呢？个别列举容易挂一漏万，我们下面理一下思路。

一笔贷款投放下去，形成了什么资产？一般来说，生产型企业的财产集中在土地、厂房、机器设备上，而贸易型企业的财产集中在存货、应收账款上。贷款逾期了，要么是资产暂时不能变成现金，资产还在，借款人还款意愿尚好，那么就给予一定的宽限期，或者在借款人配合下处置掉资产。资产没有了呢？银行就要考虑资产是怎么消失的？有哪些可能的流向？从贷款发放到逾期，发生了一系列的交易，盈利的交易增加资产和权益，亏损的交易减少资产和权益，也许充斥着"意外""被骗""亏损"？关键是资产流向了哪里？那银行就要追溯贷款期间，到底发生了什么？分析发生的一系列的交易，有哪些流向？除了资产物理上损失（理性人不会自毁财产，是意外也有保险赔付金才对），总有去向。银行要通过各种方法找到账本（通过起诉，法院搜查，司法审计等），逐一排查交易及交易对手，通过诉讼策略（撤销权、代位权等）追回财产，恢复其还款能力。如果真的是正常经营出现亏损，不仅亏光了信贷资金，也击穿了借款人的权益缓冲，导致资不抵债，那么银行就要反思授信决策，行业波动性和资产负债率的准入门槛设置是否合理？

银行通过财产调查情况，再次构建借款人（无论是企业还是个人家庭）最新的资产负债表，从上往下依次看资产：有货币资金，可以冻结；有应收账款、预付账款，可以行使代位权；有存货、固定资产、无形资产、对外投资，可以查封扣押冻结。负债方：哪些是金融债务？哪些是商业信用，如合同纠纷、侵权？哪些人会和贷款银行争夺资产？哪些是关联方？哪些涉及职工利益、公众利益，哪些可能涉刑？哪些债务是可以撤销的？贷款银行要做的就是尽量收集证据，做减法，排除各种虚构的负债。权益：为什么权益减少了，没有发挥风险缓冲的作用？申请贷款时的出资是否到位？是否出资不实？是否抽逃出资？如何追究股东及其关联方的责任？如果贷款银行找到可疑的关联交易，就要进一步追关联方的财产。分析完资产负债表，然后是对其未来收入支出进行预判；如果借款人有净收入注入资产负债表，则资产会慢慢回升；而存量资产贬值、负债利息不断叠加，则又会不断吞噬资产。借款人信用丧失了，还能否正常经营？银行就要权衡，以时间换空间，还是迅速出手。

实务中，债务人有很多逃废债行为，如放弃到期债权、无偿转让资产等。《合同法》第七十三条规定："因债务人怠于行使其到期债权，对债权人造成损害的，债权人可以向人民法院请求以自己的名义代位行使债务人的债权，但该债权专属于债务人自身的除外。"这就是代位权，债权人可以绕过债务人向债务人的次债务直接追偿，主要针对债务人消极的逃废债行为。《合同法》第七十四条规定："因债务人放弃其到期债权或者无偿转让财产，对债权人造成损害的，债权人可以请求人民法院撤销债务人的行为。债务人以明显不合理的低价转让财产，对债权人造成损害，并且受让人知道该情形的，债权人也可以请求人民法院撤销债务人的行为。"这就是撤销权，主要针对债务人积极的逃废债行为，合同法解释对其适用情形进行了扩充，共七种情形：①债务人无偿转让财产；②债务人放弃其到期债权；③债务人放弃其未到期债权；④债务人恶意延长到期债权履行期；⑤债务人放弃债权担保；⑥债务人以明显不合理的低价转让财产；⑦债务人以明显不合理的高价收购他人财产。

实务中，债权人成功实施代位权的很少。撤销权也需要债权人有足够的证据，例如情形⑥债务人低价转让财产，"低价"通常是指"价格达不到交易时交易地的指导价或者市场交易价百分之七十"，而"受让人知道该情形"如何证明？通常要举证买卖双方有关联关系（家庭、亲属或其他关系），这就涉及第3章提到的关联客户识别和证据保存的问题。撤销权有行权期限，自知道或者应该知道起一年或自行为发生之日起算五年未行使就丧失了撤销权。当然，针对这七种情形，债权人还可以根据《合同法》第五十二条"有下列情形之一的，合同无效：（二）恶意串通，损害国家、集体或者第三人利益"，以及《民法总则》第一百五十四条"行为人与相对人恶意串通，损害他人合法权益的民事法律行为无效"的规定，宣告这些行为无效，宣告合同（行为）无效没有时间限制。但是"恶意串通"比"受让人知道该情形"更难证明，后者只需要证明受让人"明知""心照不宣"即可，而"恶意串通"则需要证明双方有共谋、协商的过程。

如果借款人没有财产怎么办？最常见的选择就是找保证人，其实银行在不得已的时候还可以考虑追及下列相关责任主体：①借款人的分支机构；②借款人的配偶、遗产继承人、保险受益人等；③借款人的被挂靠单位、主管单位；④借款人分立、合并后的企业法人；⑤借款人的关联公司；⑥瑕疵出资股东，如虚假、抽逃、不实出资的股东；⑦有限公司的全体股东；⑧股份公司的全体发起人；⑨承诺对注销前债务负责的开办单位或直接管理者；⑩侵占公司财产的清算人、财产管理人；⑪侵占公司财产的股东和高管；⑫虚假验资、虚假审计、虚假评估的中介机构。针对这些责任人，有不同的诉讼策略。当然对方要有能力承担责任才有诉讼意义，所以前提依然是查找到这些人的财产。

11.4.2.2 债务人背景

财产的背后是人,银行要夺回财产、处置财产,就可能会和财产相关人发生冲突。以处置抵押房产为例,有不同的利益主体可能会提出异议。

(1)房主声称这是其唯一住房,拍卖处置后,自己将无处居住。

(2)房产的"善意"购买方,声称自己已经缴纳了购房款,而且这将是其唯一住房,其诉求要么是得到房子,要么是拍卖价款要优先退还其购房款。

(3)房产的承租人以及转租人,声称自己已经缴纳了20年租金,且投入了装修改造,房产处置后要扣除这些费用并赔偿其无法经营的预期损失。

(4)房产的原主人,声称现在的房主通过犯罪手段诈骗取得了房产并抵押骗贷,自己才是房产的真正主人;或者声称房产系共同出资购买,是房产的共有人。

(5)其他债权人、民间债主或者虚构的债权人,声称房主欠钱,让老人、残疾人强行霸占了房产。

(6)刑事案件受害人,声称是房主犯罪活动(人身伤害、财产损失、非法集资、非法吸收公众存款等)的受害方,要求用房产拍卖价款来赔偿损失。除了这些之外,还有很多,如房地产项目中的税款优先权、工程款优先权等。

银行在清收调查的时候,要做好充分的准备,要认真检视每一个对手的背景。例如:债务人(担保人)的实际控制人是谁?近况如何?是否涉诉死亡、失踪、失联?他有什么社会资本?有哪些亲属、上级部门、靠山?关联人有哪些,社会地位如何?哪些人是银行惹不起?资产处置是否会受到第三人、地方政府、黑恶势力等外部干预?银行方有哪些筹码可以谈判?银行有哪些人可以借用?找到谁,对方会畏惧、会给面子?在贷款过程中,对方有无违法行为或把柄(如诈骗、骗贷、伪造文书、伪造印章等）被银行掌握？是否可以以诉促谈？是否老赖？哪些人起诉也没意义？等等。

11.4.3　清收方案

清收调查的同时，银行就要根据调查情况研究贷款清收方案，常见的方案包括贷款重组、担保代偿、以物抵债、债权转让、司法清收。

11.4.3.1　贷款重组

从银行的实践看，化解不良贷款使用最多的、最有效的手段就是不良贷款重组。债务重组的核心定义就是债权人有让步，债务人有重组收益。常见的重组方式包括：延长到期期限、变更担保、变更借款主体、新增封闭贷款等。实践中，用得最多的是展期、借新还旧。关于展期和借新还旧，前文已经提到很多。

实施重组的关键标准就是，重组是否降低了该户贷款的风险。例如，对有法律瑕疵的借款人，重新签订合同，能够降低法律风险。如果不能降低风险，重组就成了掩盖不良贷款。重组的过程就是协调的过程，内部协调各个部门，外部协调借款人、担保人、其他债权人，只要有一方不同意，就难以成功。重组的条件往往是银企谈判的结果⊖，有的企业将重组变成了倒逼银行的一种手段，提出不重组就不偿还贷款，不增加贷款就不重组，如果银行为了掩盖不良而盲目重组、承诺宽限条件，往往最后陷入极其被动的局面，原本具备强制执行条件，重组以后往往错过了最佳执行时机。重组以后的不良贷款依然是风险较大的贷款，就要加强贷后管理和风险监测力度。

11.4.3.2　担保代偿

有保证担保的，借款人逾期了或者严重违约，银行应当及时书面通知保证人（法定是半年内），要求其履行保证责任并取得回执，在债务完全清

⊖ 是债权人亲自去收拾烂摊子（破产），还是让债务人自己去处理（重组）？这是个委托代理问题，既要调动其积极性又要避免道德风险。经济利益可协商，担保、风控措施绝不能让步。

偿前，都需要持续催收，确保对保证人的诉讼时效不丧失。如果保证人拒绝承认或承担保证责任，有能力清偿但是拒不代偿或开始转移隐匿资产，或者保证人对其他人有重大违约行为、被他人起诉而足以损害银行债权时，银行应当向法院起诉，并申请对保证人采取财产保全。

有抵质押物的，银行可以与担保人协议处置抵质押物，处置方式包括折价、拍卖、变价。折价，即将抵质押物的所有权转移给银行以抵偿债务；拍卖是交有关的产权交易机构或在法院监督下竞价出售；变卖就是通过简易程序直接转让给第三人。处置价款，先要支付处置费用，然后清偿债务人欠银行的主债权、利息、违约金、赔偿金等，剩余部分退担保人，不足的继续向债务人追偿。有时候还可以采取抵押物"在押转让"，即经各方协商同意，将抵押物转给买家，买家代为偿还贷款后再解押抵押物。

11.4.3.3 以物抵债

除了上面提到的协商抵债，还有的是经过法院裁决，用债务人、担保人或第三人实物资产来抵偿贷款本息。以物抵债，往往是资产难以拍卖变卖，被迫为之，这也是迅速化解不良贷款的一个重要途径。

银行是经营货币的，流动性风险很大，所以清收要以货币受偿优先，接受抵债资产应当严格控制，否则银行就成了最大的地产商。接收抵债资产不是问题的结束，往往是麻烦的开始。笔者遇到一个案例，银行将抵债房产出租后，只收到过一期租金，此后陷入与租户之间无尽的诉讼和信访，至今无法处置。所以，银行接收的时候就要考虑抵债资产产权是否清晰，权证是否齐全，是否有拖欠税款、被出租、被其他人占用、无法独立处置等情况。以税费为例，银行从接收抵贷资产到处置变现过程中，各阶段都有税费：诉讼阶段有案件受理费、财产保全费、执行费、评估费；资产过户过程中需向房管、税务等部门和评估机构缴纳评估费、测绘费、交易费、工本费、复印费、登记费、印花税、契税等税费，划拨土地使用权过户还必须向土地部门缴纳土地出让金；抵债资产保管阶段涉及资产保管和维护的管理费用，以及向税务部门和土地部门缴纳土地使用税、房产税、土地闲置费等；在处置变现阶段，要将产权过户给买主，还要再次缴纳各种税费。这些税费是正常处置必需的，如果在处置过程中出现了第三方干涉，执行异议等问题，银行的花费就更多了。如果长期不处置怎么办？根据法律规定，抵债资产要在两年内处置，如果超过两年，将按照1 250%的权重计入表内信用风险加权资产，其占用监管资本将是同等金额小微贷款的16.67倍！

11.4.3.4　委托与转让

自主清收耗时耗力，这时候银行可以考虑委外清收，把不良贷款的催收业务外包给一些第三方清收公司，这些公司通常与公检法等强力部门有联系。委外清收一定程度上减少了银行自身压力，加快了清收回款的速度，但也有一定的风险，如客户信息泄漏、暴力清收、灰色利益链等，给委托银行带来诉讼以及声誉损失。委托代理都有道德风险，受托人往往先把自己的利益（代理费）清收回来，容易清收的部分先拿掉（留置），抵偿清收费用和佣金提成，把硬骨头还是留给了银行。一笔贷款，原本可清收的利益就不多，第三方将好收的拿掉一块，银行的损失就更大了。

转让清收，是指银行对一定规模的不良贷款进行组包，定向转让给资产管理公司，或者通过银行业信贷资产登记流转中心平台进行转让。转让给资产管理公司往往意味着折价损失，事实上，持牌的资产管理公司收购不良资产以后，往往也会继续转让给市场化的清收机构，这里面可能会有如内幕交易等大量的问题，也引起政策限制；也有委托给转出银行代为清收的，毕竟最了解借款人情况的还是原贷款银行，资产管理公司并没有信息优势，这相当于把问题甩出去又再次接回来。实务中，要关注借助资产管理公司逃废债的现象。例如，一些担保企业利用银行不良贷款处置困难、资产管理公司处于优势地位的情况，与资产管理公司达成内部债权回购协议，不良转让后保证人向资产管理公司溢价收回不良债权，逃废掉回购价与收购价差部分。

11.4.3.5 司法清收

这里的司法清收主要是民事清收。民事手段包括普通诉讼、申请支付令、实现担保物权、公证债权文书强制执行等，其中最常见的就是普通民事诉讼与强制执行。

诉讼清收主要包括以下流程。

（1）立案。向有管辖权的法院提交民事起诉状和证据材料，提出诉讼请求。一切诉讼活动都要围绕财产争夺来进行，要根据不同的财产情况提出不同的诉讼请求，常见的请求是要求借款人、担保人履行还款义务。如果借款人财产转移了，诉讼请求可能是撤销借款人无偿转让财产行为，可能是宣告财产转让合同无效，可能是否定双方的法人人格，也可能是行使代位权，当然请求撤销合同、宣告合同无效的同时还包括返还财产。行使代位权、撤销权，宣告合同无效一般是在主债权确定后，另行起诉，管辖法院为被告住所地，这里的被告就是债务人的关联方、财产受让人，如果地点和债权人（银行）住所地不一致，容易陷入地方保护主义。

（2）财产保全。财产保全的具体措施包括查封、扣押、冻结等，如查封房地产、扣押车辆、冻结账户。

（3）法院审判。从立案到开庭，中间要经过向被告送达民事起诉状副本及相应证据、组成合议庭、发传票、被告答辩和举证等程序，长达数月之久。经过一审审理，就会形成裁定书、判决书。当事人不服一审判决，向上一级人民法院提起上诉，就进入二审程序。二审判决直接就是生效判决，当事人还是不服，可以去找法院或者检察院申请再审。

（4）强制执行。银行获得了生效的法律文书后，借款人或保证人并不必然履行还款义务，这时候就需要申请强制执行。强制执行的强制性体现在措施上，那就是法院可以采取拘传、罚款、拘留、搜查等手段来保障执行力，还有强制财产报告、限制出境、限制高消费（飞机、高铁等）、纳入失信人名单等措施。启动执行程序以后，法院就要开展对被执行人财产进行调查，查询被执行人存款、房地产、车辆、股权等财产，也就是所谓的"四查"。对查明的被执行人的财产，执行法院就会及时采取查封、扣押、冻结等执行措施。这一块和财产保全措施类似，但是在执行阶段，符合处置条件的，法院可以采取扣划、拍卖等处分性措施。通过财产查找和处置，能够覆盖全部债务的，执行圆满结束；不能覆盖，又没有新的财产线索，法院可以终结本次执行，待有新线索再重启执行。执行过程中还会遇到各种纠纷（执行异议），有可能还要走诉讼（一审、二审、再审）程序，流程时间并不是银行所能控制的。实务中，执行有很多灵活处理的方法，以被执行人转移了财产为例，是否可以直接追加财产受让方为被执行人？虽然有些以执行代替审判的嫌疑，但是清收效率明显提高。

不打无把握之战，诉讼之前，一般来说，银行必须找到财产，控制财产，再找法律依据，走诉讼流程，反之则无意义（也有意义，拿到执行终结通知去税务局办理核销抵扣）。诉讼只不过是"走流程"，给财产处置披上合法化的外衣而已。找到财产，律师的工作才有方向，以什么样的名义去提出诉讼请求。诉讼清收程序环节较多，借款人破坏、阻挠司法判决成为逃废债务的重要手段。一是拖延司法程序，如故意失联导致公告无法送达、提出管辖权异议、要求上诉、提请司法鉴定等，使案件多次被中止、延期审理。二是虚假诉讼，如通过虚构债务、恶意抵押，找人起诉自己瓜分自己的资产。个别银行与债务人串通损害其他银行的利益也时有发生。三是对抗法院执行，滥用执行异议权，银行赢了官司还是拿不到钱。这时候，银行就要充分借助司法清收的强制力，收集被执行人及其他第三方恶意规避执行的证据，追究其民事或刑事责任。

考虑到诉讼的费用、时间成本（货币时间价值），综合回收率是比较低的。诉讼一方面造成了借款人声誉丧失、员工士气低落、难以恢复正常经营；另一方面牵扯了银行太多人力和精力，干扰了正常业务开展。本来是借贷双方的问题，双方都请律师进行诉讼，增加了第三方索求（法院要诉讼费、执行费，律师、评估师要费用），第三方有时候并不能解决问题，反而是优先瓜分了所剩无多的财产。原则上能通过非诉手段催收回来的债务尽量不要进入诉讼，诉讼不是目的，因为最终执行判决还是需要借款人配合，要通过诉讼促使借款人谈判。例如，银行查找到了借款人的财产，采取了查封扣押冻结等保全措施，这时候借款人就会发现继续诉讼已经失去意义，不得不主动妥协。有些贷款是不适合诉讼清收的，一是银行可能败诉的，如银行有重大过错、诉讼时效已丧失、合同有瑕疵、证据缺失、地方保护严重等；二是估计胜诉后执行回款尚不足以收回诉讼相关开支的；三是债务人已经或者即将进入破产程序的，因为一旦进入破产程序，其他诉讼就要停止，银行只能参与申报债权，等待破产案进展情况。

实务中，不良贷款的有效清收，往往不仅仅是一个清收方案就能够奏效的，更多的是组合拳方式；同一个清收方案，不同的人、不同的时机去实施也会收到不同的效果。例如：通常我们（作为金额占比很大的普通债权人）非常担心企业进入破产，而有时候我们（作为金额很小且有担保物权的债权人）可以主动申请企业破产，这就需要实际操作人员根据不同的实际情况灵活运用。

《孙子兵法》中说："兵无常势，水无常形，能因敌变化而取胜者，谓之神。"信贷工作中的"敌"不仅仅包括债务人，翻开债务人的资产负债表，负债方都有多个债权人（银行、民间金融、商业信用），资产方有多个债务人（应收账款），这些相关人都可能是对手。这些人以利合，必以利争，发生利益冲突时，各种手段都会出现。要了解这些对手，根据对手的变化，采取不同的应对方法。千万不要以为自己是金融机构，风控技术就胜人一筹。"你看到满大街都是圣人，满大街的人看你也是圣人"，尊重对手，才有可能战胜对手。事实上，在现代经济中，任何一个经济主体既是债权人又是债务人，人人都是放贷人，很多企业一年的赊销量远大于一个客户经理的放款量；如何评估信用风险？可能企业主比信贷人员更精通，他们采取了哪些风控措施？这是值得我们学习的。当然，对手也会向我们学习，吃一堑长一智，对手也在提高。"道可道，非常道"，大家都能够轻松学到的手段，就不是永恒的法则了。固守法则，无异于刻舟求剑。

"纸上得来终觉浅，绝知此事要躬行"，书本上的知识，朋友圈里的"深度好文"，大咖的"高论"或"洞见"，都是别人的知识。阅读、收藏、下载，然后就算知道了？外在的知识储备再多，内心没有理解，做事还是按以往的习惯，就不算真正知道。正如我们常常搪塞说"好，我知道了"，做起事来依然是"我行我素"，不断犯相似的错误。知道做不到，也等于不知道。我知道要找谁了解信息，找谁协调事情，但是缺乏勇气去做，这种知道又有什么意义？为何做不到？因为我们不是圣人，我们内心有很多弱点，内向、胆怯、懒惰、虚荣、自私、偏见、妇人之仁，随着自身本领和职位的提升，还会变得骄傲自满、过度自信、固执己见、因循守旧、患得患失，这些弱点就是风险之源！

例如，很多传统信贷人员面对大数据风控、机器学习、自动审批技术，往往不屑，"对公和零售不一样""大公司和小微不一样"，投行鄙视批发，批发鄙视零售，这种心态就是保守，固守最后的安乐地。笔者早年做风控模型的时候就面临这些质疑，时至今日，随着文本挖掘技术的成熟，一些对公贷款的自动审批也成为现实。当然，今天的问题是，言必谈大数据，将其神话，机器学习无所不能，能消灭一切风险，这也是非常不科学的。我们要看到技术背后的人，维持技术领先的人。外界看来，秒贷秒批如神话，背后的风控技术人员哪个不是诚惶诚恐、如履薄冰？敬畏市场才能远离风险。

历事才能练心，内心的修炼不是靠清谈打坐，而是要在事上磨。翻开书本，全是平原开阔地，用兵真如神；拿起贷款卷宗，全是沟壑与山头，心态就慌乱了，战战兢兢不敢下笔。身处闹市依然保持宁静，这才是真的宁静。离开烦琐的日常工作去刻意追求"风控之道"，得来的都是假的、是暂时的，因为自己平日生活中的种种习气没有磨掉，所以一遇事内心自然没有力量面对。我们渴求知识，源于我们内心的怯懦，每天面对一卷卷贷款资料，批还是不批？我们不敢做决策，于是去外部寻求干货。不是说要学完全部风控法则才去行动，知行要合一，实践的过程才是"收获真经"的过程，才能取到"无字真经"。巴尔扎克说过："人的全部本领，无非是耐心和时间的混合物。"有个一万小时定律，就是说要成为某个领域的专家，需要一万小时的训练。把知识转化为自己的切身体验，融为自己的思维方式，运用自如，才算真正地掌握了"风控之道"！道不是空洞的教条，更不需要背诵，道存在于每个人的心中。你想象一下，自己办健身年卡，会如何了解商家的信用？自己借钱给别人，会如何控制风险？把信贷资金想象成自己的资金，你自然懂得如何去防范风险。有风险意识就自然会去学习风控技术，没有风险意识，就算穷尽了一切技术还是会出风险！尽信书，填鸭式的洗脑，生搬硬套，今天看甲说得对，明天看乙说得更对，反而把自己心中的道丢失了，变成邯郸学步。每个人都有一个小宇宙，别人的观点只能扮演催化剂的作用，启发、激发出自己的潜能力。信贷作业的过程就是认识自我、修炼自我的过程，敢于接纳、敢于面对自己不愿接纳、不愿面对的事情，战胜自我、挑战自我、超越自我，这样内心才能真正有力量，才能够坦然面对一切，无论是顺是逆、是好是坏、是动是静，内心都能够淡定从容，这样才是真正的心定。《大学》说："知止而后有定，定而后能静，静而后能安，安而后能虑，虑而后能得。"这个"止"就是要从内心去寻找，然后才能悟得真正的干货。风控人与人的博弈，最终是心之力的对抗，这就需要修炼心性，拥有强大的内心！但是内心的修炼，绝非一朝一夕，而是一生一世的功课！

附录

信贷重要法律法规

1. 重要法律

中华人民共和国商业银行法（2003年修订）

中华人民共和国公司法（2013年修订）

最高人民法院关于适用《中华人民共和国公司法》若干问题的规定（一）（2014年）

最高人民法院关于适用《中华人民共和国公司法》若干问题的规定（二）（2014年）

最高人民法院关于适用《中华人民共和国公司法》若干问题的规定（三）（2014年）

中华人民共和国合同法（1999年）

最高人民法院关于适用《中华人民共和国合同法》若干问题的解释（一）（1999年）

最高人民法院关于适用《中华人民共和国合同法》若干问题的解释（二）（2009年）

中华人民共和国担保法（1995年）

最高人民法院关于适用《中华人民共和国担保法》若干问题的解释（2000年）

中华人民共和国民法通则（2009年修订）

中华人民共和国民法总则（2017 年）

中华人民共和国物权法（2007 年）

最高人民法院关于适用《中华人民共和国物权法》若干问题的解释（一）（2016 年）

中华人民共和国票据法（2004 年修订）

中华人民共和国企业破产法（2006 年）

中华人民共和国环境保护法（2014 年）

2. 重要行政法规

非法金融机构和非法金融业务活动取缔办法（国务院令第 247 号 1998 年）

金融违法行为处罚办法（国务院令第 260 号 1999 年）

征信业管理条例（国务院令第 631 号 2013 年）

不动产登记暂行条例（国务院令第 656 号 2014 年）

3. 重要规章

贷款通则（中国人民银行令 1996 年 2 号）

商业银行与内部人和股东关联交易管理办法（银监会令 2004 年第 3 号）

金融机构信贷资产证券化试点监督管理办法（银监会令 2005 年第 3 号）

固定资产贷款管理暂行办法（银监会令 2009 年第 2 号）

流动资金贷款管理暂行办法（银监会令 2010 年第 1 号）

个人贷款管理暂行办法（银监会令 2010 年第 2 号）

商业银行集团客户授信业务风险管理指引（银监会令 2003 年第 5 号 2006 年修正）

商业银行信用卡业务监督管理办法（银监会令 2011 年第 2 号）

商业银行贷款损失准备管理办法（银监会令 2011 年第 4 号）

商业银行资本管理办法（试行）（银监会令 2012 年第 1 号）

消费金融公司试点管理办法（银监会令 2013 年第 2 号）

商业银行服务价格管理办法（银监会发改委令 2014 年第 1 号）

商业银行流动性风险管理办法（试行）(银监会令 2014 年第 2 号)

金融租赁公司管理办法（银监会令 2014 年第 3 号）

商业银行保理业务管理暂行办法（银监会令 2014 年第 5 号）

4. 重要规范性文件

中国银监会关于印发《商业银行合规风险管理指引》的通知（银监发〔2006〕76 号）

中国银监会关于印发《商业银行金融创新指引》的通知（银监发〔2006〕87 号）

中国银监会关于印发《商业银行操作风险管理指引》的通知（银监发〔2007〕42 号）

中国银监会关于印发《银行业金融机构从业人员职业操守指引》的通知（银监发〔2011〕6 号）

中国银监会关于规范商业银行使用外部信用评级的通知（银监发〔2011〕10 号）

中国银监会关于印发《商业银行表外业务风险管理指引》的通知（银监发〔2011〕31 号）

中国银监会关于加强商业银行股权质押管理的通知（银监发〔2013〕43 号）

中国银监会关于印发《贷款公司管理规定》的通知（银监发〔2009〕76 号）

中国银监会关于印发《商业银行授信工作尽职指引》的通知（银监发〔2004〕51 号）

中国银监会关于印发《贷款风险分类指引》的通知（银监发〔2007〕54 号）

中国银监会关于加强大额不良贷款监管工作的通知（银监发〔2007〕66号）

中国银监会关于印发《项目融资业务指引》的通知（银监发〔2009〕71号）

中国银监会关于印发《银团贷款业务指引（修订）》的通知（银监发〔2011〕85号）

中国银监会关于印发《绿色信贷指引》的通知（银监发〔2012〕4号）

中国银监会办公厅关于规范同业代付业务管理的通知（银监办发〔2012〕237号）

中国银监会办公厅关于规范商业银行同业业务治理的通知（银监办发〔2014〕140号）

中国银监会关于完善和创新小微企业贷款服务提高小微企业金融服务水平的通知（银监发〔2014〕36号）

中国银监会关于印发《商业银行并购贷款风险管理指引》的通知（银监发〔2015〕5号）

中国银监会关于印发《商业银行押品管理指引》的通知（银监发〔2017〕16号）

中国银监会关于印发《银行业金融机构全面风险管理指引》的通知（银监发〔2016〕44号）

参考文献

[1] 白益民. 三井帝国启示录 [M]. 北京：中国档案出版社，2006.

[2] 宾爱琪. 商业银行信贷法律风险精析 [M]. 北京：中国金融出版社，2011.

[3] 曹士兵. 中国担保制度与担保方法 [M]. 3 版. 北京：中国法制出版社，2015.

[4] 曾康霖，王长庚. 信用论 [M]. 北京：中国金融出版社，1993.

[5] 陈福录. 信贷合同填制的八大操作风险及防范攻略 [J]. 中国农村金融，2016(10):54-56.

[6] 陈立金. 银行客户经理二十五堂课 [M]. 北京：中国经济出版社，2009.

[7] 陈四清. 贸易金融 [M]. 北京：中信出版社，2014.

[8] 陈宪. 工程项目组织与管理 [M]. 北京：机械工业出版社，2016.

[9] 陈宪. 现代咨询方法与实务 [M]. 北京：机械工业出版社，2016.

[10] 陈宪. 项目决策分析与评价 [M]. 北京：机械工业出版社，2016.

[11] 崔建远. 物权：规范与学说（上，下）[M]. 北京：清华大学出版社，2011.

[12] 杜豫苏. 物权纠纷裁判依据新释新解 [M]. 北京：人民法院出版社，2014.

[13] 费雪. 利息理论 [M]. 北京：商务印书馆，2013.

[14] 付希业. 企业合同管理 33 讲 [M]. 北京：法律出版社，2015.

[15] 高燕. 银行视角下汽车供应链上游企业融资研究——以观致汽车为例 [D]. 苏州：苏州大学，2015.

[16] 高云. 2014 年新公司法实务操作指南 [M]. 北京：法律出版社，2014.

[17] 龚志忠. 公司业务律师基础实务 [M]. 北京：中国人民大学出版社，2014.

[18] 郭强. 贸易融资的实践与思考 [J]. 银行家，2014(11):98-101.

[19] 江必新，何东宁. 最高人民法院指导性案例裁判规则理解与适用（担保卷）[M]. 北京：中国法制出版社，2011.

[20] 江必新. 民事强制执行重大疑难问题研究 [M]. 北京：人民法院出版社，2010.

[21] 江必新. 民事执行法律条文释义 [M]. 北京：人民法院出版社，2011.

[22] 江丁库. 银行贷款担保实务精解与法律风险防范 [M]. 北京：中国法制出版社，2015.

[23] 金振朝. 融资担保法律实务 [M]. 2 版. 北京：法律出版社，2014.

[24] 敬辉蓉，李传昭. 采购管理理论综述 [J]. 工业工程，2008，11(2):1-5.

[25] 凯罗米里斯.银行业危机和信贷稀缺的政治根源[M].廖岷,译.北京:中信出版社,2015.
[26] 康志文,高文阁.农资赊销中商业信用取代银行信用应引起关注[N].金融时报,2013-08-08(12).
[27] 李春.商业银行提前收回贷款的法律问题探讨[J].上海金融,2007(8):72-74.
[28] 李茂荣.防范和遏止逃废银行债务指南[M].北京:中国金融出版社,2005.
[29] 李时坤.商业信用与银行贷款关系的研究综述[J].财会通讯,2011(18):155-157.
[30] 刘宝红.采购与供应链管理[M].北京:机械工业出版社,2012.
[31] 罗玉波.本福特定律在财务审计中的应用研究[J].会计之友,2010(26):76-78.
[32] 吕暖纱,梁彤缪,陆正华.关于高级管理层强制变更的影响因素综述[J].商场现代化,2007(3):94-95.
[33] 马钧.企业投融资评价方法与参数[M].北京:中国经济出版社,2014.
[34] 马晓华.坚守贸易融资自偿性若干问题的思考(上)[N].金融时报,2014-09-01(11).
[35] 马永斌.控制权争夺与股权激励[M].北京:清华大学出版社,2013.
[36] 秦庆芳,张双.银行按揭贷款清收诉讼流程与办案技巧[M].北京:法律出版社,2015.
[37] 世界银行集团国际金融公司中国项目开发中心.信贷分析与公司贷款[M].北京:外文出版社,2010.
[38] 孙建林.优秀客户经理授信业务指引[M].北京:企业管理出版社,2015.
[39] 特纳.货币、信贷和全球金融体系重建[M].王胜邦,译.北京:中国经济出版社,2016.
[40] 王冬.担保借款法律难点及强制执行实务[M].北京:法律出版社,2015.
[41] 王嘉文,寿先华.中小企业核心员工流失研究[J].经济研究导刊,2015(26):41-42.
[42] 王欣新.破产法理论与实务疑难问题研究(破产法卷)[M].北京:中国法制出版社,2011.
[43] 王周火.民营企业员工流失分析及应对策略[J].经济师,2006(1):151-152.
[44] 魏炜,朱武祥.重构商业模式[M].北京:机械工业出版社,2010.
[45] 吴明理.商业银行接收处置抵贷资产中的困惑[J].济南金融,2005(1):17-18.
[46] 吴晓波.大败局II[M].杭州:浙江人民出版社,2007.
[47] 徐强胜.公司纠纷裁判依据新释新解[M].北京:人民法院出版社,2014.
[48] 杨良成.纪小羊和她的财务管理[M].北京:机械工业出版社,2014.
[49] 杨良成.纪小羊和她的出纳工作[M].北京:机械工业出版社,2014.
[50] 杨良成.纪小羊和她的会计工作[M].北京:机械工业出版社,2014.
[51] 杨松涛,林小驰.财务报表分析(共三册)[M].北京:中国金融出版社,2015.
[52] 殷林森,马欣.从"信贷悖论"谈商业银行信贷资产的信用风险管理[J].征信,

2013(5):31-34.

- [53] 尹田. 民法思维之展开（修订版）[M]. 北京：北京大学出版社，2014.
- [54] 余源鹏. 房地产项目报批报建与开发工作全程指南 [M]. 北京：机械工业出版社，2011.
- [55] 张伟. 中国民商阶层脸谱 [M]. 北京：中央编译出版社，2015.
- [56] 张寅. 分析的力量 [M]. 北京：中信出版社，2015.
- [57] 赵文平. 借新还旧贷款的法律风险分析与防范 [J]. 集团经济研究，2007(4):71-72.
- [58] 中国房地产估价师与房地产经纪人学会. 房地产估价理论与方法 [M]. 北京：中国建筑工业出版社，2013.
- [59] 中国房地产估价师与房地产经纪人学会. 房地产基本制度与政策 [M]. 北京：中国建筑工业出版社，2013.
- [60] 中国房地产估价师与房地产经纪人学会. 房地产开发经营与管理 [M]. 北京：中国建筑工业出版社，2013.
- [61] 中国银行业从业人员资格认证办公室. 公司信贷（2013 年版）[M]. 北京：中国金融出版社，2013.
- [62] 周吉川. 民商事案件思维与诉讼策略 [M]. 北京：中国法制出版社，2015.
- [63] 朱玉伯. 小额贷款实务操作与法律风险防控 [M]. 北京：中国经济出版社，2014.
- [64] 庄红舞. 供应链管理下的采购研究 [D]. 上海：东华大学，2004.
- [65] 伊查克·爱迪思. 企业生命周期 [M]. 赵睿，译. 北京：华夏出版社，2004.
- [66] 费孝通. 乡土中国 [M]. 北京：生活·读书·新知三联书店，2013.
- [67] 高闯. 社会资本终极控制权与公司治理 [M]. 北京：中国社会科学出版社，2013.
- [68] 黄光国. 人情与面子 [M]. 北京：中国人民大学出版社，2010.
- [69] 李建伟. 民法 [M]. 北京：北京大学出版社，2016.
- [70] 李建伟. 民法 20 讲（2017 版）[M]. 北京：人民法院出版社，2016.
- [71] 罗家德，叶勇助. 中国人的信任游戏 [M]. 北京：社会科学文献出版社，2007.
- [72] 史尚宽. 物权法论 [M]. 北京：中国政法大学出版社，2000.
- [73] 孙倩倩. 中国 M 银行对公放款管理研究 [D]. 太原：山西大学，2015.
- [74] 张琦. 多维度选择性会计处理策略 [M]. 昆明：云南大学出版社，2014.
- [75] 中国注册会计师协会. 财务成本管理 [M]. 北京：中国财政经济出版社，2017.
- [76] 中国注册会计师协会. 会计 [M]. 北京：中国财政经济出版社，2017.
- [77] 高群. 德国 IPC 微贷技术在中国的应用研究：以云南为例 [D]. 昆明：云南财经大学，2016.
- [78] 中国银行业监督管理委员会宣传部、中国银行业监督管理委员会 2016 年报 [M]. 北京：中国金融出版社，2017.

会计极速入职晋级

书号	定价	书名	作者	特点
66560	49	一看就懂的会计入门书	钟小灵	非常简单的会计入门书；丰富的实际应用举例，贴心提示注意事项，大量图解，通俗易懂，一看就会
44258	49	世界上最简单的会计书	[美]穆利斯 等	被读者誉为最真材实料的易懂又有用的会计入门书
77022	69	新手都想看的会计入门书	[日]吉成英纪	独创口诀形式，可以唱读；运用资产负债法有趣讲解，带你在工作和生活中活学活用
71111	59	会计地图：一图掌控企业资金动态	[日]近藤哲朗 等	风靡日本的会计入门书，全面讲解企业的钱是怎么来的，是怎么花掉的，要想实现企业利润最大化，该如何利用会计常识开源和节流
59148	69	管理会计实践	郭永清	总结调查了近1000家企业问卷，教你构建全面管理会计图景，在实务中融会贯通地去应用和实践
69322	59	中小企业税务与会计实务（第2版）	张海涛	厘清常见经济事项的会计和税务处理，对日常工作中容易遇到重点和难点财税事项，结合案例详细阐释
42845	30	财务是个真实的谎言（珍藏版）	钟文庆	被读者誉为最生动易懂的财务书；作者是沃尔沃原财务总监
76947	69	敏捷审计转型与超越	[瑞典]托比·德罗彻	绝佳的敏捷审计转型指南，提供可学习、可借鉴、可落地的系统解决方案
75747	89	全面预算管理：战略落地与计划推进的高效工具	李欣	拉通财务与经营人员的预算共识；数字化提升全面预算执行效能
75945	99	企业内部控制从懂到用（第2版）	冯萌 等	完备的理论框架及丰富的现实案例，展示企业实操经验教训，提出切实解决方案
75748	99	轻松合并财务报表：原理、过程与Excel实战（第2版）	宋明月	87张大型实战图表，教你用EXCEL做好合并报表工作；书中表格和合并报表编制方法可直接用于工作实务
70990	89	合并财务报表落地实操	蔺龙文	深入讲解合并原理、逻辑和实操要点；14个全景式实操案例
77179	169	财务报告与分析：一种国际化视角（第2版）	丁远 等	从财务信息使用者角度解读财务与会计，强调创业者和创新的重要作用
64686	69	500强企业成本核算实务	范晓东	详细的成本核算逻辑和方法，全景展示先进500强企业的成本核算做法
74688	89	优秀FP&A：财务计划与分析从入门到精通	詹世谦	源自黑石等500强企业的实战经验；七个实用财务模型
75482	89	财务数字化：全球领先企业和CFO的经验	[英]米歇尔·哈普特	从工程师、企业家、经济学家三个视角，讨论财务如何推动企业转型的关键杠杆
55845	68	内部审计工作法	谭丽丽 等	8家知名企业内部审计部长联手分享，从思维到方法，一手经验，全面展现
60448	45	左手外贸右手英语	朱子斌	22年外贸老手，实录外贸成交秘诀，提示你陷阱和套路，告诉你方法和策略，大量范本和实例
70625	69	聪明人的个人成长	[美]史蒂夫·帕弗利纳	全球上亿用户一致践行的成长七原则，护航人生中每一个重要转变
78026	89	渠道管理的第二本书	康震	独特的渠道管理四阶段模型，曾在多家企业落地应用，助力企业在复杂市场中构建高效、稳定、可持续的渠道生态
78737	89	组织能力的杨三角：企业持续成功的秘诀 第3版	杨国安	华人管理大师杨国安作品，马化腾、方洪波、程维等倾情推荐。源自世界500强企业实战验证的组织能力建设框架，中欧国际工商学院、腾讯等顶尖机构高管课程核心方法论，系统拆解战略落地与组织升级的三大支柱与情景化应用

财务知识轻松学

书号	定价	书名	作者	特点
58925	49	从报表看舞弊:财务报表分析与风险识别	叶金福	从财务舞弊和盈余管理的角度,融合工作实务中的体会、总结和思考,提供全新的报表分析思维和方法,黄世忠、夏草、梁春、苗润生、徐珊推荐阅读
78622	99	一本书看透股权架构(第2版)	李利威	根据最新公司法,纵横法律、财务、税务、商业四个维度,22种可套用的股权架构应用工具,蜜雪冰城等35个真实案例
70557	89	一本书看透股权节税	李利威	零基础50个案例搞定股权税收
62606	79	财务诡计(原书第4版)	[美]施利特 等	畅销25年,告诉你如何通过财务报告发现会计造假和欺诈
70738	79	财务智慧:如何理解数字的真正含义(原书第2版)	[美]伯曼 等	畅销15年,经典名著;4个维度,带你学会用财务术语交流,对财务数据提问,将财务信息用于工作
67215	89	财务报表分析与股票估值(第2版)	郭永清	源自上海国家会计学院内部讲义,估值方法经过资本市场验证
73993	79	从现金看财报	郭永清	源自上海国家会计学院内部讲义,带你以现金的视角,重新看财务报告
67559	79	500强企业财务分析实务(第2版)	李燕翔	作者将其在外企工作期间积攒下的财务分析方法倾囊而授,被业界称为最实用的管理会计书
67063	89	财务报表阅读与信贷分析实务(第2版)	崔宏	重点介绍商业银行授信风险管理工作中如何使用和分析财务信息
58308	69	一本书看透信贷:信贷业务全流程深度剖析	何华平	作者长期从事信贷管理与风险模型开发,大量一手从业经验,结合法规、理论和实操融会贯通讲解
75289	89	信贷业务全流程实战:报表分析、风险评估与模型搭建	周艺博	融合了多家国际银行的信贷经验;完整、系统地介绍公司信贷思维框架和方法
75670	89	金融操作风险管理真经:来自全球知名银行的实践经验	[英]埃琳娜·皮科娃	花旗等顶尖银行操作风险实践经验
60011	99	一本书看透IPO:注册制IPO全流程深度剖析	沈春晖	资深投资银行家沈春晖作品;全景式介绍注册制IPO全貌;大量方法、步骤和案例
65858	79	投行十讲	沈春晖	20年的投行老兵,带你透彻了解"投行是什么"和"怎么干投行";权威讲解注册制、新证券法对投行的影响
78082	89	一本书看透市值管理	沈春晖 等	资本市场全景式运作指南,诠释上市公司从普通到卓越的有效路径;从价值构筑到市值跃迁,重塑新股时代上市公司生存法则
73881	89	成功IPO:全面注册制企业上市实战	屠博	迅速了解注册制IPO的全景图,掌握IPO推进的过程管理工具和战略模型
77436	89	关键IPO:成功上市的六大核心事项	张媛媛	来自事务所合伙人的IPO经验,六大实战策略,上市全程贴心护航
70094	129	李若山谈独立董事:对外懂事,对内独立	李若山	作者获评2010年度上市公司优秀独立董事;9个案例深度复盘独董工作要领;既有怎样发挥独董价值的系统思考,还有独董如何自我保护的实践经验
74247	79	利润的12个定律(珍藏版)	史永翔	15个行业冠军企业,亲身分享利润创造过程,带你重新理解客户、产品和销售方式
69051	79	华为财经密码	杨爱国 等	揭示华为财经管理的核心思想和商业逻辑
73113	89	估值的逻辑:思考与实战	陈玮	源于3000多篇投资复盘笔记,55个真实案例描述价值判断标准,展示投资机构的估值思维和操作细节
58302	49	财务报表解读:教你快速学会分析一家公司	续芹	26家国内外上市公司财报分析案例,17家相关竞争对手、同行业分析,遍及教育、房地产等20个行业;通俗易懂,有趣有用
77283	89	零基础学财务报表分析	袁敏	源自MBA班课程讲义;从通用目的、投资者、债权人、管理层等不同视角,分析和解读财务报表;内含适用于不同场景的分析工具
78131	99	博弈论:策略互动、信息与激励	夏大慰	源自名校EMBA和高管培训班课程讲义,系统讲解博弈论的基本理论框架和思想精髓;故事化的模型、案例和游戏,带你学会用博弈理论分析社会现象和商业实践